高等学校航海与海事类系列教材

船舶操纵

陈厚忠　郭国平　杨亚东　主编

武汉理工大学出版社
·武　汉·

内 容 提 要

"船舶操纵"是讲述船舶操纵与控制原理、操纵技术，培养船舶驾引人员操纵能力的一门课程。全书分为八章，分别介绍了船舶操纵设备及其运用、船舶操纵性能、外界因素对船舶操纵的影响、港内操船、特殊水域船舶操纵、大风浪中船舶操纵、水上拖带、船舶应急操纵等内容。本书在充分借鉴现有教材成熟内容、国家标准和行业规范、公开发表的论文和操纵案例等基础上，补充和更新了部分内容，形成了更加系统、全面和实用的知识体系。

本书既可作为高等院校航海技术、海事管理等相关专业师生的教材、参考书，也可作为船员培训、航运企事业单位从业人员的培训教材、参考书。

图书在版编目(CIP)数据

船舶操纵/陈厚忠，郭国平，杨亚东主编. —武汉：武汉理工大学出版社，2018.8
ISBN 978-7-5629-5844-4

Ⅰ.①船… Ⅱ.①陈… ②郭… ③杨… Ⅲ.①船舶操纵-资格考试-教材 Ⅳ.①U675.9

中国版本图书馆 CIP 数据核字(2018)第 191847 号

项目负责：陈军东
责任编辑：陈军东　雷　芳
责任校对：余士龙
封面设计：许伶俐
出版发行：武汉理工大学出版社
武汉市洪山区珞狮路 122 号　邮编：430070
http://www.wutp.com.cn
经 销 者：各地新华书店
印 刷 者：武汉兴和彩色印务有限公司
开　　本：787×1092　1/16
印　　张：19.25
字　　数：474 千字
版　　次：2018 年 8 月第 1 版
印　　次：2018 年 8 月第 1 次印刷
定　　价：38.00 元

凡购本书，如有缺页、倒页、脱页等印装质量问题，请向出版社发行部调换。
本社购书热线电话：(027)87515798　87165708

前　言

“船舶操纵”是讲述船舶操纵与控制原理、操纵技术，培养船舶驾引人员操纵能力的一门课程。本书理论分析和实践应用并重，着眼于培养卓越航海人才和提升学生职业能力，培养新工科人才。本书既可作为高等院校航海技术、海事管理等相关专业师生的教材、参考书，也可作为船员培训、航运企事业单位从业人员的培训教材、参考书，具有广泛的适用性。

全书分为八章：第一章为船舶操纵设备及其运用，包括螺旋桨、舵、锚、缆、拖船、侧推器等设备及其运用；第二章为船舶操纵性能，包括启/制动性能、旋回性、操纵性指数、追随性、航向稳定性、保向性、操纵性试验、操纵性衡准等；第三章为外界因素对船舶操纵的影响，包括风的影响、流的影响、浅水效应、岸壁效应、船间效应等；第四章为港内操船，包括进出港操船、靠泊操纵、离泊操纵、锚泊操纵、系/离浮筒操纵、进出船坞/船闸操纵、典型船舶操纵等；第五章为特殊水域船舶操纵，包括狭水道操纵、桥区水域操纵、岛礁水域操纵、渔区操纵、冰区操纵等；第六章为大风浪中船舶操纵，包括海浪基本知识、长江风浪规律、船舶在波浪中的运动、大风浪航行的危害、大风浪中的操船等；第七章为水上拖带，包括拖航准备、复合拖带、拖航操纵等；第八章为船舶应急操纵，包括碰撞应急操纵、搁浅应急操纵、重要属具及机器损坏时的措施、水上搜寻与救助行动等。

本书既充分考虑高等院校人才培养的要求，同时又紧扣海船船员及内河船员适任培训、考试的要求，充分借鉴现有教材的成熟内容，依据国家标准和行业规范，借鉴本领域公开发表的论文成果、操纵案例，补充和更新了部分内容，形成了更完整的知识体系。全书知识点更加系统、全面和实用。

本书由陈厚忠、郭国平、杨亚东主编。其中第一章至第六章由陈厚忠编写，第七章由郭国平编写，第八章由杨亚东、翁建军编写。全书由陈厚忠修改定稿。在本书的编写过程中王庆珺、周超林等研究生参与了校对工作，在此向他们表示衷心感谢。

在本书的编写过程中，参考了国内外的大量文献资料（本书所附参考文献只是不完全的列举），在此，谨向这些文献资料的作者表示衷心的感谢。本书是在总结前人经验和知识结晶的基础上完成的，不仅是编者的劳动成果，更应看作是在船舶操纵领域辛勤耕耘了几十年的前辈们工作的一种延续。衷心希望它能在知识积累和完善的接力中再向前迈进一步。

由于时间仓促和编者水平有限，本书难免存在疏漏之处，恳请前辈、同行和读者批评指正。

编　者

2018 年 5 月

目 录

绪论

一、船舶操纵

船舶操纵是指船舶驾引人员根据船舶操纵性能和通航环境，正确运用操纵设备，使船舶按照驾引人员的意图保持或改变船舶运动状态的操作。在人、船、环境系统中，船舶操纵是指操船者利用船舶本身或其他手段如车、舵、锚、缆、拖船、侧推器等，以保持或改变船舶运动状态为目的而进行的必要观察、判断、指挥、实施等。

船舶操纵受多种因素影响，既有船舶自身操纵性能的影响，也受外界风、浪、流等自然环境的影响，还受水上交通环境的影响，而且还与驾引人员的判断、操纵有关。

考察船舶操纵的过程可知，驾引人员（或自动驾驶仪）根据指令航向和实际航向（由罗经显示）的差别，经分析综合，发出舵角指令。舵机即按此指令转动舵（由舵手操舵或自动操舵），同时将舵角值传送到舵角显示器上。舵转动使舵和船体产生水动力，使船偏转改变航向，同时罗经将实际航向值显示出来。驾引人员再根据需要航向和实际航向的差别，考虑再发出舵角指令 …… 直至实际航向与指令航向一致，即停止操舵。整个船舶操纵系统是由船体、舵、舵机、驾引人员（或自动驾驶仪）和各种显示仪表等许多环节组成，并构成一个输入、输出信号的封闭回路，称为闭环控制。船舶操纵运动（航向）控制回路如图 1 所示。

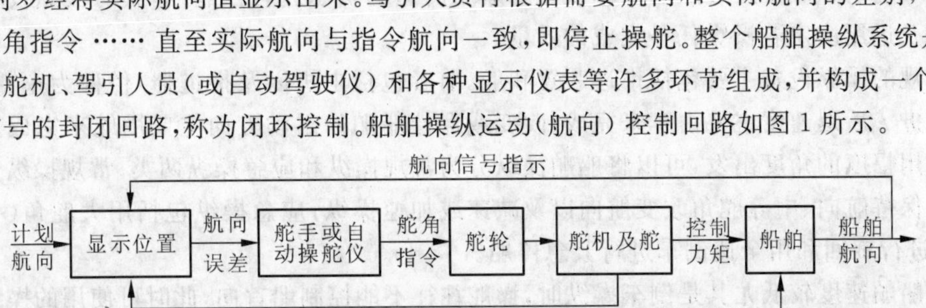

图 1　船舶操纵运动（航向）控制回路

以上所述是改变航向的闭环过程，此外，还有一个改变船速的闭环过程。当船舶在沿海、内河或者进入停泊地点以及在港内系泊时，通常要相当频繁地使用主机来控制速度大小，以避免碰撞、触礁或进行停泊、靠泊，确保航行及作业安全。船舶实际航行过程中，操纵就是通过这两个闭环过程来改变船舶的运动状态的。同时，船舶航行自动控制也是通过这种原理来实现的。

二、船舶操纵任务

船舶操纵的一般任务主要包括对船舶方向、速度和船位的控制。操纵任务一般可分解成若干子任务。

1. 保持航向

从事海上运输的船舶在海上航行的主要目的是为了以最短的距离和最快的时间抵达目的地，并减少燃料消耗。为此，力求使船舶保持直线运动。在港内，为了使船舶保持在直线航道内航行，也需要船舶保持直线运动。保向操纵是船舶最基本的操纵。

2. 改变航向

当船舶到达转向点或需要避离障碍物和其他船舶时，需要从一个给定航向改驶到另一航向。改变航向的任务可以分解为转向操纵以及迅速稳定在新航向两个操纵子任务，后者即为保持航向。

3. 改变船速

船舶在宽阔水域航行时，通常的操纵任务不涉及船速。当船舶进出港口、靠离泊或锚泊或避碰等紧急情况下，需要对船速进行控制，以保证船舶安全或达到操纵目的。

4. 保持航迹

为了安全或经济目的，船舶有时需要保持精确的平面运动轨迹（直线或曲线），例如狭水道航行或大洋航行；有时甚至需要精确控制船舶到达航迹上某一点的时间，例如在狭水道乘潮过浅点或接引航员。保持航迹的任务相对复杂，可分解为参考船位信息、保持航向、改变航向、控制船速等子任务。

在上述四种情况下，操纵人员都要对船舶进行操作。可以看出，船舶操纵实质上就是操船人员对船速、航向、船位所进行的综合控制。

三、船舶操纵设备

船舶驾引人员是通过船舶操纵设备对船舶的运动状态进行控制的，其对操纵设备的性能掌握及运用决定着操纵任务完成的质量。

常规的操纵设备主要包括推进装置和舵。前者包括主机以及推进器，俗称为车。控制船舶的前进 / 后退速度主要由车来完成；改变或保持船舶的运动方向主要用舵来完成。从车、舵的运用幅度的角度出发，可以将船舶操纵分为常规操纵和应急操纵两类。常规操纵包括用小舵角保持航向、中等舵角改变航向以及减速或加速操纵；应急操纵包括用大舵角（一般为满舵）进行旋回和用全速倒车进行紧急停船。

在船舶速度较低尤其是倒车操纵时，操舵往往不能控制船首向，此时可使用的操纵设备还包括侧推器、拖船以及锚、缆等。在用车不能控制船速（或不能安全控制）的情况下，也需要借助拖船甚至锚等其他操纵设备，以保证安全。船舶在锚泊、系离浮筒、靠离泊、进出船闸、进出船坞的复杂操纵过程中，仅仅利用车、舵是不能完成操纵任务的，需要根据具体的目的以及当时的环境条件有效地使用各种操纵设备。

任何操纵设备都有其各自的作用效果和能力极限，其效果或极限与操纵设备的特性、船舶运动状态、外界环境条件等多种因素有关。例如，锚机、缆车负荷以及锚链、缆绳的强度是有限的，舵的控制效果随船舶进速的降低和螺旋桨转速的降低而减弱，侧推器以及拖船的控制效果则随船速的提高而降低，等等。驾引人员必须充分了解这些操纵设备的特性以及影响其控制效果的各种因素，以保证操纵安全。

四、船舶操纵研究

影响船舶航行的通航环境因素较多，对船舶的运动状态影响较大，加上船舶本身尺度和惯性较大，操纵设备性能存在局限性，所以船舶的操纵安全需要良好的操纵技术加以保证。研究船舶操纵对船舶运输的效率和安全具有重要的意义。

（一）研究任务

1. 明确船舶操纵特性

船舶操纵特性包括船舶操纵运动中的船体受力和运动的基本规律，车、舵、锚、缆等操纵设备及其他助操设施的作用以及局限；外界因素包括：风、浪、流、浅水、岸壁效应、船间效应对船舶操纵性能的影响等。

2. 研究操纵方法

操纵方法研究是针对各种常规操纵以及应急操纵任务，根据船舶操纵运动规律，研究在不同的环境条件下保证安全操纵的基本程序、方法和操纵要领、注意事项。

3. 操纵安全评价

建立给定条件的船舶操纵过程安全的定量或定性分析的模型或方法，以便对船舶操纵的安全性进行评价，最终制订安全措施，或为船舶设计、港口设计、航道以及其他水工设施等的通航安全需求提供决策依据。

（二）研究方法

船舶操纵是理论性、技术性很强的工作。近年来，船舶操纵理论研究深入，不断与实船操纵技术相结合，是研究船舶操纵的方向和趋势。

1. 实船试验

实船试验是对实船操纵的运动状态进行测量、记录、分析，其结果直观、可靠。但实船试验成本较高，多次反复试验的可行性小。另外，某些研究进行实船试验是不可能的，例如安全性的研究、工程设计阶段的通航问题等。

2. 船模实验

船模实验是根据一定比例建立船舶的物理模型，通过对物理模型的操纵以及对结果的测量、记录、分析，最后得出表征实船操纵运动规律的参数。船模实验的成本也较高，且其针对性强，所以仅在一些造船及相关研究机构中采用。此外，由于存在尺度效应（船模与实船的大小差异），某些研究的结果尚不够理想，例如大风浪中的船舶操纵，船模与实际存在一定差距。

3. 数模仿真

数模仿真是建立描述船舶操纵运动的数学模型，然后通过计算机解算，模拟出实船的操纵运动过程。数模仿真的好处是运行成本较低，可以反复操作，且不涉及事故损失。随着计算机技术的发展和数学模型的研究和积累，这种方法的应用越来越广泛。但数模仿真的结果依赖于其模型的精度，而且其模型的建立也需要实船或船模实验的数据支持。

4. 经验总结

船舶驾引人员的经验总结是船舶操纵研究的一种重要方法，也可结合理论进行分析。经验丰富的引航员、船长和驾驶员的知识是非常重要的参考资料。其缺点是总结大多是定性的，很难直接用于定量研究。

第一章　船舶操纵设备及其运用

第一节　螺旋桨的运用

一、螺旋桨的推力

（一）螺旋桨及其分类

船舶推进器是把自然力、人力或机械能等转换成船舶推力的能量转换器。推进器按作用方式可分为主动式和反应式两类。靠人力或风力驱船前进的纤、帆等为主动式，桨、橹、明轮、喷水推进器、螺旋桨等为反应式。现代运输船舶大多采用反应式推进器，应用最广的是螺旋桨。

自世界上第一艘以蒸汽机为动力的船舶问世以来，以热机（柴油机、汽轮机以及燃气轮机等）为动力直接驱动螺旋桨的机械推进系统成为目前船舶推进的主要方式，在船舶动力装置中占据了主导地位。船舶机械推进系统一般由主机、轴系、螺旋桨、舵组成，螺旋桨安装于船尾水线以下，由主机获得动力而旋转，如图 1-1 所示。

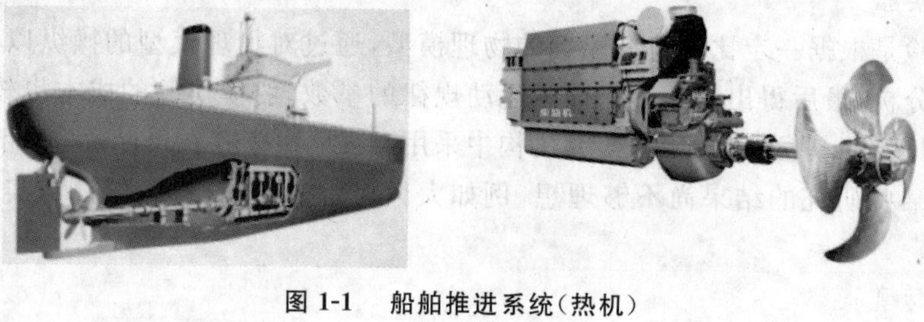

图 1-1　船舶推进系统（热机）

随着电力电子技术与传动控制系统的发展，船舶电力推进系统得到应用和推广，如图 1-2 所示。其一般由电机、齿轮系、轴系、螺旋桨、舵组成，目前大多用于军事（舰艇）上，一些特殊场合（大型渡轮和豪华客轮）也有所应用。

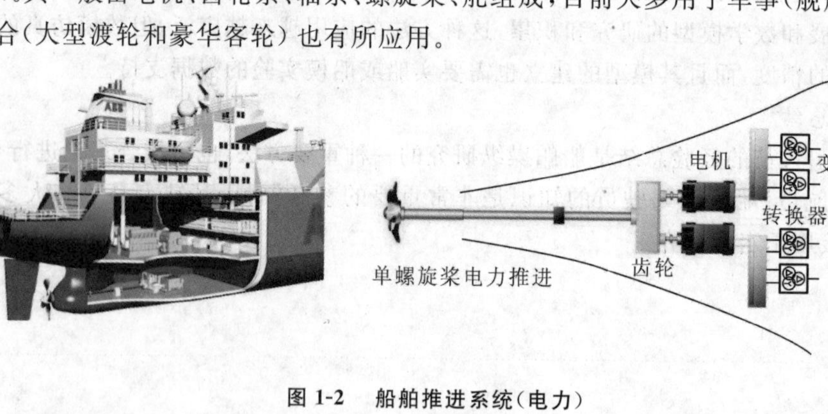

图 1-2　船舶推进系统（电力）

螺旋桨由桨毂和若干径向地固定于毂上的桨叶所组成，俗称车叶。按照构造不同，螺旋桨分为固定螺距螺旋桨(FPP)和可调螺距螺旋桨(CPP)两大类。

固定螺距螺旋桨的螺距是固定不变的,如图1-3(a)所示。即其桨叶安装角是固定的。其特点是构造简单、经济安全,在各种船上得到广泛应用。但也存在一定的缺点,比如不能在多种工况下充分发挥主机的功率。

可调螺距螺旋桨的螺距是可以调节的,可通过毂内机构转动螺旋桨叶,以调节螺距来适应各种工况,如图1-3(b)所示。其桨叶不固定在桨毂上,而是可围绕垂直于桨轴的轴线转动。利用桨毂内的操纵机构转动桨叶,改变螺距角,从而改变螺旋桨推力的大小和方向,以适应船舶前进、后退、停止和变速等要求。可调螺距螺旋桨在充分利用主机功率、改善船舶操纵性能、提高船舶的经济性等方面具有优势,但也存在一定的缺点,例如构造复杂,造价高,维修难度大等。

(a) 固定螺距螺旋桨

(b) 可调螺距螺旋桨

图1-3　船用螺旋桨

螺旋桨常安装在船尾。在船尾部中线处装一只螺旋桨的船为单桨船;船尾左右各装一只螺旋桨的为双桨船。单桨船按螺旋桨旋转方向分右旋式和左旋式两种。右旋式螺旋桨是指当螺旋桨正转时,由船尾朝船首方向看,螺旋桨作顺时针旋转,反转时作逆时针旋转,如图1-4所示;反之则为左旋式螺旋桨。双桨船的螺旋桨按其旋转方向,可分为外旋式和内旋式两种。外旋式两桨正转时,左舷螺旋桨左转,右舷螺旋桨右转,如图1-5所示;反之为内旋式。一般固定螺距的双桨船采用外旋式,可调螺距的双桨船采用内旋式。

图1-4　右旋式单桨船

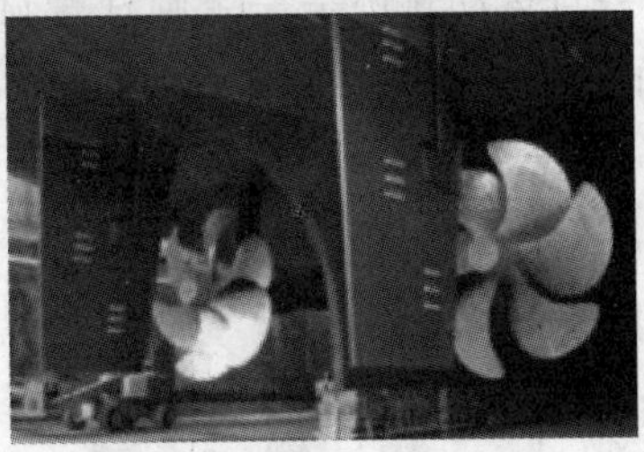
图1-5　外旋式双桨船

(二) 螺旋桨的吸入流与排出流

当船舶处于对水静止状态时,螺旋桨在船舶主机的驱动下,正转时产生推力,反转时产生拉力。以右旋式固定螺距螺旋桨为例,螺旋桨旋转时,产生螺旋桨流,如图1-6所示。

螺旋桨流分为吸入流和排出流。吸入流是指流向螺旋桨盘面的水流,其特点是:范围较宽,流速较慢,流线几乎相互平行。排出流是指流离螺旋桨盘面的水流,其特点是:范围较窄,流速较快，流线具有螺旋性，且旋转激烈。

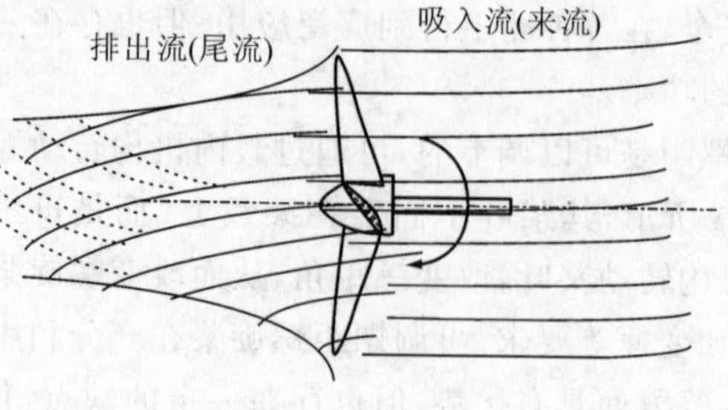

图 1-6　螺旋桨流

（三）螺旋桨的推力

1. 螺旋桨的几何参数

(1) 直径(D)：螺旋桨旋转时，其叶梢轨迹圆的直径。一般情况下，直径增大拉力随之增大，效率随之提高。但直径往往受到船舶吃水和输出转速的限制。

(2) 螺距(P)：螺旋桨旋转一周理论上前进的距离。螺距在桨叶径向不同位置是不相等的。一般以桨半径 0.7 倍处的螺距作为整个螺旋桨的螺距。

(3) 螺距比(P/D)：螺距与直径之比，一般在 0.6～1.5 之间。高速浅吃水船选取的螺距比值较大，低速深吃水船选取的比值较小。

(4) 盘面比：各桨叶在前进方向上的投影面积之和与直径 D 的比值。通常，高转速的螺旋桨所取的比值小；低速、大推力的螺旋桨所取的比值大。

(5) 桨叶数目

运输船舶的螺旋桨一般有 3～6 片桨叶。

2. 螺旋运动

螺旋桨旋转运动是两种运动的合成，包括直线运动和圆周运动。若匀速运动一周，则桨叶上任一点运动轨迹是一条圆柱螺旋线($BB_1B'_2$)，螺旋运动示意如图 1-7 所示。$B'B'_2$(或 BB_2)的长度为螺距 P，BB' 的长度为 $2\pi r$，φ 为螺距角。

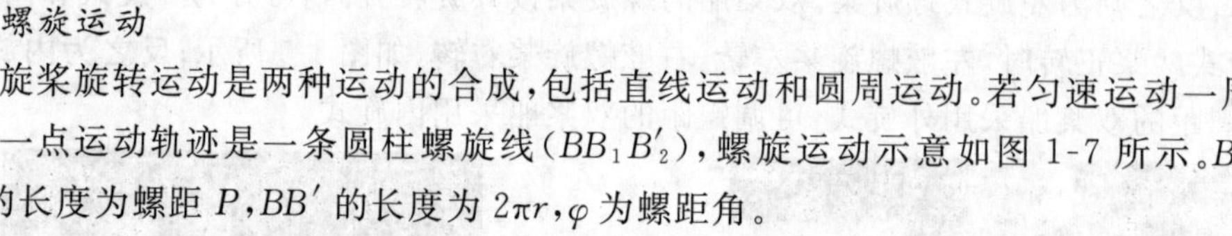

图 1-7　螺旋运动示意图

3. 螺旋桨的推力

选取螺旋桨半径为 r 处的桨叶剖面，该剖面为一机翼形状。若螺旋桨的转速为 n，则该剖面圆周运动的线速度为 $n2\pi r$，沿桨轴方向的直线运动理论进速为 nP，螺距角为 φ，合速度方

向为 BB'_2。但由于螺旋桨在水中运动存在滑失 S，损失掉一部分前进速度，因而实际进速为 V_P，与之对应的角度 β 称为进程角。考虑滑失后的该剖面运动合速度方向为 BC。根据相对运动理论，水流沿 CB 方向作用于该剖面，与剖面之间的夹角称为攻角 α。根据机翼理论，产生升力 L，L 在桨轴方向的分力 T 即为该桨叶剖面的推力，在垂直于桨轴方向的分力 R 为横向阻力，螺旋桨推力原理如图 1-8 所示。

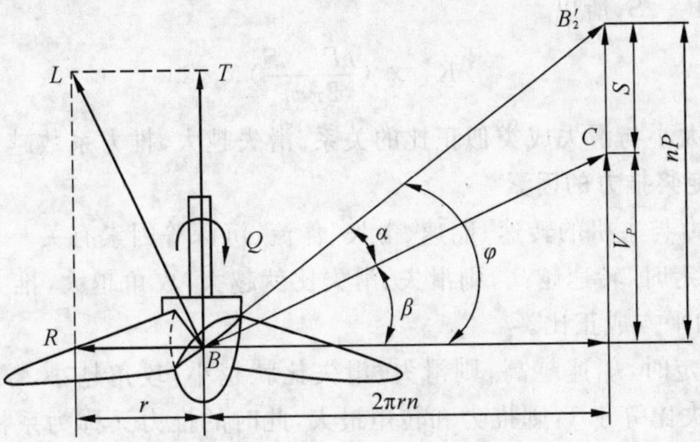

图 1-8　螺旋桨推力原理

螺旋桨的推力本质上是水对螺旋桨的反作用力。主机提供的使螺旋桨旋转的力矩称为转矩。螺旋桨的推力和转矩用下式计算：

$$推力：T = \rho n^2 D^4 K_T \tag{1-1}$$

$$转矩：Q = \rho n^2 D^5 K_Q \tag{1-2}$$

式中：ρ—— 水密度；

D—— 螺旋桨直径；

n—— 螺旋桨转速；

K_T—— 推力系数；

K_Q—— 转矩系数。

4. 滑失、滑失比

滑失(Slip) 是螺旋桨轴向理论进速与实际进速之差(图 1-8)，即

$$S = nP - V_P = nP - (V_s - V_w) \tag{1-3}$$

式中：S—— 滑失；

n—— 转速；

P—— 螺距；

V_P—— 螺旋桨实际进速；

V_s—— 船速；

V_w—— 螺旋桨处的伴流速度。

滑失与螺旋桨轴向理论进速之比为滑失比，即

$$S_r = \frac{S}{nP} = \frac{nP - V_P}{nP} = 1 - \frac{V_P}{nP} \tag{1-4}$$

若以船速 V_s 代替 V_P 时，则分别称为虚滑失 S' 和虚滑失比 S'_r，即不考虑螺旋桨处伴流的影响。虚滑失比是表征不同航行状态下作用于螺旋桨负荷的参数，船舶在海上航行时，船员

经常用虚滑失比来计算船速，一般以百分数表示虚滑失比。船舶受到风、浪、浅水以及污底的影响而使阻力增大时，虚滑失比也相应增大。另外，船舶在加速过程中，虚滑失比也会增加。

推力系数 K_T 是进速系数 J 的函数，K_T 与 J 成反比关系，即

$$K_T = f(J), K_T \propto (\frac{V_P}{2\pi rn})^{-1} \tag{1-5}$$

由于 $V_P = nP - S$，所以

$$K_T \propto (\frac{nP - S}{2\pi rn})^{-1} \tag{1-6}$$

因而，推力的大小与滑失成类似正比的关系。滑失越大，推力系数越大，推力越大。

（四）影响螺旋桨推力的因素

一般来讲，推力与主机的转速、船速、滑失、伴流、沉深等因素有关。

(1) 当船速一定时，转速越高，则滑失、滑失比就越大，攻角越大，推力越大。推力与转矩的大小均与转速的平方成正比。

(2) 当转速一定时，船速越高，则滑失、滑失比就越小，攻角越小，推力越小。当转速一定、船速为零时滑失比等于1，则推力和转矩最大，此时的推力又称为系柱推力。推力与船速成反比。

(3) 伴流越大，推力越大。伴流是船体周围存在的一股水流，以某一速度随船前进。沿船体前后方向，船首最小、船尾最大，离船体越远，伴流越小。伴流主要由摩擦伴流、势伴流、兴波伴流组成。摩擦伴流为正伴流；势伴流在船首尾为正伴流、船中为负伴流。伴流在船尾处的分布特点为：沿螺旋桨的径向，上大下小，左右对称，如图 1-9 所示。

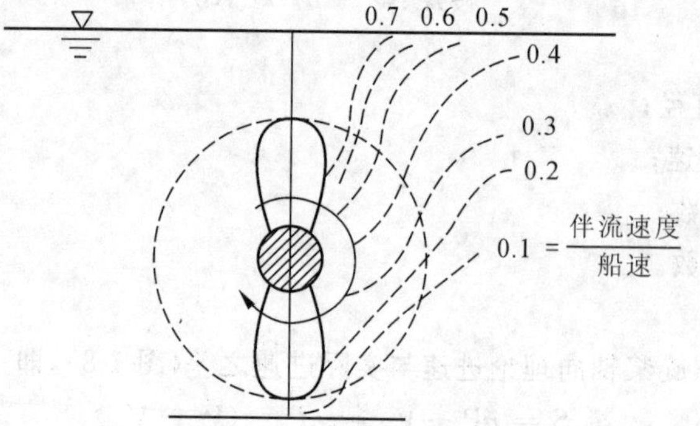

图 1-9 船尾伴流分布

由于伴流的存在，使得螺旋桨进速比船速低，从而滑失会增大。伴流对提高螺旋桨推力是一个有利因素。

(4) 沉深越小，推力越小。螺旋桨沉浸水中的深度对螺旋桨的推力与转矩影响较大，当螺旋桨浸在水中的深度不足时，螺旋桨转动造成空气吸入现象或部分桨叶露出水面，螺旋桨的推进效率将大大降低，螺旋桨的推力与转矩也将随之降低。

(5) 倒车拉力小于进车推力。当主机倒车时，主机的拉力和转矩具有与进车时相同的特性，由于螺旋桨及主机结构方面的原因，一般船舶倒车拉力只有进车推力的 60% ～ 70%，大型船舶只有 30% ～ 40%。

(6) 吸力导致推力减额。螺旋桨工作时，桨叶叶背压力降低，使螺旋桨前方压力连续下降，流速增加，形成吸流。吸流引起船体尾部流速加快，压力降低，从而使船体阻力增加。这些

阻力增加，犹如螺旋桨对船体的吸力，故称螺旋桨吸力。如果船等速航行，且螺旋桨转速不变时，螺旋桨产生的推力除要克服船体阻力外，还要克服因吸力增加的阻力，相当于降低了螺旋桨推力。因此，将因螺旋桨工作时吸力引起的阻力增额，称为推力减额。

（五）滑失在操船中的应用

螺旋桨旋转运动产生诱导速度，它是随滑失的增加而增加的。滑失速度越大，进速越小，诱导速度越大，舵压力也越大，舵效也越好。舵压力随滑失而增加的近似式为：

$$\Delta P_N = K' S_r^{1.5} \tag{1-7}$$

式中：ΔP_N—— 舵压力增加率；

S_r—— 滑失比；

K'—— 比例常数。

从上式可以看出，滑失增加时，舵压力约以滑失比的 1.5 次方增加，例如，在向泊位航进中的船舶减速操纵，或在过急弯，或系、离泊操纵中，使用主机停车 — 进车的操作法既能尽量抑制船速，又能有效发挥舵力。该操纵方法就是利用螺旋桨的滑失，增加诱导速度，从而增加舵效的较有力的措施。

提高滑失比也会导致主机负荷增加。当滑失比增加时，在增加推力的同时也增加了螺旋桨的转矩，这就需要主机克服更大的转矩，而且容易使主机超负荷工作而损坏。因此在实际工作中应避免船舶在静止中突然高速进车和高速倒车而损坏主机。另外，船舶在大风浪中或浅窄水域航行时，因船速下降而导致螺旋桨的滑失增加，亦容易造成船舶主机超负荷工作，应引起足够的重视。

二、船舶阻力

船舶在水面上以一定的航速航行时，船舶必须依靠主机发出的功率，驱动推进器产生推力，从而克服船舶本身所受到的各种阻力。

船舶在水面上航行时，水和空气对船体有相对运动，则产生水动力和风动力。船体水动力和风动力也称为船舶阻力，它是影响船舶运输效率和运动性能的主要因素之一。

（一）船舶阻力的构成

航行中的船舶所受的阻力总量 R 由基本阻力 R_0 和附加阻力 ΔR 两部分构成。船舶阻力表示为 $R = R_0 + \Delta R$，如图 1-10 所示。

- 船舶阻力
  - 基本阻力
    - 摩擦阻力
    - 压差阻力
      - 兴波阻力
      - 涡流阻力
  - 附加阻力 —— 附体阻力、污底阻力、汹涛阻力、空气阻力

图 1-10　船舶阻力

（二）基本阻力

基本阻力是指新出坞的裸船体（不包括附属体）在平静水面行驶时对船体产生的阻力。具体由摩擦阻力、兴波阻力、涡流阻力三部分组成，即

$$R_0 = R_f + R_r = R_f + R_w + R_e \tag{1-8}$$

1. 摩擦阻力 R_f(Frictional resistance)

摩擦阻力的大小与船舶吃水、船体水下部分的湿水面积、船体表面的粗糙度和船速等因素有关。船舶推进器推动船舶运动时，随着船速的提高，摩擦阻力以船速的二次方速率迅速

增大。摩擦阻力在总阻力中所占比例主要取决于船速的大小。在一般商船速度范围内，摩擦阻力为总阻力的 70% ~ 90%。

2. 压差阻力 R_r(Residual resistance)

压差阻力 R_r 包括兴波阻力 R_w 和涡流阻力 R_e。兴波阻力指船舶对水运动过程中船体周围产生的兴波造成的能量损失；而涡流阻力指流体与船体分离产生的涡流造成的能量损失。压差阻力的大小取决于船体的形状和船速，其中兴波阻力所占比例较大。在低速时，兴波阻力与船速的平方成正比，但在高速时，兴波阻力急剧增大。因此，在高速情况下，船舶的推进功率并非全部用于提高船速，很大一部分转换为兴波能量。在低速时，压差阻力通常占总阻力的 8% ~ 25%，而高速时，可达到 45% ~ 60%。

浅水对压差阻力的影响较大，这是由于浅水造成船底的流体向后流动较为困难，进而产生比深水更大的兴波从而造成阻力增加。

3. 影响基本阻力大小的因素

基本阻力的大小主要与船速和船舶吃水有关。吃水越大，阻力越大；船速较低时，基本阻力近似于线性变化；当船速较高时，基本阻力变化明显加快，几乎与船速的平方成正比。

（三）附加阻力

附加阻力指船舶运行过程中由于船舶附体的增加、船体表面粗糙度、海况、风以及海流等引起的船舶阻力增量。附加阻力包括：

1. 附体阻力(Appendage resistance)

指由于舵、船龙骨及轴包架等附体对水运动而增加的部分阻力。

2. 污底阻力(Fouling resistance)

船舶运行过程中，船壳板上漆层的脱落、海生物的生长都会使船体表面变得粗糙，这也意味着船舶摩擦阻力的增加。这种船体表面粗糙度的增大，在整个船舶使用寿命期间可能使总阻力增加 25% ~ 50%。

3. 汹涛阻力(Rough water resistance)

船舶阻力也会由于风、浪和船身的剧烈摇摆运动的影响而增加。顶浪航行时，一般船舶总阻力比静水状态增加 50% ~ 100%。

4. 空气阻力(Air resistance)

空气阻力指在静水状态下(3 级风以下)，船舶水上部分对空气的相对运动产生的阻力。一般来说，空气阻力与船速的平方以及船体水线以上部分正投影面积成正比。通常情况下，空气阻力占总阻力的 2% ~ 4%，但集装箱船由于其船体水线以上部分正投影面积较大，且船速较高，其空气阻力占总阻力的比例可达 10%。

附加阻力的大小与风浪大小、船体污底轻重及航道浅窄有关。

三、主机功率与船速

（一）主机功率与推进效率

船舶主机所发出的功率，并非全部能为推进器所用。除了驱动螺旋桨产生推力使船舶运动外，还必须克服螺旋桨产生的相应转矩和主机传动轴系的摩擦力。推进器的收到功率要从主机功率中扣除主机外带驱动的各种装置的功率损耗、减速装置的功率损耗以及推进轴系的功率损耗。主机功率的传递过程如图 1-11 所示。

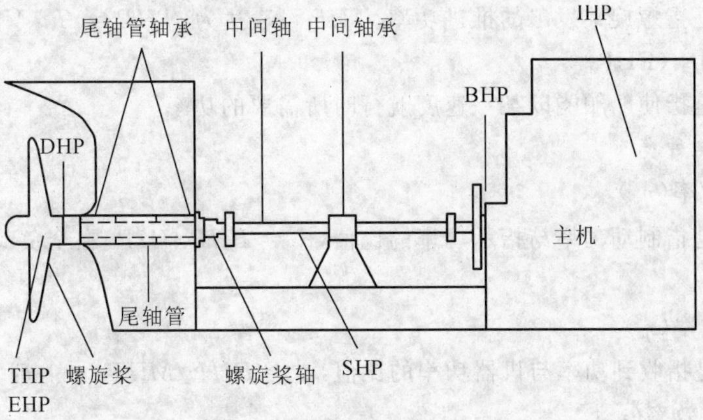

图 1-11　主机功率的传递过程

1. 主机输出功率

(1) 最大持续输出功率

最大持续输出功率指主机能安全持续运转的最大输出功率，为主机标称输出功率。该输出功率的额定值常用 MCR(Max. continuous rating) 表示。

(2) 常用输出功率

常用输出功率是指为取得海上船速而经常使用的主机输出功率。

(3) 过载输出功率

过载输出功率是指可供短时间使用的超过最大持续输出功率的输出功率。

(4) 倒车输出功率

倒车输出功率是指船舶倒车时的最大输出功率。

四种输出功率的比例如表 1-1 所列。

表 1-1　四种输出功率的比例

最大持续输出功率(%)	100	常用输出功率(%)	80 ～ 90
过载输出功率(%)	105 ～ 110	倒车输出功率(%)	40 ～ 60

船舶进港航行或雾航时，往往需要备车，此时的输出功率也称备车输出功率，通常为最大持续输出功率的 50% ～ 60%。

2. 主机功率种类

(1) 机器功率(MHP)

机器功率是指主机发出的功率。根据主机种类不同，测定机器功率部位也不同。

① 指示功率(IHP)：表示主机气缸内产生的功率。主要用于蒸汽往复式主机。

② 制动功率(BHP)：表示输出于主机之外可实际加以利用的功率。由指示功率扣除主机内部机械损失而得到，亦即由制动测功器在主机输出端测得的功率。

③ 轴功率(SHP)：表示传递到直接联结推进器轴上的功率。轴功率由制动功率扣除主机驱动的附连泵、发电机、空气压缩机和减速装置的消耗功率后得到。主要用于汽轮机。

(2) 收到功率(DHP)

收到功率是指通过船尾轴管后向螺旋桨提供的功率。在尾轴尾端与推进器连接处测得。

(3) 推力功率(THP)

推力功率是指螺旋桨发出的推进功率。THP 可表达为：$THP = T \cdot V_P/1000$(kW)。

(4) 有效功率(EHP)

有效功率是指使船舶能以某一速度航行时所需要的功率。

3. 推进效率种类

(1) 机械效率(η_m)

机械效率是指制动功率与指示功率的比值，$\eta_m = BHP/IHP$。在全负荷状态下，η_m 一般为 80% ~ 90%。

(2) 传送效率(η_c)

传送效率是指收到功率与机器功率的比值，$\eta_c = DHP/MHP$。η_c 一般为 95% ~ 98%。

(3) 推进器效率(η_p)

推进器效率是指有效功率与收到功率的比值，$\eta_p = EHP/DHP$。η_p 一般为 60% ~ 75%。

(4) 推进系数(η_e)

推进系数是有效功率与机器功率的比值，$\eta_e = EHP/MHP$。螺旋桨的 η_e 一般为 50% ~ 70%。

(二) 船速

无风无流时，船舶在单位时间内对水航行的距离即为船速。习惯上内河航行以 km/h 为单位，海上航行以 kn 为单位。船速可在船速校验线上测定，根据不同的测定方式可分为：推进器船速 —— 按主机的每分钟转数测得的船速；计程仪船速 —— 航行时根据相对计程仪航程求取的船速。船速分为四类：

1. 额定船速

根据国家标准验收后的主机，可提供水上长期安全使用的最大功率即为该主机的额定功率。额定功率下的转速称为额定转速，在该条件下，主机发出的转矩称为额定转矩。

深水中，忽略水深影响，在额定功率和额定转速条件下，船舶所能达到的最大静水航速为该船的额定船速。新船试航时，额定船速通过测速测得。投入营运后，由于主机磨损及船体的老旧，额定船速会下降。额定船速是船舶在深水中可提供使用的最高船速。

2. 海上船速

主机按海上常用输出功率运转时，在平静的深水域中取得的稳定转速称为海上常用转速，相应条件下的船速即为海上船速。

海上常用输出功率一般为额定功率的 80% ~ 90%，相应地，海上常用转速为额定转速的 92.8% ~ 96.7%。

3. 经济船速

远距离航行中，以节约燃料消耗和提高营运效益为目的，根据航线条件等特点所确定的船速为经济船速 V_e。V_e 可用下式估算：

$$V_e = \sqrt[3]{\frac{b}{2ak}} \tag{1-9}$$

式中：V_e—— 经济船速(kn)；

a—— 每吨燃料费用；

b—— 每航行 1h 的船费；

k—— 系数。

4. 港内船速

近岸航行，尤其港内航行，船舶密集，水深较浅，弯道较多，用舵、用车频繁。为了防止船舶相互作用、浪损和岸吸岸推，便于操纵和避让，港内航行最高船速应较海上船速低，一般情况是将主机输出功率降为海上常用功率的一半左右，这时所得的船速即为港内船速。港内最高转速为海上常用转速的 70% ~ 80%。

港内船速除了与海上船速一样按主机输出功率的比例划分为“前进三”“前进二”“前进一”之外，还有“微速船速”。“微速船速”的功率与转速是主机能输出的最低功率和最低转速。船舶后退船速分为“后退三”“后退二”“后退一”和“微速后退”。车钟令转速表如表 1-2 所示。

表 1-2　车钟令转速表

车钟令		转速(r/min)	船速(kn)	
			满载	压载
额定船速		146	13.3	16.6
海上船速	全速	110	12.3	12.8
	半速	95	9.0	10.7
	慢速	70	6.7	7.7
港内船速	全速进车	75	11.4	11.9
	半速进车	55	8.4	8.7
	慢速进车	45	6.7	6.9
	微速进车	35	4.9	5.0

注：船名 LOUISIANA MAMA，排水量 47853t。

船舶车钟(Telegraph)是驾驶台与机舱联系用车的一种最重要的手段。驾驶员通过操纵车钟(图 1-12)来下达用车指令。传统的用车过程为：驾驶台将车钟推到相应挡位，向机舱发出用车指令，机舱下面就会听到铃声，轮机员把车钟推到同样的位置铃声才会停止(驾驶台和机舱的车钟铃声是同时响同时停)，机舱立即执行用车指令，开动或调整主机。每次用车指令的变换，驾驶台和机舱的控制室都要在车钟记录本上记录。现代化的船舶大多车钟的变换可被计算机直接记录。

图 1-12　船舶车钟

四、螺旋桨的致偏效应

螺旋桨转动时，除了产生前后方向的推力或拉力，以控制船舶的前后运动之外，还会产生左右不对称的横向力使船舶产生偏转。船舶驾引人员必须注意这些横向力对船舶操纵的影响，了解和掌握这些横向力的特性、大小、方向等，在实际操船中趋利避害地加以运用。根据产生机理的不同，螺旋桨横向力可以分为沉深横向力、伴流横向力、排出流横向力以及推力中心偏位效应横向力，这几种作用力在不同的条件下作用大小和方向各异。下面以右旋固定螺距螺旋桨(FPP)单桨船为例讨论螺旋桨横向力产生的机理及作用规律。

(一)螺旋桨沉深横向力(*SWT*)

1. 螺旋桨的沉深 h

螺旋桨的沉深(图 1-13)是指水面到螺旋桨轴中心的深度。

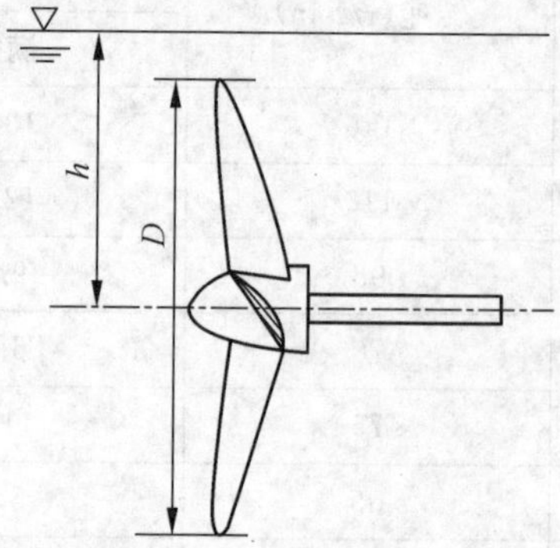

图 1-13 螺旋桨的沉深

沉深的大小与船舶装载情况有关，满载时沉深大，轻载时沉深小。另外还与船速有关，一般运输船舶，若船速高，船舶动吃水增加，h 增加；船速低，船舶动吃水减小，h 减小。

沉深 h 和螺旋桨直径 D 的比值 h/D 称为沉深比。

2. 沉深横向力

当螺旋桨接近水面工作时，螺旋桨扰动水面，掀起波浪，吸入空气，引起了梢涡损失，造成推力和旋转阻力下降。由于螺旋桨盘面上半圆离水面近，甚至部分露出水面，掀起波浪大，吸入空气多，梢涡损失大，水密度下降多，造成螺旋桨盘面上半圆的旋转阻力 R_{hu} 小于下半圆的旋转阻力 R_{hd}。

上半圆的旋转阻力 R_{hu} 与下半圆的旋转阻力 R_{hd} 分别为：

$$\begin{aligned} R_{hu} &= \rho_u \cdot K_Q \cdot n^2 \cdot D^5 \\ R_{hd} &= \rho_d \cdot K_Q \cdot n^2 \cdot D^5 \end{aligned} \tag{1-10}$$

因为 $\rho_u < \rho_d$，所以

$$SWT = R_{hd} - R_{hu} \tag{1-11}$$

式中：ρ_u、ρ_d—— 螺旋桨上、下半圆处水的平均密度(kg/m^3)；

K_Q—— 阻力系数；

n—— 桨叶转速(r/min)；

D—— 螺旋桨盘面直径(m)。

上、下半圆旋转阻力的差额，即为螺旋桨沉深横向力 *SWT*。右旋式固定螺距螺旋桨正

车、倒车时的沉深横向力如图 1-14 所示。

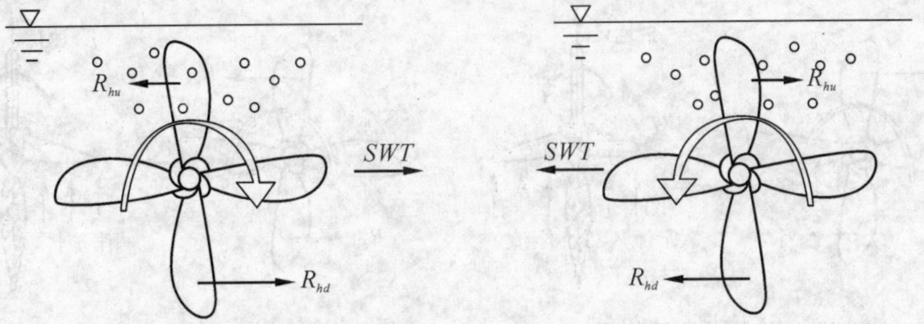

图 1-14　右旋式固定螺距螺旋桨正车、倒车时的沉深横向力

3. 作用方向

由图 1-14 可知，右旋式固定螺距螺旋桨正转时，沉深效应横向力合力向右；螺旋桨倒车旋转时，沉深效应横向力合力向左。沉深横向力的方向与螺旋桨旋转方向相同。由于螺旋桨布置在船尾，该力的作用可致船尾向右或向左偏转，从而导致船首向左或向右偏转。

4. 影响因素

(1) 螺旋桨的沉深比

当沉深比较小($h/D = 0.65 \sim 0.75$)时，上方有空气吸入或桨叶暴露于空气中($h/D < 0.5$)，将产生较大的横向力。

(2) 船速、转速的影响

对于一般运输船舶，若船速低、转速高，沉深横向力较明显；而船速高，转速较慢或转速不变，则沉深横向力较弱。

(3) 水面遮蔽程度

螺旋桨正上方被船体或其他附件(如隧洞式船体的螺旋桨、导流管等)所覆盖，螺旋桨沉深效应横向力将减弱，甚至消失。螺旋桨反转时，因水流从后方流向螺旋桨，受船尾的遮蔽作用较差，故反转时的沉深效应横向力作用比正转时显著。

(4) 螺旋桨叶切面形状

螺旋桨正转时，螺旋桨叶切面形状的流线型好，有利于流体运动，掀起波浪小，吸入空气少，则螺旋桨沉深效应横向力小；螺旋桨反转时，螺旋桨叶切面形状的流线型差，不利于流体运动，掀起波浪大，吸入空气多，则螺旋桨沉深效应横向力大。

(二) 螺旋桨伴流横向力(WT)

1. 伴流横向力

船舶以某一速度向前航行时，附近的水受到船体的影响而产生运动，其表现为船体周围将存在一股水流以某一速度随船前进，这股水流称为伴流或迹流。伴流的存在使得船后螺旋桨附近流场中水流对桨的相对速度与船速不同，从而使螺旋桨产生的水动力也不同。在螺旋桨盘面处上、下半圆伴流分布不均匀，如图 1-9 所示，上半圆伴流速度大、范围大，下半圆伴流速度小、范围小。伴流分布的上、下不均匀导致螺旋桨盘面上、下半圆的旋转阻力大小不一致，从而产生伴流横向力(WT)，如图 1-15、图 1-16 所示。

从机翼理论可知，在某一临界冲角内，水动力大小是随着冲角的增加而增加的。由此可见，螺旋桨盘面上半圆处，伴流速度大，进速小，冲角大，水动力大，旋转阻力 R_{wu} 也大；而螺旋桨盘面下半圆处，伴流速度小，进速大，冲角小，水动力小，旋转阻力 R_{wd} 也小，即 $R_{wu} >$

R_{wd}，$WT = R_{wu} - R_{wd}$。

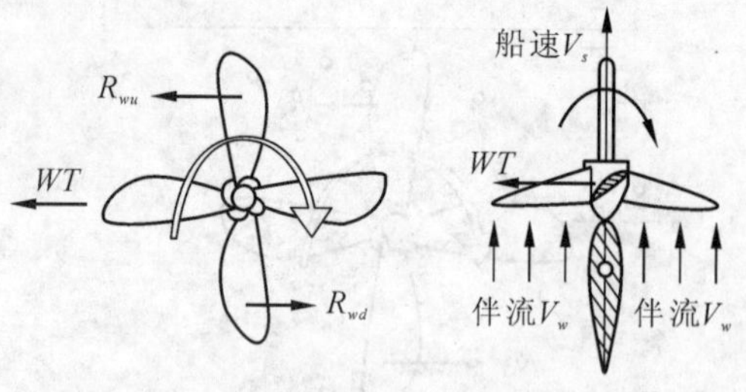

图 1-15　前进中进车时的伴流横向力

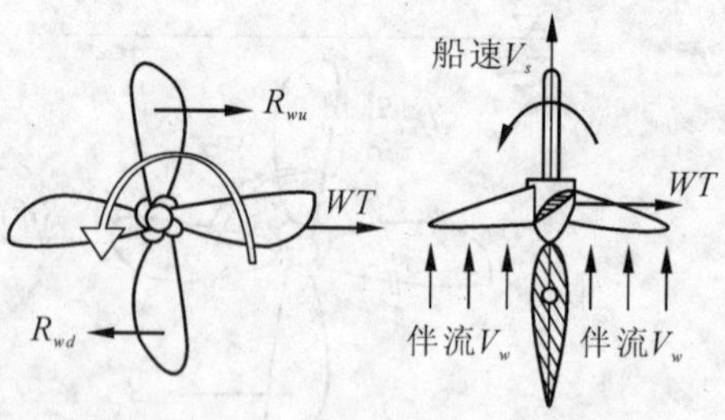

图 1-16　前进中倒车时的伴流横向力

2. 作用方向

对右旋单桨船而言，船舶在前进中有较高的航速，螺旋桨正转时，WT 推船尾向左，船首右偏；螺旋桨反转时，WT 推船尾向右，船首左偏。

3. 影响因素

(1) 船速。伴流随着船速增加而增加，伴流横向力随着船速增加而增大。当船速为零时，伴流为零，无伴流横向力。船舶倒退时，舵位于螺旋桨前方，舵叶伴流极微，故此时的伴流横向力可以忽略。

(2) 船舶尾型。U 型船尾伴流的分布上、下比较均匀，伴流横向力较小；全隧洞式船尾、导流管以及螺旋桨位置离船体较远，伴流横向力几乎减弱为零；V 型船尾伴流上、下不均匀程度较大，伴流横向力较大。

(三) 螺旋桨排出流横向力(*RST*)

1. 排出流横向力(*RST*) 产生原因

螺旋桨排出流因受螺旋桨的诱导加速作用，形成螺旋状的水流。当螺旋桨正转时，排出流作用在舵叶两侧；当螺旋桨反转时，排出流作用在船尾部两侧。由于作用在舵叶和船尾部两侧的水流速度、冲角和面积不均匀对称，导致作用在舵叶或船尾部两侧的水动力不平衡，两侧水动力横向分力差额称为排出流横向力(*RST*)。

(1) 螺旋桨正转时，排出流的螺旋状流线对舵叶的冲角如图 1-17 所示。此时舵叶放在正舵位置，从图中可知，螺旋桨盘面右侧的排出流以一定的冲角作用于舵叶右侧的下半部；盘面左侧的排出流作用于舵叶左侧的上半部。根据山景昌夫对模型的试验，当螺旋桨在船体后伴流中工作时，排出流对舵叶的水平冲角分布在反向且不对称，表现为右下部大左上部小，导致舵叶两侧水动力不平衡而产生 *RST*。

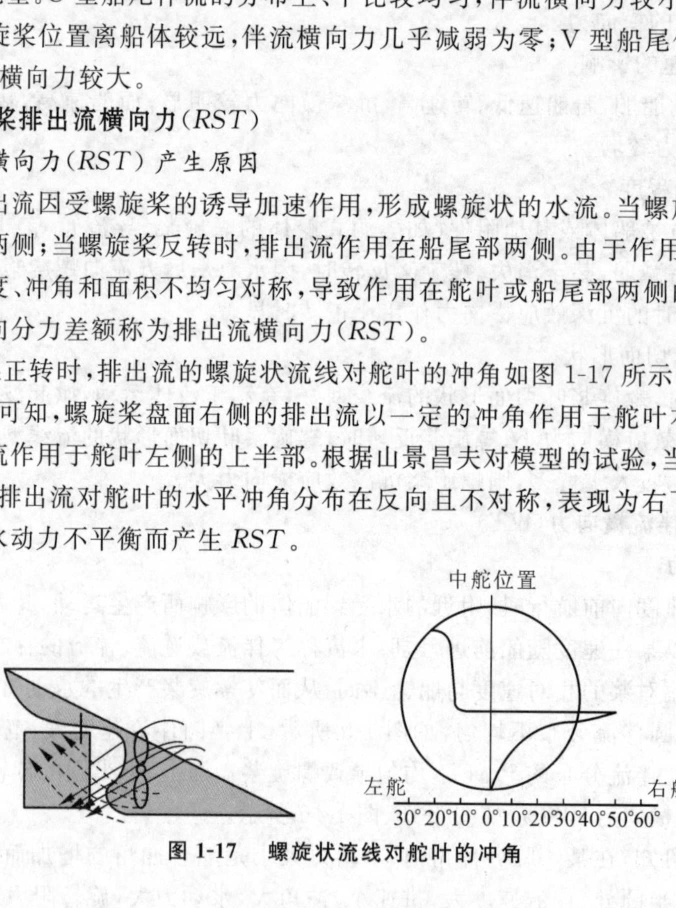

图 1-17　螺旋状流线对舵叶的冲角

(2) 螺旋桨反转时，排出流作用于船体尾部。倒车尾流对船体的作用如图 1-18 所示，螺旋桨盘面右侧的排出流直接打在桨轴线水平面以上的右舷部分；螺旋桨盘面左侧的排出流则打在桨轴水平面以下的左舷部分。由于船尾形状上肥下瘦，造成排出流与船尾的冲角右上部大，左下部小；且水流作用面积右上部大而左下部小，导致船尾两舷的水动力大小不一样而产生排出流螺旋性效应横向力。

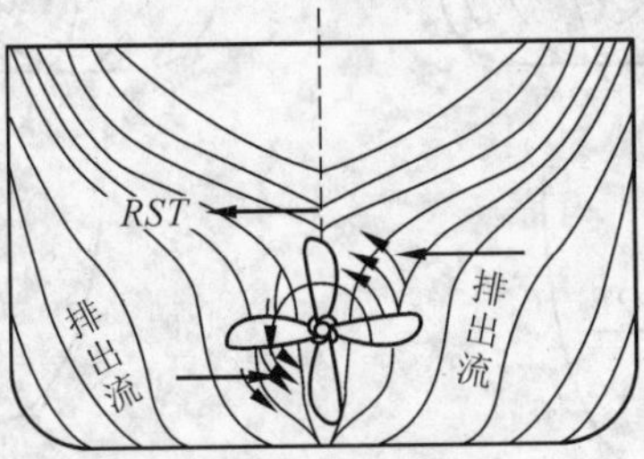

图 1-18　倒车尾流对船体的作用

2. 作用方向

从排出流横向力产生原因可知，不论螺旋桨正、反转，对于右旋式单桨船，*RST* 均推船尾向左，船首右偏。

右旋单桨人力舵船向右转舵较向左转舵沉重一些；在同样舵角下，向右旋回的旋回圈直径比向左旋回的旋回圈直径小些。由于螺旋桨反转时 *SWT* 与 *RST* 的作用方向相同，故螺旋桨反转时船首右偏现象显著。

3. 影响因素

(1) 螺旋桨与船体位置及尾型：若螺旋桨远离船体，或位于伴流分布较均匀的船尾（如 U 型船尾或有隧洞）后工作，排出流螺旋性效应横向力减小或不存在；反之将增大。

(2) 船速、转速：螺旋桨转速高、船速高时，排出流横向力较大。

（四）推力中心偏位效应横向力（*LOT*）

推力中心偏位是由吸入流和伴流引起的。由于吸入流和伴流在船尾的分布是三维的，在垂直方向的分布是沿水下船尾型线由船底向上呈斜上方向汇集于螺旋桨的盘面内。以右旋单桨船为例，螺旋桨右旋（正车前进）时右半圆的桨叶呈顶流、左半圆的桨叶呈顺流状态，使右侧桨叶的推力大于左侧桨叶的推力，整个螺旋桨的推力中心偏向于螺旋桨中心的右侧，使船首左偏，同时，由于左右桨叶垂直力右大左小，船尾受到一定程度的抬升。前进中进车时推力偏心作用如图 1-19(a) 所示。

船舶前进中倒车时，左侧的桨叶呈顶流、右侧的桨叶呈顺流状态，使左侧桨叶的拉力大于右侧桨叶的拉力，整个螺旋桨的拉力中心偏向于螺旋桨中心的左侧，使船首左偏。前进中倒车时拉力偏心作用如图 1-19(b) 所示。

总而言之，螺旋桨推（拉）力中心偏位的方向与螺旋桨旋转的方向一致，引起的横向力使船尾向右，船首向左偏转。船速越高、螺旋桨转速越高，则推力中心偏位越明显，但总体而言，不论是进车还是倒车，螺旋桨推力中心引起的横向力均是一个较小的量。船舶在后退中，因为舵吸入流和伴流均微弱，推力中心偏位的效果可以忽略。

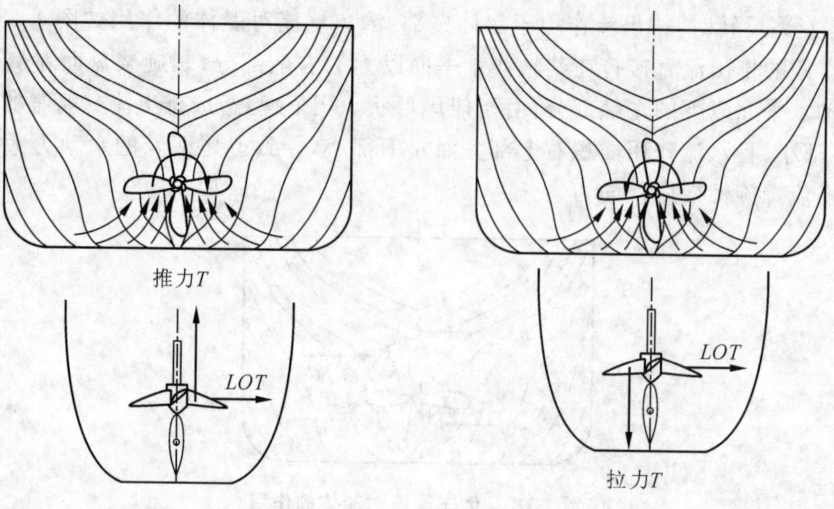

(a) 前进中进车时　(b) 前进中倒车时

图 1-19　推力(拉力)偏心作用

(五) 单螺旋桨船的综合效应

单桨单舵船的船、桨、舵效应横向力主要有舵压力效应横向力、螺旋桨沉深横向力、伴流横向力、排出流横向力、推力中心偏位效应横向力等。右旋固定螺距螺旋桨(FPP)单桨船各种螺旋桨横向力产生的条件及作用规律如表 1-3 所示。

表 1-3　FPP 单桨船各种螺旋桨横向力产生的条件及作用规律

横向力种类	产生条件	量级	影响因素	方向	致偏作用
沉深横向力	$h/D=0.65\sim0.7$ 或水深较小	较大	h/D 越小、水深越浅、船速越低、转速越高，横向力越大；空载时作用明显	与螺旋桨旋转方向相同	进车，尾右偏，首左偏；倒车，尾左偏，首右偏
伴流横向力	船有进速、伴流存在	小	船速越高、转速越高，该力越大	与螺旋桨旋转方向相反	进车，尾左偏，首右偏；倒车，尾右偏，首左偏
排出流横向力	进车时：排出流作用于舵叶；倒车时：排出流作用于船体尾部	进车较小，倒车时大	排出流速度越大、船尾吃水越浅，该力越大	向左	尾左偏，首右偏
推力中心偏位效应横向力	船舶在前进中，船尾线型斜流	小	船速越高、螺旋桨转速越高，推力中心偏位效应横向力越明显	推力偏右，拉力偏左	尾右偏，首左偏

对于 V 型船尾的船舶来说，右旋单桨单舵船的船、桨、舵效应横向力对船舶操纵的影响可综合如下：

1. 正车启动时

正车启动时，沉深横向力较明显，其他各横向力的作用不明显，如图 1-20 所示。船首左偏现象较明显，但可用舵克服。当有舵角时，螺旋桨工作几秒钟后即可出现舵效。

2. 正车前进时

车前进时，沉深横向力减小，推力中心偏位效应横向力增强；伴流横向力、排出流横向力推尾向左增强，逐渐克服沉深横向力与推力中心偏位效应横向力的作用。船舶在正车航行、航速较高时，螺旋桨横向力致偏作用极小，且可用舵角保证船舶直航。船舶进入高速航行时的横向力如图 1-21 所示。

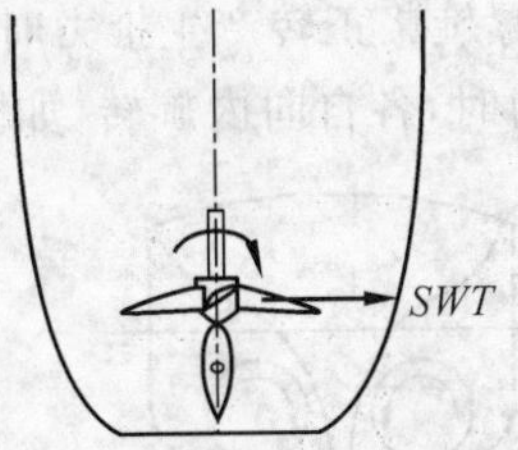

图 1-20　船舶正车启动时的横向力

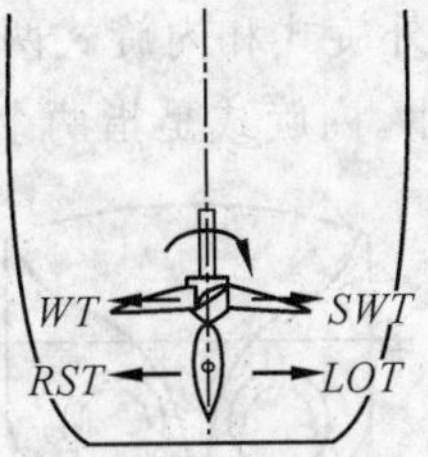

图 1-21　船舶进入高速航行时的横向力

3. 高速航行时倒车，倒车初期

高速航行时倒车，倒车初期船速高，*WT*、*LOT* 仍存在作用，*SWT*、*RST* 较小，偏转不明显。船首的偏转情况应视具体情况而定。前进中倒车制动初期的横向力如图 1-22 所示。

4. 高速航行倒车制动末期

高速航行倒车制动末期，船速减至较慢，螺旋桨倒车转速较快，*WT*、*LOT* 减弱或可忽略；*SWT*、*RST* 增强。船尾左偏 / 首右偏明显。前进中倒车制动末期的横向力如图 1-23 所示。

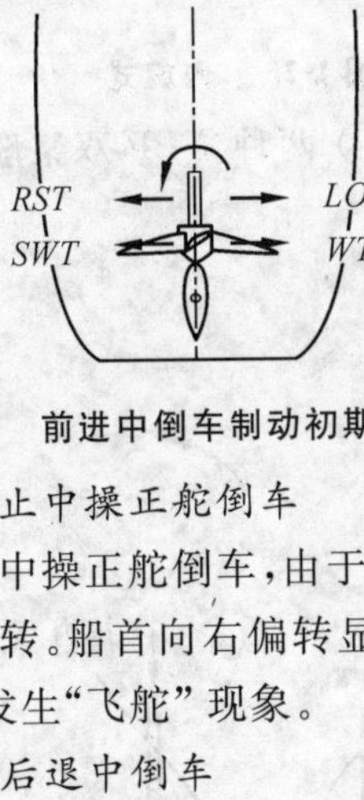

图 1-22　前进中倒车制动初期的横向力

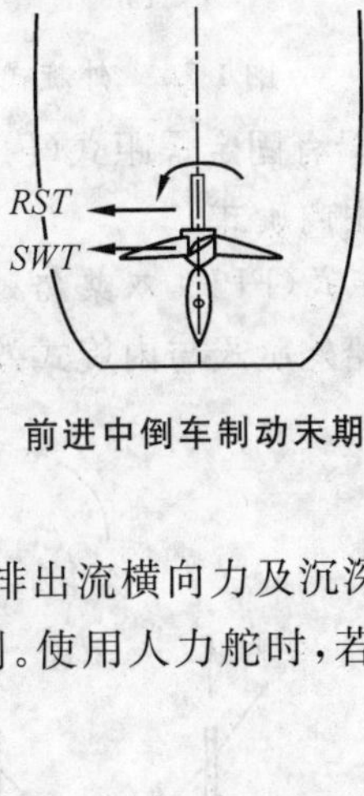

图 1-23　前进中倒车制动末期的横向力

5. 船舶静止中操正舵倒车

船舶静止中操正舵倒车，由于不存在伴流，只有倒车排出流横向力及沉深横向力的影响使船首向右偏转。船首向右偏转显著，一般不易用舵控制。使用人力舵时，若倒车前存在舵角，倒车时会发生“飞舵”现象。

6. 船舶在后退中倒车

船舶在后退中倒车，与静止中的船舶操舵倒车时相同，由于不存在伴流，只有倒车排出流横向力及沉深横向力的影响使船首向右偏转。所以，倒车前先使船首左转以抑止船首右偏。只有具有相当的后退速度，舵与水的相对速度较大，才能产生足够的舵力转船力矩以削弱船首向右偏转的趋势。实船经验表明，后退中的舵力，一般仍不能制止船首向右偏转。

7. 船舶后退中进车

船舶在后退中进车，与静止中的船舶进车时相同，因为不存在伴流（吸入流引起的伴流可以忽略），伴流横向力、进车排出流横向力以及推力中心偏位效应横向力的影响均较小，船舶在沉深横向力的作用下使船首左偏。

螺旋桨排出流的作用能够产生一定的舵效，可以用舵克服横向力的致偏作用。

(六) 双螺旋桨船的综合效应

1. 双螺旋桨船

双螺旋桨船的两个螺旋桨一般布置在船尾两侧。螺旋桨盘面前后都留出线型较匀顺的导流位置，尽量使螺旋桨前后水流流畅，并使流束平行桨轴方向流入螺旋桨盘面，以提高螺旋桨的效率。

双桨船分为外旋式和内旋式两种。外旋式是指两个螺旋桨正转产生推力时，各自向外旋转，如图 1-24 所示。内旋式是指两个螺旋桨正转产生推力时，各自向内旋转，如图 1-25 所示。

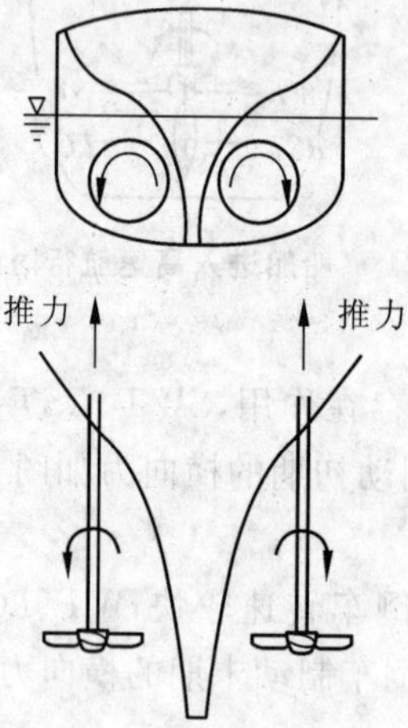

图 1-24　外旋式

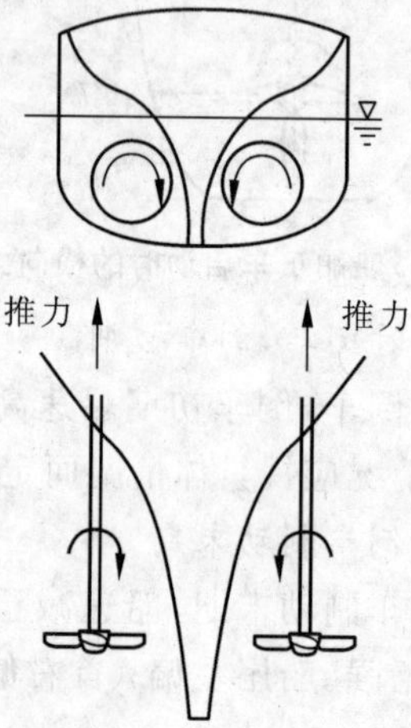

图 1-25　内旋式

目前双桨船有固定螺距式(FPP) 和可调螺距式(CPP) 两种。FPP 双桨船多用外旋式。CPP 双桨船多用内旋式。

2. 固定螺距式(FPP) 双桨船效应

FPP 双桨船外旋式与内旋式效应比较如图 1-26 所示。

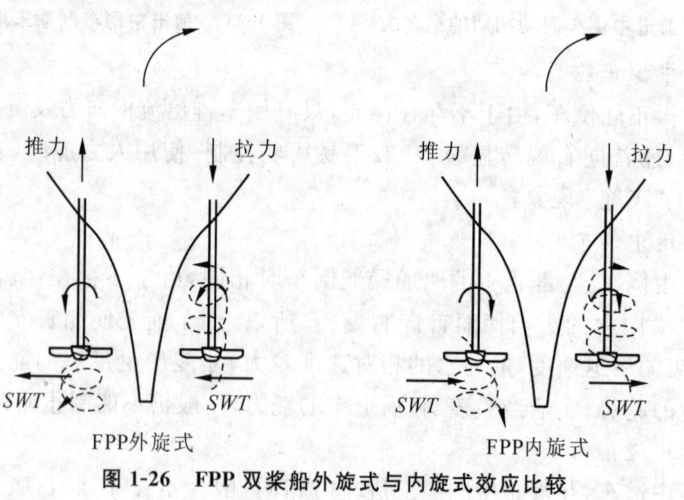

图 1-26　FPP 双桨船外旋式与内旋式效应比较

3. 可调螺距式(CPP) 双桨船效应

CPP 双桨船外旋式与内旋式效应比较如图 1-27 所示。

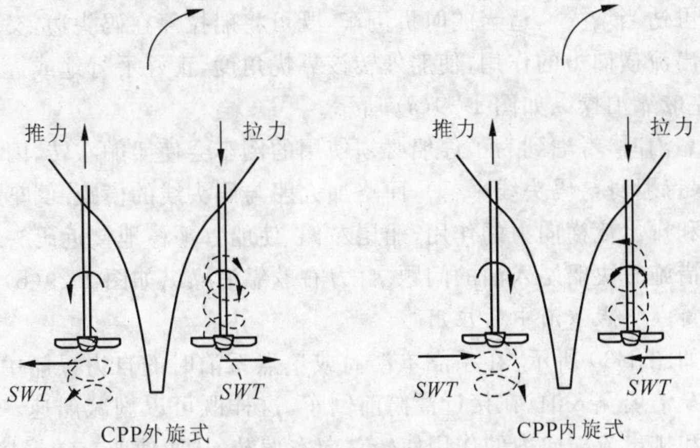

图 1-27　CPP 双桨船外旋式与内旋式效应比较

4. 双螺旋桨船操纵特点

与单螺旋桨船相比较，双螺旋桨船具有以下特点：

(1) 在主机功率相同的条件下，双螺旋桨船的螺旋桨盘面积大，负荷轻，推进效率高；

(2) 在螺旋桨盘面积都相同的条件下，双螺旋桨的直径小，能够适应浅水区航行；

(3) 可用两部主机正、倒车配合操舵操纵船舶；

(4) 舵机失灵时，可利用两部主机正倒车短时间操纵船舶；

(5) 一部主机失灵时，可利用另一部主机短时间航行以寻找泊位停泊；

(6) 双螺旋桨同时正转或反转时，其 SWT、WT 和 RST 大小相等，方向相反，故航向稳定性较好。

(七) 螺旋桨致偏效应的运用

如前所述，就右旋固定螺距螺旋桨单桨船而言，螺旋桨横向力最明显的致偏作用是在低速前进、静止或后退中倒车时出现的船首右偏。这一现象在实际操船中可以趋利避害地加以运用。

1. 向右就地掉头

为了在狭小的水域完成掉头 180° 的操纵，右旋单桨船(FPP) 多采取向右掉转的方法。操纵得当应能在 2 倍船长左右或更小的水域内实现掉转。向右就地掉头如图 1-28 所示，船舶停车淌航至位置(1) 时，操右满舵进车。此时由于船速较低，螺旋桨的滑失很大，船首迅速向右偏转，但由于船速不大，故而前冲的距离不大。在未到位置(2) 之前即用后退三，此时螺旋桨沉深横向力、倒车排出流横向力均推尾向左，进一步使船首继续右转。当船舶到达位置(2) 时，即船舶停止前进运动后操正舵，继续倒车，操左满舵，船舶后退，船首继续右转。当退至位置(3) 时，若确信位置已够，可操右满舵并进车，调整航向，完成掉头操纵。

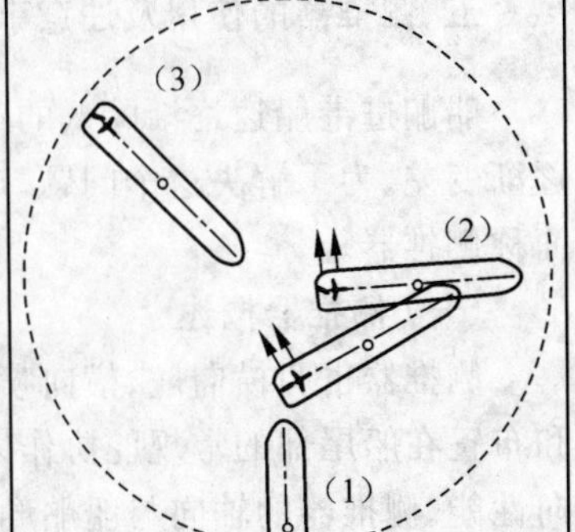

图 1-28　向右就地掉头

2. 自力靠泊操纵中的应用

船舶左舷靠码头时，一般应调整船对码头线的靠拢角为 10° ～ 20°（倒车时偏转特性强的小型船该角度可适当增大），适当的时机倒车，既可将船拉停在码头边，又可利用倒车时的沉深横向力和排出流横向力的作用，使船外转该靠拢角度，正好平行地或近乎平行地停于码头泊位处。自力左舷靠泊操纵如图 1-29(a) 所示。

当船舶右舷靠泊时，考虑到为了停船必须使用的倒车会使船舶右转，因此应尽量减小靠拢角（倒车前可保持船身与码头线平行），而略加大船与码头线的横距。倒车后，船舶减速，同时受沉深横向力和排出流横向力的作用，船尾左偏，使船首平稳地接近码头线，船首先带缆，然后再采取适当措施解决船尾入泊的问题。自力右舷靠泊操纵如图 1-29(b) 所示。

3. 系靠单浮筒或单点系泊中的应用

系靠单浮筒如图 1-30 所示。在系靠单浮筒或单点系泊时的自力操船中，通常以右舷浮筒横距为 1 ～ 1.5 倍船宽入泊。在接近浮筒前倒车，这样既可以刹减船速，又可以利用倒车时的沉深横向力和排出流横向力的作用使船首向右偏转，从而使船首缓慢接近或贴靠浮筒，方便接下来的系浮筒作业。

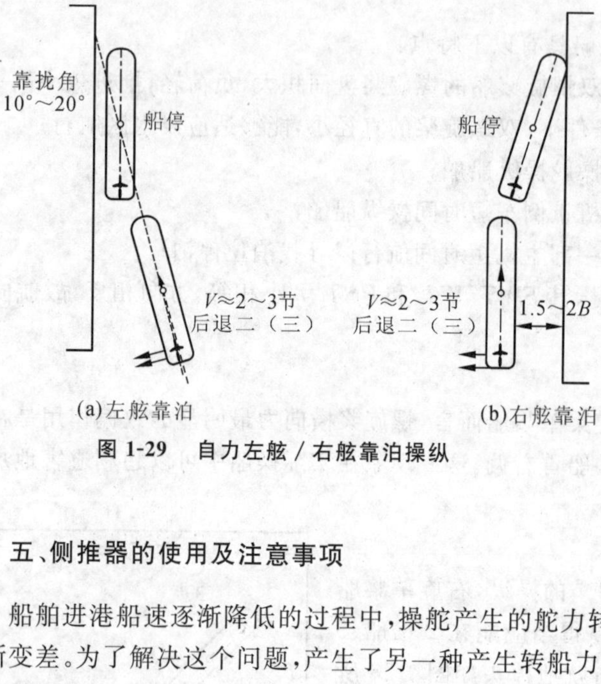

图 1-29　自力左舷 / 右舷靠泊操纵

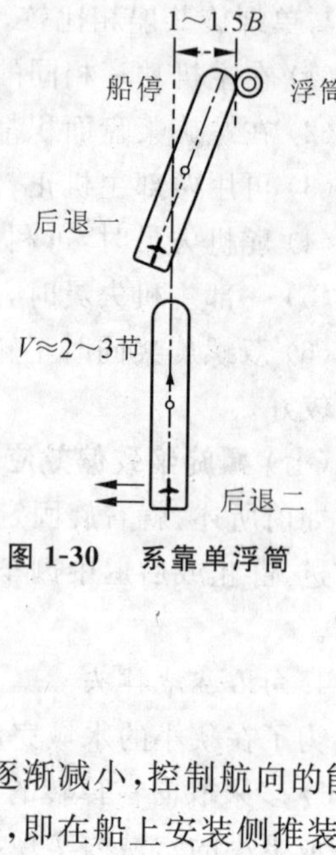

图 1-30　系靠单浮筒

五、侧推器的使用及注意事项

船舶进港船速逐渐降低的过程中，操舵产生的舵力转船力矩逐渐减小，控制航向的能力逐渐变差。为了解决这个问题，产生了另一种产生转船力矩的方法，即在船上安装侧推装置，简称侧推器。

（一）侧推器概述

侧推器也叫横向舵、横向喷流舵。它装设于船首、尾部较低处，以便于在船舶低速航行时和布置在船尾部的常规舵协作以完成转向操作，以及当船舶停车或后退时能获得较好的控向性能。侧推器的轴向与船舶舯剖面相垂直，位于船首底部者称为首侧推器，装在船尾的称为尾侧推器。由于船尾有螺旋桨和舵设备，因此尾侧推器的安装工艺复杂、成本相对较高，故船舶安装侧推器多布置在船首。

侧推器可以作为船舶的辅助操纵装置，广泛应用于港内船舶操纵。靠离码头中船舶的横向移动、航道内低速航行时调整航向、抑制倒车过程中的船首偏转等都是侧推器在船舶操纵中的具体应用。侧推器适用于靠离泊操纵频率较高的船舶，如滚装船、大型客船、大型集装箱船以及部分化学品船舶和油船等。

（二）侧推器的构造

广泛采用的侧推器为一种槽式侧推器，在船体水下的首部或尾部各开一个或多个贯穿船体的槽道，槽道与船舶纵舯剖面垂直，其中装设螺旋桨，利用螺旋桨旋转形成向船侧的喷流以产生作用于船体的横向力。改变螺旋桨的旋转方向，可以改变作用力的方向，可对船舶进行控制。图 1-31 为槽式侧推器的结构图。

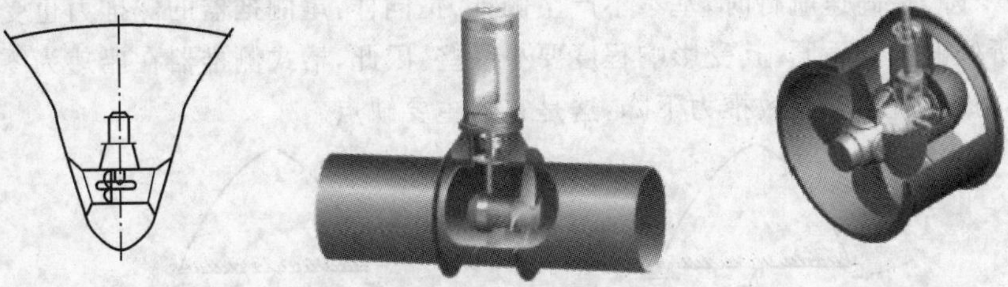

图 1-31　槽式侧推器的结构图

侧推器主要由电动机、竖向传动装置和螺旋桨组成。侧推器的螺旋桨一般采用可变螺距螺旋桨。侧推器可直接在驾驶台用手柄控制作用力的大小和方向，其侧推力一般分为 2～3 个挡。

（三）侧推器的布置及功率

普通船舶仅在船首布置一个首侧推装置情况居多。为了更进一步提高其低速情况下的操纵性能，有些船舶在船的首、尾各装上了一至数个侧推装置，如图 1-32 所示，尾侧推器的构造完全与首侧推器相同，这样的布置可大大提高船舶低速情况下的操纵性能，并减少对港口拖船的依赖。侧推器在船舶水线以上的标记为“⊗”符号，“⊗”符号的数量表示水线下对应位置侧推器的数量。图 1-33 所示为装配有两个首侧推器的“科学”号。

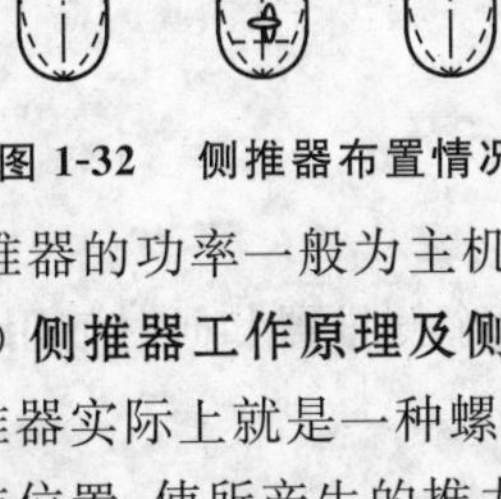

图 1-32　侧推器布置情况

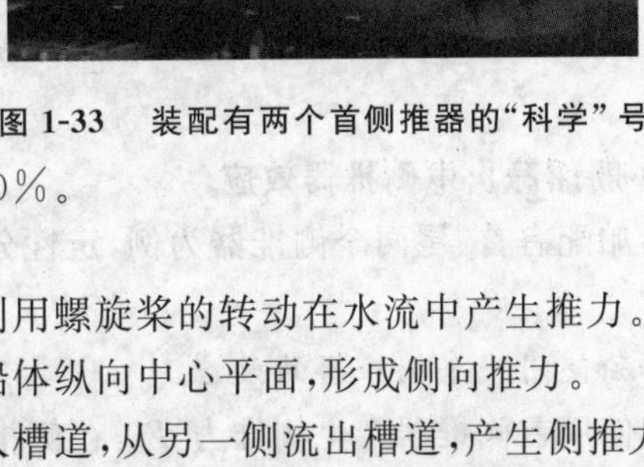

图 1-33　装配有两个首侧推器的“科学”号

侧推器的功率一般为主机额定功率的 10％。

（四）侧推器工作原理及侧推力

侧推器实际上就是一种螺旋桨推进器，利用螺旋桨的转动在水流中产生推力。不同的是它的安装位置，使所产生的推力方向垂直于船体纵向中心平面，形成侧向推力。

侧推器在流体中工作时，流体从一侧进入槽道，从另一侧流出槽道，产生侧推力，进而产生转船力矩。动量理论分析表明，进口处流动不影响侧推力，而出口处的流动产生流体的反作用力称为侧推力（横向力）。

侧推力的大小与槽道内单位时间的流量有关。流量越大，侧推力越大，也就是说，侧推器的功率越大，侧推力越大。

侧推力的大小还与船速和船舶载况有关，其中船速是最主要的因素。船舶静止（无纵向运动速度）时，首侧推器工作时水流的方向基本垂直于船舶首尾线，发出的侧推力也垂直于船舶首尾线，如图 1-34(a) 所示。但有船速时，槽道出口的流体不是垂直于船舶的纵舯剖面，而是弯向船体的后方，如图 1-34(b) 所示，则发出的侧推力也不是垂直于船舶首尾线，且有效侧推力有所降低。随着船速的增加，这种流体的弯曲程度愈加明显，它所产生的有效侧推力也将显著下降。在高速航行时，基本不产生侧推力。同样，尾侧推器的侧推力也受船速的影响，但由于所处的位置不同，其受影响程度要小一些。因此，槽式侧推器在船速为零时能产生最大的侧推力，有航速时有效推力下降，这是它的主要缺点。

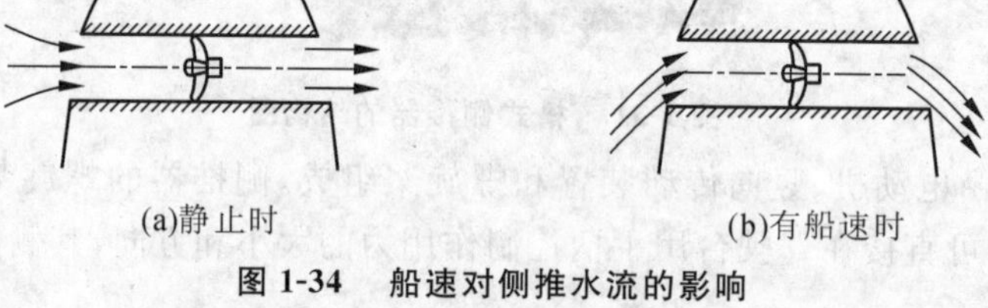

(a)静止时　　(b)有船速时

图 1-34　船速对侧推水流的影响

侧推力的大小还与船舶载重状态有关，同一船速下，压载时侧推器的效率比满载时的效率低。这是由于两种状态下侧推器的不同沉深造成的。

（五）侧推器的操纵

侧推器的操纵是由驾驶员在驾驶台遥控，通过操纵手柄（或按钮）控制侧推力的左右方向和侧推器螺旋桨的转速。侧推器操纵台如图 1-35 所示。

(a)单侧推　　(b)双侧推

图 1-35　侧推器操纵台

（六）船舶静止中侧推器效应

以船舶配有首、尾两个侧推器为例，定性分析单独使用一个侧推器和同时使用首尾侧推器的效应。

1. 单独使用一个侧推器的效应

单独使用首侧推器产生侧推力 T_1，在侧推力的作用下，静止中的船舶将产生横向阻力（水动力）F。由于船舶没有进速或退速，水动力中心在船中处，则不产生水动力矩。而侧推力 T_1 和水动力 F 是一对力偶，力偶臂等于二者作用点之间的距离，即 x_1。则船舶在侧推力矩

$N_1 = T_1 \cdot x_1$ 的作用下，船首将绕船中位置转动。静止中单独使用首侧推器的效应，如图 1-36(a) 所示。

同理，单独使用尾侧推器时，侧推力 T_2 和水动力 F 是一对力偶，力偶臂等于二者作用点之间的距离，即 x_2。则船舶在侧推力矩 $N_2 = T_2 \cdot x_2$ 的作用下，船首将绕船中位置转动。静止中单独使用尾侧推器的效应，如图 1-36(b) 所示。

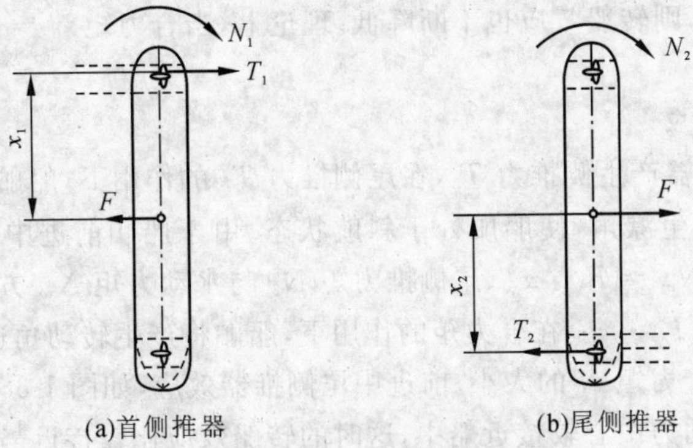

图 1-36　静止中单侧推器效应

2. 同时使用双侧推器的效应

同时使用首、尾侧推器，其效应取决于首、尾侧推力的大小和方向。横移效应取决于首、尾侧推力合力的大小，转船效应取决于首、尾侧推力的方向。

若首、尾侧推力的方向相同，横移运动取决于合力 $T_1 + T_2 + F$ 的大小。转船效应取决于合外力矩 $N = T_1 \cdot x_1 + T_2 \cdot x_2$ 的大小；若 $T_1 = T_2$，且首、尾侧推器位置距离船中相等，则将不产生转船效应，仅产生横移效应，船舶匀速横移，如图 1-37(a) 所示。

若首、尾侧推力的方向相反，横移运动取决于合力 $T_1 + T_2 + F$ 的大小。转船效应取决于合外力矩 $N = T_1 \cdot x_1 + T_2 \cdot x_2$ 的大小；若 $T_1 = T_2$，则船舶无横移运动，仅产生转船效应，转船效率比单独使用首或尾侧推器的效率高得多，可使船舶作原地回转，如图 1-37(b) 所示。

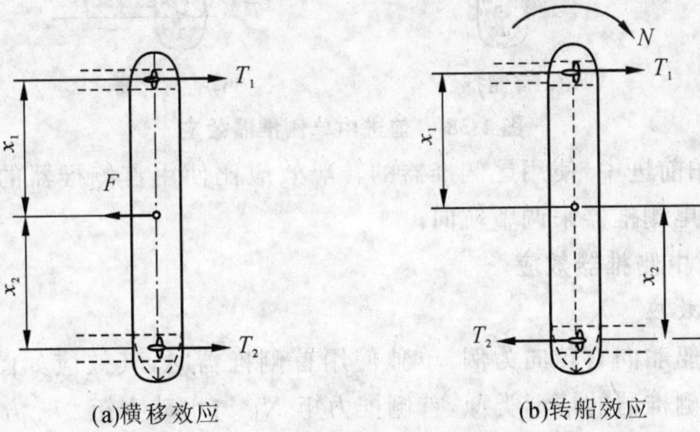

图 1-37　静止中双侧推器效应

（七）船舶前进中侧推器效应

1. 首侧推器的效应

以使船舶向右转向为例，单独使用首侧推器产生侧推力 T_1，在首侧推力 T_1 的作用下，船舶横向运动状态发生变化，产生横移速度，产生漂角，使船舶处于斜航状态。由于船舶前进中水动力中心在船中之前，则产生水动力矩 $N_w = F_y \cdot x_w$，合力距 $N = N_1 - N_w = T_1 \cdot x_1 - F_y \cdot x_w$。在合力矩的作用下，船舶将产生转动角速度，使航向角发生变化。转船效果取决于合力矩 N 的大小。前进中首侧推器效应，如图 1-38(a) 所示。

船速较低时，水动力中心较接近船中，这时的转船效应比较接近静止中使用首侧推器的情况。随着船速的提高，水动力中心逐渐向前移动，水动力矩 N_w 增大，且有效侧推力也逐渐降低，合力矩 N 减小，则转船效应也不断降低。理论上，当合力矩 $N = N_1 - N_w = 0$ 时，首侧推器失去效应。

2. 尾侧推器的效应

单独使用尾侧推器产生侧推力 T_2，在尾侧推力 T_2 的作用下，船舶横向运动状态发生变化，产生横移速度，产生漂角，使船舶处于斜航状态。由于船舶前进中水动力中心在船中之前，则产生水动力矩 $N_w = F_y \cdot x_w$。尾侧推力矩 N_2 与水动力矩 N_w 方向相同，合力矩 $N = N_2 + N_w = T_2 \cdot x_2 + F_y \cdot x_w$。在合力矩的作用下，船舶将产生转动角速度，使航向角发生变化。转船效果取决于合力矩 N 的大小。前进中尾侧推器效应，如图 1-38(b) 所示。

船速较低时，水动力中心较接近船中，这时的转船效应比较接近静止中使用尾侧推器的情况。随着船速的提高，水动力中心逐渐向前移动，水动力矩 N_w 增大，且有效侧推力逐渐降低。虽然有效侧推力逐渐降低，但与首侧推器相比，有效侧推力相同时，由于尾侧推力矩 N_2 与水动力矩 N_w 方向相同，所以合力矩 N 要大得多，其转船效果要比首侧推器好很多。

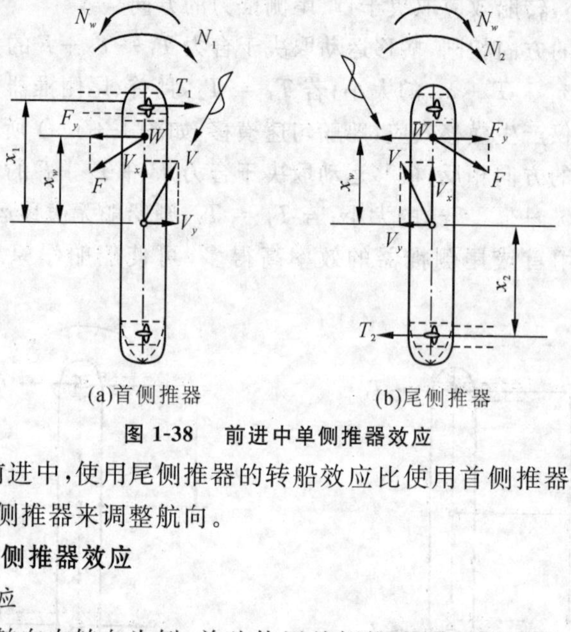

图 1-38　前进中单侧推器效应

综上所述，船舶前进中，使用尾侧推器的转船效应比使用首侧推器的转船效应好，所以船舶前进中宜使用尾侧推器来调整航向。

（八）船舶后退中侧推器效应

1. 首侧推器的效应

以使后退中的船舶向右转向为例，单独使用首侧推器时，其效应如图 1-39(a) 所示。与船舶前进中使用尾侧推器的情形类似，首侧推力矩 N_1 与水动力矩 N_w 方向相同，合力矩 $N = N_1 + N_w = T_1 \cdot x_1 + F_y \cdot x_w$。同样，转船效果取决于力偶臂和首侧推力的大小。

船舶退速较低时，水动力中心较接近船中，这时的转船效果比较接近静止中使用首侧推器的情况。随着退速的提高，水动力中心逐渐向后移动，水动力矩 N_w 增大。虽然有效推力有所降低，但与前进中的情形比较，有效侧推力相同时，由于首侧推力矩 N_1 与水动力矩 N_w 方向相同，所以合力矩 N 要大得多，故船舶后退中应使用首侧推器来调整航向。

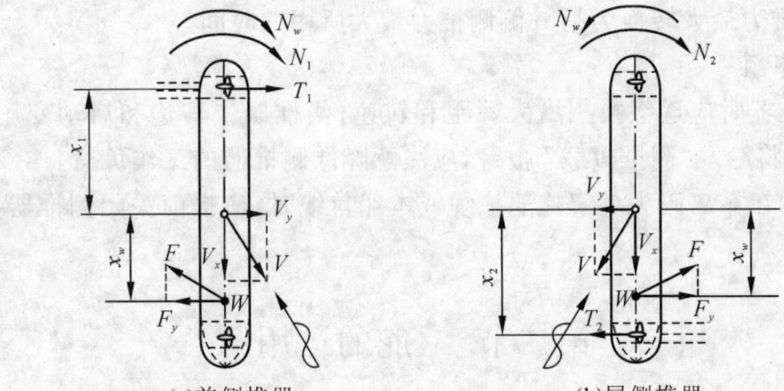

(a)首侧推器　(b)尾侧推器

图 1-39　后退中单侧推器效应

2.尾侧推器的效应

以使后退中的船舶向右转向为例，单独使用尾侧推器产生侧推力 T_2，在尾侧推力 T_2 的作用下，船舶横向运动状态发生变化，产生横移速度，产生漂角，使船舶处于向后斜航状态。由于船舶后退中水动力中心在船中之后，则产生水动力矩 $N_w = F_y \cdot x_w$，合力矩 $N = N_2 - N_w = T_2 \cdot x_2 - F_y \cdot x_w$。在合力矩的作用下，船舶将产生转动角速度，使航向角发生变化。如图 1-39(b) 所示，显然，其效应与前进中使用首侧推器的情形一样。

船舶退速较低时，水动力中心较接近船中，这时的转船效应比较接近静止中使用尾侧推器的情况。随着退速的提高，水动力中心逐渐向后移动，水动力矩增大，且有效侧推力也逐渐降低，合力矩减小，则转船效应也不断降低。

综上所述，船舶后退中，使用首侧推器的转船效应比使用尾侧推器的转船效应好，所以船舶后退中宜使用首侧推器来调整航向。

（九）侧推器效应及技术指标

侧推器效应是指侧推力对船舶的作用效果，即平移和转船效果。侧推器效应取决于船舶运动状态和侧推力的大小、方向及作用点。其中影响最大的是船舶运动状态。侧推力的作用点是固定的，即在首柱之后或尾柱之前。

衡量侧推器效应有一些技术指标，船舶操纵人员掌握这些技术指标，有利于了解侧推器的性能和操纵特点，进而正确使用。

1.侧推器失效船速

侧推器效应随着船速的增加而降低，达到某一船速时，其效率为零，该船速称为侧推器失效的极限船速，简称为侧推器失效船速。对于大型集装箱船舶，首侧推器失效船速为 4 ～ 6kn。一般在侧推器的控制台边上都附有“航速超过×节不可使用”的警告牌。首侧推器和尾侧推器的效率受船速的影响不尽相同，一般首侧推器受船速的影响要比尾侧推器的要大。尾侧推器失效船速要高一些。

2.船舶最大旋回角速度

衡量侧推器效率的另一个指标是在船速为零时侧推器作用下的最大旋回角速度。该最大旋回角速度与船舶大小、侧推器功率、船舶载况等诸多因素有关。

3.启动时间和换向时间

与螺旋桨推进器一样，在使用最大侧推力时，侧推器的侧推力从零增至最大值的过程中有一个时间延迟，该时间延迟称为侧推器的启动时间；另一个指标是侧推器的换向时间，即侧推器从一侧侧推力最大转换为另一侧侧推力最大所用的时间。

4. 使用注意事项

(1) 使用侧推器时应逐级换挡增大螺距和转速；侧推器主马达和启动变压器的电流过载或温度过载时，将触发“侧推过载”报警，应注意降低侧推器的工作负荷。

(2) 大型船舶在靠离码头绑解拖船拖缆或本船首缆时，应提前关闭侧推器，以预防缆绳被绞进侧推器。

第二节　舵的运用

舵是船舶操纵的重要设备，操舵者通过操舵可以使船舶保持、改变其航向或进行回转，达到控制船舶方向的目的。在船舶各种运动状态、主机不同工况的情况下，舵设备应具备轻便、灵活、准确和可靠的性能。

一、舵的作用

舵是由桨演变而来。桨可以在作推进工具时，兼顾控制航向。但当众多桨手划船时，既要推进又要控制航向就相当困难，于是就在船尾专设一名桨手控制航向。因为船尾距船的转动中心较远，在改变船的航向上最省力、快捷，同时又互不干扰。后来船体加大，桨叶面积也随之增加，就逐渐产生了舵。现代运输船舶多采用流线型舵，舵设备如图 1-40 所示。

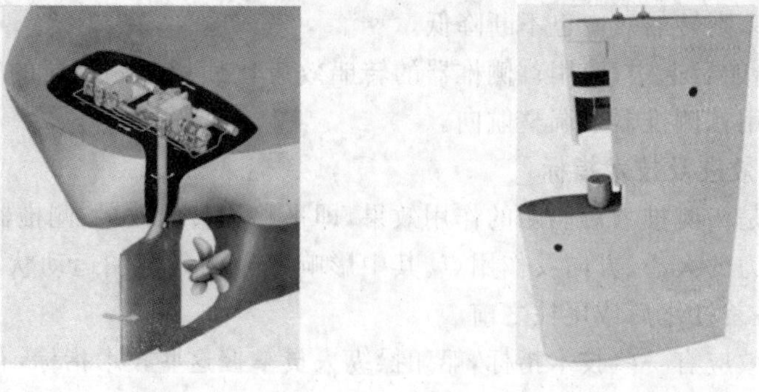

图 1-40　舵设备

舵是推进系统的重要组成部分，装于螺旋桨正后方，吸收尾流能量，并受船速、伴流影响，产生转船力矩，控制船舶航向。

二、舵的工作原理

(一) 舵压力及舵压力矩

1. 舵压力

船舶正舵航行时，舵叶两侧的流速对称相等，不产生舵压力。当操过一个舵角后(图 1-41)，在舵叶迎流面，由于舵的阻挡作用，流速降低，压力增大，图中用(+) 表示；而在舵叶背流面，流速较快，压力减小，图中用(−) 表示。这样，在舵叶两侧产生压力差，形成一个垂直于水流方向的舵升力 P_L 和一个平行于水流方向的舵阻力 P_D，这两个力的合力为舵的水动力，即舵力 P_R。舵力 P_R 可分解为垂直于舵叶剖面弦线的分力 P_N 和平行于舵叶剖面弦线的分力 P_T。分力 P_N 为舵的正压力，简称舵压力。分力 P_T 为作用于舵叶表面的摩擦力。

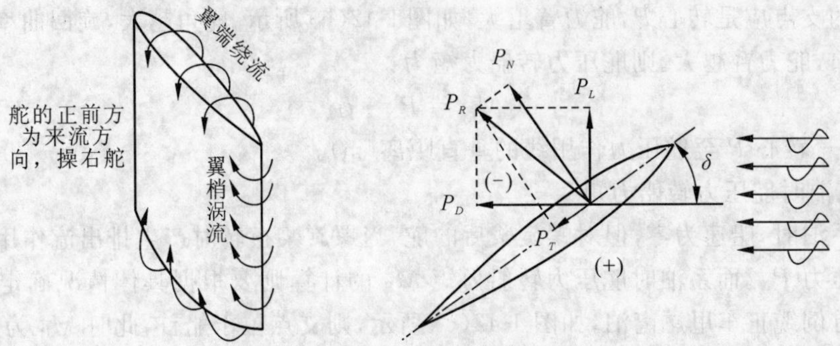

图 1-41　舵压力原理

δ— 舵角(°)；P_L— 舵升力(N)；P_D— 舵阻力(N)；P_R— 舵力(N)；P_N— 舵的正压力(N)；P_T— 舵的摩擦力(N)

舵压力 P_N 的大小受舵的面积、形状、展弦比、剖面形状、舵角和舵叶对水相对速度的影响，难以精确计算。

舵压力 P_N 的表达式为：

$$P_N = \frac{1}{2} \cdot g \cdot \rho_w \cdot C_N \cdot A_R \cdot V_R^2 \tag{1-12}$$

式中：P_N—— 舵的正压力(N)；

C_N—— 舵压力系数，由舵角 δ 和舵叶形状决定；

A_R—— 舵叶浸水面积(m^2)；

V_R—— 舵叶对水速度(m/s)；

ρ_w—— 水的密度(kg/m^3)。

博福(Beaufoy) 估算式为：

$$P_N = 58.85\, g \cdot A_R \cdot V_R^2 \cdot \sin\delta \tag{1-13}$$

常用的滕井估算式为：

$$P_N = \frac{6.13\lambda \cdot \sin\delta}{\lambda + 2.25} \cdot \frac{1}{2} \cdot \rho_w \cdot A_R \cdot V_R^2 \tag{1-14}$$

式中：λ—— 舵的展弦比。对矩形舵，$\lambda = h/b$，也称为舵的高宽比。

2. 舵压力矩

(1) 航行中操舵初期的舵压力转船力矩

航行中的船舶操舵后，舵叶上将产生舵压力 P_N，其支点是船舶重心 G，如图 1-42(a) 所示。由 P_N 产生的转船力矩 M_P 为：

$$M_P = P_N \cdot l\ (\mathrm{N \cdot m}) \tag{1-15}$$

式中：l—— 重心 G 至舵压力作用线的垂直距离(m)；$l = \frac{L}{2}\cos\delta$，L 为船长。

航行中，以重心 G 为支点的舵压力转船力矩 M_P 常称为初始转船力矩。则有：

$$M_P = \frac{1}{4} K \cdot g \cdot A_R \cdot V_R^2 \cdot L \cdot \sin 2\delta \tag{1-16}$$

式中：K—— 系数，在 Beaufoy 公式中 $K = 58.85$。

(2) 航行中船舶旋回时的舵压力转船力矩

操舵后船舶逐渐做曲线运动，船舶处于对水的斜航状态，即产生了漂角 β，实际舵压力转船力矩的支点应是转心 P，舵力臂增大，如图 1-42(b) 所示。舵角越大，旋回曲率半径越小，转心越靠前，舵力臂越大。则舵压力转船力矩为：

$$M_P = P_N \cdot l_P \tag{1-17}$$

式中：l_P—— 转心 P 至舵压力作用线的垂直距离(m)。

(3) 系泊时舵压力转船力矩

船舶系泊时，船速为零，但对螺旋桨后的舵，当螺旋桨正转时产生排出流作用在舵叶上，将产生舵压力 P_N。而系泊时舵压力转船力矩 M_P 的计算则要根据具体情况确定支点。如果船舶利用首倒缆正车甩尾离泊，如图 1-42(c) 所示，则支点位于船首，此时 M_P 为

$$M_P = P_N \cdot l_2 = P_N \cdot L\cos\delta \tag{1-18}$$

式中：l_2—— 开尾时舵压力转船力矩之力臂长度，$l_2 = L\cos\delta$。

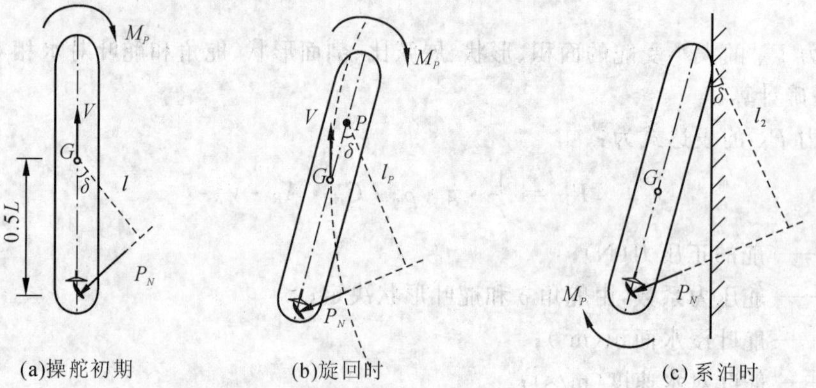

图 1-42　操舵舵压力矩

3. 影响舵压力因素

1) 降低舵压力的流体现象

(1) 失速现象

当舵角达到某一舵角时，由于流经舵背面的水流从舵的后缘之前严重地与舵的背面剥离，在舵叶的上下两缘和后缘处将分别产生绕流和涡流。该流体现象具有降低舵的升力、提高舵的阻力的作用，舵升力系数 C_L 则将骤然下降，这种现象叫作失速现象，如图 1-43 所示。

图 1-43　失速现象

使升力出现骤然下降的舵角称为临界舵角或极限舵角，如图 1-44 所示。因此，最大的舵角一般不超过 40°，多数运输船舶的最大舵角为 35°。

由舵压力矩的公式可知，当 $\delta = 45°$ 时，$\sin(2\delta) = 1$ 为最大值。但是转首初期，若取 $\delta = 45°$，则 K 值常会减小，且阻力增大，舵机功率也要增大。因此一般船舶极限舵角多

为32°～35°。

(2) 空泡现象

船舶操一定舵角，舵的背流面压力下降。当舵的背流面压力下降到或接近于该温度下流体的汽化压力时，在舵的背面将产生空泡现象，如图 1-45 所示。空泡现象导致舵升力系数 C_L 降低，舵表面与水的接触被阻断，流体连续性被破坏，舵金属表面产生剥蚀。这种现象一般出现在大舵角时或高速船上，尤其是剖面形状前端曲率大的舵更易发生。但它不像失速现象那样显著。

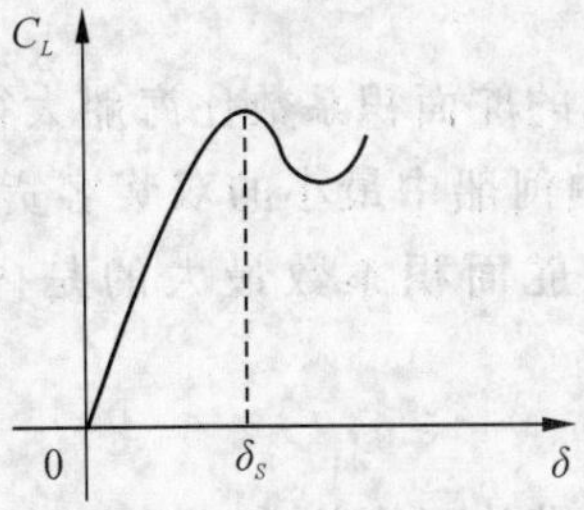

图 1-44　极限舵角

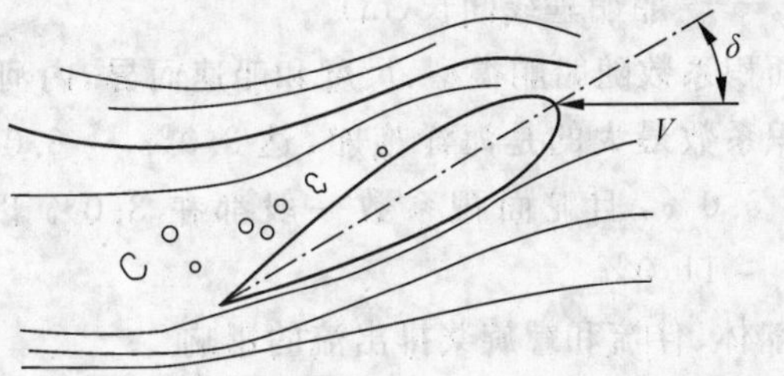

图 1-45　空泡现象

(3) 空气吸入现象

在舵的前面吸入空气，产生涡流，使舵压力下降的现象称为空气吸入现象。在舵接近水面或一部分露出水面且船舶速度较大的情况下，容易发生此现象。

2) 舵的尺度、形状等因素的影响

(1) 舵叶展弦比的影响

矩形舵的展弦比是指舵高 h 与舵宽 b 的比值 λ，即 $\lambda = h/b$；对非矩形舵 $\lambda = h^2/A_R$。展弦比小，从舵叶迎流面而来的水流就会从舵的上端和下端进入舵叶背流面，形成绕流(图 1-43)，致使舵叶两侧压力差减小，舵压力降低。根据 Fischer 所做的试验证明：展弦比越大，小舵角时的升力越大，有利于运用小舵角操船。但是展弦比过大将引起过早失速，使极限舵角 δ_S 变小，而不利于大航角回转运动。由于舵安装在船上，其构造要受到实际吃水、船尾形状和舵机功率的限制，故一般船舶配舵的展弦比多在 1.4 ～ 1.9 范围内。

河船的舵高因受到船舶吃水限制，一般展弦比较小，舵的外形做得矮而宽，易产生绕流等，故舵压力也较小。特别在小舵角时的舵压力不大，因而应舵时间也较长。因此内河船常设置 2 ～ 3 面舵，每一舵面积相应减小，提高展弦比，同时在舵的上、下端设挡板，减少舵上下端的绕流，增加舵压力。

(2) 舵的外形及剖面形状影响

一般舵外形对舵压力的影响并不显著。确切地说，这种影响只有当舵安装在船尾，船尾与舵之间的间隙较大时，才会引起一些不利的影响。

舵叶的水平截面形状一般分为平板型和流线型两种。由于流线型的外形符合水流流线的运动规律，在正常舵角下不致出现涡流，因此，它产生的舵压力大些，而且小舵角下便产生较大的舵压力，应舵时间短，水阻力也比平板舵小 20%。目前绝大多数船舶采用流线型舵。

(3) 舵面积大小的影响

船舶方向性能的优劣与舵面积的大小关系密切，舵压力与舵面积大小成正比，回转性能好的船舶均具有较大的舵面积。合理的舵面积和形状与船型有关(通常用试验方法来确定这种关系)。在实践中,大多以操纵性能良好的船舶的舵面积系数作为估计合理舵面积及其形状的依据。

舵面积系数是指舵叶浸水面积 A_R 与船体中纵剖面浸水面积的比值,即

$$\mu = \frac{A_R}{L_{pp} \cdot d} \times 100\% \tag{1-19}$$

式中:μ—— 舵面积系数;

d—— 船舶平均吃水(m);

L_{pp}—— 船舶垂线间长(m)。

舵面积系数随船舶类型、尺度和船速而异,内河船舶的舵面积系数比海船大得多。海船中舵面积系数最大的是海洋拖船,达 3.0% ~ 6.0%。内河船中最小的双桨客货船也达到 2.1% ~ 5.0%,且舵面积系数一般都在 3.0% 以上,舵面积系数最大的是内河推船,达6.0% ~ 11.0%。

3) 船体、伴流和螺旋桨排出流的影响

船体、螺旋桨会对舵产生水动力,水动力学是船舶操纵的理论基础。操舵时的舵压力转船力矩使船舶旋回运动,舵压力的大小与螺旋桨排出流、船体伴流、船尾形状、船速及攻角等有关。舵速与船速、伴流、排出流的关系如图 1-46 所示。

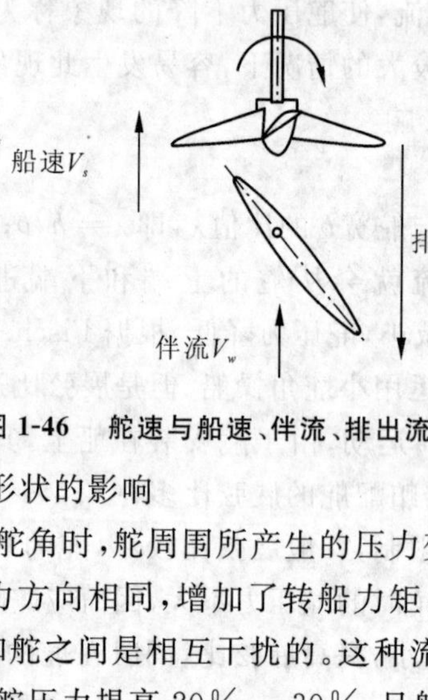

图 1-46　舵速与船速、伴流、排出流的关系

(1) 船体的干扰及船尾形状的影响

当安装在船尾的舵操一舵角时,舵周围所产生的压力变化波及船体尾部,使船尾两侧产生压力差,其方向与舵的升力方向相同,增加了转船力矩,同时,船尾的压力也增加了舵压力,提高了舵效。所以,船体和舵之间是相互干扰的。这种流体力学上相互干扰的结果,将使舵压力比单独舵时所产生的舵压力提高 20% ~ 30%,且船体和舵之间的间隙越小,这种效果就越显著。在实用时,往往将舵的上缘做成与船尾底部线型相吻合,以便使间隙尽可能小。

(2) 伴流对舵压力的影响

由于伴流的存在,使得舵叶对水速度比船速小,这时舵叶的对水速度为:

$$V_R = V_s(1 - \omega) \tag{1-20}$$

船尾舵附近的伴流系数 ω 一般在 0.4 左右,可见,船尾的舵压力要比敞水舵小得多。受伴流影响后的舵压力只有敞水舵压力的 0.35 ~ 0.46 倍(单桨单舵船)或 0.39 ~ 0.60 倍(双桨单舵船)。

船舶在驶向泊位的过程中下令停车,在螺旋桨停转的瞬间,船舶虽然还有相当大的速度,却因伴流影响而很快失去舵效。特别是肥大型船舶,因其伴流大,该现象更为显著。

(3) 螺旋桨排出流的影响

舵叶安装在螺旋桨后方，受到螺旋桨排出流的影响，舵的水动力特性主要由螺旋桨排出流速度来决定。螺旋桨排出流增大了舵叶的轴向分速，从而使舵叶的舵压力增加。

$$V_R = V_s + V_e \tag{1-21}$$

可见，船尾舵的舵压力与敞水舵时舵压力的比值增加，单桨单舵船船尾舵压力比敞水舵增加 2.40 ～ 2.58 倍；双桨单舵船由于舵受螺旋桨排出流的诱导速度影响较小。所以，双桨单舵船受螺旋桨排出流作用时，舵压力只比敞水舵时提高 0.93 ～ 1.11 倍，变化较小。

安装在船尾的舵同时受到伴流和螺旋桨诱导速度的影响。总的来看，单桨单舵船的舵压力大致相当于敞水舵的舵压力。而双桨单舵船的舵压力只有敞水舵的 40% ～ 60%。双桨双舵(或三舵) 船在螺旋桨正后方的边舵的流速约为船速的 1.25 倍，而在纵舯剖面的中舵约为船速的 0.8 倍。由于舵压力与舵对水速度的平方成正比，因而边舵的舵压力约为敞水舵时的 1.6 倍，而中舵仅为敞水舵的 0.65 倍。由此可知，双螺旋桨船的中舵所起的作用较小，而中舵往往是考虑停车后螺旋桨诱导速度为零，边舵的舵压力大大下降，为了保证船舶在滑行中有一定舵效而设的。

(4) 旋回运动的影响

船舶旋回时，出现漂角并增大，船体呈斜航状态，船舶阻力增大，船速下降，舵处来流速度降低，导致舵压力 P_N 下降；船舶旋回时，由于舵叶处存在漂角 β_A，船尾两侧水流不对称，螺旋桨流的方向将发生变化，使舵叶处水流有效流入角减小(减小 β_A)，有效舵角减小，舵压力 P_N 下降(图 1-47)。

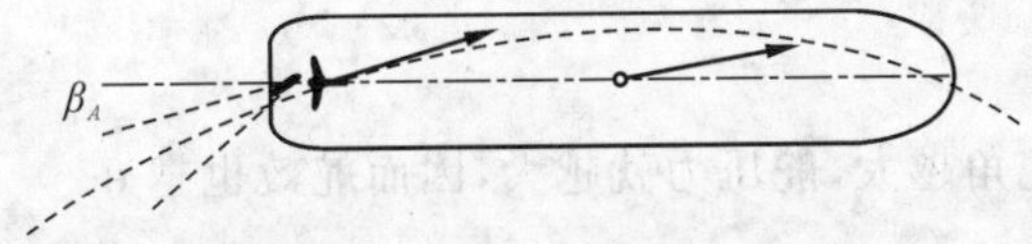

图 1-47　旋回时有效舵角减小

船舶满舵进入定常回转时，由于船尾、尾鳍和螺旋桨的整流作用，当操舵角在 35° 时，β_A 通常为 10° ～ 13°。因此操舵时应先用小舵角，待船舶回转后再操大舵角，这样效果较好，若在直航情况下，一下操至满舵易产生失速现象。

三、舵效及其影响因素

1. 舵效

舵效(Steerage) 是舵力的转船效果的简称，是指运动中的船舶在操一定舵角后，在一定时间、一定水域内，所取得的船舶转首角的大小。船舶在较短时间内、较小水域内转过较大角度，则舵效好。

舵效和舵力转船力矩是两个不同的概念，但两者有必然的联系。一般来讲，舵力转船力矩越大，舵效越好，即增加舵力转船力矩可提高舵效。

舵效的概念也可以用来衡量船舶初始回转性。IMO 操纵性标准及其衡准中要求船舶具有一定的“初始回转性或改向性”，并要求在营运船速下操舵 10° 舵角、航向角变化 10° 时，船舶进距不得超过 2.5 倍船长。显然，初始回转性能就是一个舵效的概念。也就是说，舵效越高，初始回转性能越好；反之，则越差。

2.舵效指数

(1) 应舵指数

$$\frac{K}{T}=\frac{\dot{r}}{\delta} \tag{1-22}$$

式中:r —— 转向角(°);

δ —— 舵角(°)。

K/T 越大,舵效越好。

(2) 诺宾指数

Norrbin 在无因次化操纵性指数 K' 和 T' 基础上又建议采用机动性指数 P 来衡量船舶的机动性能。P 指数定义为:

$$P=\frac{\varphi}{\delta}\approx\frac{1}{2}\cdot\frac{K'}{T'} \tag{1-23}$$

式中:φ —— 首向角(°)。

显然,P 指数是一个无因次参数。由一阶操纵运动方程的解可见,P 参数有明确的物理意义:P 值表示单位舵角后,船舶航行一个船长的距离时,按一阶模拟得到的航向角的变化值。P 越大,舵效越好。由于上述 P 指数的定义与"舵效"的概念极其类似,因此,P 指数也称为"舵效指数",它是评价船舶操纵性能的另一个指标。

Norrbin 提出了舵效标准:对一般船舶,P 指数应大于 0.3;对于大型油船,P 指数应大于 0.2。

3.影响舵效因素

(1) 舵角

在极限舵角以内,舵角越大,舵压力就越大,因而舵效也越好。

(3) 舵速

舵压力与舵速的平方成正比。由螺旋桨先停转或慢转,然后再加大转速,能增大螺旋桨的轴向诱导速度,使船速增加,提高舵效。船舶怠速淌航或停车淌航时,舵速较低,操舵时可明显感觉到舵效很差或没有舵效。

(3) 舵面积系数

舵面积系数大,舵效好;舵面积系数小,舵效差。内河船队航行中要有较好舵效,上水船队的舵面积系数应不小于 1.35%;下水船队的舵面积系数应不小于 1.60%。

(4) 吃水

船舶满载时,舵效较轻载时差。

(5) 纵倾

船首水下侧面积分布多或首倾,舵效就差;而船尾水下侧面积分布多或适量尾倾,舵效好。

(6) 横倾

船舶低速时,向低舷侧转向舵效好;船舶高速航行时,向高舷侧转向舵效好。

(7) 舵机性能

操舵所需时间越短,舵效越好。从实际使用来看,电动液压舵机性能较好,舵来得快,回得也快;蒸汽舵机来得慢,回得快,易稳舵;而电动舵机来得快,回得慢,不易稳舵。船舶在满舵、全速航行时，从一舷 35° 至另一舷 30° 所需时间：对于长江急流航段，人力舵机不大于 20s，机动舵机不大于 12s；其他航区不大于 30s。

(8) 风、流、污底及浅水

风中航行，满载舵效比轻载好；流中航行，逆流舵效比顺流好，常流舵效比乱流好；船舶污底严重舵效变差；浅水中航行，舵效较深水中变差。

(9) 螺旋桨正转前进、反转倒退

螺旋桨正转且船舶前进时舵效好；螺旋桨反转且船舶倒退时舵效差。CPP 单桨船停车淌航时，由于桨叶与轴基本呈垂直状态，对水流有一定的屏蔽作用，故较 FPP 单桨船停车淌航时舵效稍差。

4. 提高舵效的措施

在实际船舶操纵中，船舶通过狭水道或航道的转角较大的弯曲地段时，大多采用降低船速、增加螺旋桨转速、提高滑失比来提高舵效。

船舶在港内宽度和深度受限的直航道中航行时，既要保持一定的船速以克服横风、横流的影响，即增加螺旋桨转速，又要考虑船舶下沉量的影响，即船速不宜过高，这时，可以在船尾系带一拖船协助减速，同时增加螺旋桨转速，以提高舵效。

四、特种舵

1. 襟翼舵(图 1-48)

襟翼舵(Flap-type rudder)：又称可变翼形舵。它是仿效飞机的襟翼，在普通主舵叶后缘装一个称为襟翼的副叶组成。当主舵叶转动一个角度时，副舵叶绕主舵叶的后缘转出一个更大的角(称襟角)，产生更大的流体动力。因此，襟翼舵有助于船舶获得较大的转船力矩，从而提高舵效或减小舵杆扭矩，舵机功率也较小；另外，如果使用襟翼舵，航向改变可以用较小的舵角，使船舶改向时失速较小，从而减少了油耗。襟翼舵的广泛使用说明了它深受船东与船员的欢迎，但其价格偏高，维护保养要求也比较高。

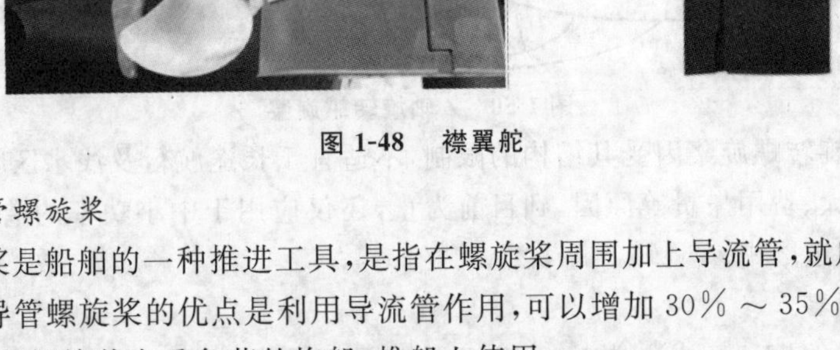

图 1-48　襟翼舵

2. 转动导管螺旋桨

导管螺旋桨是船舶的一种推进工具，是指在螺旋桨周围加上导流管，就成为导管螺旋桨[图 1-49(a)]。导管螺旋桨的优点是利用导流管作用，可以增加 30% ~ 35% 推力，增加螺旋桨推进效率。导管螺旋桨在重负荷的拖船、推船上使用。

若将导管螺旋桨装在舵杆上并随舵杆转动，则构成转动导管螺旋桨[图 1-49(b)]。当导管向一舷转动后，螺旋桨的排出流也向同舷喷射，产生相反方向的推力，使船尾沿力的方向转动，起到舵的作用，改善了船舶的操纵性。转动导管后装有稳向叶，以提高小舵角时的舵效，缩小回转圈直径，而且还有整流作用，从而提高了推进效率。为了改善船舶滑行时的舵效，可在导管上装置导流翼。在双转动导管螺旋桨船上，采用一正车一倒车操纵船舶回转运动时，两转动导管螺旋桨所形成的转船力矩互相抵消，船舶回转角速度较小，甚至为零。所以，最好先使船舶航速降低，再采用外舷主机快车、内舷主机慢车并操回转一舷的舵，视航道情况再开内舷快倒车、外舷慢倒车并操回转另一舷的舵，船方可顺利地掉头。

(a) 导管螺旋桨

(b) 转动导管螺旋桨

图 1-49　转动导管螺旋桨

3. Z 轴旋转螺旋桨

Z 轴旋转螺旋桨(图 1-50) 又称全回转 Z 轴导管螺旋桨，它是转动导管螺旋桨进一步发展的结果，是应用伞形齿轮和垂直轴来带动装有螺旋桨的导流管。在驾驶室操舵，能使 Z 轴旋转螺旋桨做 360° 的回转运动，并在任意方向上发出推力，因而能使船舶非常迅速地左右回转运动，改变航速或制动船舶甚至后退。装有双 Z 轴旋转螺旋桨的船上，正确调整两螺旋桨的角度和转速，能使船舶做任意方向的运动。

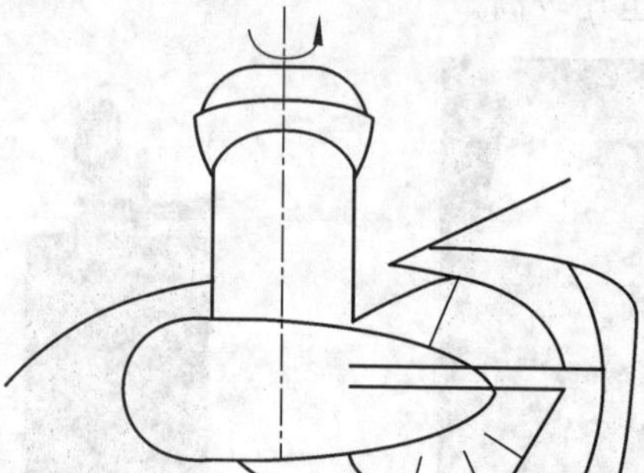

图 1-50　Z 轴旋转螺旋桨

但是，Z 轴旋转螺旋桨因受其结构的限制，不适宜于长途航行及浅水区航行。另外，因其结构复杂、重量大、费用昂贵等原因，到目前为止，还仅应用于中小功率的港作船上。该机构还在不断研究改进之中。

4. 平旋推进器

平旋推进器(图 1-51) 为一装有垂直机翼的圆盘式推进器，并且也与圆盘的转动轴平行。5 片流线型桨叶垂直插入水中，绕圆心在水平面上做定速旋转运动，通过调整某片桨叶的攻角而使船前进、后退、平移，能产生任何方向的推力。这些垂直机翼间相互平行，当推力分解到左右方向时，推力就相当于舵力，起到舵的作用，如图 1-51 所示。船倒退时也不必改变主机转向，操纵性能特别好，但因其推力小、推进效率低，机构复杂、价格昂贵，故仅用于少数港作拖船或对操纵性能有特殊要求的场合。例如：扫雷艇（MCMV）、动力定位、航空航天器、PSV 运输、摆渡船、客船、起重船、定位浮筒、水力发电等。

图 1-51　平旋推进器

五、操舵要领及注意事项

（一）舵令

船舶舵令及其含义见表 1-4。

表 1-4　船舶舵令及其含义

舵　令	说　明
左（右）微舵	将舵向左（右）舷转到一个不大的舵角（一般 5° ～ 15°），使船首慢慢向左（右）转动
左（右）舵	将舵向左（右）舷转到一个稍大的舵角（一般 15° ～ 25°），使船首以较快的速度向左（右）转动
左（右）××度	航行中，变换航向时用的舵令。根据航向变换角度的大小适当用舵。使船按舵令向左（右）舷变换航向××度
左（右）满舵	将舵向左（右）舷转到最大舵角（一般船舶满舵角为35°），使船首以最快的速度向左（右）转动
正舵	将舵保持在正中，舵角指示器对准 0 的位置
回舵	在航行中，变换航向时的舵令。将舵回到正中，减慢变换航向的速度
把定	操舵，尽快减少船舶偏转，保持船舶某一航向，船首保持对准前方的目标

（二）操舵工作要领

船舶在航行中，驾引人员应根据航行的需要，对舵工下达舵令，由舵工根据舵令进行操舵，以控制船舶的航向。值班驾驶员下达舵令时，应考虑到船舶在各种不同情况下的应舵性能和舵工的操舵水平。所下达的舵令应确切、明了和清楚，并监舵以保证这些舵令被正确、准确地立即执行，如遇舵工复诵舵令错误或操作不当，值班驾驶员应立即加以纠正。舵工在操舵时应有高度的责任感，思想集中、动作准确。当听到值班驾驶员下达舵令后，应立即复诵（以防听错）并执行，舵工在未听清舵令或不理解值班驾驶员下达的舵令时，可要求重复一遍或提示。所有舵令应一直保持到被撤销。如果舵不灵，舵工应立即报告。

船舶在航行中，操舵的三种常用基本方法如下：

1. 按舵角操舵

舵工在听到值班驾驶员下达舵角舵令后，应立即复诵并迅速、准确地把舵轮转到所命令的舵角上，注意查看舵角指示器所指示的舵叶实际偏转情况和角度，当舵叶到达所要求的角度时，应及时报告。在值班驾驶员下达新的舵令前，舵工不得任意更动舵的位置。船舶在进出港、靠离泊及海上采取避让措施时通常采用按舵角操舵的方法。

2. 按罗经(航向)操舵

船舶在海上及大多数狭水道航行时，大多按罗经操舵的方法使其保持在所需的航向上。

当船舶需要改变航向时，值班驾驶员可直接下达新航向的舵令，舵工复诵并将新航向与原航向做比较，从而决定操左舵或右舵。舵工应根据转向角的大小、本船的旋回性能和海况等情况决定所需舵角。并根据船舶惯性和回转角速度，按经验提前回舵并可向反方向压一舵角，使船舶能较快地稳定在所需的新航向上。

在船舶按预定航向航行时，由于受到各种因素的影响，经常会发生偏离预定航向的现象。为此，舵工应注视罗经刻度盘的动向，发现偏离或有偏离的倾向时，应及时采用小舵角(一般为 3° ～ 5°) 进行纠偏，以保持航向。例如，当罗经基线偏在原定航向刻度的左边时，这表示船首已偏到原航向的左边，应操相反方向的小舵角(右舵，3° ～ 5° 即可)，使船首(罗经基线) 返回原航向。纠偏时要求反应快、用舵快和回舵快。

当发现船首总是固定向一侧偏转时(通常是船舶受单侧风浪、潮流或由于积载不当，或由于船型、推进器不对称等恒值干扰力矩的影响所引起)，应采用一适当的反向舵角，来消除这种偏转，习惯称为“压舵”。所用舵角大小，可通过实践的方法来确定，通常先操正舵，查看船首向哪一边偏转，然后操一反向舵角，如所用舵角太小，船首仍将偏向原来的一侧；舵角太大，则反之。反复调试所采取的舵角，直至能将船首较稳定地保持在预定航向上。

3. 按导标(参照物) 操舵

近岸尤其是在狭水道或进出港航行时，特别明显的固定物体较多，此时可利用这些物体作为参照物进行操舵，即按导标(参照物) 操舵。方法是操舵使船首对准某个导标(参照物) 航行。舵工应根据值班驾驶员所指定的导标，操舵使船首对准该目标后，记下航向度数，报告给值班驾驶员。如发现偏离，应立即进行纠正，并注意检查航向的变化情况，如有变化，舵工应及时提醒值班驾驶员，以便判断风流压的影响。

(三) 操舵注意事项

(1) 舵工在接到舵令后，应立即复诵并立即执行舵令操舵。当到达所要求的舵角(指舵角指示器所指示的船尾舵叶所到达的实际舵角) 或航向(罗经指示) 对准参照物时，应立即予以报告。

(2) 舵工在操舵时应有高度的责任感，做到思想集中、动作准确。复诵和报告时应做到吐字清楚、声音洪亮。

(3) 值班驾驶员下达的舵令应确切、明了和清楚。在舵令发出后，如遇舵工复诵舵令错误或操作不当，应立即予以纠正。对舵工的报告亦应予以确认。

(4) 按舵角操舵方法下达舵令时，舵令的先后顺序一般应为：左 / 右舵 ××→ 回舵或回到左 / 右舵 ××→ 正舵 → 把定，然后再按实际需要下达新的舵令组。除特殊情况外，不应下达左 / 右舵 ×× 直接到右 / 左舵 ×× 的舵令。

(5) 舵工要严格遵照舵令操舵，未得到舵令不能任意改变航向。还必须及时向值班驾驶员复述和报告执行情况，如有疑问要互相及时提醒，以防发错或听错舵令乃至操错舵角。值班驾驶员与舵工要密切配合。

（四）提高操舵效率的操舵技巧

提高操舵效率，其实质就是熟练掌握一些操舵技巧，有效储备舵力保证舵效的及时回应，在不增大船体阻力的情况下能否使船舶随时处于临界的回转状态，是衡量操舵人员技术素质的重要标准。

首先，作为操舵人员应该了解人性、船性、水性。所谓了解人性就是要了解驾驶员操纵船舶的技术、特点、水平、性格和习惯，发令的迟早等。所谓了解船性，就是要了解本船舵效应、舵设备中各种装置的工作情况。所谓了解水性，就是要学会并针对航行中受到的不同水流影响，能采取不同的操舵方法来稳住航向。这样才能做到心中有数，及时回应。

其次，在一些不正常水流中操舵时，熟练掌握一些操舵技巧是非常重要的。复杂水域常用的操舵动作归纳为抽、腾、忍、让四个字。

(1) 抽舵：操舵者在操舵后，估计已能使船达到预定的航向时，提前适度回舵的动作称抽舵。它是为稳向时减少用舵和巧妙地储备舵力而采取的操作方法。

(2) 腾舵：为了储备舵力，在即将改变航向或乘迎有力的水势之前，在保持原航向的前提下提前适度用舵（即所谓舵动船向不动），力争舵随时处于舵角最小位置，以便当驾驶员叫舵时，能使舵立即发挥最大舵效。

(3) 忍舵：在驾驶员叫舵后，可根据具体情况暂停片刻再用舵或在用舵过程中暂停片刻，使舵效的余力发挥作用等都叫忍舵。

(4) 让舵：主动避开泡、漩等强大而又不正常水流或障碍物等而采取的操舵动作。

第三节　锚的运用

一、锚设备的组成

锚设备由锚、锚链、锚链筒、制链器、锚机、锚链舱、锚链管和弃链器等几部分组成，如图 1-52 所示。

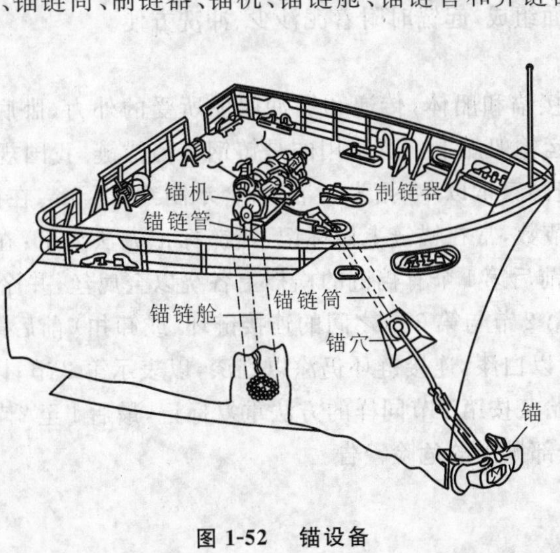

图 1-52　锚设备

（一）锚的类型

锚的种类很多，大致分为有杆锚、无杆锚、大抓力锚及特种锚四大类型。运输船舶多采用无杆锚。没有横杆，锚爪可以转动的两爪锚为无杆锚。该类锚的特点是，在工作中两个爪同时啮入土中，稳定性好，对各种土质的适应性强，收藏方便。无杆锚发展较快，已由第一代发展到第三代。常用的无杆锚主要有霍尔锚、斯贝克锚、AC-14 型锚及 DA-1 型锚，如图 1-53 所示。

霍尔锚　　斯贝克锚　　AC-14 型锚　　DA-1 型锚

图 1-53　常用的无杆锚

霍尔锚：是第一代现代标准型无杆转爪锚。这种锚制作简单、收藏方便、抓力较大，抓住性良好，是大中型船舶主锚选择的对象。

斯贝克锚：是霍尔锚的改良型，其结构特点是锚冠处装有锚冠板及加强肋。因此，这种锚的爪极易转向地面，稳定性更好，而且收藏时不擦伤船外板等。

AC-14 型锚：被称为无杆锚的第二代。其锚冠很宽，锚爪较粗长，且有纵向棱。这种锚重量大、抓力大、稳定性好。常用作大型集装箱船、汽车运输船及超大型油轮的主锚。

DA-1 型锚：DA-1 型锚被称作第三代无杆锚，是目前世界上最稳定、结构最先进的锚。锚冠较宽且端部为三棱形，爪很长，是用两个斜面构成的倒 V 字形，两爪之间的距离很小，这种锚有最合适的啮土角度，啮土面积大、抓力大、抓住性好、稳定性强、收藏方便，由于 DA-1 型锚几乎全部由直斜面组成，起锚时附着泥沙少、冲洗方便。

（二）锚链

锚链主要用来连接锚和船体，传递和缓冲船舶所受的外力，卧底锚链与海底产生摩擦力，从而增加锚泊力。运输船舶上广泛采用的是铸钢有档锚链。我国规范规定，1 节标准锚链的长度是 27.5m。英美国家常以 15 拓为一节，折合米制约 27.5m。在抛（起）锚时，为了能迅速识别锚链在水中的节数，常在锚链上做标记。锚链标记方法如下：在第 1 节与第 2 节之间的连接链环（或卸扣）前后第 1 个有档链的横档上各绕以金属丝，并涂以白漆，连接链环涂红漆，以表示第 1 节；在第 2 节与第 3 节之间的连接链环（或卸扣）前后第 2 个有档链环的横档上各绕以金属丝，并涂以白漆，连接链环仍涂以红漆，以表示第 2 节；以此类推至第 5 节与第 6 节之间；从第 6 节开始又按第 1 节同样的方法重复标记，最后 1 至 2 节可涂红或黄漆等醒目的标记，作为锚链将全部抛出的危险警告。

二、锚的用途

锚是船舶的重要操纵设备。古代的锚是一块大石头，或是装满石头的篓筐，称为“碇”。碇石用绳系住沉入水底，依其重量使船停泊。中国南朝已有关于金属锚的记载。明朝《天工开物·锤锻·锚》写道："凡舟行遇风难泊，则全身系命于锚。"足见锚对船舶安全的重要性。锚的用途可以分为系泊用锚、辅助操纵用锚和应急用锚三种。

（一）系泊用锚

船舶在装卸货物、避风、等泊位、检疫以及候潮等情况下都需要在锚地抛锚停泊。根据锚地的自然条件和停泊时间，可以分为单锚泊和双锚泊两种锚泊形式。

1. 单锚泊

当锚地水域开敞，船舶有足够的旋回区域，风流不大时可以抛单锚停泊。松链的长度依水深、底质、风流大小及停泊时间长短而定。通常情况下松链长度在 3 ～ 4 倍水深以上。

2. 双锚泊

常见的有八字锚、一字锚和平行锚等形式。

（二）辅助操纵用锚

港内操纵用锚主要有拖锚制动、拖锚靠泊、抛锚掉头、抛锚倒行等。正确使用将有利于港内操纵安全，反之，如使用不当，不但不利于安全，还可能发生断链或丢锚等事故。这里值得注意的是，锚作为船舶操纵的辅助手段仅适用于小型船舶，中、大型船舶由于其惯性很大，不宜用锚协助船舶操纵。

1. 拖锚制动

港内低速航行过程中，为了降低船速，除使用主机倒车外，还可以抛下短链单锚，必要时抛下双锚，利用锚与海底的摩擦力来控制船速，减小冲程。使用倒车容易造成船首偏转，及时抛锚进行配合操纵，可收到良好的控制效果。特别在靠泊操纵中，为减小横风、横流的影响，往往不得不采用较大余速抵达泊位前沿，及时抛锚，并配合倒车进行制动，是一种常用而有效的措施。抛锚靠泊中，锚既有减小冲程的作用，还起到控制船舶偏转的作用。例如，空船靠泊，若吹拢风较大，船舶轧拢码头的速度很快，可及时抛外舷锚予以抑制。

2. 抛锚掉头

船舶靠泊时多采用顶流靠泊方式，船舶如顺流进港，则要采用抛锚掉头操纵，然后顶流靠泊，如泊位前沿有足够的水域，则可在泊位前沿进行掉头。在专用掉头水域可借助流的作用进行顺流抛锚掉头。其具体的操纵方式参见港内操船的有关内容。

3. 抛锚倒行

船舶倒航时不具有航向稳定性和保向性，要稳定船首向是十分困难的。这时，可将首锚抛下利用抛锚来稳定船首向，拖引船舶从港内狭窄水道中退出，直至抵达可以掉头的水域进行掉头操纵。

4. 抛开锚

在有些停泊水域，流向比较稳定，或拖船资源不足，则对于小型船舶离泊时常可采用绞开锚进行离泊的方法。所谓"开锚"是指靠泊时距离泊位前沿一定垂直距离时抛下外档锚，为离泊创造方便条件。

（三）应急用锚

当船舶航行在恶劣环境下，应提前备锚，以防在紧急情况下可拖锚刹减船速，以避免碰撞或减少碰撞损失，同时防止紧急用锚时，锚抛不出去。另外，当船舶意外搁浅时，可沿脱浅方向运锚抛下，绞收锚链以协助脱浅。在大风浪中航行的船舶，如果采用顶浪滞航的航法时，可以抛锚并出链适当长度来增加船舶漂移阻力，控制船首向，辅助船舶抵抗大风浪。

三、锚抓力及出链长度

（一）决定锚抓力的因素

锚抓力大小取决于锚型、锚重、链长、抛锚方法、水深、底质和水底地形等因素。一艘船舶在锚泊水域确定后，能够控制锚抓力的主要因素是出链长度。

泥沙底质时，锚抓力与链长、水深关系如表 1-5 所示。链长为 2 倍水深时，锚抓力约为水中锚重；锚抓力随链长的增大而增加。

表 1-5　锚抓力与链长、水深关系

链长 / 水深	1.5	2.0	2.5	3.0	3.5
锚抓力 / 水中锚重	0.76	1.16	1.60	2.0	2.4

注：水中锚重 $W'_a = 0.87 \times$ 空气中锚重。

（二）操纵用锚时的链长

1. 松链的方法

抛锚制动时，松链可分为两个阶段：第一阶段是航速较快时，一次松链不可太多，否则易造成断链事故，但松链太短起不到制动效果，因此必须两者兼顾。内河船舶一般先松链 1 ～ 1.5 节链长，最多不超过 2 节，锚链落水刹牢；或松链长度为 1.5 倍水深（重载海船链长不超过 2.5 倍水深）。第二阶段是确定船舶冲力减弱不致把锚链拉断时，如果需要可以适当松链；或先让锚抓牢，再松链使船停住。

2. 港内顺流抛锚掉头时的链长

船舶在内河顺流抛锚掉头，其特点在于水域狭窄，用锚的目的是使船舶在掉头区安全范围内掉转过来。松链长度要服从两条：一是能顺利完成掉头操纵；二是不致损坏锚设备，造成断链失锚。为此，在抛锚时，若航速尚大，松出的链长应先短些（海船松出链长为 1 ～ 1.5 节落水，河船为水深的 1.5 倍左右）刹住，待船速减慢，再适当松出锚链，让锚抓牢，把船拉住，以便借水动力助船掉头。在此情况下用锚，如果松链过短则始终拖锚滑行；若松链过长，会增大掉头的甩尾范围，都易发生危险，导致用锚失败。万一松出锚链后，锚仍不能抓牢，可抛下第二只锚。

3. 靠、离泊操纵用锚时的链长

单纯为靠泊用锚，松链长度以不超过 1 节落水为宜，以便靠妥后能随时绞起。如需利用锚和缆的松绞配合控制船首横移，抵制风、流动力的作用，松链可多些，以便使锚抓牢，发挥其作用。锚链向后时，不可松链过长，以免造成离泊操纵困难。

4. 搁浅用锚时的链长

无论是为了固定船身，还是为了协助脱浅，锚链或钢缆都应尽可能松长一些，这样较为有利。

（三）锚泊时的抓力及链长

船舶锚泊时，锚与链形成悬链线，分为抓底部分和悬垂部分，卧底链长和悬垂链长如图 1-54 所示。抓底部分为锚和平卧海底（河底）的一段锚链，其抓力作为锚泊抓力，又称为系留力。锚泊抓力是用于抵抗船舶在锚泊时所受的外力，如风、流和浪对船舶的冲击力。只有锚泊抓力 $P \geqslant T_0$ 时，船舶才能安全地系留在水面。单锚泊抓力为：

$$P = P_a + P_c = \lambda_a \cdot W_a \cdot g + \lambda_c \cdot W_c \cdot l \cdot g \tag{1-24}$$

式中：P—— 锚泊抓力(N)；

P_a—— 锚的抓力(N)，$P_a = \lambda_a \cdot W_a \cdot g$；

P_c—— 锚链抓力(N)，$P_c = \lambda_c \cdot W_c \cdot l \cdot g$；

λ_a—— 锚的抓力系数；

λ_c—— 链的抓力系数；

W_a—— 锚在空气中质量(kg)；

W_c—— 每米链长在空气中质量(kg)；

l—— 平卧海底的链长(m)；

g—— 重力加速度(9.8m/s^2)。

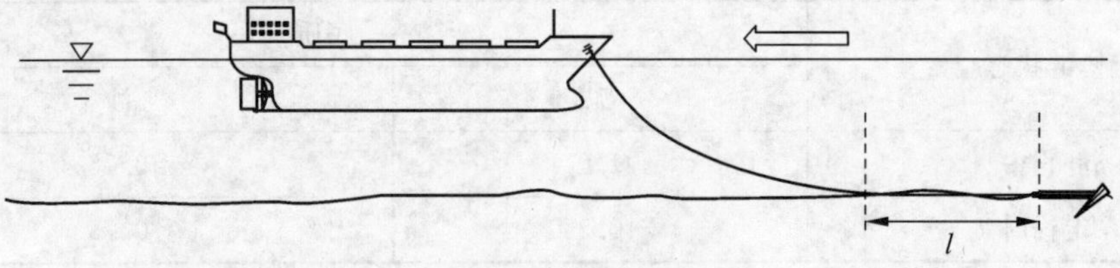

图 1-54　卧底链长和悬垂链长

1. 锚的抓力系数

锚抓力系数与锚型、底质有关。软泥底中锚抓底姿态如图 1-55 所示，硬泥底中锚抓底姿态如图 1-56 所示。锚的抓底姿态不同，黏着力也不同，锚抓力系数也不同。根据实验，锚的抓力系数范围在：泥底 $\lambda_a = 2 \sim 6$(浮泥中 $\lambda_a = 1.5 \sim 2$)，沙底 $\lambda_a = 3 \sim 5$，锚自转 180°(走锚)，$\lambda_a = 1.5$。不同类型的锚抓力系数如表 1-6 所示。

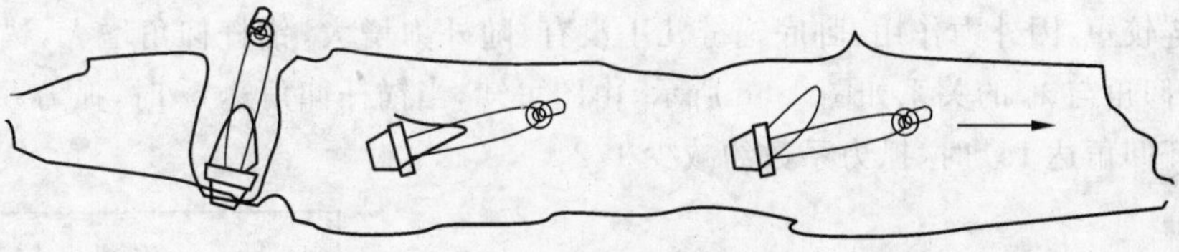

图 1-55　软泥底中锚抓底姿态

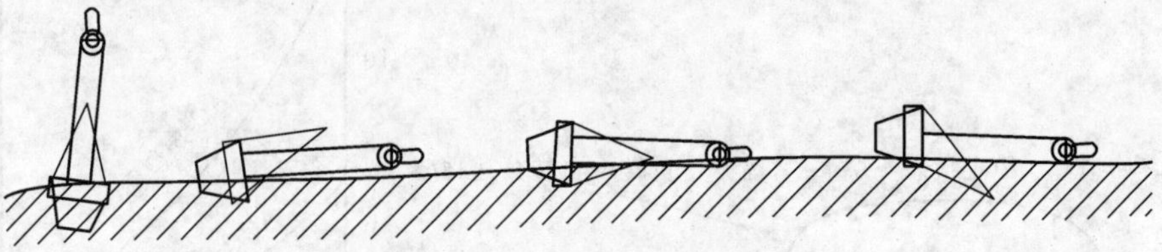

图 1-56　硬泥底中锚抓底姿态

表 1-6　不同类型的锚抓力系数

底质	锚型	
	霍尔锚	AC-14 型锚
沙	3.5	7
泥	3.0	10
走锚时	1.5	2

另外，根据中国船舶工业总公司 708 所试验，细沙底锚的抓力系数如表 1-7 所示。

表 1-7　细沙底锚的抓力系数

锚型	霍尔锚	斯贝克锚	波尔锚	AC-14 型锚
通常锚泊时的抓力系数	4	4 ～ 6	7 ～ 11	7 ～ 11

2. 锚链抓力系数

卧底锚链在锚被拖动时，提供部分抓力，该抓力是由于卧底链与水底的摩擦而产生的。锚链抓力 $P_c = \lambda_c \cdot W_c \cdot l \cdot g$，式中为锚链抓力系数，与底质、链形状和是否运动有关。抓力系数与底质、链运动状态的关系如表 1-8 所示。

表 1-8　抓力系数与底质、链运动状态的关系

锚链状态	底质	
	泥	沙
静止中	1.0	0.75
走锚时	0.5	0.75

3. 抓力系数变化

船舶抛锚后，当锚稳定受力后，锚因移动而双爪插入海底。抓力系数将在锚移动 5 ～ 6 倍锚杆长的距离内达到最大值(此时锚杆仰角为零)，以后将持续保持该值。锚拖动长度与锚抓力的关系如图 1-57 所示。

如果锚在拉动过程中发生倾斜或翻转，形成走锚，抓力系数将剧降，一般为正常抓力系数的 2/3 左右。

若出链较短，因外力作用，卧底锚链几乎没有。随外力增大，锚杆仰角增大，锚抓力系数下降，锚杆仰角与 λ_a 的关系如图 1-58 所示。由图可知，当锚杆仰角达 5° 时，抓力系数约减少 1/4；当锚杆仰角达 15° 时，抓力系数约减少 1/2。

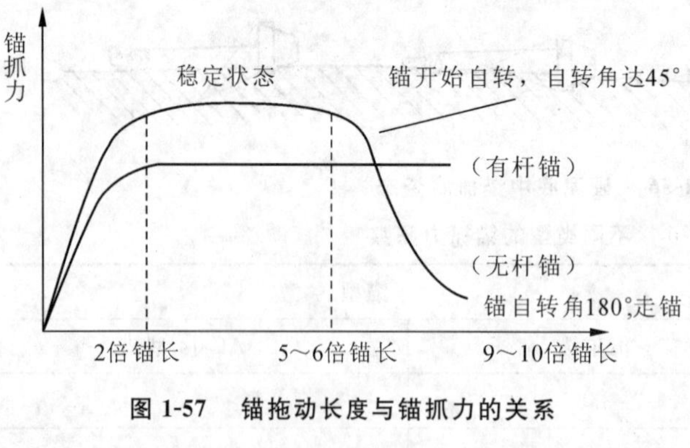

图 1-57　锚拖动长度与锚抓力的关系

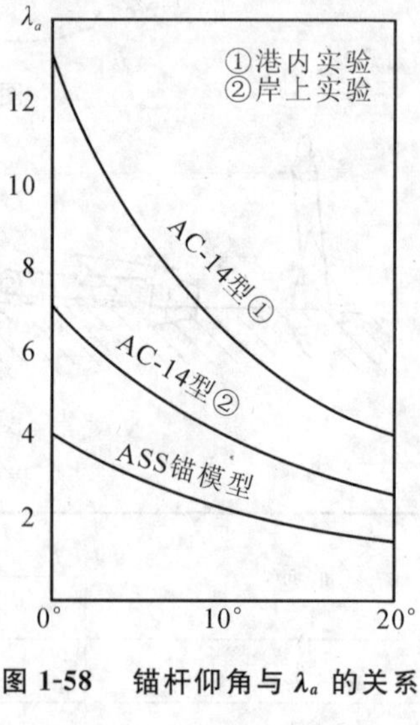

图 1-58　锚杆仰角与 λ_a 的关系

4. 单锚泊出链长度

单锚泊出链长度 L_c 包括卧底链长 l 和悬垂链长 S 两部分(图 1-59)。悬垂链长不直接产生抓力，其作用是使锚杆仰角为零，拉力呈水平方向，保证锚能充分发挥最大抓力，同时缓冲阵发性地作用在船体上的外力。

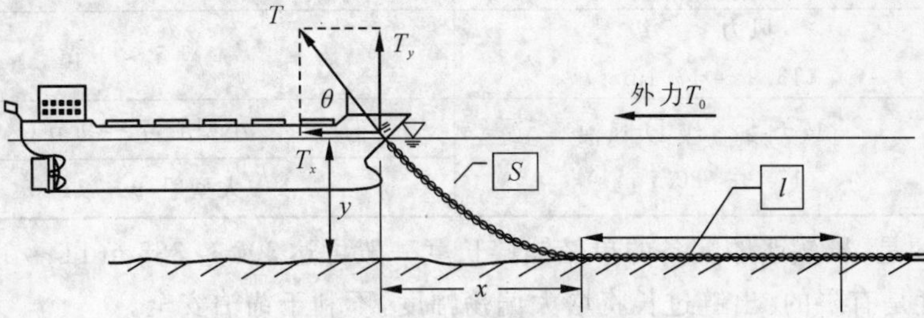

图 1-59　单锚泊出链长度

(1) 卧底链长 l：根据 $P \geqslant T_0$，可得

$$\lambda_a \cdot W_a \cdot g + \lambda_c \cdot W_c \cdot l \cdot g \geqslant T_0 \tag{1-25}$$

则

$$l \geqslant \frac{T_0 - \lambda_a W_a g}{\lambda_c W_c g} \tag{1-26}$$

(2) 悬垂链长 S：根据理论推导可得

$$S = \sqrt{y\left(y + \frac{2T_0}{W'_c \cdot g}\right)} \tag{1-27}$$

式中：y—— 出链孔至水底的垂距，即水深与锚孔至水面高度之和(m)；

T_0—— 作用于船体的水平外力(N)；

W'_c—— 每米链长在水中质量，$W'_c = 0.87W_c$(kg)。

(3) 出链总长 L_c

$$L_c \geqslant \frac{T_0 - \lambda_a W_a g}{\lambda_c W_c g} + \sqrt{y\left(y + \frac{2T_0}{W'_c \cdot g}\right)} \tag{1-28}$$

在已知作用于船体外力 T_0 时，可求出锚泊时最少出链长度，或根据锚泊时船当时出链长度情况，求所能抵抗的外力极限。由于式中 T_0 是稳定且持续作用的外力，而未考虑阵风、波浪、偏荡引起的外力增加，因此，实际锚泊中，当风力增大时，将伴有波浪冲击、船舶偏荡冲击力等作用于船体。为了保证锚泊安全，在估算实际出链长度时，可在公式计算的总链长基础上适当增加链长。

锚泊时出链长度可以根据风速、流速和水深的不同进行经验估算。

当风速为 20m/s 时，出链长度 L_c 为

$$L_c = 3h + 90 \tag{1-29}$$

式中：h—— 锚泊时的水深(m)。

当风速为 30m/s 时，出链长度 L_c 为

$$L_c = 4h + 145 \tag{1-30}$$

沿海地区，水深 30m 以内时，单锚泊，抛锚链长可参照表 1-9。

表 1-9　沿海地区单锚泊抛锚链长

水深	风力	单锚泊，抛锚链长
＜30m	风力＜7级 (13.9～17.1m/s)	一般5～6节
	风力≥8级，大风浪 (17.2～20.7m/s)	小型船，7～9节
		中大型船，9～11节

需要注意的是，虽然船舶配备的单舷锚链长度一般可达300～385m(11～14节)，但可抛出的锚链长度是有限的。出链过长将增大偏荡幅度，不利于锚泊安全。

长江船舶单锚泊出链长度视锚地所处位置、流态、水深、底质以及船舶吨位、载重情况、洪枯水等情况决定抛锚链长。一般情况下，长江出链长度为5～8倍水深；锚地条件好且锚泊时间短，可出链3～5倍水深。长江浏河锚地单锚泊抛锚链长经验值见表1-10。

表 1-10　长江浏河锚地单锚泊抛锚链长经验值

锚地	水位期	船舶	吃水	单锚泊，抛锚链长
浏河锚地	洪水期	大	重载	7～8节
		大	空载	6节
		小		5节
	枯水期	大	重载	6～7节
		大	空载	6节
		小		5节

四、拖锚淌航

靠泊操纵中，为了抑制航速常抛锚制动，船在前进中停车(或倒车)抛锚，船常继续拖锚滑行一段距离，称为拖锚淌航距离。为了使锚准确地按计划抛在预定的位置，驾引人员应掌握好拖锚滑行的距离。拖锚滑行距离(拖锚淌航距离)与当时的船舶排水量、航速、拖锚时的锚抓力、船体阻力及流速有关。

静水中，拖锚淌航时船舶速度低，若不考虑船体阻力和附加水质量的影响，且拖锚拉力随船舶速度降低而减小的变化也不明显，则可用下式估算拖锚淌航距离(余速3kn以下)：

$$S = 0.0135 \times \Delta \times V_0^2 / P_a \tag{1-31}$$

式中：S—— 拖锚淌航距离(m)；

Δ—— 船舶实际排水量(t)；

V_0—— 拖锚时船舶的初速(kn)；

P_a—— 拖锚时锚的抓力(kN)，$P_a = \lambda \times$ 锚重 $W_a \times 0.87 \times 9.81$，$\lambda$ 取值可根据拖锚出链长度与水深之比，查有关表格获取。

实际操纵中估算落锚点时，除估算拖锚淌航距离外，还应考虑出链链长的纵向水平方向投影长度，以及锚孔距船首最前端的水平距离。如果抛锚水域有水流，还应考虑流速对拖锚淌航距离的增减影响。

根据经验，万吨级船舶2kn余速拖单锚，如在10m左右水深中出链1节入水时，船舶满载的拖锚淌航距离约为 1 倍船长；1.5kn 余速，同样情况下淌航距离为 1/2 船长。因此，一般情况下，入泊速度控制在 1.5 ～ 2kn 之内，抛单锚制动较为合适。用拖锚控制船速，若遇大风、船速较高时，可采用抛双锚制动。万吨级船 3kn 余速拖双锚，淌航距离约为 1 倍船长；2kn 余速拖双锚，淌航距离约为 1/2 船长。

第四节　缆的运用

一、系缆的名称和作用

一般船舶靠泊系缆如图 1-60 所示。

1. 首缆

首缆又称头缆，其中从外舷出缆者也可称为外档头缆。如果它绕过船头而与码头岸线交角很大，则俗称包头缆。从里舷出缆者也可称为里档头缆，俗称领水缆。头缆主要承受船首方向风流的外力作用，防止船身后退和船首外移。

2. 首横缆

船首出的横缆称为首横缆。首横缆的出缆方向大致与船首尾线垂直。首横缆的主要作用是防止船首向外移动。

3. 首倒缆

首倒缆又称前斜缆，其作用与尾缆相似。当采用开尾法驶离时，该缆是关键的系缆。此缆由船首导缆孔送出，一端系在码头的系缆桩上，另一端卷带在船首绞车上，通过绞收该缆，配合车舵，可控制船舶纵移、横移和转动，当船舶靠妥后，该缆略向船尾倾斜，成为首倒缆。

4. 尾倒缆

尾倒缆又称后斜缆或坐缆。它除了具有类似首缆的作用外，当采用坐缆驶离时，该缆是关键的系缆。其一端由船尾向码头略向前倾斜，另一端挽在船尾的绞车上，通过绞车的绞收以控制船舶运动方向。

5. 尾横缆

船尾出的横缆称为尾横缆。尾横缆的出缆方向大致与船首尾线相垂直。尾横缆的主要作用是防止船尾向外移动。

6. 尾缆

尾缆以船尾内舷导缆孔送出，系套在码头上面的缆桩上。它可防止船舶向前移动，抵抗来自船尾的风力和水动力。

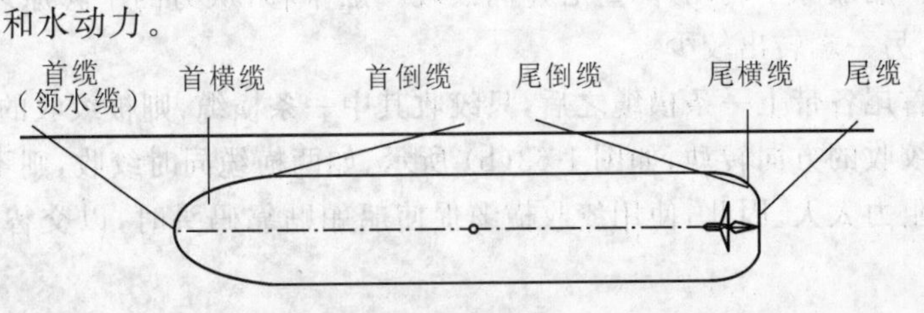

图 1-60　一般船舶靠泊系缆

靠泊时间较短的内河船舶，可只系首缆、腰缆、坐缆和尾缆各一根。在无潮汐影响的河段上，小型船舶常只系首缆、首倒缆和尾缆。内河船舶首倒缆的作用因出缆方位的变化而变化。首倒缆在正横前起首缆作用，在正横时起横缆的作用，在正横后起倒缆的作用。驾驶员应灵活掌握和运用。

海船与河船驶靠码头使用系缆略有不同。海船吨位较大，系缆较多，靠码头用的系缆主要有：首缆 2 ～ 3 根，尾缆 2 ～ 3 根，首、尾倒缆各 1 ～ 2 根，前后横缆各 1 根。风大流急时还应适当增加系缆。超大型船舶至少要增加首、尾倒缆各 1 根。海船靠泊系缆如图 1-61 所示。

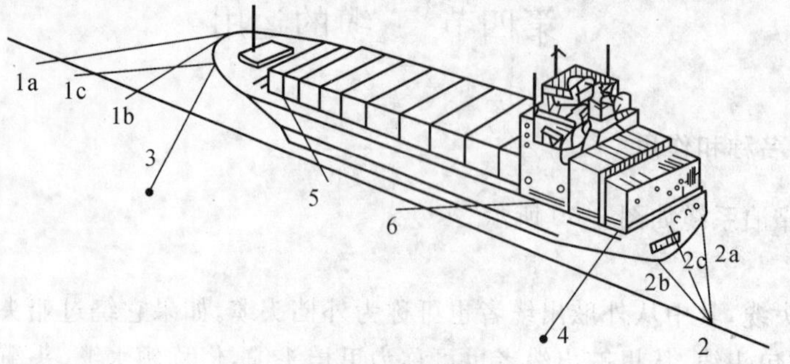

图 1-61　海船靠泊系缆

1a— 外档头缆；1b— 包头缆；1c— 里档头缆；2a，2b，2c— 尾缆；3— 首横缆；4— 尾横缆；5— 首倒缆；6— 尾倒缆

二、系缆的操作

1. 绞收船首、尾横缆

船舶利用绞缆机绞收缆绳，绞缆机又称系缆绞车，如图 1-62 所示。

图 1-62　绞缆机

绞收船首横缆可使船首向码头转进而船尾转出，如图 1-63(a) 所示，绞收尾横缆则相反。绞收横缆时，船舶除了转动外，重心还向绞收一舷平移，从力的平移原理可知，被绞收的一端转进较多，另一端转出较少。

假如在船首尾各带上一条横缆之后，只绞收其中一条横缆，则被绞收的一端以不绞收的一端为支点向绞收的方向转动，如图 1-63(b) 所示。如两横缆同时绞收，则不易于绞进，这是由于船舶横移阻力太大。因此，使用绞收横缆促使船舶贴靠码头时，以交替绞收首尾两横缆为宜。

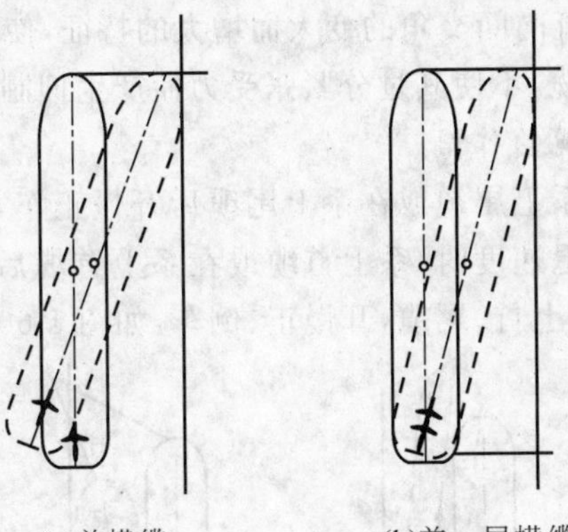

(a)首横缆　　　　　　　(b)首、尾横缆

图 1-63　绞收船首、尾横缆

2. 绞收首、尾缆

船舶靠拢码头后，由于前后位置不妥，常需做适量的调整。这时可采用绞收首、尾缆（绞首缆或尾倒缆使船向前移动，绞尾缆或首倒缆使船向后移动）来调整。必须注意，为使船舶能顺利朝前移动，在绞收首缆或尾倒缆时，应适当松开首倒缆和尾缆；为使船舶能顺利朝后移动，在绞收尾缆或首倒缆时，应先适当松开首缆和尾倒缆。还应指出，使船向前移动时，绞收尾倒缆比绞收首缆方便；使船往后移动时，绞收首倒缆要比绞收尾缆方便。

用绞或松系缆使船舶前后移动的方法，能在小范围调整舱口位置，从而满足船舶装卸货物或上下旅客的需要。

3. 系缆与舵的配合运用

如果码头处的水流有一定流速时，船舶带上一定的系缆后通过操舵能调整船首尾线对码头的交角和它们的相对位置。系首缆后操舵，可使船尾收拢或扬开，如图 1-64 所示。系缆和舵的配合运用，可使船舶平顺安全地靠拢码头和驶离码头。

上述情况中，船尾扬开程度随流速、舵角的大小而异。流速大、舵角大，舵压力转船力矩则大，船尾扬开角度亦大。当流速产生的舵压力转船力矩与水动力作用于船上的转船力矩相平衡时，船尾就不再外扬了。

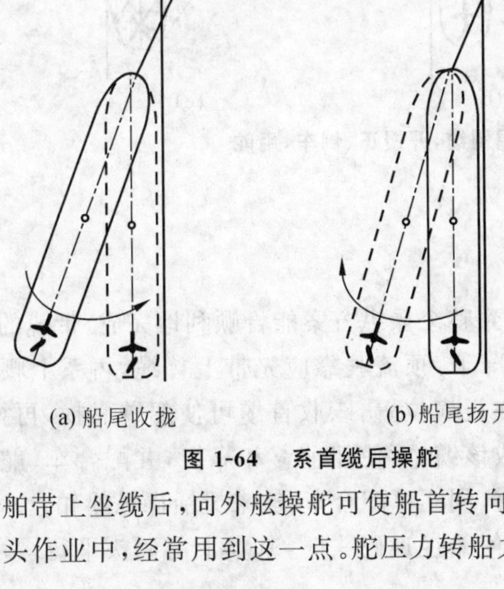

(a) 船尾收拢　　　　　　(b) 船尾扬开

图 1-64　系首缆后操舵

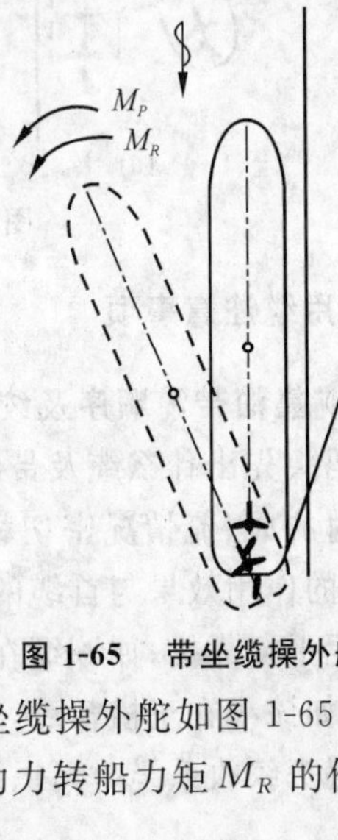

图 1-65　带坐缆操外舵

船舶带上坐缆后，向外舷操舵可使船首转向外舷方向，带坐缆操外舵如图 1-65 所示。在驶离码头作业中，经常用到这一点。舵压力转船力矩 M_P 与水动力转船力矩 M_R 的作用方向

始终相同，而 M_R 有随船与流向间交角的变大而增大的特征，使船首转向外侧的角速度越来越大。这时应注意溜放尾倒缆，不使其过分紧张受力而产生抑制转向的作用，阻滞船首张开。

4. 船有进退运动时，系缆的作用

当船具有前进速度时，系上尾缆或在系上尾缆后开慢正车，可使船舶贴拢码头，并以船尾贴拢较多。当船舶具有后退速度时，系上首缆或在系上首缆后开慢倒车，船也会向码头贴拢，但船首贴拢较早。船舶系上首、尾缆，开慢正、倒车，如图 1-66 所示。

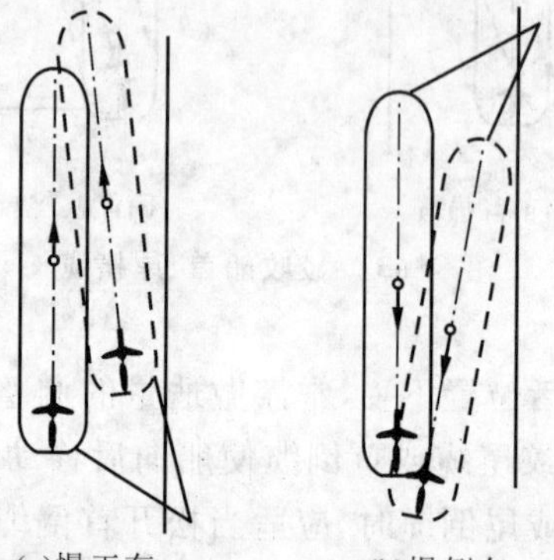

图 1-66　系上首、尾缆，开慢正、倒车

如果系上首倒缆后，开慢正车，结合用舵，就可以利用螺旋桨的诱导速度，产生足够的舵压力，使船尾自如地收拢或离开，如图 1-67(a)、(b) 所示。所以，在驶靠码头中，常常先送出首倒缆，以便灵活自如地操纵船舶。系上尾倒缆（坐缆）后开倒车，则产生力矩使船首转向外舷，如图 1-67(c) 所示，因此，在驶离作业中常被采用。

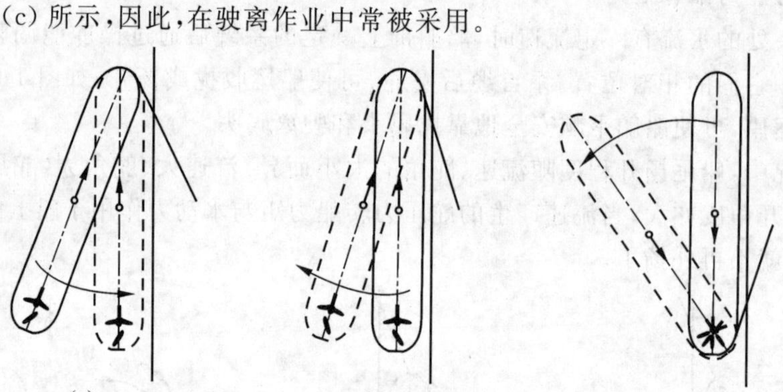

图 1-67　系上首、尾倒缆，开慢正、倒车，用舵

三、用缆注意事项

（一）靠泊带缆顺序及绞收

靠码头先出什么缆及带缆的快慢，关系到整个操纵方案能否顺利地完成。带缆的先后顺序与当时的风、流情况密切相关。在一般情况下，顶流驶靠应先带上首缆，再系上腰缆和尾缆。首缆的作用效果与首缆的方位有关。如在正横位置，绞收首缆可使船首靠拢，再操外舵，可使船尾平行靠拢；如该缆在正横朝前，绞收该缆，可使船前移和靠拢，并配合车、舵灵活控制船位；如该缆在正横朝后，可制止船舶前移，同样可配合车、舵来灵活操纵船舶。

向码头绞收系缆时，首、尾要协调配合，使船接近码头时，基本上与码头平行缓慢绞收，船舶下移。腰缆吃力时，应用外舷正车，以免承受过大的动力负荷；在绞收尾缆时，如果船尾靠拢的速度过快，应操内舵，以减缓靠拢速度。

（二）离泊单绑

单绑是指船舶离泊前解除操纵中不起作用的缆绳。小型船舶自力离泊单绑时，保留缆绳数量取决于流向，一般船首保留一根头缆和一根首倒缆，顺流时保留一根尾缆，顶流时保留一根尾倒缆。大中型船舶一般在拖船就位并发挥作用后再进行单绑。

（三）离泊时使用首、尾倒缆注意事项

在尾吹拢风或水流来自尾部情况下驶离时，为了避免螺旋桨及舵碰触码头，或船尾碰撞尾后停泊的船只，常采用先将船尾摆开一定角度，然后再用绞锚或拖首或倒车驶离。在顶流情况下驶离码头时，常开倒车，留坐缆，使船首先扬出某一角度，然后再开正车，解去坐缆驶离码头。这时对首、尾倒缆的使用应注意下列各点：

(1) 首、尾倒缆的强度应足够。

(2) 应使首、尾倒缆缓缓受力并一次吃紧。

(3) 收尾倒缆应动作迅速，以免发生缆绳绞缠桨叶。

（四）用缆操作注意事项

(1) 各缆绳受力均匀，防止缆绳突然受力的现象。停泊中因潮水涨落，装卸货及风、流等影响，需及时调整各缆的松紧程度，保持各缆受力均匀。若仅某一根缆绳受力，则其会因负荷过大而绷断，使船移动，这样，还会使原来松弛的其他系缆承受动力负荷并有绷断的危险。

(2) 尽量减小磨损。要防止缆与缆之间和缆与船舷边角之间，以及缆与码头边角之间的摩擦，为此要及时包垫，防止磨损。磨损严重，缆绳可能绷断而致人伤亡，如图 1-68 所示。

(3) 大型船舶，带缆应对称；尽量选用同材质同直径的缆绳，避免图 1-69 所示的钢丝缆与合成纤维缆并用。

缆绳过度磨损，存在安全隐患

图 1-68　缆绳过度磨损

缆索和钢索穿过同一导缆孔

图 1-69　钢丝缆与合成纤维缆并用

(4) 角度应适宜。系缆力分解示意如图 1-70 所示。因为只有缆绳的水平分力才是有效分力，所以，各系缆俯角应小，力争缆绳系远些。两条倒缆与码头岸线尽量平行，首尾缆与码头岸线夹角适当，以免缆绳承受过大的负荷。

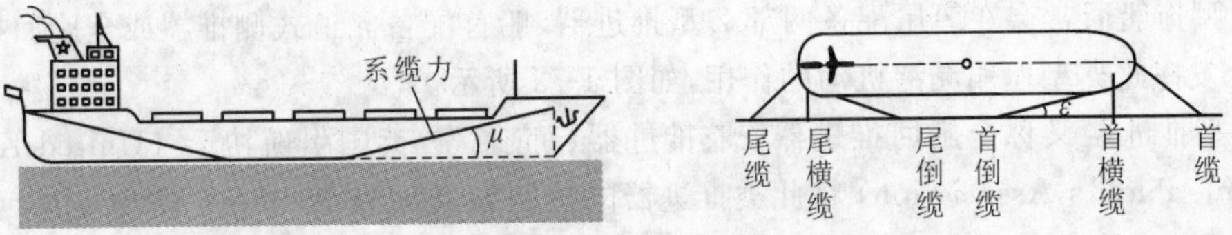

图 1-70　系缆力分解示意

ε— 系船缆水平投影与码头前沿线的夹角；μ— 系船缆与水平面的夹角

（5）缆绳挽桩要牢固，且挽桩道数要足够，以防滑出。

（6）风流影响大而波浪影响小时，船应系牢；波浪影响明显时，系缆不应太牢，系缆可选用伸长率较大的纤维缆。

（7）试车前应检查缆绳，使各缆受力均匀。大功率船试车时，首、尾要派人照料，以防万一。

（8）操作过程中，禁止站在缆桩、导缆孔、钢丝、缆索受力方向。缆绳危险区域如图 1-71 所示。注意清理脚下，防止被缆索套住或勒伤。

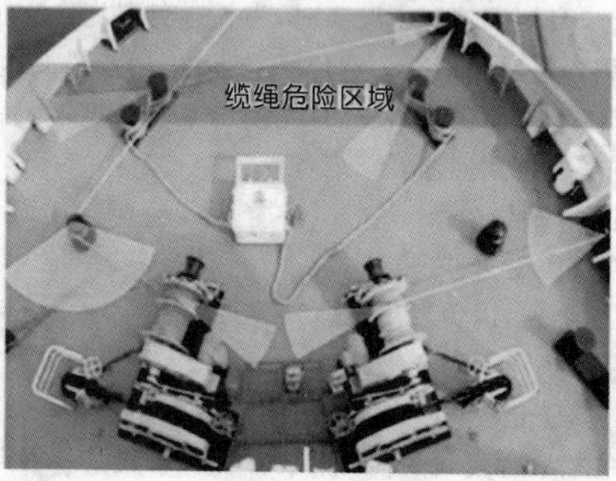

图 1-71　缆绳危险区域

第五节　拖船及其运用

港作拖船是港口的重要设备，其主要用途是拖带无自航能力的船舶、水上结构物及操纵能力受到限制的船舶。海船在港口狭窄水域内完成系、离泊作业大多需要港作拖船协助。河船在自行操纵有困难时，亦应申请拖船协助。在作业之前，本船船长应与拖船船长共同研究作业方案，做到双方心中有数，在操纵中，应注意拖船的安全，互相协调，密切配合，安全有效地进行操纵。

一、港作拖船的种类及其特性

（一）港作拖船的种类

按推进装置不同划分，港作拖船主要有 Z 型传动螺旋桨拖船（俗称 Z 型或 ZP 型拖船）、平旋螺旋桨拖船（简称 VSP 型拖船）、可变螺距螺旋桨拖船（简称 CPP 型拖船）3 种。带普通舵的固定螺距螺旋桨拖船（FPP 型）越来越少。在 3 种港作拖船中，我国使用最多的是 ZP 型拖船。ZP 型拖船通常会在船尾配备两部 Z 型推进器、船首配备涵道式侧推器或全旋回推进器，以充分发挥此类型船舶灵活机动的作用，如图 1-72 所示。

Z 型推进器又称全旋回推进器、舵推进器、舵桨等，英国引航协会（United Kingdom Maritime Pilot's Association）将此类推进器的控制装置称为 Azimuth Controlled Device，简称 ACD。Z 型推进器的基本原理是通过 Z 型传动装置，使推进器可以绕垂直轴线做水平 360° 的旋转，从而获得任意方向上的推力，如图 1-73 所示。

图 1-72　ZP 型拖船

图 1-73　Z 型推进器

（二）港作拖船的性能及其比较

1. 一般性能及尺度

使用拖船的直接目的是提供强大的拖力，因而其主机功率高，船舶尺度小。由图 1-74 可知，港作拖船的 L_{pp} 值最长在 30m 左右，即使主机功率增加很多，L_{pp} 的变化也不明显。

考虑到拖船作业常受较大的倾覆力矩作用的可能，拖船长宽比处于 3.2 ～ 4.2 之间，初稳性高度 GM 值应保持在 0.75m 左右。

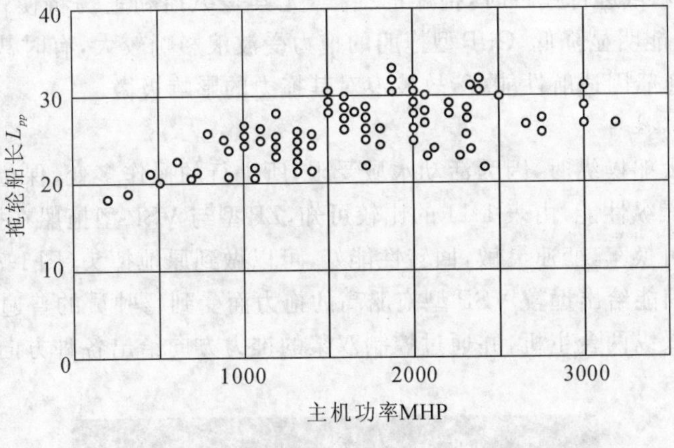

图 1-74　港作拖船主机功率与船舶尺度

2. 拖船的拖力

(1) 标准拖力：拖船的拖力，以系桩全速试验测得的拖力为代表，称为拖船的标准拖力，又称为系桩推力。

标准拖力取决于拖船的主机功率的大小和螺旋桨装置的种类。按不同种类拖船的试验比较，每 73.5kW 功率可发出的正车和倒车标准拖力均不同，各种港作拖船的性能比较如表 1-11 所示。由表 1-11 可知，ZP 型拖船与其他拖船相比，无论正车或倒车均能给出很强的拖力（每 73.5kW 主机功率可给出1.5 吨力，1 吨力 ＝ 9.8kN），而且前进与后退时的拖力相差无几（后退牵引力 / 前进牵引力 ≈ 0.9）。

(2) 拖航中的拖力：任何由螺旋桨推进的船舶，当螺旋桨保持一定转速时，随船速的提高拖力均存在两种趋势：一是螺旋桨发出的推力降低；二是船舶基本阻力增加。拖船也不例外。

定速拖航中，拖船螺旋桨发出的拖力（或推力）T_P，是在克服被拖船自身所受阻力 R_t 的基础上，再提供给被拖船去克服其所受阻力 R_{bt} 的，因此定速拖航中拖船对被拖船的拖力 T_t 应与被拖船所受的阻力相等，即 $T_t = R_{bt} = T_P - R_t$。所以，拖船加于被拖船的拖力将随拖航速度的提高而降低。

表 1-11　各种港作拖船的性能比较

拖船类型		ZP 型	VSP 型	CPP 型	FPP 型
舵的配备情况		无舵	无舵	导流管、舵	普通舵
主机	柴油机	中高速	中速	中速齿轮变速、低速	中速齿轮变速、低速
	无	无	无	无	有
操纵性能	变速控制	快	快	稍快	快
	回转性（回转圈直径）	可原地掉头（1～1.5L）	可原地掉头（1～1.5L）	回转直径稍大（1.5～2.0L）	回转性差（3～4L）
	横移性能	可以	可以	可以	不可
牵引力	正车时（每 73.5kW 主机功率给出）(t)	1.5	0.95	1.35	1.00
	倒车 / 正车	0.9	0.9	0.6	0.8

在有波浪的水域进行拖带时，拖船的摇摆，尤其是纵摇和垂荡将使螺旋桨工作环境恶化，产生的推力可能明显降低。CPP 型拖船的拖力受波浪影响较大，有时甚至可降至一半；而 VSP 型和 ZP 型拖船因适航性能好，故波浪对其拖力的影响极微。

3. 拖船的操纵性

拖船在协助大船操纵时，因为活动水域受限，所进行的操作多变，保位换位要求高，所以必须具备优越的操纵性能。由表 1-11 的比较可知，ZP 型与 VSP 型拖船在操纵中无需改变主机的转动方向即可换车，变速灵敏，回转性能好，可以做到原地掉头（图 1-75），而且可以横向移动。ZP 型拖船因能给出远较 VSP 型拖船高的拖力而受到驾驶员的普遍欢迎。通过驾驶室的操纵手柄就可操纵两台主机，并通过控制双桨的推力方向给出各种方向的拖力，同时用于本船的运动控制。

图 1-75　ZP 型拖船原地掉头

正是由于 ZP 型拖船具有正车改倒车迅速，且拖力相差无几的特点，拖缆的绞车也设在驾驶室的前面，以便于在协助大型船舶操纵时，大大加快由顶推向吊拖或者相反转换的速度。表 1-12 列出了几艘 ZP 型拖船的主要数据，供使用时参考。

表 1-12　几艘 ZP 型拖船的主要数据

船名	总吨(GT)	尺度(m)			主机功率(柴油机)(kW)	推进装置名称	船速(kn)	拖力(牵引力)(t)		
		全长(LOA)	船宽 B	型深				全速	半速	微速
A	321	39.0	9.0	4.20	2500	ZP	14.5	45	30	15
B	299	35.5	9.2	4.18	2574	ZP	13.0	45	37	30
C	277	32.8	9.5	4.30	2353	导管螺旋桨装置	13.5	45	30	15
D	199	31.7	8.6	3.50	1912	导管螺旋桨装置	12.6	36	20	10
E	193	31.5	8.8	3.60	1912	ZP	12.4	37	21	15

在实际使用拖船时，由于拖船船龄及养护性降载(或降负荷)使用等原因，拖船主机常用输出平均为最大连续输出的 75% 左右。输出功率为最大连续输出功率的 80% 以上者，其工作时间平均为拖船工作时间的 30% ～ 50%。因此，在计算拖船给出的实际拖力时，可按最大连续输出功率的 80% 来考虑。

二、拖船的使用方式

(一) 拖带

拖带是指通过拖缆将拖船的作用力传递给被拖船的一种协助方式，其产生的作用力称为拖力。

按照拖缆方向与拖船首尾线的交角进行分类，拖带方式可分为直拖和斜拖两种。

若记拖缆方向与拖船首尾线夹角为 α，则当 $\alpha = 0°$，即拖缆方向与拖船首尾线平行时，称为直拖，也俗称吊拖或拎拖。直拖适用于被拖船船速较低的情况，一般船速在 0 ～ 5kn 时适于采用这种方式，见图 1-76(a)。

当 $\alpha \neq 0°$，即拖缆方向与拖船首尾线有交角时，称为斜拖，也称为非直拖。斜拖适用于被拖船船速较高的情况，一般船速在 3 ～ 10kn 时适于采用这种方式，见图 1-76(b)。

显然，普通 FPP 型和 CPP 型拖船由于其推进器推力方向仅为前后两个方向，故仅适用于直拖方式，不适用于斜拖方式。而 VSP 型和 ZP 型拖船由于其推进器推力方向是全方位的，故既适用于直拖方式，也适用于斜拖方式。

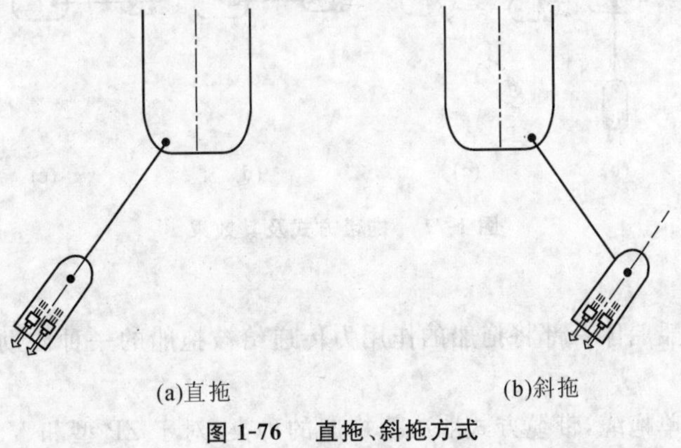

(a)直拖　(b)斜拖

图 1-76　直拖、斜拖方式

港作拖船协助被拖船的拖带一般采用单拖缆，带缆方式有两种：一种是利用拖船缆绳直接系在大船缆桩上，目前大多数情况使用这种方式；另一种是由大船出缆系于拖船拖钩上。直拖方式一般采用一根拖缆。拖缆长度可根据港内水域宽度确定。为了充分发挥拖船的效率，保证操纵的灵活性，避免拖缆负荷过大，应使拖缆有最小的俯角，一般情况下应小于15°，即拖缆长度应大于被拖船拖缆出口至水面高度的4倍；即使被拖船拖缆出口至水面的高度很低，拖缆长度也不应少于45m。实际使用时一般为拖船长度的2倍左右。

拖带是拖船协助船舶最常用的方式之一，它适用于力的作用点不变、方向经常变化的情况，改变拖缆与被拖船首尾线之间的交角可改变拖力的方向。利用拖带方式协助大船包括下列几种形式：

（1）当船舶无动力时，拖船系在被拖船船首，为被拖船提供动力，见图1-77(a)。

（2）在受限水域，当船舶主机倒车功率不足以停船时，或无动力船需要后退时，拖船系在被拖船船尾，协助船舶减速或后退，见图1-77(b)，也可以采用这种拖带方式提高螺旋桨转速来增加舵效。

（3）在受限水域，当船舶转向困难，同时需要减速时，拖船系在被拖船船尾或尾舷侧，协助船舶减速、转向，见图1-77(c)。这时，直拖角度可进行调整，当船速较低时调整为横向直拖，拖船仅提供转向作用。

（4）当大型船舶进行靠离泊操纵时，或吹拢风较大离泊时，两艘或多艘拖船系在被拖船舷侧，协助船舶横向移动，见图1-77(d)。

（5）在受限水域，当船舶需要掉头回转时，单拖船或两艘拖船系在被拖船舷侧，协助船舶掉头，见图1-77(e)。

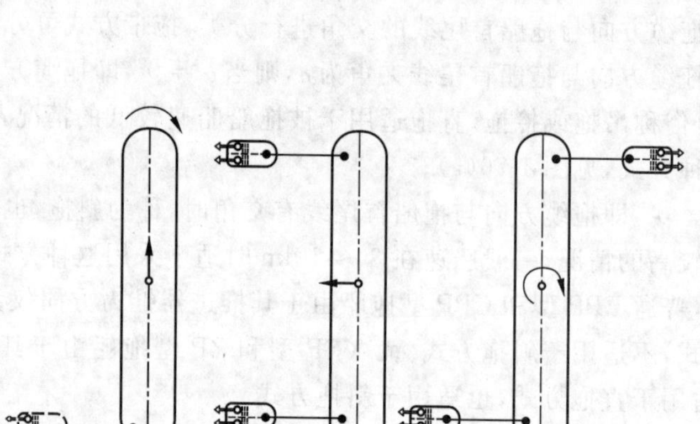

图1-77 拖带方式及其效果

（二）顶推

顶推指通过拖船船体首部将拖船的作用力传递给被拖船的一种协助方式，其产生的作用力为推力。

顶推一般采用单拖缆，带缆方式取决于拖船的种类。对于ZP型和VSP型拖船，多数采用单首缆系缆方式，并采用拖船拖缆，也有不系缆的情况。由于 ZP 型和 VSP 型拖船都装有拖缆自动收放装置(绞缆机)，且推力和拖力之间可快速转换，则顶推方式可迅速转换成直拖方式；对于传统的单螺旋桨的 FPP 型和 CPP 型拖船，一般也采用单拖缆，个别有双首缆的情况。

顶推也是拖船协助船舶最常用的方式之一，它适用于力的作用点经常变化的情况，改变拖船首尾线与被拖船首尾线之间的夹角可改变推力的方向。利用顶推方式协助大船包括下列几种形式：

(1) 当船舶有进有退，且船速较低时，单拖船系在被拖船尾部舷侧，协助被拖船转向或回转掉头，为了保持拖船始终与被拖船首尾线垂直，在拖船船尾与大船之间另加一稳定缆，见图 1-78(a)。

(2) 当船舶有退速，且退速较低时，单拖船系在被拖船首部舷侧，协助被拖船转向或回转掉头，见图 1-78(b)。

(3) 当大型船舶进行靠泊操纵，或吹开风较大靠泊时，两艘或多艘拖船系在被拖船舷侧，协助船舶横向移动，见图 1-78(c)。

(4) 在受限水域，当船舶需要掉头回转时，两艘拖船或多艘拖船分别系在接近船首和船尾的相反舷侧，协助船舶回转掉头，见图 1-78(d)。

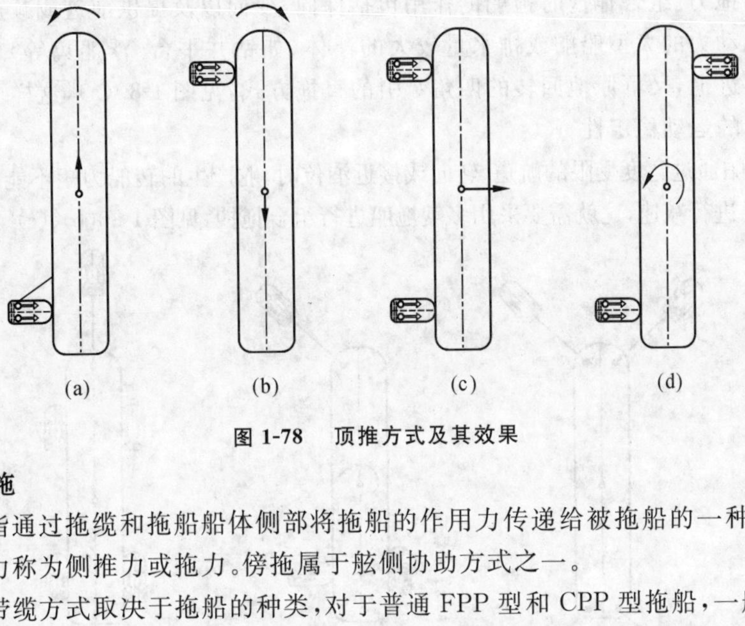

图 1-78　顶推方式及其效果

(三) 傍拖

傍拖是指通过拖缆和拖船船体侧部将拖船的作用力传递给被拖船的一种协助方式，其产生的作用力称为侧推力或拖力。傍拖属于舷侧协助方式之一。

傍拖的带缆方式取决于拖船的种类，对于普通 FPP 型和 CPP 型拖船，一般采用双拖缆或三拖缆，带缆方式采用单首缆和单尾缆或双首缆和单尾缆，船尾拖缆也称为稳定缆。对于操纵灵活的 ZP 型和 VSP 型拖船，也有仅系单首缆而傍靠于被拖船舷侧，必要时进行侧向推进或直拖的情况。

傍拖也是拖船协助船舶较为常用的协助方式之一，它适用于力的作用点和方向基本不变的情况，改变拖船的拖力可改变作用力的大小。利用傍拖方式协助大船包括下列几种形式：

(1) 当船舶无动力时，拖船系在被拖船的两舷，为被拖船提供动力，见图 1-79(a)。

(2) 在受限水域航行或通过航道时，拖船系在被拖船船尾两舷侧向推进，协助船舶保向，见图 1-79(b)。

(3) 接近泊位过程中，拖船在船舶一舷傍拖，协助保持船位，防止船速较低时受吹开风的影响造成船位漂移过大，必要时进行顶推，见图 1-79(c)。

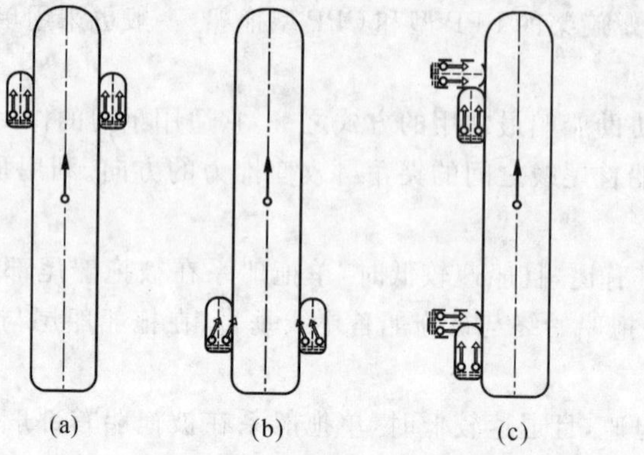

图 1-79 拖船傍拖形式

（四）其他协助方式

上述两种或三种方式的组合可用于不同情况下协助被拖船，也称为组合拖拽(图 1-80)。这种方法通常适用于在受限水域拖带无动力船或大型船舶通过航道的情况。其产生的作用力包括推力和拖力。组合拖拽时拖船的作用包括保向、变向以及提供前进或减速的动力等。

当拖动无动力的大型船舶或排水量较大的浮体(如钻井平台、浮船坞等) 时，多艘拖船可布置成既可进退，又可原地回转的四角牵引的直拖方式，见图 1-80(a)，这样可大大改善被拖船舶或浮体的运动稳定性。

当大型船舶通过宽度受限的航道、转向或接近泊位时，舵产生的转船力矩不能有效地控制船舶，同时又需要进行减速，这就需要采用多艘拖船进行组合拖拽，见图 1-80(b)、(c)。

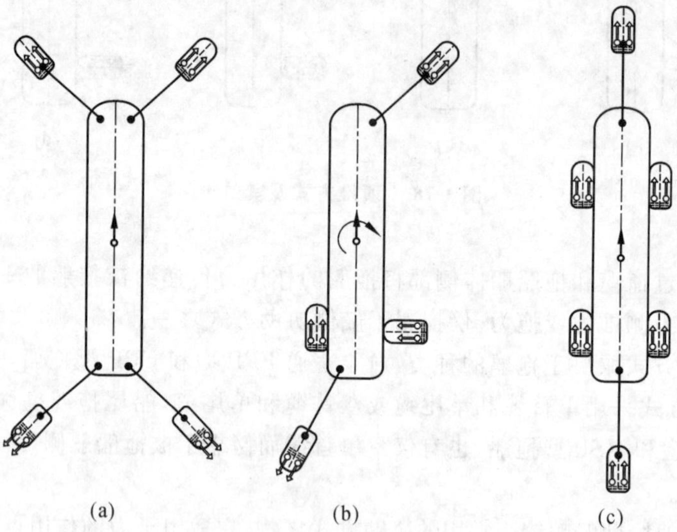

图 1-80 组合拖拽

内河拖航无动力船舶时，经常采用组合拖拽模式，包括吊拖、傍拖、用作舵船、制动等。图 1-81 所示为拖航“塞瑞科”轮的情形。2009 年 7 月 3 日 5 时 30 分，长江引航中心江阴引航站拖带了载重吨约达 16 万 t 的无动力(死船) 储油船喀麦隆籍“塞瑞科”轮。“塞瑞科”轮船长

283.89m、船宽43.40m，型深20.62m，载重吨158260t，由13500hp(1hp＝745.700W＝1.01马力）的荷兰籍“鹿特丹”主拖，四艘拖船分别在船舷两侧傍拖，一艘拖船垫后协助船队应急制动，六艘拖船功率合计达到30300hp，船队总长度达到700m。

图 1-81　拖航“塞瑞科”轮的情形

三、ZP 型拖船的操纵

1.操作手柄与方向显示

全旋回推力方向控制装置的形式多样，有双车推杆式方向控制、转速方向控制一体式手柄、转速方向控制分离式手柄和双车双转速控制单手柄等。较常配备的比较典型的转速方向控制一体式手柄如图 1-82 所示，圆鼓形的手柄能在水平面上做 360° 的转动，与此手柄同步转动的是安装在船底水线下的全旋回推进器。圆鼓形手柄顶部的推杆是螺旋桨转速控制杆，通过调节控制推进器的螺旋桨转速和螺距，达到增大或减小推进器推力的目的。

全旋回推进器船舶的车舵显示与传统船舶的车钟、舵角显示完全不同，前者显示的是推进器的推力大小和推进方向，不存在倒车的车钟指令和满舵的舵角，而是 360° 全方位的概念。例如，SCHOTTEL 公司研发生产的全旋回推进器方向显示器(图 1-83)，与传统船舶的舵角显示器不同，该显示器直观地显示了螺旋桨推进方向，顶部的三角形箭头指示代表推进器的推力方向。

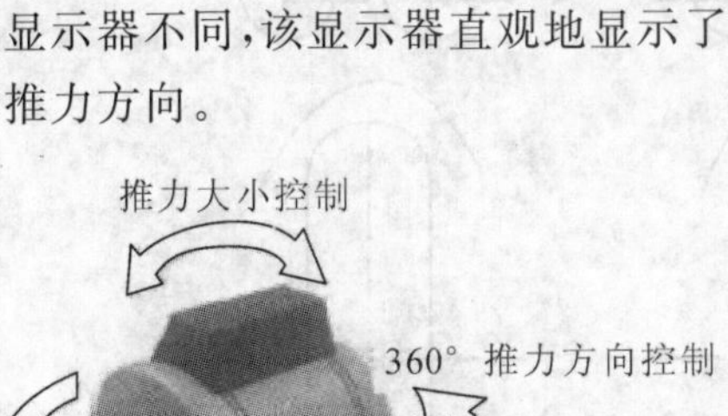

图 1-82　转速方向控制一体式手柄

图 1-83　全旋回推进器方向显示器

2. 双车推杆式操纵

一艘船尾装备两部全旋回推进器的船舶，可以通过操纵杆控制推进器向不同方向推进，做出微速前进、微速后退、前进、后退、横移、原地旋回等船舶操纵动作。ZP 型拖船双车推杆式操纵示意如图 1-84 所示。

3. 全旋回推进器船舶操纵要点

全旋回推进器船舶的手柄操纵和传统船舶的舵轮操纵有很大的不同，如果驾驶员和引航员对全旋回推进器方向控制装置较为陌生，切忌按照传统操舵习惯进行操纵，应主动与船厂的相关工作人员或者船长开展信息交流，了解全旋回推进方向控制手柄与推进方向的关系，确认全旋回推进方向控制手柄与推进方向指示器的对应关系，掌握全旋回推进器的操纵特点和易引起船体结构和推进器损坏的操纵方法。

(1) 掌握全旋回推进方向控制手柄和推进方向的关系

驾驶员和引航员应当认识到，全旋回推进器方向控制手柄顺时针向右旋转一定角度时，船尾的全旋回推进器亦同步顺时针转动，螺旋桨推力将推动船尾向右，致使船首向左转向。这和传统螺旋桨舵叶船舶的向右转动舵轮，船舶将向右转向完全相反，这是造成全旋回推进器船舶驾驶员和引航员容易出现“操反舵”现象的根本原因。

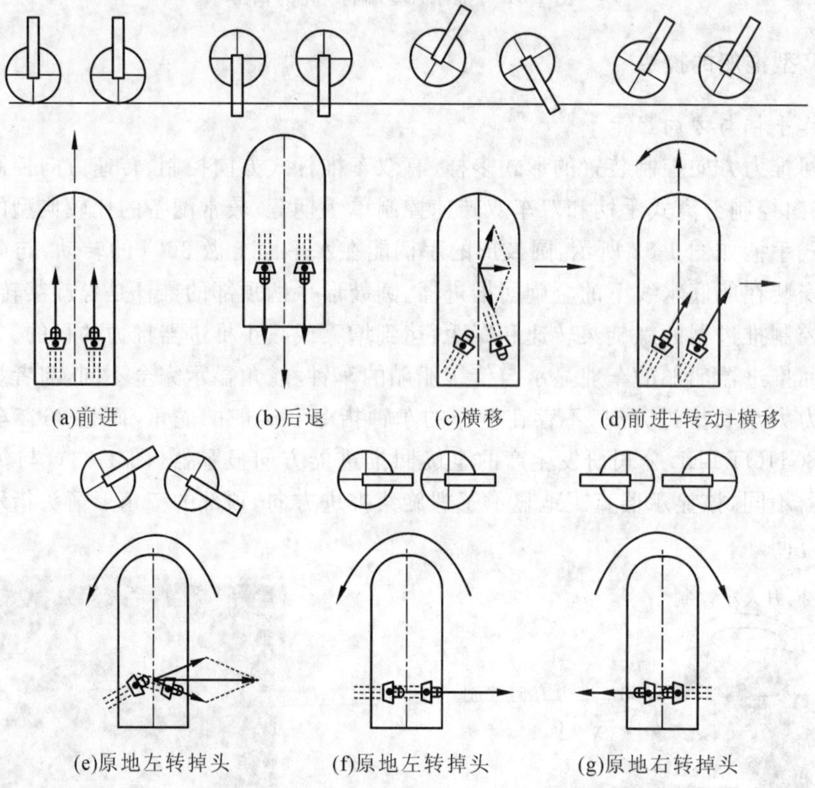

图 1-84 ZP 型拖船双车推杆式操纵示意

(2) 清楚确认全旋回推进方向控制手柄与推进方向指示器的对应关系

先进的全旋回推进器船舶往往配备了多部全旋回推进器。MMC887 型平台支持船的驾驶台上有多达 4 个操纵手柄(图 1-85)，在操纵过程中必须确认各个手柄和各个推进方向指示器的一一对应关系，并仔细测试核对，避免出现混淆。

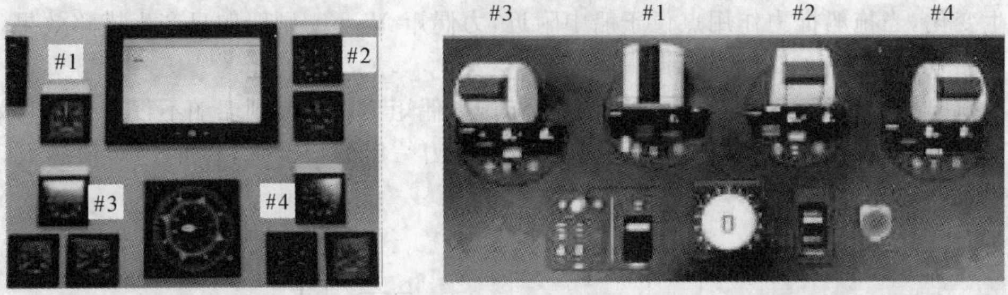

图 1-85　MMC887 型的康士伯格全旋回推进器推进方向指示器、方向控制手柄

(3) 掌握全旋回推进器的操纵特点，避免船舶和推进器的损坏

全旋回推进器能 360° 旋转的特点给船舶带来了优异的操纵特性，也给自身带来了损坏的可能。若船舶尾部并列的两部全旋回推进器相向大功率推进，将会严重损坏推进器和船体结构，如图 1-86 所示，因此在操作中应禁止两部全旋回推进器的螺旋桨相向推进。推进器向外相背推进时，应尽可能地使用低转速或停止推进，如图 1-87 所示，否则也可能严重损坏推进器和船体结构。

在全旋回推进器船舶高速航行时，应避免使用太大的推进角度，以防船舶严重横倾。

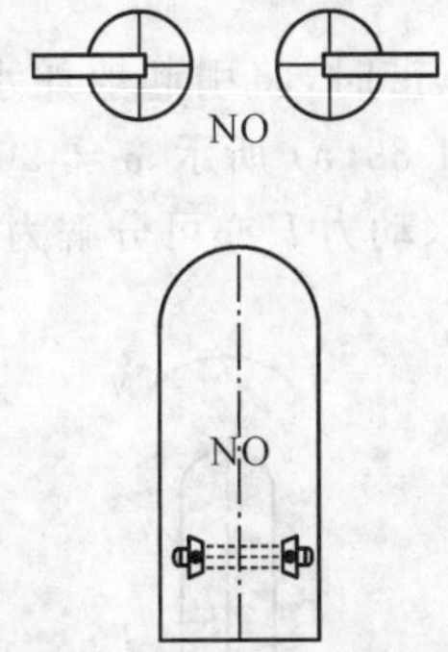

图 1-86　禁止推进器相向推进

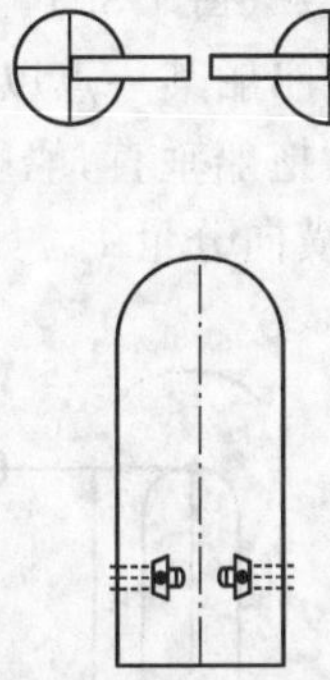

图 1-87　推进器相背低速推进

四、拖船作用力及其效应

拖船作用力是指顶推时的推力和拖带时的拖力。拖船作用力效应是指拖船拖力或推力作用于被拖船的效果，简称拖船效应。拖船效应包括平移效应和转船效应。从力学角度理解，显然，拖船效应取决于推力或拖力的大小、方向和作用点以及船舶的运动状态。与船舶本身装设的控制设备(如舵、侧推器等）不同，拖船作用力的方向受船舶运动状态的影响。严格来讲，拖船效应不但与船舶运动状态有关，还与拖船种类有关，一般来说，ZP 型和 VSP 型拖船作用效果好于 FPP 型和 CPP 型拖船。下面以全旋回拖船为例，讨论船舶不同运动状态下拖船效应。

（一）船舶静止中拖船效应

1. 单拖船顶推效应(图 1-88)

静止中的船舶在拖船推力或拖力的作用下产生对水的相对运动，则产生水动力 F。由于船舶没有进速或退速，水动力中心在船中处，则不产生水动力矩。

拖船顶推静止中的船舶时，由于船舶没有船速，一般能保证垂直顶推状态。使用一艘拖船产生的推力 T 作用于船舶，使船舶产生水动力 F，在合力 $T+F$ 的作用下，船舶横向运动状态发生变化。当拖船推力作用点位于船中附近，力偶矩 $N = 0$，则船舶只产生横移效果，而不产生转船效果，如图 1-88(a) 所示。

当拖船推力作用于船中之前或船中之后时，力偶矩 $N_1 > 0$，则船舶不仅产生横移效果，而且产生转船效果，如图 1-88(b) 所示。显然，在推力一定的情况下，x_1 的绝对值越大，转船力矩越大。

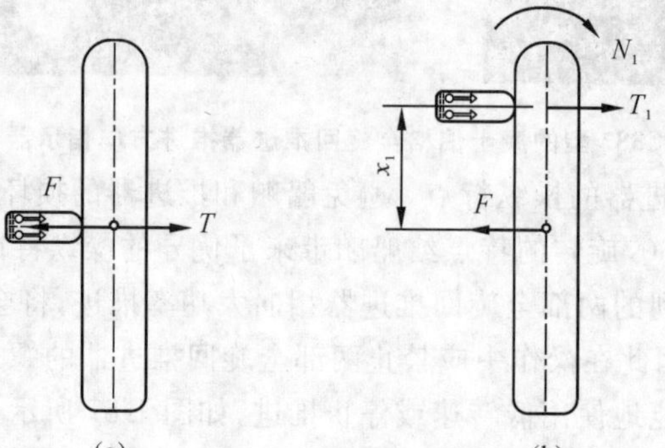

图 1-88　静止中单拖船顶推效应

2. 单拖船拖带效应(图 1-89)

使用一艘拖船在船舶某一点以某一角度 α 进行拖带时，将引起船舶水动力 F 的变化。$\alpha = 90°$ 时，缆绳与被拖船垂直，船舶所受力情况如图 1-89(a) 所示。$\alpha \neq 90°$ 时，拖力 T 可分解为纵向分量 T_x 和横向分量 T_y，如图 1-89(b) 所示，水动力 F 亦可分解为纵向分量 F_x 和横向分量 F_y。

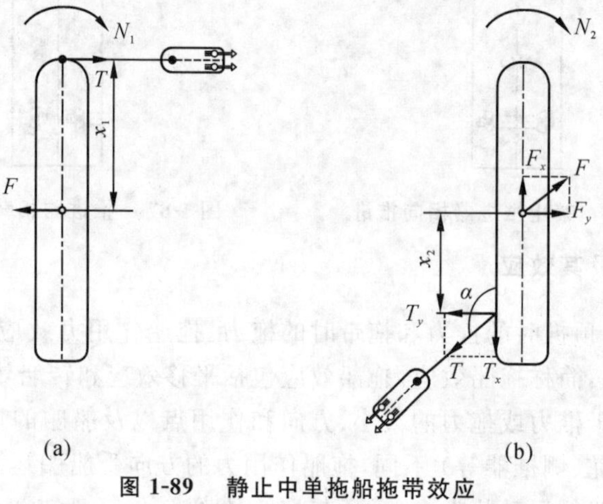

图 1-89　静止中单拖船拖带效应

拖力的纵向分量 T_x 实质上是由拖力引起的船舶阻力变化量，则船舶纵向受力为 $F_x - T_x$。可见，T_x 改变了船舶的纵向运动状态，使静止中的船舶发生纵向移动。船舶横向受力为 $F_y - T_y$。可见，T_y 改变了船舶横向的运动状态，使静止中的船舶发生横向移动。

拖船的平移和转船效应取决于拖力作用点、拖力角以及拖力的大小。$\alpha = 90°$ 时，拖缆系于船首前端，则拖力力矩 $N_1 = T \cdot x_1$。$\alpha \neq 90°$ 时，拖缆系于船尾舷侧，拖力的横向分量 T_y 和纵向分量 T_x 分别对船舶产生力矩，该力矩称为拖力转船力矩。这时，船舶所受的合外力矩为 $N_2 = T_y \cdot x_2 - T_x \cdot B/2$，$B$ 为船宽。

3. 双拖船顶推效应(图 1-90)

使用两艘拖船产生的推力分别为 T_1 和 T_2，当两拖船作用力方向相同时，如图 1-90(a) 所示，船舶将在合力的作用下产生横向移动效应。这时，若 $N = 0$，则不产生转船效应；否则，则产生转船效应。这种情况下即使发生转船效应，由于 N_1 和 N_2 方向相反，其效应也是较小的。

当两拖船作用力方向相反时，若 $F = 0$，则不产生横移效应；否则，将产生横移效应。这时，船舶在合外力矩 N 的作用下产生转船效应。这种情况下，由于 N_1 和 N_2 方向相同，故转船效应较大，如图 1-90(b) 所示。

双拖船拖带效应与双拖船顶推效应类似。其区别在于拖带转船时可以使拖缆位于船首或船尾，以便获得最大的转船力矩。

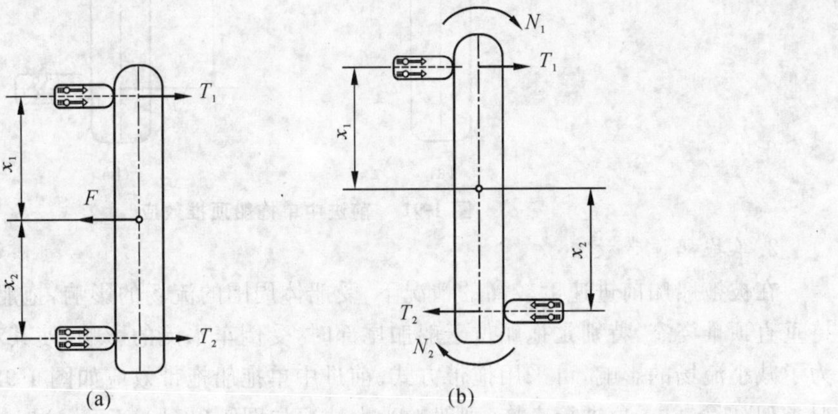

图 1-90　静止中双拖船顶推效应

（二）船舶前进中的拖船效应

有前进速度直航中的船舶本身对水有相对运动，水动力中心在船中之前，在横向拖力或推力的作用下，水动力发生变化，产生横向水动力，进而使船舶运动状态发生变化。前进中的船舶受力情况比较复杂。在此仅以单拖船的转船效果进行讨论。

1. 单拖船顶推效应

前进中单拖船顶推效应如图 1-91 所示。设船舶以船速 V 直航，并假设拖船(ZP 型)能够以垂直于船首尾线的方向进行顶推，则船舶受力情况如图所示。

(1) 拖船推力作用点在船中之前

这时，水动力中心也在船中之前，则力偶臂($x_1 - x_w$)比较小，转船力矩不大，且船速越高，水动力中心越远离船中，力偶臂越小，转船力矩越小，如图 1-91(a) 所示。

(2) 拖船推力作用点在船中之后

这时，水动力中心在船中之前，则力偶臂($x_2 + x_w$)较大，转船力矩也相应增大，且船速越高，水动力中心越远离船中，力偶臂越大，转船力矩越大，如图 1-91(b) 所示。

由此可见，单拖船在舷侧顶推前进中的船舶时，拖船位于船尾比位于船首的转船效应大，且船速越高，两者的差别越大，该偏角越大。

实际上，在船舶有运动速度的情况下，拖船不太可能始终保持垂直顶推的姿态，一般都有一个向后的偏角，船速越高，该偏角越大。

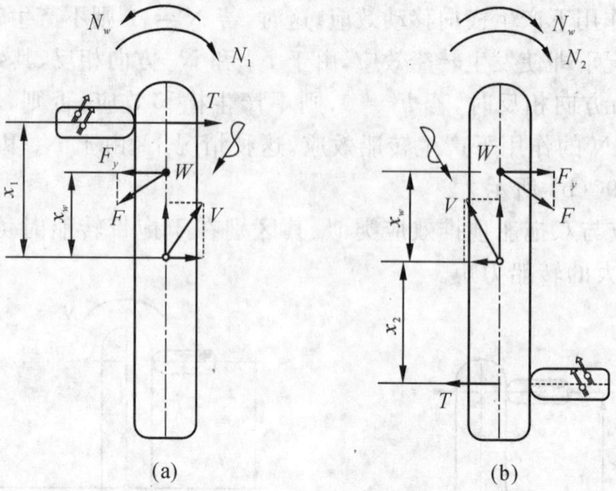

图 1-91　前进中单拖船顶推效应

2. 单拖船拖带效应

在被拖船舶前进速度较高的情况下，受船体周围的流场的影响，拖船顶推时一般很难保持垂直顶推姿态，特别是拖船位于船舶尾部时，受倒车水流的影响，使其难以发挥最大效率。为了减小流场的影响，可采用拖带方式。前进中单拖船拖带效应如图 1-92 所示。与顶推的情况类似，船尾以 α 角进行直拖，则船舶受力情况如图 1-92(b) 所示。这时，转船效果取决于拖力作用点 P 的位置和船舶运动速度。

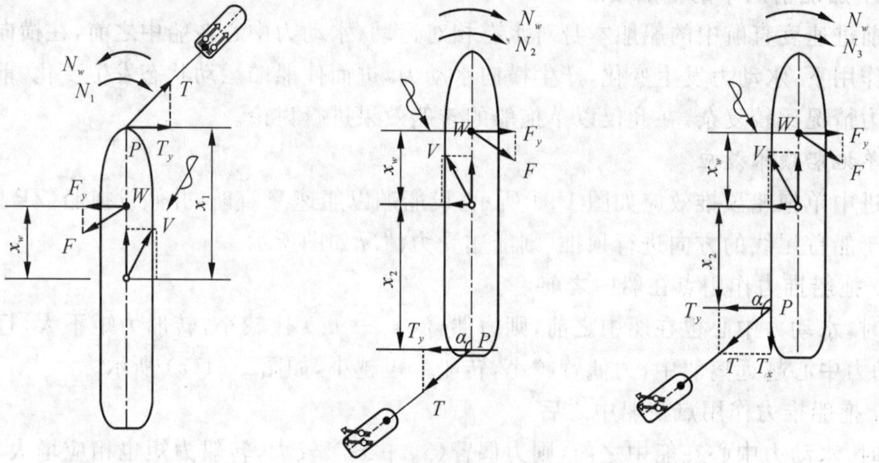

图 1-92　前进中单拖船拖带效应

(1) 拖力作用点 P 位于船首的首尾线上

如图 1-92(a) 所示，拖力 T_y 和水动力 F_y 产生的合外力矩 $N = N_1 - N_w = T_y \cdot x_1 - F_y \cdot x_w$，转船力矩不大，则转船效果较静止中有所降低，且船速越高，这种降低越明显。

(2) 拖力作用点 P 位于船尾的首尾线上

如图 1-92(b) 所示，拖力 T_y 和水动力 F_y 产生的合外力矩为 $N = N_2 + N_w = T_y \cdot x_2 + F_y \cdot x_w$。转船力矩大，则转船效果好。

(3) 拖力作用点 P 位于船尾舷侧点

如图 1-92(c) 所示，拖力 T_y 和水动力 F_y 产生的合外力矩 $N = N_3 + N_w = (T_y \cdot x_2 -$

$T_x \cdot B/2) + F_y \cdot x_w$。$N \neq 0$时，船舶将发生转动。可见，$T_x$不但起减速作用，而且起到阻碍转向的效果，转船效果有所降低，且船速越高，这种降低越明显。

综上所述，前进中的船舶要想利用拖船来协助转向，拖力或推力的作用点在船尾比在船首效果好。

船舶后退中拖船效应与前进中的效应相反，同理，后退中拖船位于船中之前比位于船中之后转船效果好。

经验表明：前进中船舶的拖船效应的极限航速一般为5～6kn；后退中顶尾时，极限航速甚至会变得更低。

3.拖船作用下的船舶运动特征

(1) 斜拖时的船舶运动特征

拖船以拖力T吊拖大船船首，并与大船首尾线夹角为α，拖力T的作用下，大船既向前前进，又向拖船所在一侧横移，并使大船向拖船一侧转头。由于横移时的阻力和虚质量远较首尾方向移动时的阻力和虚质量大，因此两方向移动速度的合速度方向总比拖力方向更靠近大船的首尾面。转头和移动的结果为，大船最终将保持与拖力方向成某一漂角而斜航，且斜航时的合速度方向要较拖力的方向更靠近大船的首尾面方向。单拖船斜拖时大船的运动方向如图1-93(a)所示。

双拖船以相同拖力和角度同时拖带大船时，若合力矩为0，则大船不存在转头运动，仅存在前进和横移运动。由于前后运动方向的阻力和虚质量要较正横方向的阻力和虚质量小得多，船舶将沿拖力方向更靠近大船首尾面的某一方向斜航。双拖船斜拖时大船的运动方向如图1-93(b)所示。

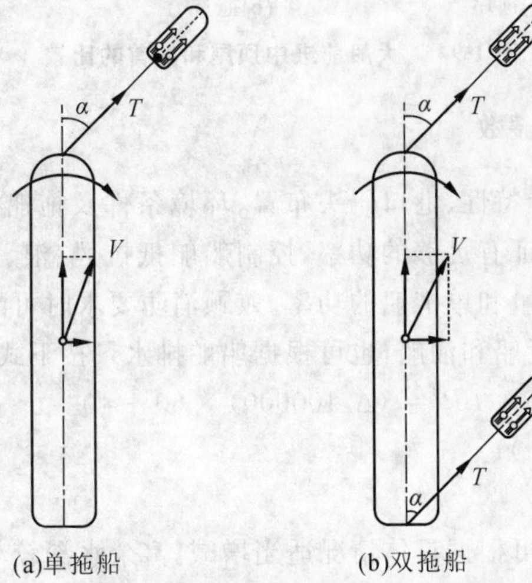

图1-93　斜拖时大船的运动方向

(2) 大船前进中顶尾和拖首的比较(图1-94)

当拖船在大船船尾右舷顶推时，推力一方面产生使大船船首向右掉转的转船力矩；另一方面将使本船产生向左的横移速度，大船在前进中，合速度的方向将为向左前方斜航，相对水流来自左前方，其产生的水动力转船力矩和拖力产生的转船力矩一致，将有利于船舶向右掉转。因此，在这种情况下，拖船协助大船向右掉转的效果较好，转过相同角度的时间较短。但由于船舶的转心在重心之前，本船船尾向左反移量较大，适用于掉头相反一侧水域较开阔而掉头相同一侧水域受限的情况，如图 1-94(a) 所示。

当拖船在大船船首右舷吊拖时，拖力一方面产生使大船船首向右掉转的转船力矩，另一方面将使本船产生向右的横移速度，大船在前进中，合速度的方向将为向右前方斜航，相对水流来自右前方，其产生的水动力转船力矩和拖力产生的转船力矩相反，不利于船舶向右掉转。因此，在这种情况下，拖船协助大船向右掉转的效果较差。但由于船舶的转心在重心之后，本船船尾向左反移量较小，适用于掉头相反一侧水域较小而掉头相同一侧水域较开阔的的情况，如图 1-94(b) 所示。

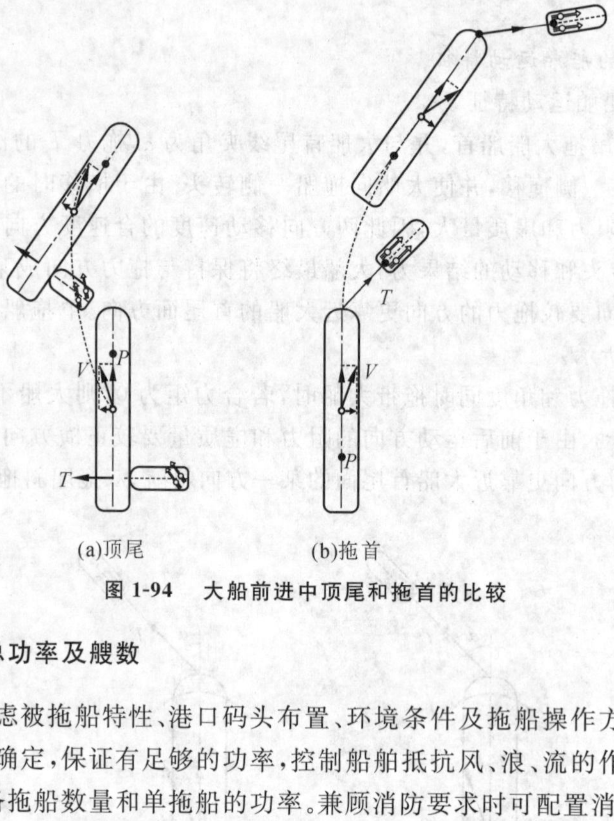

图 1-94　大船前进中顶尾和拖首的比较

五、所需拖船总功率及艘数

拖船配置应考虑被拖船特性、港口码头布置、环境条件及拖船操作方法等因素，并结合实地操作经验综合确定，保证有足够的功率，控制船舶抵抗风、浪、流的作用。根据估算的拖船总拖力，合理配备拖船数量和单拖船的功率。兼顾消防要求时可配置消拖两用型拖船。

对于排水量很大的散货船和油船，也可根据船舶排水量按下式估算所需的总拖力：

$$BP = (\Delta/100000) \times 60 + 40 \tag{1-31}$$

式中：BP—— 所需总拖力(t)；

Δ—— 船舶排水量(t)。

对估算得到的总拖力，可根据具体情况适当增减。富余水深较小、拖带角度不理想、拖船螺旋桨尾流和船体相互作用导致拖船效率降低时，可适当增加配置拖船总拖力；富余水深越大、被拖带船舶具有侧推器时，可适当减少配置拖船总拖力。

概略估计的方法也很多，当风速小于 15m/s、流速低于 0.5kn 时，也可按总吨位的 11% 或载重量的 7.4% 来计算所需拖船的功率。比如万吨级船舶，所需拖船功率：$DWT \times 7.4\%$(kW) 或 $GT \times 11\%$(kW)。

一般港口杂货船、集装箱船、油船和散货船所需的拖船总托力和数量可参照图 1-95、图 1-96、图 1-97 初步估算，对于离港、半载或压载的船舶或配有侧推器的船舶可适当减少拖船的数量和拖力。

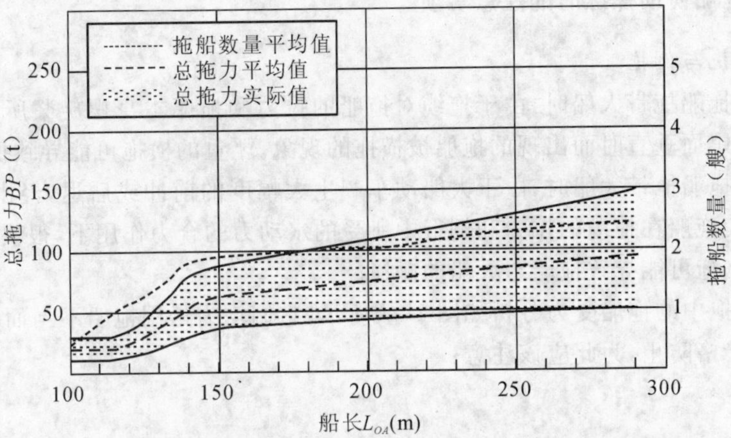

图 1-95　杂货船和集装箱船所需的拖船总拖力和数量(基于船长标准)

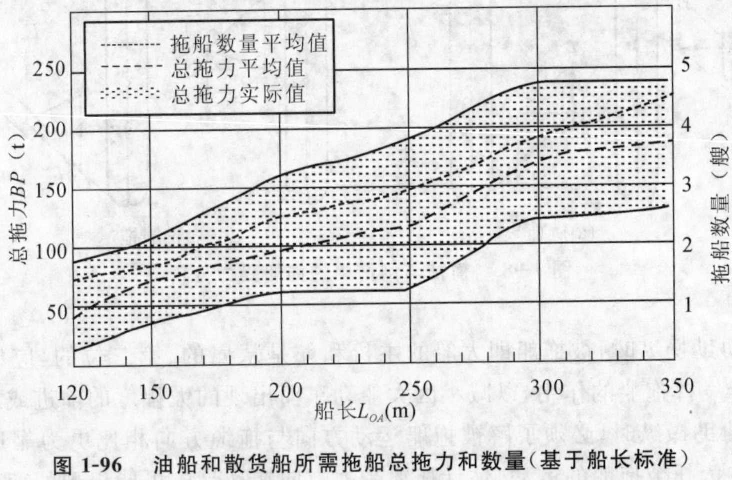

图 1-96　油船和散货船所需拖船总拖力和数量(基于船长标准)

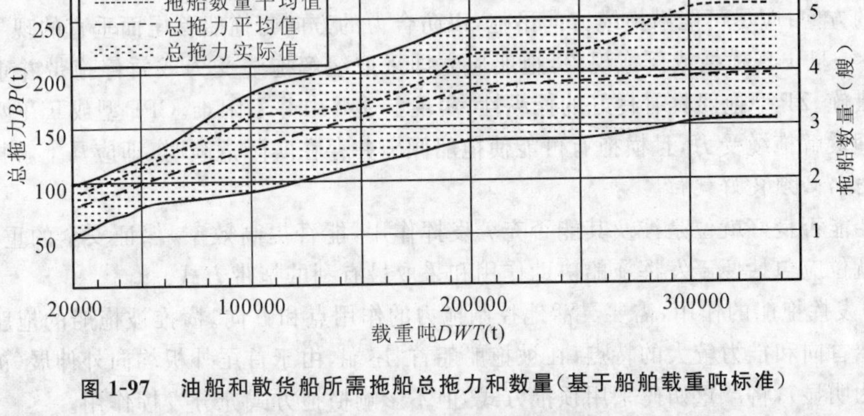

图 1-97　油船和散货船所需拖船总拖力和数量(基于船舶载重吨标准)

大中型液化天然气船舶靠离泊宜配置全回转型拖船协助作业，靠泊时可配置4艘，离泊时可配置2艘，拖船总拖力应根据当地自然条件和船型等因素确定，且单船最小功率不应小于3000kW。

六、使用拖船协助操纵时的注意事项

1. 严防横拖与倒拖

横拖是在拖船拖带大船时，由于拖缆对拖船的拉力和拖船本身螺旋桨所产生的推力的合力与拖船首尾面垂直时而出现的拖船被横拖的现象。严重的横拖可能导致拖船倾覆。

倒拖是在拖船拖带大船时，由于大船动车产生大幅度的前冲或后退，经由拖缆，拖动拖船倒行，因而使拖船在拖缆的拉力和倒行中所受的水动力的合力作用下，很快地接近大船的现象。严重的倒拖可能导致拖船与大船的碰撞。

横拖与倒拖中的拖船受力分析如图 1-98 所示。它们均为运用拖船不当而出现的极有害的现象，应予严格防止，为此应该注意：

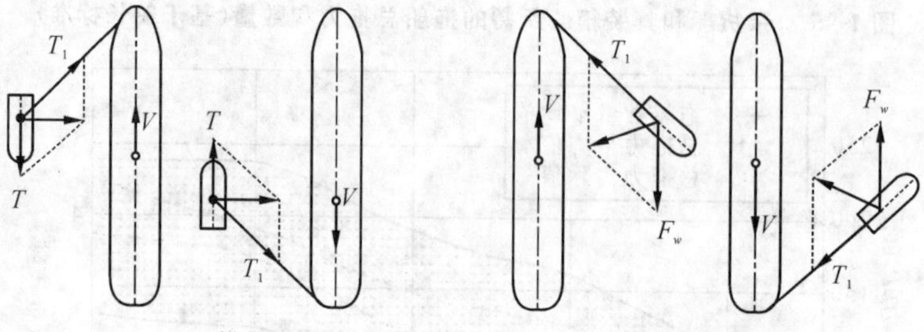

图 1-98　横拖与倒拖中的拖船受力分析

(1) 拖船协助操纵时，被拖船即大船的主机和舵是从属的、第二位的，应尽量限制动用大船主机，充分发挥拖船的作用，以减小因大船动车而出现的大幅度的前进或后退。

(2) 拖船协助操纵时，必须了解被拖船运动方向与拖缆方向相比更为靠近被拖船首尾方向的道理，并依托被拖船的运动，估计拖缆受力方向在拖带中可能出现的变化。

(3) 拖船应随时注意掌握自己与被拖船之间的相对位置并及时调整，使拖缆方向成为最合理的方向；应尽可能沿拖缆方向吊拖，以防合力的方向与拖船首尾面垂直的现象发生。

(4) 一旦出现横拖或倒拖现象，拖船应立即采取缓解拖缆受力或暂停拖带并重新调整位置等措施。ZP 型拖船具有良好的操纵性，实现上述要求并不困难。CPP 型或 FPP 型拖船如不能立即缓解拖缆受力，且横拖有可能使拖船倾覆并存在实际危险时，即应马上解掉拖缆。

2. 拖船必须良好就位

拖船能否良好就位是涉及其能否充分发挥作用，能否提高效率，保证安全的重要问题。良好的就位应包括便于发挥拖船协助作用和采取最有利的拖带方式。

(1) 发挥拖船的作用，需要灵活地控制拖力的作用点和方向。横推被拖船的拖船具有容易控制船首向和推力较大的特点；在被拖船船首、尾端，由于首尾外板均向外伸展（被拖船空载时尤为明显），将严重妨碍采用顶推方式，但不影响横拖方式充分发挥作用。

控制拖船的作用点，不仅应以拖船直接作用于被拖船的拖力和拖力转船力矩的提高去考虑，更应该结合被拖船船速和拖力作用，综合考虑船体所受水动力情况的改变。图 1-99 所示为拖船不同配置的转向效果比较，各位置均配置 ZP 型拖船时，则不难看出：

① 若被拖船低速前进中向左转向，转向效果从大到小，拖船所排的顺序是 a、b、c、d；

② 若被拖船后退中船首向左转向，转向效果从大到小，拖船所排的顺序是 c'、d'、a'、b'。

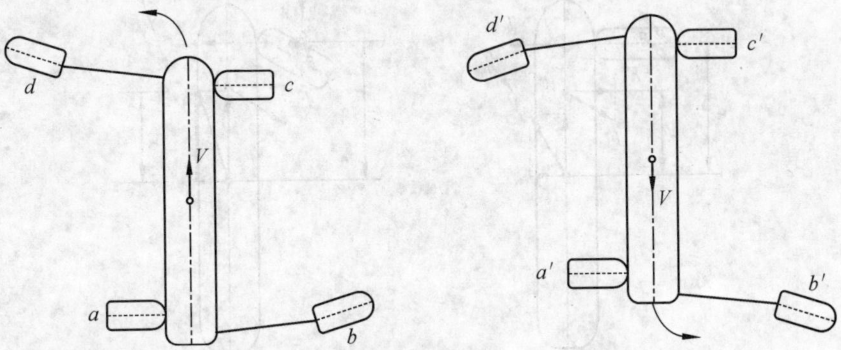

图 1-99　拖船不同配置的转向效果比较

(2) 采取最有利的拖带方式，应由协助操纵所要达到的目的来确定，总的来看，可分为四种情况：

第一种，如需获得最大转船力矩，应尽可能采取横顶或横拖被拖船的一端，使拖力远离重心。

第二种，如需取得适当横移力，则拖船就位于被拖船同一舷，使拖力前后对称。

第三种，如需帮助被拖船提高舵效，则可考虑在大船船尾配置拖船傍拖或吊拖。

第四种，如需控制被拖船进退，则可采用吊拖船首、吊拖船尾的方式配置拖船。

(3) 注意拖缆系带、挽桩、启拖、加速、减速等环节，并保持被拖船与拖船的有效通信联络。

3. 使用拖船时大船的极限船速

当船舶对水没有相对速度(静止中) 时，拖船作用效果是最好的。然而，当船舶有运动速度时，其效应随着船速的提高而降低，当船速达到一定值时，拖船将失去其作用。拖船顶首时大船前进中的极限船速如图 1-100 所示：当船舶以较低的速度航行时，ZP 型拖船可以保持垂直于船舶首尾面的方向顶推，如图 1-100(a) 所示；随着船速的提高，拖船推力随之减小，而其阻力不断增大，拖船一般很难保持垂直顶推姿态，如图 1-100(b) 所示。

当拖船顶首(或拖首) 协助前进中的大船掉头时，船舶相对来流速度产生的水动力转船力矩 N_w 与拖船拖力产生的转船力矩 N_1 相反，随着船速的增加，水动力转船力矩增加，而拖船的转船力矩减小。当水动力转船力矩 N_w 大于拖船转船力矩 N_1 时，拖船协助转头将毫无效果甚至出现相反的效果。船舶在前进中操舵并有拖船协助转头时，也有类似的情况，即水动力转船力矩 N_w 超过拖力转船力矩 N_1 和舵力转船力矩 N_δ 之和，即使操舵也不能阻止大船向掉头相反一舷转向。

经验表明，当大船航速超过 5 ～ 6kn 时，就可能出现与平常拖带效果相反的结果。后退顶尾也有类似的情况，且后退时的极限速度更低。

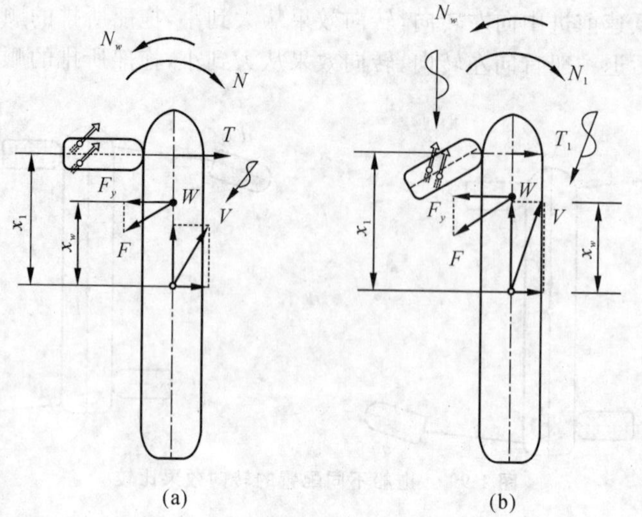

图 1-100　拖船顶首时大船前进中的极限船速

4. 考虑波浪对拖船拖力或推力的影响

与海洋中的涌浪比较，港口附近水域的波浪有周期较短、波长较小的特点。其波长与大型船舶的船长比较相对较小，故一般不会造成较大的纵摇、横摇和垂荡运动。然而，这种波长与拖船长度比较却是比较大的，将造成拖船的纵摇、横摇和垂荡运动，这种运动不但影响拖船的姿态，还会影响拖船最大拖力或推力的发挥。

在风、浪较大的情况下，如果拖船在船舶上风舷侧顶推时，拖船在风浪的作用下，将发生较大的摇摆，这不但影响推力的发挥，还会在拖缆上造成较大的负荷，严重时可能发生断缆的情况。故一般宜采用在风浪较小的下风向舷侧拖带方式，这样做，拖缆还可以缓解波浪作用力。

由于 ZP 型和 VSP 型推进器拖船比传统的 FPP 型或 CPP 型拖船操纵灵活，其受波浪的影响程度小一些，且更为安全，故在有波浪影响的水域，宜采用 ZP 型和 VSP 型推进器拖船。但无论如何，波浪对拖船的发挥毕竟有明显的影响。日本神户海难防止研究会对 ZP 型拖船的调查和船模试验研究资料显示，不同波高对拖船拖力或推力的影响不尽相同(表 1-13)。

表 1-13　不同波高对拖船拖力或推力的影响

有义波高(m) / 协助方式	0.5	1.0	1.5	2.0
拖带 — 拖力(%)	基本无影响	80	50	40(无法正常作业)
顶推 — 推力(%)	基本无影响	80	60	50(无法正常作业)

表 1-13 表明，波浪对顶推影响比对拖带影响相对小一些；拖船拖力或推力随波高的增大而减小。当有义波高为 0.5m 以下时，拖船基本能发挥 100% 的作用，即推力和拖力等于无波浪时的数值。当有义波高达 1.0m 时，其推力和拖力都将降至无波浪时的 80%；有义波高达到 1.5m 时，其拖力将降至无波浪时的 50%，推力将降至无波浪时的 60%；有义波高达到 2.0m 时，拖船基本无法正常作业。因此，有些港口对拖船的作业标准作出了具体规定，一般规定有义波高不宜超过 1.5m，同时，增加拖船总功率的配置。

思考题

1.螺旋桨的吸入流与排出流各有何特点?

2.简述推力的产生原理。

3.什么是螺旋桨的滑失?滑失的大小与推力有何关系?

4.简述推力与船速、转速的关系。

5.在用车过程中,如何分析判断主机是否超负荷工作?应采取何种操纵措施减轻或避免超负荷?

6.简述基本阻力大小与吃水、船速的关系。

7.简述船速的分类、定义。

8.简述沉深效应横向力的产生原因、作用方向、影响因素。

9.简述伴流效应横向力的产生原因、作用方向、影响因素。

10.简述排出流效应横向力的产生原因、作用方向、影响因素。

11.分析船舶"启动 — 正常航行 — 倒车制动停船"整个过程中的船舶偏转特点。

12.靠离泊作业时如何有效利用螺旋桨效应横向力?

13.随着船速的提高,侧推器效应如何变化?

14.船舶在前进中,使用首、尾侧推器效应有何不同?试作图并比较分析。

15.船舶在倒车后退时,使用首、尾侧推器效应有何不同?试作图并比较分析。

16.影响舵压力大小、舵压力转船力矩的因素有哪些?

17.什么是失速现象?一般船舶极限舵角是多少?

18.什么是舵速?伴流、螺旋桨尾流对舵力有何影响?

19.什么是舵效?影响舵效的因素有哪些?提高舵效的措施有哪些?

20.锚的用途有哪些?

21.锚和锚链的抓力如何计算?

22.单锚泊出链长度如何估算?

23.简述船舶系缆名称及作用。

24.简述靠泊作业时吹开风/吹拢风较强时的带缆顺序。

25.简述靠泊作业时尾部出缆先后顺序。

26.简述带缆作业注意事项。

27.简述首先离、尾先离时用缆操纵方法。

28.简述拖船的作用。

29.拖船的使用方式有哪些?

30.简述 ZP 型双车拖船前进、后退、横移、旋转等操纵方法。

31.画图分析大船前进中,拖船顶首的助操效应。

32.画图分析大船前进中,拖船顶尾的助操效应。

33.画图分析大船前进中,拖船拖首的助操效应。

34.画图分析大船后退中,拖船顶首或顶尾的助操效应。

35.什么是倒拖、横拖?有何危害?

36.简述使用拖船的注意事项。

第二章　船舶操纵性能

船舶操纵性是指船体、螺旋桨和舵在水中做相对运动所产生的水动力，使船舶保持和改变其运动状态的性能，或者说船舶对驾驶人员实施操纵的响应能力。

船舶操纵性可分为固有操纵性和控制操纵性两种。固有操纵性是指船舶不考虑外界环境条件、操舵装置性能、驾驶人员的技术水平而自身固有的操纵特性，而控制操纵性则是考虑上述因素基础上船舶所表现出来的操纵性能。

第一节　船舶变速运动性能

船舶通过改变主机转速从而改变螺旋桨的转速和方向(CPP 螺旋桨通过改变螺距角)，进行启动、变速、停车、倒车操纵时，船舶都具有维持其原来运动状态的特性(船舶惯性)。由于船舶惯性的作用，船舶从一种运动状态转变到另一种稳定运动状态的过程中需要经过一段时间的延续，在这段时间内船舶要航行一定的时间与距离。船舶运动惯性通常由两个指标来衡量：一是船舶完成变速过程中所航进的距离，称为冲程；另一是完成这段过程所需的时间，称为冲时。

一、船舶变速运动特点

变速性能是指船舶对变速操纵的反应能力，它是度量船舶运动(平动)惯性的技术指标。船舶具有保持原有运动状态的属性，这种属性称为惯性，不仅静止的物体具有惯性，运动的物体也具有惯性，即静止的船舶不易加速，运动的船舶不易减速。由于惯性产生的力称为惯性力。惯性力的大小取决于船舶质量，质量越大，惯性力越大。由于船舶质量大，船舶加速或减速过程中，在惯性力的作用下，需要一定的时间和距离才能达到所要求的运动状态。该时间和距离分别称为惯性时间和惯性距离。

设初始条件：$t=t_0$ 时刻，船速 V_0，直航。变速操纵后某一时刻 t 的船速为 V，船舶所受纵向阻力为 R(为船速的函数)，螺旋桨推力为 T(为螺旋桨转速的函数)。根据牛顿第二定律：

$$(m+m_x)\frac{\mathrm{d}V}{\mathrm{d}t}=T-R \tag{2-1}$$

式中，m 为船舶质量，m_x 为船舶纵向附加质量。则船速由 V_0 变为 V 所需要的时间和距离分别为：

$$t-t_0=(m+m_x)\int_{V_0}^{V}\frac{\mathrm{d}V}{T-R} \tag{2-2}$$

$$S-S_0=(m+m_x)\int_{V_0}^{V}\frac{V\cdot\mathrm{d}V}{T-R} \tag{2-3}$$

式中，$t-t_0$ 和 $S-S_0$ 分别表示船速由 V_0 变为 V 所经历的时间和航行的距离。

由上述可知，表征船舶变速性能的时间和距离自始至终是变化的，且阻力和推力都随船速的改变而变化，故计算比较复杂。一般采用估算公式或实船试验结果来判断变速性能。

二、船舶的启动性能

船舶由静止状态中开进车，使船舶达到与主机功率相应的稳定速度所需的时间和航进距离，称为启动性能。

为保护主机，由静止状态开进车时，转速应视船速的逐步提高而逐渐增加，用车时先开低转速，在船速达到与转速相应的船速时再逐级加大转速。跳级用车对养护主机不利。

在船舶启动进车时，促使船舶产生加速运动的惯性力是推力 T 与阻力 R 之差。在启动之初，由于 $T > R$，船舶做加速运动，当经过时间 t 后，推力 T 和阻力 R 达到平衡，在此期间，船舶航进的距离也是随速度一起增大，此时船舶航行距离为 S，并以 V 做匀速运动。此时，可用 t 和 S 表示启动性能的优劣。

若船体前进方向的附加质量 Δm 近似取为船体质量 m 的 1/5，则船舶启动后达到定常速度 V 所需的时间 t 以及航进的距离 S，可用下列近似式表示：

$$t = 0.004 \times \frac{\Delta \cdot V}{R} \tag{2-4}$$

$$S = 0.101 \times \frac{\Delta \cdot V^2}{R} \tag{2-5}$$

式中：t—— 启动惯性时间(min)；

S—— 启动惯性距离(m)；

Δ—— 船舶排水量(t)；

V—— 船舶的定常速度(kn)；

R—— 船舶达到定常速度前进时的阻力(t)。

由此可见，船舶由静止状态进车，达到相应稳定船速的前进距离 S 与 $\Delta \cdot V^2$ 成正比，S 与 R 或 T 成反比。

根据经验，满载船舶由静止逐级加车，速度达到海上速度时，所航进的距离 S 约为 20 倍船长，轻载时约为满载时的 $1/2 \sim 2/3(10 \sim 13L)$。

三、船舶的停车性能

以某一速度航进中的船舶，从下令停车(Stop engine，车钟操纵手柄推至停车挡)到船舶对水停止移动(船速为 0)所需的时间和船舶滑行的距离，称为停车性能。实船试验时，由于船舶对水停止移动不易观察，一般以船舶维持舵效最小速度为标准来计算，万吨级船可取 2kn，大型船舶可取为 3.2kn。

主机停车后，刚开始时，由于船速较高，阻力也大，速度下降率很高；随着船速下降，速度下降率变小，终速为零。根据 $dV/dt = -R/m$，船速的下降过程是非线性的，开始降速快，而后降速慢。

1. 停车冲程经验估算式

(1) 经验估算式一

$$t = 0.00105 \times \frac{\Delta \cdot V_0^2}{R_0} \cdot \left(\frac{1}{V} - \frac{1}{V_0}\right) \tag{2-6}$$

$$S = 0.075 \times \frac{\Delta \cdot V_0^2}{R_0} \cdot \ln \frac{V}{V_0} \tag{2-7}$$

式中：V_0—— 停车时的船速(kn)；

R_0—— 船速为 V_0 时的船舶阻力(t)；

V—— 船舶停止前某时刻 t 的速度，一般取 2 ～ 3kn；

Δ—— 船舶排水量(t)；

t—— 停车冲时(min)；

S—— 停车冲程(m)。

(2) 经验估算式二

主机停车操作(船速 V_0)，从操作时起至船舶停止的过程中，某一时刻 t 的船速 V 及其在此期间船舶滑行的距离 S，以及停止距离 S_0 为：

$$V = V_0 \cdot 2^{-t/C} \tag{2-8}$$

$$S = 0.024C \cdot V_0(1 - 2^{-t/C}) \tag{2-9}$$

$$S_0 = 0.024C \cdot V_0 \tag{2-10}$$

式中：S_0—— 停车冲程(n mile)；

V_0—— 船舶停车时初速(kn)；

C—— 减速时间常数(min)。

2. Topley 近似表达式

英国 Topley 船长推导出减速停车时船舶运动的下列近似表达式。主机转速降低，船舶减速时，船舶从初速 V_0 减至与降低后的主机转速相对应的定常速度 V_1 的过程中，某一时刻 t 的船速 V 以及在此期间船舶前进的距离 S 为：

$$V = V_1 + (V_0 - V_1) \times 2^{-t/C} \tag{2-11}$$

$$S = V_1 t + \frac{C(V_0 - V_1)(1 - 2^{-t/C})}{0.693 \times 60} \tag{2-12}$$

式中，C 为减速时间常数(船舶停车后船速每递减 1/2 所需的时间)，单位为 min。C 值随船舶排水量的不同而不同，可由表 2-1 查出。C 越小，减速越快。V_0、V_1 单位为 kn；t 单位为 min；S 单位为 n mile。

表 2-1　减速时间常数

排水量(t)	C(min)	排水量(t)	C(min)	排水量(t)	C(min)
1000	1	36000	8	120000	15
3000	3	45000	9	136000	16
6000	3	55000	10	152000	17
10000	4	66000	11	171000	18
15000	5	78000	12	190000	19
21000	6	91000	13	210000	20
28000	7	105000	14		

3. 停车冲程实船经验数据

在以常速航进中的一般船舶，主机停车后船速达到 2kn 时，其停车冲程约为船长的 8 ～ 20 倍，而大型船满载时，从海上常速中停车达到余速 3kn 时，停车冲程约为船长的 23 倍。

某超大型集装箱船、油轮的停车冲程数据见表 2-2。

表 2-2　某超大型集装箱船、油轮的停车冲程数据

船舶状态	船舶停车冲程			
	海上船速	港内全速	港内半速	港内慢速
8100TEU 大型集装箱船满载时($L=334$m)	24L	16L	14L	9L
30 万 t VLCC 满载时($L=333$m)	37L	32L	29L	25L

四、船舶的倒车性能

船舶紧急停船的距离是衡量主机制动能力的重要参数。船舶主机从全速前进下令全速后退，从发令起到船舶对水停止移动所需时间及船舶前冲的距离，称为倒车惯性。这一距离即通常所称的倒车冲程，亦称为最短停船距离(Shortest stopping distance)或紧急停船距离(Crash stopping distance)。

全速前进中的船舶进行紧急制动时，为了不使主机产生过大应力而导致主机损坏，通常应在主机转速降低后才能进行倒车启动。主机类型不同，制动方法与操作所需时间也不同。

柴油机在紧急制动时，在发出倒车令后，主机停止供油，在主机转速降至额定转速的 25% ～ 35%，航速降至全速的 60% ～ 70% 时，方可将压缩空气通入气缸强迫主机停转，然后再用压缩空气进行倒车启动。当船速较慢时，可立即进行制动，马上完成倒车启动。

一般柴油机从前进三到后退三换向时间需 90 ～ 120s。汽轮机的换向时间较长，需 120 ～ 180s。而蒸汽机的换向时间最短，为 60 ～ 90s。

1. 倒车停船时间和冲程的估算法

(1)Lovett 式估算法

船舶阻力和倒车拉力的共同作用，使船舶减速并最终停船。假定主机倒转的同时就给出与倒车功率成比例的倒车拉力，并且设船体阻力与速度平方成正比变化，船舶的附加质量为船体质量的 1/5，倒车拉力为正车推力的 90%，从而得出下列关系式

$$t = 0.00089 \times \frac{\Delta \cdot V_0}{R_0} \tag{2-13}$$

$$S \approx 0.0121 \times \frac{\Delta \cdot V_0^2}{R_0} \tag{2-14}$$

式中：S—— 最短停船距离(m)；

t—— 冲时(min)；

Δ—— 船舶排水量(t)；

V_0—— 为主机倒车时的船速(kn)；

R_0—— 船速为 V_0 时的阻力。

(2) 倒车冲程的经验估算法

倒车冲程也可应用经验估算法计算。主机倒车后船速随时间的变化关系可近似认为是一匀减速过程，如图 2-1 所示。倒车冲程的大小就是速度曲线与时间轴围成的面积。即

$$S = \int_0^t V\mathrm{d}t = C \cdot V_k \cdot t_s \tag{2-15}$$

式中：V_k—— 倒车时船舶初速(kn)；

t_s—— 倒车停船时间(s)；

C—— 系数,一般货船 C 取 0.25 ～ 0.27,大型油轮取 0.27 ～ 0.29；

S—— 紧急停船距离(m)。

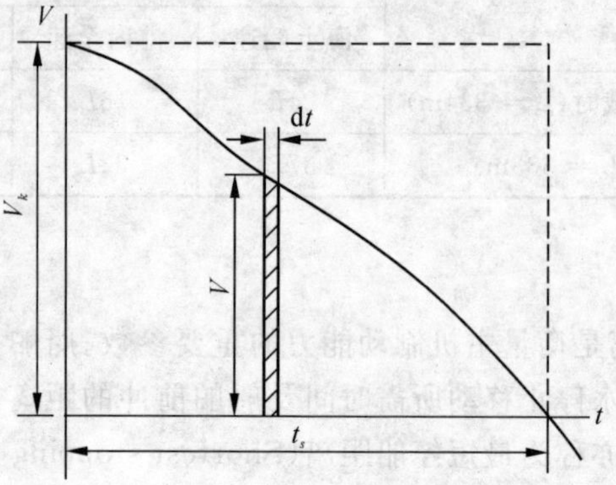

图 2-1　主机倒车后船速随时间的变化关系

大型油轮如停船时间单位用 min,则倒车停船时间表示为 t_m,紧急停船距离的近似式可写成

$$S = 16 \cdot V_k \cdot t_m \tag{2-16}$$

使用以上两个公式时,可不必考虑船舶主机种类和装载状态。

2. 实船试验数据

除采用上述公式近似估算船舶倒车惯性之外,实际中应尽可能取得在不同状态下实船试验数据。

据统计:一般万吨级船舶倒车冲程约在 6 ～ 8L；

5 万吨级货轮(内燃机),倒车冲程约为 8 ～ 10L；

10 万吨级油轮(汽轮机),倒车冲程约为 10 ～ 13L；

15 ～ 20 万吨级油轮(汽轮机),倒车冲程约为 13 ～ 16L。

IMO 操纵性标准规定一般船舶的倒车冲程不得超过 15 倍船长。但由于现代大型船舶船速快,倒车冲程明显增大,操船时应特别引起重视。例如,某 8100TEU 集装箱船满载时,在海上船速的条件下,其倒车冲程可达 17 倍船长,见表 2-3。

表 2-3　某超大型集装箱船的倒车冲程、冲时

船舶状态	船舶倒车冲程、冲时			
	海上船速(26kn)	港内全速(17.6kn)	港内半速(15.2kn)	港内慢速(11.4kn)
8100TEU 大型集装箱船满载时 (L = 334m, B = 42.8m)	5770m、13.18min	3520m、9.97min	2880m、9.12min	1510m、6.03min

部分大型船舶倒车冲程试验的数据见表 2-4。

表 2-4　部分大型船舶倒车冲程试验的数据

船舶	1	2	3	4	5	6	7	8
吃水(前)(m)	27.86	26.897	14.902	16.53	17.95	17.06	17.30	14.03
吃水(后)(m)	27.98	26.953	14.892	17.00	17.985	16.983	17.38	14.03
排水量(t)	547606	424144	142580	220296	216700	197190	188422	93906
主机种类	汽轮	汽轮	柴油	汽轮	柴油	柴油	柴油	柴油
初速 V(kn)	14.4	15.6	16.8	15.4	16.44	16.1	13.65	11.9
正车转速(RPM)(r/min)	90.5	90.5	114	85.0	103	111	106.0	38
发令至主机停止时间(分 - 秒)	0-35	0-43	0-23	0-50	0-47.2	0-27	0-12	
发令至倒车开出时间(分 - 秒)	0-35	0-43.5	0-23	0-50	0-47.2	0-28		
发令至船停住时间(分 - 秒)	20-00	22-00	14-12	13-06	14-5	14-03	11-00	7-44
停船距离(m)	4120	5299	4324	3260	3560	4313	2507	1460
S/L	11.44	16.03	16.3	10.5	11.87	14.9	8.60	5.21
倒车转速(RPM)(r/min)	61.2	63.0	85	62	75	84	90	

五、影响冲程的因素

对于通常的右旋式 FPP 单桨船，倒车制动时，船舶在减速停船的过程中船首不断向右偏转。在其他条件相同时，在倒车的开始阶段，空载船较满载船右偏角大，但满载大型船舶，停船时间长，最终首向偏转也较明显。

实船倒车制动试验时的运动轨迹是一曲线，如图 2-2 所示。试验时实际所测得的最短停船距离是船舶运动轨迹的长度，即图中曲线的长度，称为制动行程 R_t(Track reach，又称航迹距离)。船舶重心沿原航向方向所滑行的距离，称为制动纵距 R_h(Head reach)。船舶重心偏离原航向的横向距离称为制动横距 R_s(Side reach) 或称偏航量。倒车制动时，船首向偏离原航向的角度称为首偏角或偏航角。

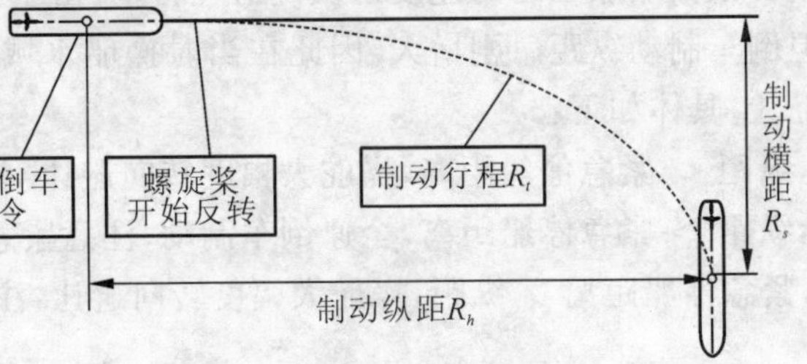

图 2-2　实船倒车制动试验时的运动轨迹

船舶压载时偏航角和偏航量通常较小，满载时，停船时间长，偏航量和偏航角大。

船舶紧急停船性能是指在冲程试验条件下，以海上船速行驶的船舶，进行倒车制动后，在允许的偏航量和偏航角范围内，能否迅速停船的性能。

影响冲程的因素主要有：

1. 主机倒车功率、换向时间

吨位、载荷状态等相近的船舶，主机倒车功率越大，紧急停船距离越小。大型船舶倒车功率虽比小型船舶大，但每吨排水量所占主机功率小，而且大型船舶(18 万 DWT 以上)大多配备的是汽轮机，由于其换向时间长，倒车功率占常用功率比例低，所以大型船舶紧急停船距离明显增大。

2. 推进器种类

CPP 船"换向"操作时间短，通过调整螺距角和螺距大小即可在较短时间内产生最大的拉力。在其他条件相同时，CPP 船舶的最短停船距离一般为 FPP 船的 60% ～ 80%。

3. 排水量

船速和倒车拉力相同时，排水量越大，紧急停船距离越长。压载时的倒车冲程为满载时的 40% ～ 50%。应注意压载时的停车冲程约为满载时的 80%。

4. 船速

若其他条件相同，船速越大，冲程越大。

5. 其他因素

顺风时冲程增大，顶风时冲程减小。浅水中船舶阻力增加，冲程减小。船体污底严重，阻力增加，停车及倒车冲程相应减小。

六、船舶制动方法及其适用

1. 倒车制动法

通过倒车产生强大的拉力进行制动。不论船型、船速如何，也不论在港内或港外水域，均可采用该法。但应注意的是，重载大型船舶在狭窄航道或港内倒车时，由于其会出现较大的偏航量和偏航角，易发生事故，故应谨慎使用倒车制动。

2. 满舵旋回制动法

图 2-3 所示为满舵旋回制动，是利用船舶满舵旋回过程中，船速下降明显的特点，降低船速的方法。该方法对于大型船舶和方形系数大、船速较高的船舶较为合适，但要求当时有足够的操船水域。

航行中的船舶需紧急避让时，选择车让还是舵让，除考虑当时有无他船影响和是否有足够的操船水域外，主要根据船舶当时的速度来决定避让行动。由于船舶旋回圈大小随船速提高影响并不明显，但倒车制动纵距急剧增大。因此在当时操船水域允许时，一般低速时采用车让，高速时采取舵让。具体如下：

(1) 高速状态，纵距 < 紧急停船距离，操舵大幅度转向避让，要有足够的水域。

(2) 低速状态，纵距 > 紧急停船距离，全速倒车制动；注意紧急停船时的船舶偏转。

(3) 低速状态，紧急停船距离 > 纵距，操舵大幅度转向避让，注意要有足够的水域，避免对他船的影响。

3. Z 形操纵制动法(Zig zag maneuver)

如图 2-4 所示，Z 形操纵制动是直航中的船舶通过左右来回操舵，同时减速、倒车，利用倒车拉力和旋回中速度下降的特点，将船尽快停住的方法。该方法的优点在于能保证船舶较少偏离原航向，而且由于采用分阶段降速的方法有利于维护主机。该方法适用于大型船舶、方形系数较大的船舶，在深水域中初速度较高时尤为有效；而在较窄水域或航道中不宜使用。操纵方法如下：

(1) 左满舵($\delta = 40°$)，备车；

(2) 当船舶向左改向 20° 时，用备车前进三；

(3) 当船舶向左改向 40° 时，右满舵；

图 2-3　满舵旋回制动

图 2-4　Z 形操纵制动

(4) 当船舶向左改向达最大时，令前进二；

(5) 当船舶回到原航向时，再左满舵；

(6) 当船舶向右改向达最大时，令前进一；

(7) 当航向再次回到原航向时，再右满舵，后退三。

4. 拖锚制动法

拖锚制动法一般只适用吨位较小的船舶，而且抛锚时船速仅限于低速（2 ～ 3kn）。大型船舶由于锚机的刹车力不足，不宜采用这种方法。

5. 拖船协助制动法

一般船舶当船速低于 5 ～ 6kn 时，可根据船舶当时吃水情况配备相应数量的拖船，利用拖船的作用可有效控制船舶进行制动。

6. 辅助装置制动法

作为研究开发项目，通过一些辅助装置进行制动，如：在水中拖曳类似海锚的物件；在舷两侧增设可展开的阻力鳍（Flap）；英国船舶技术研究所提出的在船首开设一通道（Duct），阻止流入的水以产生水阻力等。船舶在需要时可以运用这些辅助装置以增加运动阻力，尽快降低船速。这种方法在船舶以较高速度航进时才能发挥良好的效果。

上述各种制动方法的适用范围如表 2-5 所示。

表 2-5　各种制动方法的适用范围

制动方法	特点	有效速度范围	适用环境
停车制动	操作方便，历时长，冲程大	高、低速均可	全部水域（大型船港内船速较大时不用）
倒车制动	操作复杂，历时较长，冲程较大，有偏航量	高、低速均可	全部水域（大型船港内船速较大时不用）
满舵旋回制动	操作方便，降速时间也相对较短，仍残留部分余速	高速	较宽水域
Z 形操纵制动	操作较复杂。船舶较少偏离原航向，分阶段降速	高速	较宽水域
拖锚制动	仅用于万吨级及其以下的船舶	低速	港内水域
拖船制动	合理配备拖船	低速	港内水域
辅助装置制动	阻力鳍（Flap）等	高速	较宽水域或港内水域

第二节　船舶的旋回性能

船舶旋回性是船舶最基本的重要操纵性能之一，通常采用全速航进中满舵时的旋回初径 D_T 与船长 L 之比，即相对旋回初径 D_T/L 来衡量。

一、船舶旋回运动的过程及其特征

船舶操舵旋回时根据其旋回过程中运动特征的不同，可将船舶旋回运动分为三个阶段。

1. 转舵阶段

从下达舵令到舵转至指定舵角为转舵阶段。转舵阶段受力、力矩分析如图 2-5 所示。在这个阶段，由于时间较短，船舶因运动惯性仍保持直线前进，随后船首出现向转舵一侧回转的趋势，舵压力横向分力 P_y 的作用，使得船体开始出现向操舵相反一侧横移，横倾力矩 $M = P_y \times (z_g - z_p)$，并会产生向转舵一侧少量横倾（内倾），船速也略有下降。

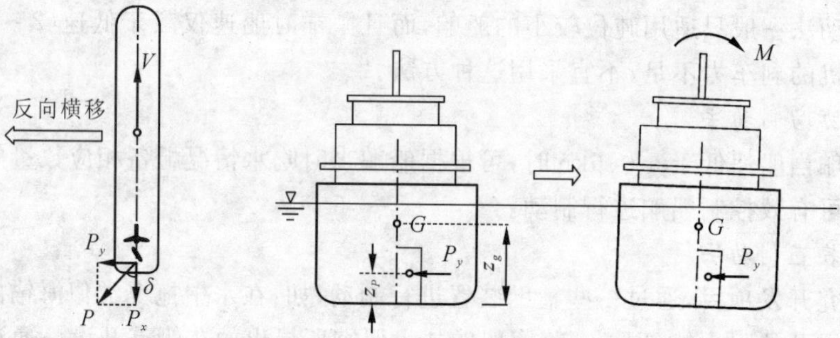

图 2-5　转舵阶段受力、力矩分析

2. 过渡阶段

从舵角到位至船舶进入定常旋回为过渡阶段。过渡阶段受力、力矩分析如图 2-6 所示。在这个阶段，船舶呈斜航状态，漂角 β 逐渐增大。漂角水动力 R_w 增大，R_w 产生的水动力矩加速船舶旋回。船舶由原来的反向横移逐渐转化为向操舵一侧的横移。此外，由于斜航水阻力增大及出现离心力 F 的纵向分力 F_x 等影响因素，船速明显下降。受横向分力 R_y、F_y、P_y 的综合作用，产生外倾力矩 $M = F_y \cdot z_g + R_y \cdot (z_g - d/2) - P_y \cdot (z_g - z_p)$，受外倾力矩的影响，船体由原来的内倾转变成向操舵相反一侧横倾（外倾）。

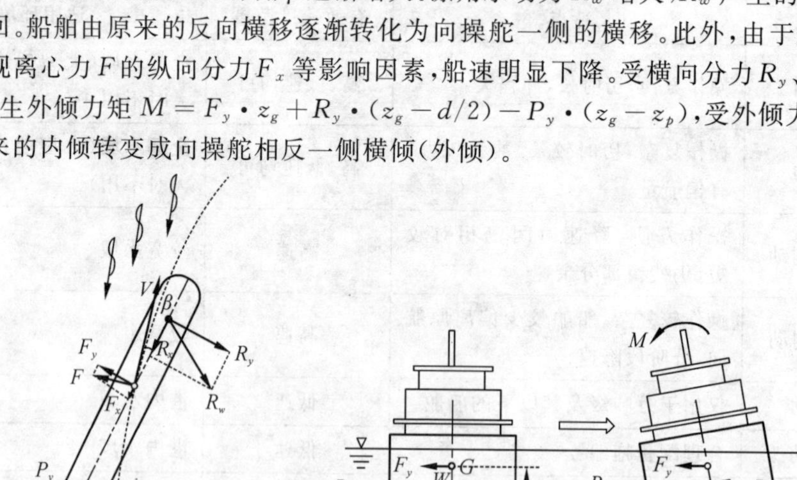

图 2-6　过渡阶段受力、力矩分析

3. 定常旋回阶段

在过渡阶段作用于船体的回转力矩 $N(\delta)+N(\beta)$ 和水阻尼力矩 $N(r)$ 不断变化，最终达到平衡，当船舶转头角速度为常量时，船舶进入定常旋回阶段。定常旋回阶段受力、力矩分析如图 2-7 所示。在这个阶段，作用于船体的回转合力矩 $N=N(\delta)+N(\beta)-N(\gamma)=0$，转首角加速度为零，角速度达到最大值，船舶降速达到最大，船舶外倾也趋于稳定，船舶围绕一固定的回转中心做匀速圆周运动。

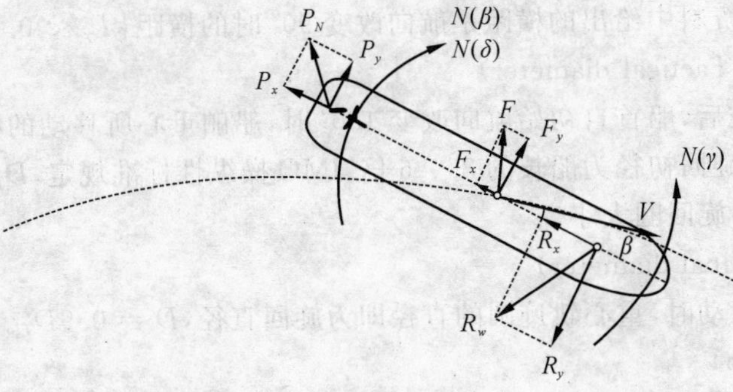

图 2-7　定常旋回阶段受力、力矩分析

二、旋回圈及其要素

1. 旋回圈

稳定直航（一般是全速）中的船舶操一舵角（一般是满舵）并保持此舵角，船舶重心所描绘的轨迹，称为旋回圈，如图 2-8 所示。

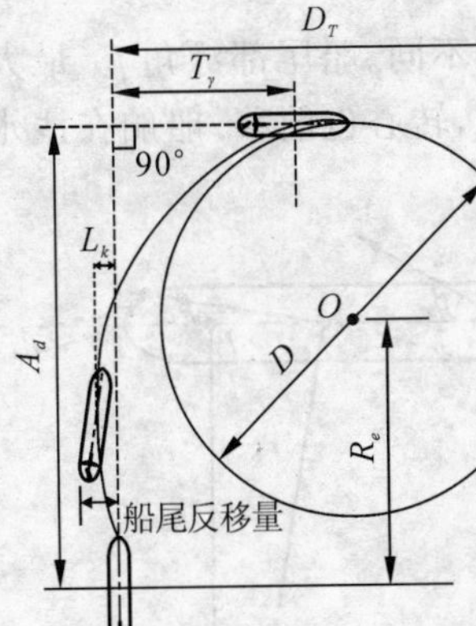

图 2-8　旋回圈及其要素

2. 旋回圈的要素

旋回圈及其要素如图 2-8 所示。

(1) 反移量 L_k(Kick)

操舵后，船舶重心向操舵相反一侧横移的距离称为反移量。通常，船舶全速满舵旋回，当船首转过1个罗经点左右（约 11.25°）时，船舶重心处的反移量达最大值，约为船长的 1%。但在实际操船时，更应注意船尾部向操舵相反一侧的反移量，船尾反移量最大值约为船长的 1/10 ～ 1/5，比重心处反移量要大得多。反移量的大小与舵角、船速、操舵速度、载重状态、船型等有关。船速、舵角越大，反移量越大。

(2) 进距 A_d(纵距，Advance)

通常，在船舶旋回资料中给出的进距一般是航向改变 90° 时的进距，为旋回初径的 0.6 ~ 1.2 倍。进距的大小可以用来衡量船舶的舵效。A_d 越大，表明船舶对操舵反应越迟钝，即应舵慢。

(3) 横距 T_γ(Transfer)

通常，在船舶旋回资料中给出的横距是航向改变 90° 时的横距，$T_\gamma \approx 0.5D_T$。

(4) 旋回初径 D_T(Tactical diameter)

旋回初径是指操舵后，船首自初始航向改变 180° 时，船舶重心所移动的横向距离。实船试验表明，一般船舶的旋回初径为船长的 3 ~ 6 倍。IMO 操纵性标准规定，$D_T \leqslant 5L$。常用相对旋回初径 D_T/L 表示旋回圈大小。

(5) 旋回直径 D(Final diameter)

船舶做定常旋回运动时，重心轨迹圆的直径即为旋回直径，$D = 0.9D_T$。

(6) 滞距 R_e(Reach)

从发令位置起，船舶重心至定常旋回曲率中心的纵向距离，称为滞距，也称心距。$R_e \approx (1 \sim 2)L$。

3. 旋回参数

(1) 漂角 β(Drift angle)

船舶旋回时，船舶首尾线与首尾线上任何一点的旋回切线速度方向之间的夹角，称为该点的漂角，如图 2-9 所示。一般是指重心 G 处漂角 β_G，满舵旋回时，定常阶段的 β_G 约为 3° ~ 15°。超大型船舶可达 20° 或 25°。

船舶首尾线上各点处的漂角都不同。船尾部漂角 β_A 最大。漂角越大，旋回性能越好，旋回直径越小，降速越多，横倾角越大，转心也前移。船舶在浅水中旋回性比深水中差，所以浅水中漂角较深水中小。

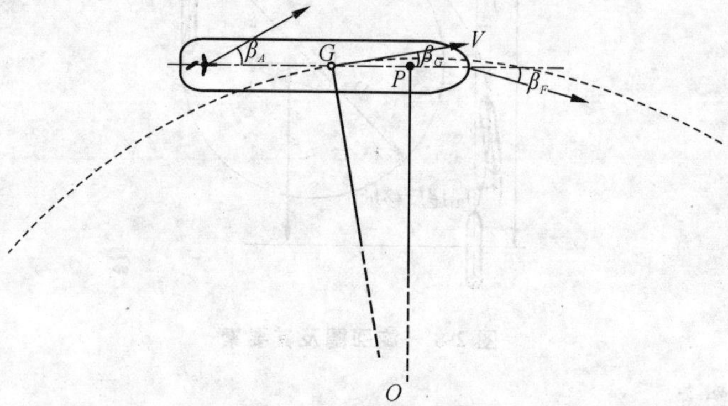

图 2-9　船舶首尾线上各点的漂角

(2) 转心(Pivoting point)

船舶转舵后绕旋回曲率中心 O 的旋回运动，可以看成是两个方面运动的合成：一是船舶以切线速度 V 前进，另一个是船舶绕自身某一点为中心作自转，这一点就是转心 P。从几何学上讲，转心的位置是旋回中某瞬间的旋回中心至船舶首尾线的垂线的垂足。P 点处漂角为零，横移速度为零。

转心 P 的位置，在开始操舵时约在重心稍前处，随船舶旋回不断加快，转心 P 位置向前移动，在定常旋回阶段趋于稳定。定常旋回时转心在船首柱后 1/5 ～ 1/3 船长附近处，漂角越大、旋回性能越好的船舶，转心越靠前。由于船舶前进中旋回时转心在重心之前，因此在旋回时船首向内偏移量比船尾向外偏移量来得小，驾驶员习惯上称其为“首动一尺，尾动一丈”。船舶在后退中回转时，转心位于尾柱之前，大约与前进中回转时转心位置相对称。

(3) 旋回中的降速

船舶旋回过程中船速不断下降，主要是由于船舶斜航阻力的增大，此外，舵阻力、惯性离心力的纵向分力的增加，推进器效率的下降等原因都将引起船速下降。定常旋回阶段船舶降速达到最大并趋于稳定，一般可降速 1/4 ～ 1/2。定常旋回时的船速 V_t 与旋回初始船速 V_0 的比值 V_t/V_0 称为速降系数。图 2-10 所示船舶旋回中的降速，为 Davidson 的试验结果。由图可知，旋回中船速下降与相对旋回初径 D_T/L 密切相关，D_T/L 越小旋回性能越好时，速降越明显，速降系数越小。因此，肥大型船舶旋回中速度下降比瘦削型船舶快。

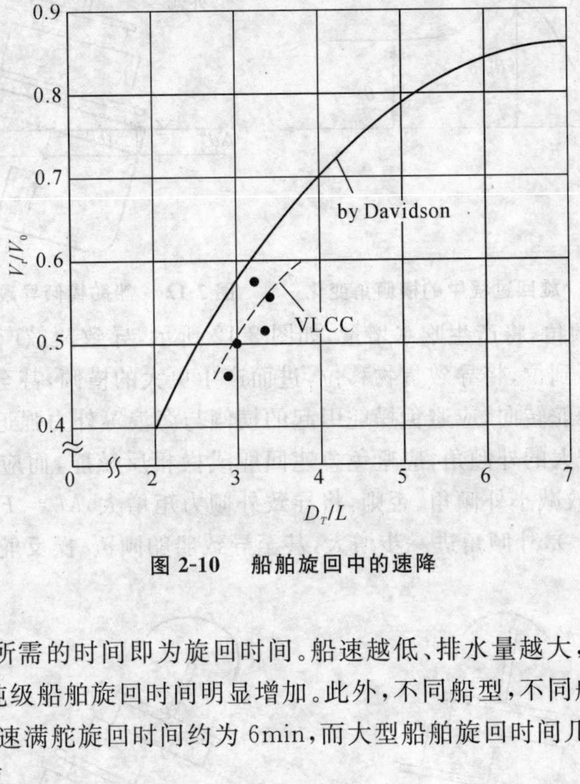

图 2-10　船舶旋回中的速降

(4) 旋回时间

船舶旋回 360° 所需的时间即为旋回时间。船速越低、排水量越大，旋回所需时间越长。大型船舶比普通万吨级船舶旋回时间明显增加。此外，不同船型，不同舵角旋回时间也不相同。一般万吨级船快速满舵旋回时间约为 6min，而大型船舶旋回时间几乎要增加 1 倍。

(5) 旋回中横倾

旋回过程中的横倾角变化如图 2-11 所示，船舶操舵后，船舶开始出现少量内倾，随后船舶由内倾变为外倾。在由内倾向外倾的过渡过程中，由于船舶横向摇摆惯性的原因，会出现最大外倾角 θ_m，这是旋回的过渡阶段尤其应注意的危险现象。进入定常旋回阶段，船舶将稳定在一定常外倾角 θ_c。

定常旋回时定常外倾角 θ_c 可由下式计算：

$$\tan\theta_c \approx \frac{V_t^2 \cdot GB}{g \cdot R \cdot GM} \approx \frac{V_t \cdot \omega \cdot GB}{g \cdot GM} \tag{2-17}$$

式中：GM—— 初稳性高度(m)；

GB—— 重心浮心间距(m);

V_t—— 定常旋回时切线速度(m/s);

R—— 定常旋回半径(m);

ω—— 转首角速度(1/s);

g—— 重力加速度(9.8m/s²)。

所以,定常旋回外倾角 θ_c 的大小与船舶定常旋回切线速度(V_t)、角速度(ω)、重心浮心间距 GB 成正比,与船舶初稳性高度、重力加速度成反比。船的旋回直径越小,初稳性高度越低,航速越快,外倾角就越大。最大外倾角 θ_m 的大小除与影响定常外倾角的因素有关外,还与操舵速度有关。操舵速度快,θ_m 则大。瞬时最大外倾角 θ_m 为定常外倾角 θ_c 的 1 ~ 2 倍。外倾角一般为 3° ~ 5°,高速船可达 15° ~ 28°。旋回过程中横倾角随时间的变化,如图 2-11 所示。

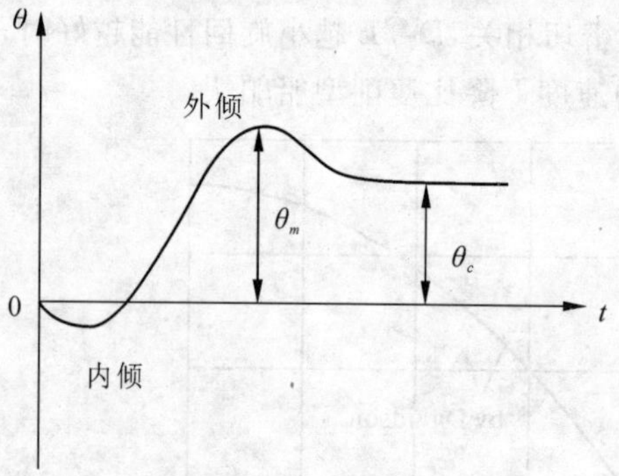

图 2-11　旋回过程中的横倾角变化

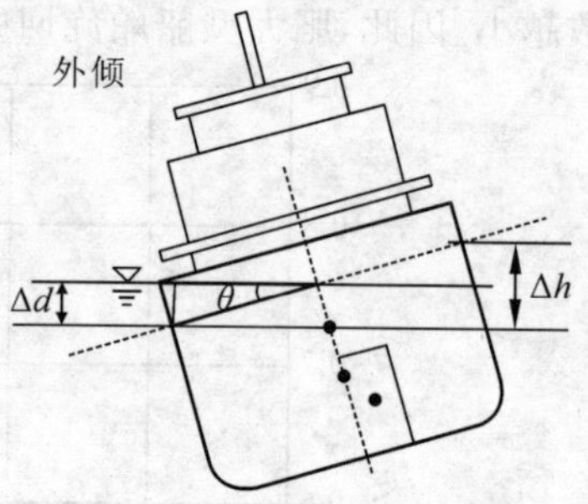

图 2-12　船舶横倾导致吃水增量

船舶有一定外倾角,将产生吃水增量,如图 2-12 所示,导致两舷产生一定的落差,若货物平仓或系固措施不到位,将导致货物移位,进而产生更大的横倾,甚至导致船舶倾覆。

船舶在风浪中操舵转向,应避免操舵引起的横倾与海浪等外力强迫横倾相位一致。如果在操舵旋回时出现较大的外倾角,应避免急速回舵或操相反舷舵,而应逐渐降速,同时逐渐减小所用舵角,可有效减小外倾角。否则,将导致外倾力矩增大,$M = F_y \times z_g + R_y \times (z_g - d/2) + P_y \times (z_g - z_p)$,外倾角进一步增大,甚至导致船舶倾覆。操反舵导致外倾力矩增加,如图 2-13 示。

图 2-13　操反舵导致外倾力矩增加

三、影响旋回圈大小的因素

1. 舵角

在极限舵角范围内，舵角大小与旋回初径之间的关系是：舵角增大，旋回初径变小。在所操舵角为15°以下时，舵角越大，旋回初径减小越明显。所操舵角大于15°时，随着舵角增加，旋回初径减小的幅度减小。这种影响从图2-14所示的试验结果中可以看出。

2. 操舵时间

操舵时间按SOLAS公约要求从一舷35°至另一舷30°不应超过28s。一般船舶从正舵至一舷满舵大约需要15s。操舵时间越长，心距、进距越大。

3. 船速

除船速很低或高速船高速航行中旋回之外，在一般商船速度范围内，船速对旋回圈大小影响很小。船速增加，旋回初径将稍微变大。但船速对旋回时间影响明显，船速快，旋回时间大大缩短。

船速、车速对旋回圈大小的影响如图2-15所示：如果船舶在满舵旋回的同时从全速前进中停车，即减速旋回，由于停车后马上失去了螺旋桨排出流速度，舵力大大减小，旋回圈增大；相反，船舶从静止或低速状态时加车进行旋回即加速旋回，由于排出流速度立即增大，加之伴流较小，所以舵力较强，旋回圈明显变小。

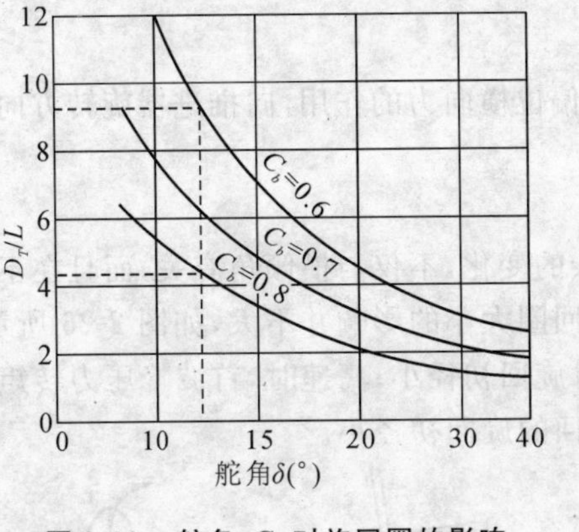

图 2-14　舵角、C_b 对旋回圈的影响

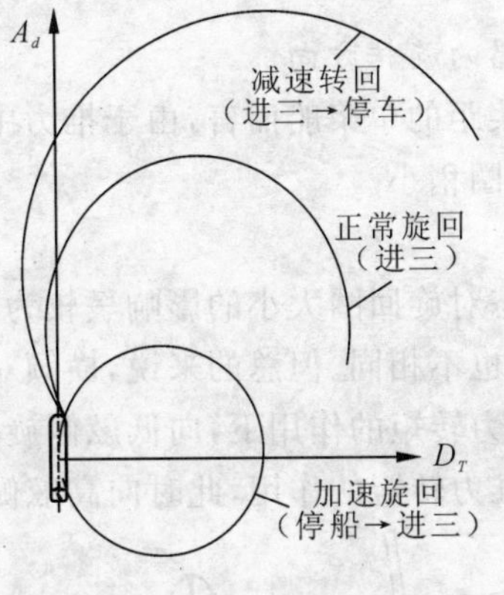

图 2-15　船速、车速对旋回圈大小的影响

4. 方形系数

方形系数 C_b 小的瘦削型船比方形系数大的肥大型船舶旋回性差，旋回圈明显增大。图2-14中显示了不同 C_b 值对相对旋回直径影响的试验结果。

5. 水线下船体侧面积

船首水下侧面积较大（有球鼻首或船尾比较瘦削），旋回中的水动力转船力矩较大，旋回性好，旋回圈小，但航向稳定性差；

船尾水下侧面积较大（船尾有钝材或船首比较削进），旋回中的水动力转船力矩较小，旋回性差，旋回圈大，但航向稳定性好。

6. 舵面积比

舵面积（舵叶的浸水面积与船体水线下侧面积之比，$\mu = A_R / L_{pp} \cdot d$）比大的船舶，在其他条件相同时，舵力较大，因而旋回圈减小。但舵面积比超过一定值后，旋回圈会有所增大。

就一定类型的船舶，根据用途不同和船舶设计上的考虑，舵面积比有其最佳值。表 2-6 所示的是不同类型船舶的舵面积比值。

表 2-6　不同类型船舶的舵面积比值

船种	舵面积比	船种	舵面积比
高速货船(Liner)	1/40 ～ 1/35	油轮(Oil tanker)	1/60 ～ 1/40
一般货船(Cargo Ship)	1/60 ～ 1/45	拖船(Tug)	1/25 ～ 1/20

7. 吃水

船舶吃水增加，舵面积比则减小，而且吃水增加时船舶绕重心的转动惯量增加，所以开始阶段船舶旋回缓慢。因此，船舶吃水增加，旋回时进距加大，横距、旋回初径也将有所增加，但反移量有所减小。

8. 吃水差

船舶尾倾时旋回圈变大，尾倾量每增加 1% 船长，旋回初径约增大 10%。反之，首倾每增加 1% 船长，旋回初径约减小 10%。高速船在高速($F_r > 0.3 \sim 0.4$)航行时，由于船尾下沉，增加尾倾，故旋回圈增大。

对于同一船舶，空载时，吃水较浅，舵面积比增大，但往往尾倾较大，尤其尾机型船。与此相反，船舶满载时舵面积比减小，但尾倾常较小。因此总体而言，空船和满载时旋回圈大小相差不大。

9. 推进器的旋转方向

对于定桨距的单桨船而言，由于推力中心偏位横向力的作用，向推进器旋转方向相反一侧回转，旋回圈稍小。

10. 横倾

横倾状态对旋回圈大小的影响呈较为复杂的变化，不仅与横倾角有关，而且在不同船速时，影响结果也不相同。但总的来说，横倾对旋回圈大小的影响并不大，如图 2-26 所示：低速时，在阻力推力转矩的作用下，向低舷侧旋回时旋回初径小；高速时，首波峰压力转矩的作用将大于阻力推力转矩的作用，此时向高舷侧旋回的旋回初径小。

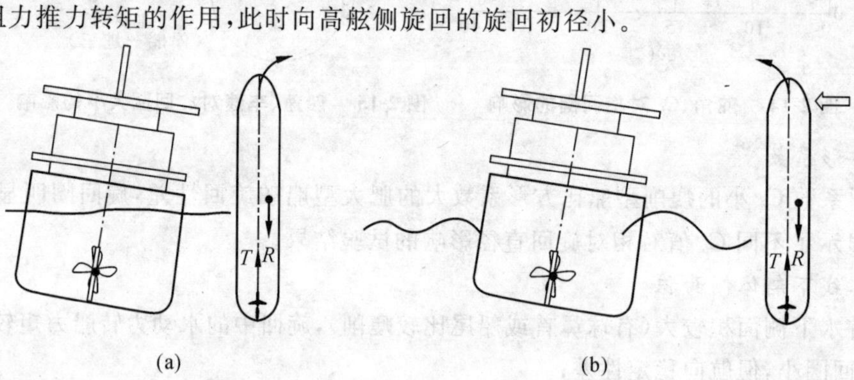

图 2-16　横倾对旋回圈的影响

11. 浅水

船舶在浅水中航行与在深水中比较，操相同舵角时舵力变化不大，但浅水中旋回时阻力明显增加，因此旋回圈变大，漂角减小。当水深与吃水之比小于一定值($H/d \leqslant 2$)时，旋回圈增大趋势明显。

12. 船体污底和风、流因素

船体污底严重，旋回时阻尼力矩增加，旋回圈略微变大。

有风、流影响进行旋回时，旋回圈大小受风、流方向和大小影响。如顺风(流)旋回时旋回圈增大，顶风(流)旋回时旋回圈减小。

四、旋回圈要素在实际操船中的应用

1. 反移量的应用(图 2-17)

在操舵后的初始阶段应特别注意克服或利用反移量，尤其是船尾反移量。

(1) 航行中发现本船有人落水，应立即向落水者一舷操满舵，使船尾向另一侧摆开，以避免落水者卷入螺旋桨，如图 2-17(a) 所示。

(2) 在船首极近距离内发现障碍物或紧急避让时，应首先操舵使船首让开，当船首已经让开而估计有可能与船尾发生碰撞时，应立即操另一舷舵使船尾甩开，如图 2-17(b) 所示。

(3) 在船舶驶离码头或并靠船时，船首刚刚摆出泊位，如果很快操大舵角进车，则会产生较大反移量而易导致尾部触碰码头或他船，如图 2-17(c) 所示。

(4) 船舶过弯道时，高速大舵角转向，会引起较大的反移量，应注意保持足够的船岸间距并采用正确的操船方法。

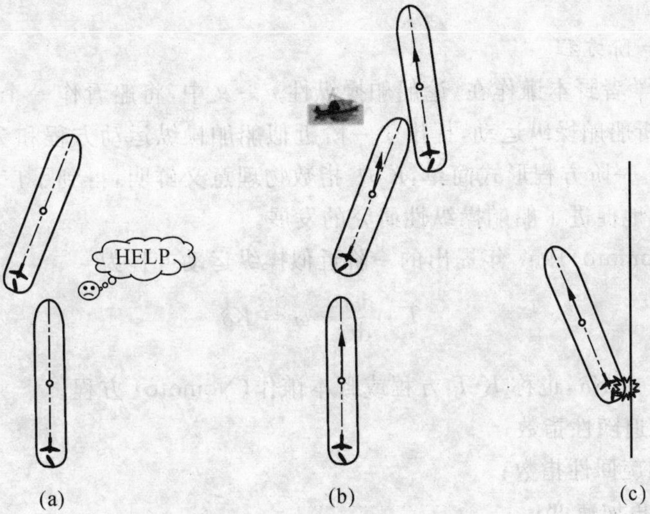

图 2-17　反移量的应用

2. 进距的应用

(1) 在旋回圈中，进距、旋回初径分别可近似代表旋回水域的纵向和横向尺度，所以进距、旋回初径可以用来估算用舵旋回掉头纵向所需水域的大小，如图 2-8 所示。

(2) 两船对遇时，可用两船进距之和估算最晚施舵点，如图 2-18 所示。此种情况下各自向右操舵转向避让，两船之间可以保持约 2 倍船长的最小会遇距离。错过了最晚操舵时机，则两船可能进入紧迫危险局面。

(3) 紧急避让或紧急避险时，若进距小于最短停船距离，应优先考虑用舵避让。

3. 滞距的应用

滞距可用来估算两船对遇时用舵无法让开的距离，如图 2-19 所示。如果船舶对遇时，两船间距大于两船滞距之和而小于进距之和，理论上讲，可通过两船左右来回操舵协调行动进行避让（先使船首让开，再操相反舷舵，使船尾让开），但实际操作时极为困难。

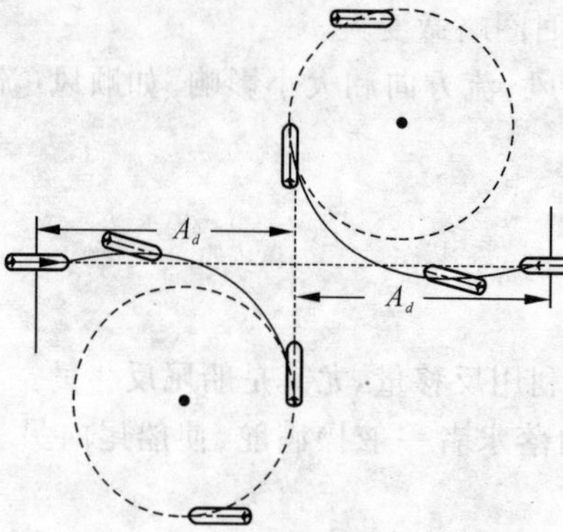

图 2-18　两船进距之和估算最晚施舵点

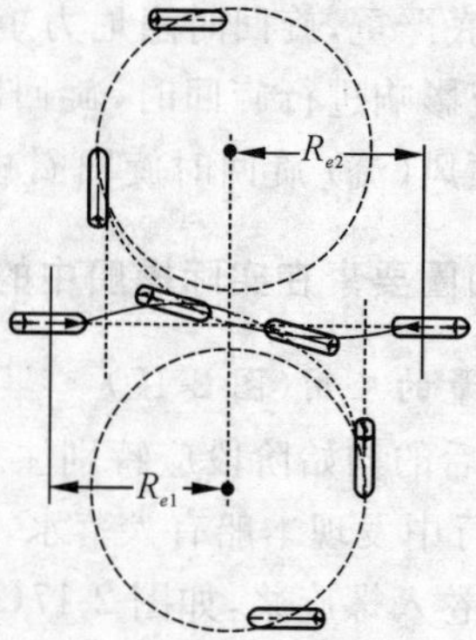

图 2-19　滞距的运用

第三节　船舶操纵性指数

一、操纵运动一阶方程

1. 操纵运动一阶方程

1957 年日本学者野本谦作在《论船舶操纵性》一文中，将船看作一个动态系统，用经典的控制理论来分析船舶操纵运动，提出了一阶近似船舶操纵运动方程和 Z 形操纵试验确定 K、T 指数的方法。一阶方程形式简单，K、T 指数物理意义鲜明，得到了广泛应用。尤其是这种研究方法，有力地促进了船舶操纵性研究的发展。

野本谦作(Nomoto)1957 年提出的一阶近似操纵运动方程为

$$T \cdot \frac{\mathrm{d}\omega}{\mathrm{d}t} + \omega = K\delta \tag{2-18}$$

或记为 $T \cdot \dot{\omega} + \omega = K\delta$，也称 K-T 方程或野本谦作(Nomoto) 方程。

式中：T—— 船舶追随性指数；

K—— 船舶旋回性指数；

$\dot{\omega}$—— 旋回角加速度；

ω—— 旋回角速度；

δ—— 所用舵角。

通常将上式称为响应模型。对于单纯因改变舵角而引起的各种操纵运动，可看作是对“输入”舵角的响应而产生的“输出”操纵运动，可以运用该模型来分析。

2. K、T 指数的物理意义

野本谦作类比：假设一物体(船舶) 的转动惯量为 I，当它以角速度 ω 回转时，则合外力矩为 $M = I\dot{\omega}$。

船尾的舵转过一舵角 δ 后，会产生一个作用于其上的力矩 $N(\delta) = a \times \delta$(其中 a 系数表示每单位舵角的回转力矩)。所遭受的阻尼力矩为 $N(\omega) = b \times \omega$(其中 b 系数表示每单位回转角速度的阻尼力矩)。

则该物体的运动方程可写作

$$I\dot{\omega} = N(\delta) - N(\omega) \tag{2-19}$$

即：$I\dot{\omega} = a \cdot \delta - b \cdot \omega$，进一步变化为

$$\frac{I}{b}\dot{\omega} + \omega = \frac{a}{b}\delta \tag{2-20}$$

比较式(2-18)、式(2-20)，得

$$K = \frac{a}{b} = \frac{\text{每单位舵角的转船力矩}}{\text{每单位回转角速度的阻尼力矩}}(1/\text{s}) \tag{2-21}$$

$$T = \frac{I}{b} = \frac{\text{船舶惯量}}{\text{每单位回转角速度的阻尼力矩}}(\text{s}) \tag{2-22}$$

二、K、T 指数与操纵的关系

1. 根据操纵一阶方程求解角速度

船舶直航中，设在阶跃操舵条件下(即自正舵至舵角 δ_0 的操舵时间 $t_1 = 0$)，给定初始条件 $t = 0$ 时，旋回角速度 $\omega = 0$，则根据式(2-18)可求出操舵后船舶旋回角速度 ω 随时间 t 变化的关系式：

$$\omega = K\delta_0(1 - e^{-\frac{t}{T}}) \tag{2-23}$$

角速度随时间的变化(ω-t 曲线)见图 2-20。ω 在操舵 δ_0 后的变化是开始上升快而后上升慢，最终稳定于 $\omega = K\delta_0$。

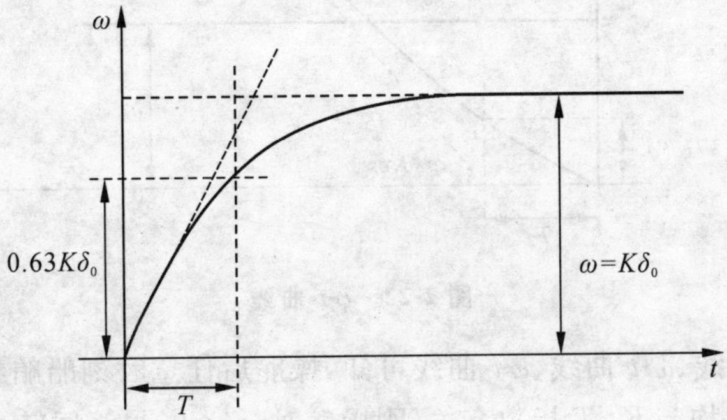

图 2-20　ω-t 曲线

2. 根据角速度 ω 求角加速度 $\dot{\omega}$

对式(2-23)进一步求微分，得角加速度 $\dot{\omega}$

$$\dot{\omega} = \frac{K}{T}\delta_0 \cdot e^{-\frac{t}{T}} \tag{2-24}$$

角加速度随时间的变化($\dot{\omega}$-t 曲线)见图 2-21。$\dot{\omega}$ 在操舵 δ_0 后的变化是开始下降快而后下降慢，最终 $\dot{\omega} = 0$。

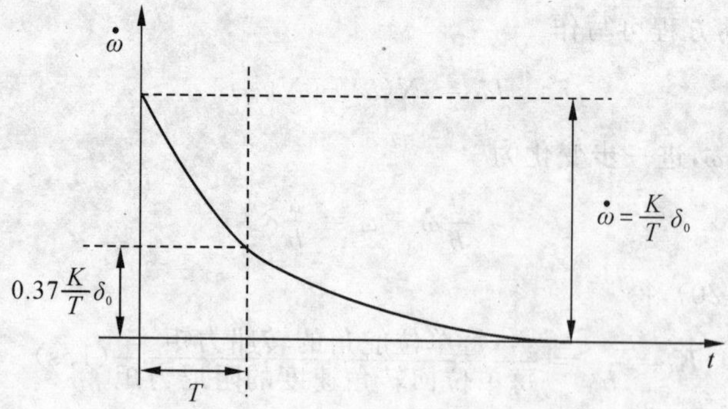

图 2-21 $\dot{\omega}$-t 曲线

3. 根据角速度 ω 求船首转向角 φ

对式(2-23) 进行求积分,得船首转向角 φ

$$\varphi = K\delta_0(t - T + Te^{-\frac{t}{T}}) \tag{2-25}$$

船首转向角随时间的变化(φ-t 曲线)见图 2-22。φ 在操舵 δ_0 后的变化是开始非线性增加,至匀速圆周运动后均匀增加。

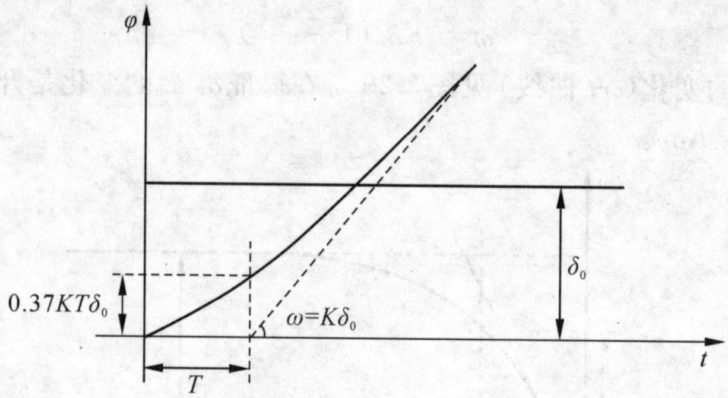

图 2-22 φ-t 曲线

综合分析 ω-t 曲线、$\dot{\omega}$-t 曲线、φ-t 曲线可知,操舵后任意时刻船舶旋回的角加速度 $\dot{\omega}$、角速度 ω 以及回转角 φ 均与 K、T 指数有关。刚操舵时,$t = 0$,尽管回转角 $\varphi = 0$、回转角速度 $\omega = 0$,但回转角加速度 $\dot{\omega}$ 却为最大;$\dot{\omega} = \frac{K}{T}\delta_0$。当操舵后 $t = T$ 时,则回转角加速度降为 $\dot{\omega} = 0.37\frac{K}{T}\delta_0$,回转角速度增至 $\omega = 0.63K\delta_0$,此时回转角 $\varphi = 0.37KT\delta_0$。当船舶进入定常旋回($t \to \infty$)时,回转角加速度 $\dot{\omega} = 0$,但回转角速度最大,稳定于 $\omega = K\delta_0$ 旋回,而回转角 $\varphi \to \infty$。因此 K、T 指数可用于衡量船舶操纵性的优劣,故称之为操纵性指数。

4. K 指数与船舶旋回性

其他条件相同时,由 $\dot{\omega} = \frac{K}{T}\delta_0$、$\omega = K\delta_0$ 可知,K 值大,则旋回角速度、角加速度、转首角也大,故旋回性越好。由船舶定常旋回时角速度 $\omega = K\delta_0$,得 $K = \omega/\delta_0$,K 值决定了单位舵角在定常旋回中产生的转首角速度大小。即 K 实质上是定常旋回中的船舶每单位舵角所能给出的转首角速度值。所以,K 指数反映了船舶的旋回性,故称之为旋回性指数。

另外，船舶定常旋回时的切线速度 V_s 与定常回转角速度 ω 的关系为：$R = V_s/\omega = V_s/(K\delta_0)$。因此 K 值越大，则定常回转角速度也越大，回转半径越小，船舶定常旋回性能越好；反之 K 值越小，船舶定常旋回性越差。

5. T 指数与船舶追随性

其他条件相同时，由 $\dot{\omega} = \frac{K}{T}\delta_0$ 可知，T 值小，则操舵后的转向角加速度的初始值越大，在较短时间内转过较大的转首角度，且达到定常角速度所需时间越短。同样，要达到相同的角加速度、角速度、转首角，T 值小的船舶所需的时间短。所以 T 指数代表了船舶追随性，即用舵后船舶应舵的快慢。

从数值上看，T 指数代表了操舵后船舶回转角速度达到 $0.63K\delta_0$ 所需的时间。T 值小，则船舶旋回时达到 0.63 倍定常旋回角速度所需的时间短，即能够较快地达到某一固定旋回角速度，同样船舶能较快进入定常旋回阶段，船舶追随性好。

6. T 指数与航向稳定性

航向稳定性的优劣可用船首偏离原航向的角度来衡量。若 $T > 0$，T 值小时船舶惯性转首角小，船舶能较快稳定在新航向上，航向稳定性好；反之，T 值大则航向稳定性差。若 $T < 0$，则船舶不具备航向稳定性。因此 T 指数还可衡量船舶的航向稳定性。

7. 超大型船舶的 K、T 值示例（表 2-7）

表 2-7　超大型船舶的 K、T 值示例

$L \times B \times d$	排水量(t)	平均吃水(m)	速度(kn)	K(1/s)	T(s)	舵面积比
313×48.2×25.5	250300	19.3	16.0	0.100	395	1/66.7
310×54.0×26.4	262200	19.0	16.0	0.069	187	1/60.0
265×44.2×23.3	161900	16.5	16.5	0.079	231	1/65.0
251×40.8×22.5	126100	14.6	15.0	0.100	245	1/66.7
242×37.2×19.9	110204	14.6	16.0	0.095	177	1/71.6

三、K、T 指数在实际操船中的应用

1. 比较不同船舶之间的操纵性

K、T 指数的大小，在实船中是通过 Z 形试验的结果来求取的。为了便于比较船舶的操纵性优劣，通常须将计算试验结果所得到的 K、T 值化成无因次量，即消去其量纲。因为即使两船具有相同的 K、T 值，若船长和船速不同，实用中操纵性也是有差别的，如两船 K、T 相同，则以船长小、船速高者，操纵性好；而以船长大、船速低者，操纵性为差。

K、T 指数的无因次化按下列公式计算

$$\left.\begin{aligned} K' &= K \cdot \frac{L}{V_s} \\ T' &= T \cdot \frac{V_s}{L} \end{aligned}\right\} \tag{2-26}$$

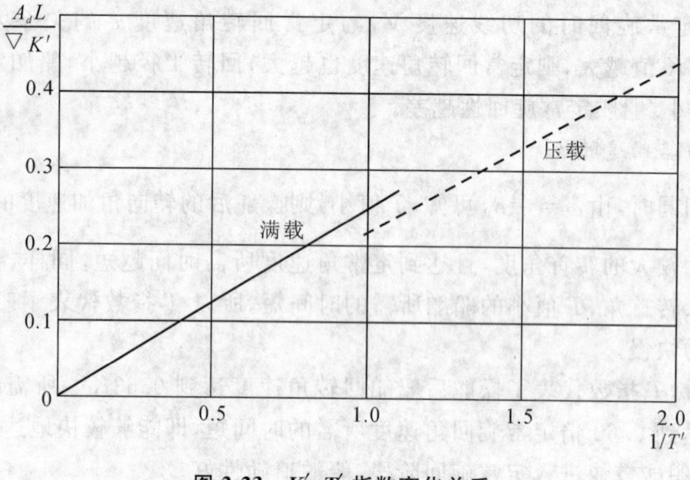

图 2-23　K'、T' 指数变化关系

由图 2-23 可知，K'、T' 指数呈同向变化关系。对于同一船舶而言，因舵角、吃水、吃水差和水深与吃水之比等因素的不同而不同。在其他条件均相同时，同一船舶的 K'、T'，随 Z 形试验时所用舵角的增大而减小，随船舶吃水增大而增大，随尾倾增加而减小，随水深变浅而减小。此外 K'、T' 的大小随方形系数增大而增大。表 2-8 为部分满载货船、油船的操纵性指数实例数据。

表 2-8　部分满载货船、油船的操纵性指数实例数据

船种	船名	$L\times B\times D$(m)	V (kn)	K'	T'	Z形试验所用舵角(°)
货船	A	157×19.6×8.25	19	1.29	1.48	10
	B	140×19.0×8.35	15	1.70	1.93	10
	C	130×18.6×8.10	14.5	1.69	2.77	10
	D	112×16.2×7.42	11.5	2.25	2.53	10
	E	86×12.5×5.66	8.5	2.07	2.06	10
油轮	F	245×32.9×13.3	17.8	1.67	3.54	10
	G	210×30.5×11.5	17	3.0	6.1	10
	H	192×26.5×10.4	16	1.70	3.44	10
	I	185×25.2×10.3	15.5	1.73	2.96	10
	J	154×22.0×9.02	12	2.26	2.96	10

在上表中，在满载的 5 艘货船中，旋回性较好的，即 K' 较大的是 D 船：追随性较好的即 T' 较小的是 A 船。在满载的 5 艘油轮中，旋回性较好的是 G 船，追随性较好的是 I 和 J 船，两船的 T' 值均为 2.96。

通常认为，实船 Z 形试验(10°/10°) 中测得的 K'、T' 值处于下列数值范围内，即可认为该船具备一般的操纵性能。

满载货船($L=100\sim150$m)：$K'=1.5\sim2.0$；$T'=1.5\sim2.5$。

满载油船($L=150\sim250$m)：$K'=1.7\sim3.0$；$T'=3.0\sim6.0$。

2. 按 K、T 区分船舶操纵性

不同船舶类型、状态和大小的船舶，其操纵性会有很大差异。运用操纵性指数 K、T 可比较船舶操舵后的转头现象和旋回轨迹，它们大致可分成四类，如图 2-24 所示。

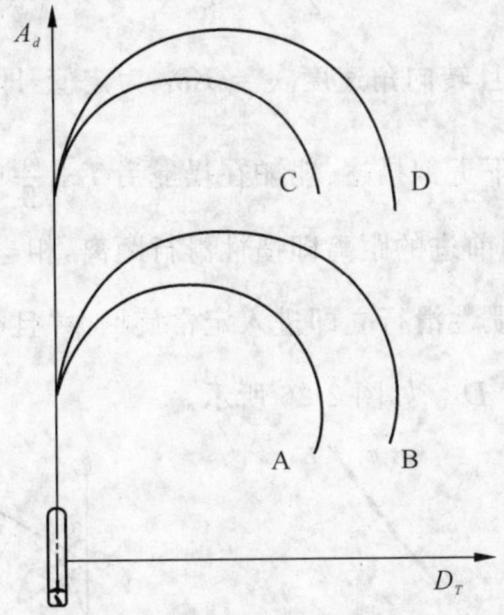

图 2-24　按 K、T 指数对操纵性分类

A 型：K 大 T 小。这类船舶旋回性好，追随性好。操舵后，船舶应舵快，转首角速度增加快，定常旋回角速度大，旋回圈小。如拖船、渔轮及定线的集装箱班轮属此类船舶。

B 型：K 小 T 小。这类船舶旋回性差，追随性好。操舵后，虽然应舵较快，但定常旋回角速度小，旋回圈大。浅吃水或空载状态的船舶属于这种类型。

C 型：K 大 T 大。这类船舶旋回性好，追随性差。操舵后，应舵慢，但定常旋回角速度大，旋回圈比较小。满载的大型油轮，虽其舵面积比较小，但也具有 K 大、T 大的特点。

D 型：K 小 T 大。这类船舶旋回性差，追随性也差。操舵后，船舶应舵慢，旋回角速度增加缓慢，定常旋回角速度也小，因此旋回圈也大。舵面积较小的船舶、瘦削型船均属于这种类型。

3. 估算定常旋回半径(直径)

已知定常旋回时的角速度：$\omega = K\delta_0$，根据圆周运动公式，则定常旋回时的线速度（船速）$V_s = R \cdot \omega = R \cdot K\delta_0$，所以定常旋回半径 $R = V_s/(K\delta_0)$，定常旋回直径 $D = 2V_s/(K\delta_0)$。

4. 推定新航向距离 D_{NC}

操舵后船舶转首角随时间的变化关系，可根据一阶近似操纵运动方程式(2-27) 解出，转首角 φ_t 的计算公式为：

$$\varphi_t = K\delta_0\left[t - \left(T + \frac{t_1}{2}\right)\right] + K\delta_0 T^2 (e^{-\frac{t}{T}} - 1)e^{-\frac{t}{T}}/t_1 \tag{2-27}$$

式中：δ_0—— 操舵舵角；

t_1—— 操舵时舵角达到 δ_0 所需时间。

上式与式(2-28) 阶跃式操舵是有所不同的。因为实际上船舶是做台形操舵（而不是阶跃式操舵），也就是操舵后经过 t_1 才达到指定舵角 δ_0。上式可近似写成：

$$\varphi_t \approx K\delta_0\left[t - \left(T + \frac{t_1}{2}\right)\right] \tag{2-28}$$

该近似式所对应的曲线，如图 2-25 所示。由于上列方程式近似为直线方程式，因此图中的曲线可近似用折线 OAE 表示。

当 $t-(T+\frac{t_1}{2})=0$ 时，即 $t=(T+\frac{t_1}{2})$ 时，$\varphi_t=0$，无转向运动；当 $t-(T+\frac{t_1}{2})>0$ 时，即 $t>(T+\frac{t_1}{2})$ 时，$\varphi_t>0$，且转向角速度 $\omega=K\delta_0$ 为定值，即匀速圆周运动。

因此旋回圈轨迹可作如下近似描述：船舶在操舵后 $T+\frac{t_1}{2}$ 时间内，一直保持以原航向在原航线上惯性滑行，这段时间前进的距离即惯性滑行距离，相当于心距大小。其次，近似认为船舶经过 $T+\frac{t_1}{2}$ 时间后，由惯性滑行立即进入定常旋回。并且在整个旋回过程中，忽略船速下降的影响。估算新航向距离 D_{NC} 如图 2-26 所示。

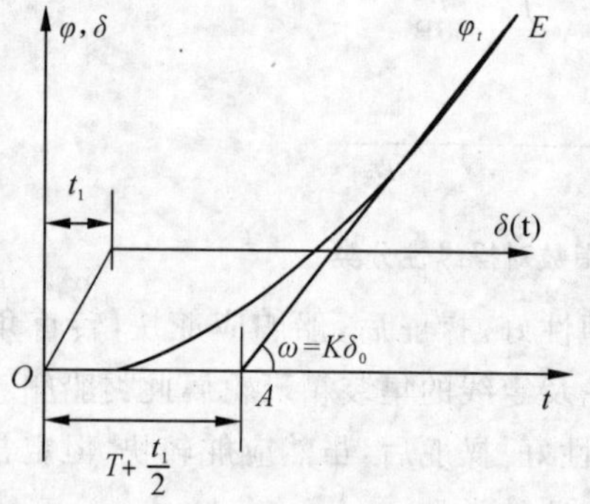

图 2-25　台形操舵后 φ 随 t 的变化

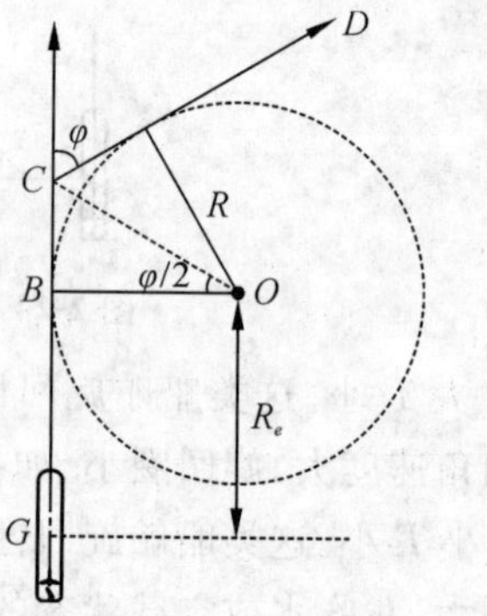

图 2-26　估算新航向距离 D_{NC}

船舶选择在转向点 C 由航线$\overline{GC}$ 转至新航线$\overline{CD}$，必须提前操舵转向。图 2-26 中的$\overline{GC}$ 段的长度为新航向距离，即船舶应距离点 C 约$\overline{GC}$ 的长度操舵转向，可以顺利行驶于新航线$\overline{CD}$。由图分析可得，$\overline{GC}$ 段由惯性滑行距离即滞距 R_e 和$\overline{BC}$ 段构成。

$$\overline{GB}=R_e\approx V_s(T+\frac{t_1}{2}) \tag{2-29}$$

$$\overline{BC}=R\cdot\tan\frac{\varphi}{2}=\frac{V_s}{K\delta_0}\cdot\tan\frac{\varphi}{2} \tag{2-30}$$

$$D_{NC}=\overline{GB}+\overline{BC}=V_s(T+\frac{t_1}{2})+\frac{V_s}{K\delta_0}\cdot\tan\frac{\varphi}{2} \tag{2-31}$$

式中：V_s—— 旋回初始速度(m/s)；

T—— 船舶追随性指数(s)；

K—— 旋回性指数(1/s)；

δ_0—— 所操舵角(rad)；

t_1—— 操舵时舵角由正舵至 δ_0 所需时间(s)。

5. 估算旋回圈进距 A_d

由图 2-26 分析可知，旋回圈进距 A_d 即为惯性滑行距离，即滞距 R_e 与旋回圈半径 R 之和：

$$A_d=R_e+R=V_s(T+\frac{t_1}{2})+\frac{V_s}{K\delta_0} \tag{2-32}$$

第四节　船舶的航向稳定性和保向性

一、航向稳定性的定义及分类

1.航向稳定性的定义

船舶在正舵直航时,如受到风、浪、流等外力的瞬时干扰作用,偏离了直航运动状态,当干扰消失后,在船舶保持正舵的条件下,不经操纵,船舶转头运动将如何变化的性质称为航向稳定性。它是船舶固有的运动特性,是非操舵或非自动舵等手段控制下的稳定性。能够自行恢复到原航线、原航向或稳定于新航向的船舶,则具有稳定性。不能自行恢复的,则不具有稳定性。

2.航向稳定性的分类(图 2-27)

根据外界干扰消失后船舶运动状态的不同可分为以下几种情况:

(1) 位置稳定

当干扰消失后,在船舶保持正舵的条件下,如船舶最终能自行恢复到原来航线上去,航向与原航向相同,且运动轨迹没有偏离,则称具有位置稳定性,如图 2-27(a) 所示。

(2) 方向稳定

当干扰消失后,在船舶保持正舵的条件下,如船舶最终能恢复到原来航向上做直线运动,仅仅是与原来运动轨迹存在一横向偏量,则称具有方向稳定性,如图图 2-27(b) 所示。

(3) 直线稳定

当干扰消失后,在船舶保持正舵的条件下,如船舶最终能以一个新的航向做直线运动,则称具有直线稳定性,如图 2-27(c) 所示。

(4) 若船舶在干扰消失后最终进入一个回转运动,这类船舶则不具备航向稳定性,如图 2-27(d) 所示。

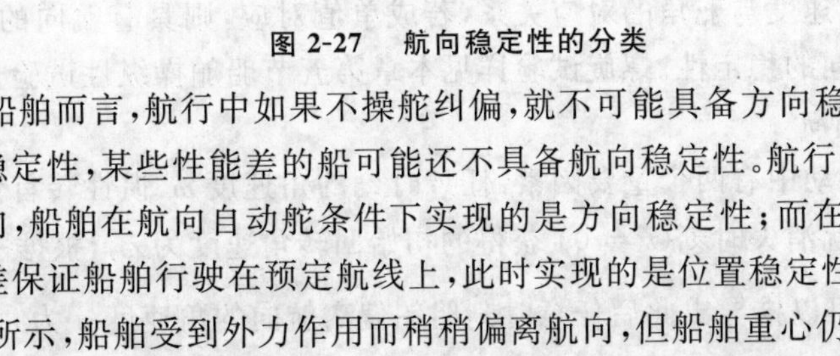

图 2-27　航向稳定性的分类

对于大多船舶而言,航行中如果不操舵纠偏,就不可能具备方向稳定性和位置稳定性,至多具有直线稳定性,某些性能差的船可能还不具备航向稳定性。航行中的船舶一般都通过操舵来控制航向,船舶在航向自动舵条件下实现的是方向稳定性;而在人机系统控制下,通过预配风流压差保证船舶行驶在预定航线上,此时实现的是位置稳定性。

如图 2-28 所示,船舶受到外力作用而稍稍偏离航向,但船舶重心仍在原航向上前进,这时的漂角 β 是否渐渐变大,这个性质称为静航向稳定性。出现漂角后,导致斜航水动力及转首力矩增大,所以,重心很难沿原航向 / 航线上继续前进。船舶在斜航中常常表现为静航向不稳定。船舶首倾越大，船体侧面积在船首分布越多，静航向稳定性就越差。

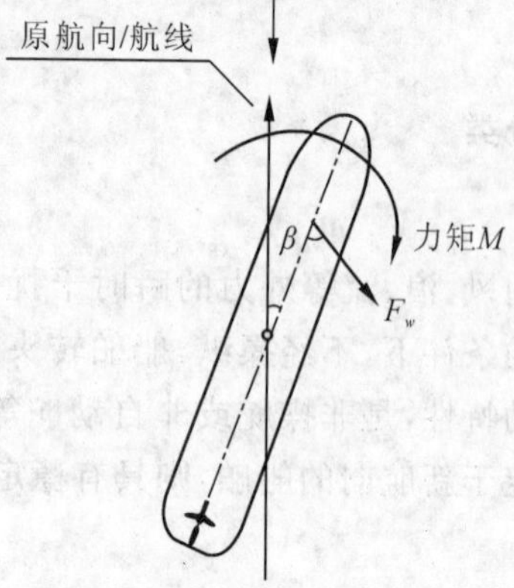

图 2-28　静航向稳定性

船舶在航行中当外界干扰消失后，船舶偏离原航向在不用舵纠偏的情况下，能尽快稳定于新航向的性质称为船舶动航向稳定性。稳定得较快，惯性转头角较小的船，其动航向稳定性较好；稳定得较慢，惯性转头角较大的船，其动航向稳定性较差；一直转头而偏转下去的船，则不具备动航向稳定性。一般所说的船舶航向稳定性指的就是动航向稳定性，即船舶直线运动稳定性。

二、航向稳定性的判别方法

1. 经验判断

一艘航向稳定性较好的船舶：

(1) 直线航进中较少操舵也能较好地保向；

(2) 当操舵改向时，又能较快地应舵；

(3) 旋回中操正舵，又能较快地把航向稳定下来。

一艘航向不稳定的船舶，为了保持航向，就需频繁操舵，而且所用舵角也偏大，使得操舵者劳动强度增大且难以“把定”。

2. 实船试验结果判断

船舶航向稳定性还可以根据实船试验来判断，相较而言，实船试验的结果比较可靠。判断航向稳定性的实船试验主要是螺旋试验。螺旋试验包括正螺旋试验和逆螺旋试验。主要观察试验结果中转首角速度与舵角的对应关系，若成单值对应，则具有航向的稳定性；若成多值对应，则不具有航向的稳定性。螺旋试验详见本章第五节船舶操纵性试验。

3. 根据 ω-T 值判断

船舶恢复直线运动中有两个重要因素：任意时刻的角速度 ω、惯性转首角 φ。船舶正舵，受到外力干扰，当干扰消失时刻($t=0$) 获得的初始回转角速度为 ω_0，根据一阶近似操纵方程 $T\cdot\dot{\omega}+\omega=K\delta$ 可以推导出此后任意时刻船舶偏离航向的角速度 ω 为

$$\omega=\omega_0\cdot e^{-\frac{t}{T}} \tag{2-33}$$

式(2-33) 对应的图形，如图 2-29 所示。

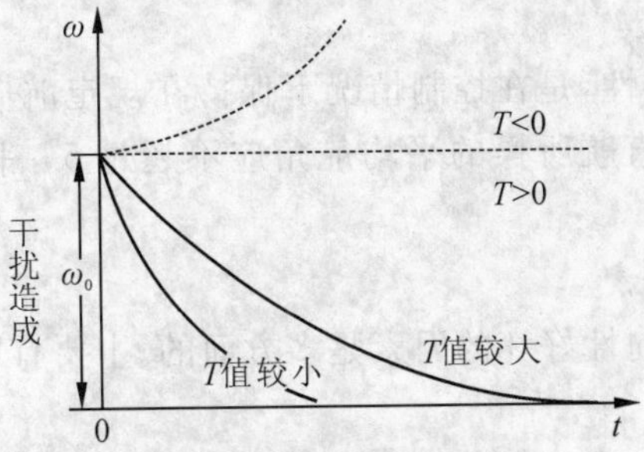

图 2-29　ω-t 曲线与 T 的关系

(1) $T > 0$，且 T 较小时，回转角速度 ω 很快趋向于 0，船舶很快稳定在新航向上，航向稳定性好；

(2) $T > 0$，且 T 较大时，回转角速度 ω 较慢趋向于 0，船舶较慢稳定在新航向上，航向稳定性差；

(3) $T < 0$，回转角速度 ω 不断增大，船舶将不断偏转下去，船舶不具备航向稳定性。且 T 的绝对值 $|T|$ 越大，航向越不稳定。

4. 根据转首惯性角 φ-T 判断

由船舶转首惯性角速度 $\omega = \omega_0 \cdot e^{-\frac{t}{T}}$，可计算船舶转首惯性角 φ 为：

$$\varphi = \int_0^{\infty} \omega \mathrm{d}t = \int_0^{\infty} \omega_0 \cdot e^{-\frac{t}{T}} \mathrm{d}t = \omega_0 \cdot T \tag{2-34}$$

船舶由于干扰而造成的转首惯性角将由干扰的大小（干扰造成的初始回转角速度的大小 ω_0）和指数 T 的大小来决定。T 越小，船舶转首惯性角 φ 越小，航向稳定性越好。

三、影响航向稳定性的因素

航向稳定性主要取决于船体本身的特点，如几何形状、水线下侧面积形状等。

据统计，船速和船舶长度均较接近的船舶，其航向稳定性与该船的方形系数、长宽比有密切关系。一般而言，方形系数 C_b 较小，长宽比 L/B 较大的船舶具有较好的航向稳定性。类似超级油船之类的肥大型船舶，方形系数 C_b 一般在 0.8 左右，其航向总带有不稳定性。

水下船体侧面积的分布影响水动力作用中心的位置，因此对航向稳定性影响也较大。船首侧面积较大的船舶，斜航时水动力作用中心靠近船首，水动力矩大，船首易偏转，故航向稳定性差；反之，船尾侧面积较大的船舶，斜航时水动力作用中心靠近重心，水动力矩小，船首偏转较弱，故航向稳定性好。

对于给定船舶，空载或压载时往往尾倾较大，尾部水下侧面积较首部大得多，水动力作用中心要比满载平吃水时明显后移，航向稳定性变好。

四、船舶保向性及影响因素

1. 船舶保向性的定义

保向性是指船舶在外力干扰下产生首摇，由舵工（或自动舵）通过操舵抑制或纠正首摇使船舶驶于预定航向的能力。

船舶保向性与航向稳定性密切相关，但保向性还同时受操船环境因素以及操舵人员的技能及熟练程度、自动舵的控制能力、舵机的性能等因素影响。航向稳定性好的船舶，保向性也好。

保向性是一种控制稳定性，是在控制情况下保持在规定航向上的能力。其衡量指标为：在正常气象条件下，为维持直航所操的平均舵角应不超过 5°，平均操舵次数每分钟不多于 6 次。

2. 影响船舶保向性的因素

在实际操船时，影响保向性好坏的因素是多方面的。主要有以下几方面：

(1) 船型

方形系数 C_b 小的瘦削型船舶(L/B 大)，回转阻尼力矩大、航向稳定性好，保向性好。相反，肥大型船 C_b 大，在小舵角范围内常带有不稳定性。

(2) 装载状态

船舶满载时与轻载时相比较，转动惯量明显增大，航向稳定性和保向性变差。应注意的是，如受强风影响时，船舶空载或轻载时，由于受风面积大保向性反而较差。

船体水线下侧面积在船尾分布较多的船舶，回转阻尼力矩大，航向稳定性好，保向性能好。如船尾有钝材、船首较为瘦削的船舶保向性好，而有球鼻首的船舶保向性较差。

(3) 舵角

所操舵角增加，航向稳定性和保向性将变好。尤其对于肥胖型船舶，小舵角时航向不稳定，需操超过一定范围的舵角时才能保向。

(4) 船速

对于同一艘船舶而言，提高船速，航向稳定性和保向性也相应提高。

(5) 舵面积比

舵面积比越大，船尾附近水线下侧面积增加，航向稳定性和保向性提高。

(6) 纵倾与横倾

船舶首倾时首部水线下侧面积增加，航向稳定性和保向性下降。尾倾时航向稳定性和保向性提高。船舶在横倾时比没有横倾时保向性下降。

(7) 其他因素

浅水中航行时，回转阻尼力矩增加，航向稳定性和保向性比深水中好。同理船体污底严重时保向性提高。顺风、顺流航行时，保向性下降；顶风、顶流时，保向性提高。

第五节　船舶操纵性试验

一、操纵试验的条件

IMO 安全委员会在 MSC/Circ. 644 中对船舶操纵试验条件作出了详细规定。

1. 水深、水域宽度

(1) 深水、宽度不受限制、遮蔽良好的水域；

(2) 水深应大于 4 倍船舶平均吃水，或水深 $\geqslant 3\sqrt{Bd}$ (为简单起见，将水深设为不低于 4 倍的船舶吃水)。

2. 船舶载况和吃水差

船舶应在满载(达到夏季吃水)、平吃水(吃水差为 0) 的条件下试验。确保螺旋桨有足够的沉深。

船舶的状态应尽可能取满载状态，无条件者应按适当的压载状态来要求。桨轴没入水中的深度不小于螺旋桨直径 D 的 0.45 倍。

3. 气象与海况

(1) 无风、流、浪影响或影响较小；

(2) 风力不超过蒲氏 5 级，风速不超过 19kn(8.0 ～ 10.7m/s)；

(3) 海浪不超过 4 级，即有义波高不超过 1.9m，最大波周期不超过 8.8s；

(4) 流场比较均匀，流速、流向相对稳定。

4. 试验船速

对最小船速的规定：应不小于 85% 主机最大输出功率时船速的 90%。

二、观测与记录

1. 试验观测手段

使用差分 GPS(DGPS)，罗经或姿态测量仪等进行观测。试验数据利用计算机自动处理。天线安装位置尽可能装在船舶重心垂直上方，否则应对测试结果进行位置修正。如果为双天线，则两个天线中心位置的连线应与船舶纵中剖面线方向一致。

2. 记录内容

(1) 船舶数据：试验前记录船舶首、尾吃水，以计算平均吃水、排水量和纵向重心位置等。此外，还需记录试验地理位置、试验水域情况，记录桨、舵、侧推的特性及运行情况。

(2) 环境条件：包括水深、波浪（浪级，涌浪周期及方向）、海流、能见度、其他水文气象情况。

(3) 试验数据：每次记录间隔不超过 20s，包括时间、位置、航向、船速、舵效、转舵速率、螺旋桨转速、风速等。

三、旋回试验

新船试航时或大修后或营运中进行。

试验目的：测定旋回圈，确定旋回要素，评价船舶旋回的迅速程度和所需水域大小。

试验要领如下：

(1) 调整好预定航速和航向（开阔海域建议初始航向 000°），船舶在预定航向上稳速直航 2 ～ 3min。

(2) 发舵令，操舵至 35° 或允许最大舵角。待首向角变化达 360°(540°) 以后，试验结束。左舵、右舵各操一次。

(3) 用 DGPS 接收机记录船舶运动轨迹及速度。

(4) 记录首向角、横倾角、时间、航速、船位以及螺旋桨转速等其他数据（表 2-9）。如果为双天线 DGPS 接收机，则用 DGPS 接收机记录首向角，否则首向角从船用罗经读数。

(5) 测量、计算船舶的反移量、纵距、横距、旋回初径、旋回直径、心距、旋回时间等旋回圈要素。

表 2-9　船舶旋回试验数据记录

首向角	001°	005°	010°	015°	030°	060°	090°	120°	150°
横倾角									
时间									
船速									
船位									
螺旋桨转速									
首向角	180°	210°	240°	270°	300°	360°	420°	480°	540°
横倾角									
时间									
船速									
船位									
螺旋桨转速									

四、停船试验（冲程试验）

1. 试验方法

(1) 保持船舶直线定常航速；发令之前记录初始船速、航向角、推进器转速等。

(2) 发令，将主机由全速进车转为全速倒车；用DGPS接收机记录船舶运动轨迹及速度。

(3) 记录首向角及其他数据。船舶冲程试验数据记录，见表 2-10。

(4) 当船舶对水速度为 0 时（或接近 0 时），结束试验。

(5) 计算停船迹程、停船纵距、停船横距及停船时间。

表 2-10　船舶冲程试验数据记录

时间间隔 10 秒（或 20 秒）	t_1	t_2	t_3	t_4	…	t
航向						
船位（经纬度）						
转速 n						
船速 V_s						0

2. 抛木块法测冲程

传统的抛木块法测定的是航迹进距，即船舶对水移动的距离，在船首、船尾各一观测组。

(1) 下令后，船首抛 1 号木块，并启动秒表；

(2) 当 1 号木块通过船尾观测组时，通知船首抛第 2 号木块；

(3) 如此反复，直到船对水停止，按停秒表；

(4) 秒表计时为船舶冲时；

(5) 根据抛木块的数量和最后一个木块距离船首或船尾的长度计算船舶冲程。

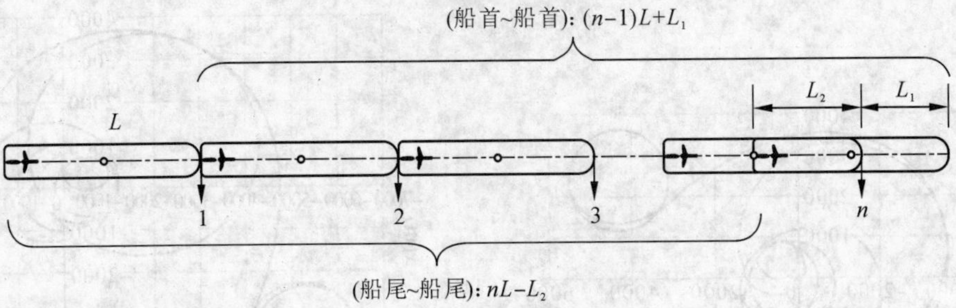

图 2-30　抛木块法测冲程

如图 2-30 所示的抛木块法测冲程，共抛木块 n 个，则船舶冲程 $S=(n-1)L+L_1$，或 $S=nL-L_2$。式中，L 为船长，L_1 为第 n 个木块离船首的距离，L_2 为第 n 个木块离船尾的距离。

五、螺旋和逆螺旋试验

1. 螺旋试验(Spiral test)

螺旋试验的目的是判定航向稳定性的好坏，求取船舶操某一舵角时船舶所能够达到的定常旋回角速度。试验时所需水域大，费时长(单舷约 4h)，海况要求苛刻(2 ～ 3 级海况以下)。

试验方法如下：

(1) 预定航线上匀速直航，测出初始船速；

(2) 操右满舵，舵角尽量快速到位并保持住，使船进入回转运动，待 ω 达到定值时，记录下 ω 值及相应舵角 δ 值(表 2-11)；

(3) 将舵角稍微减小，记录下该舵角时的 ω 值；

(4) 逐次减小舵角值，依次记录下各舵角时的 ω 值；

(5) 舵角回零后，操左舵角，并依次增大舵角，记录下各舵角时的 ω 值；

(6) 达左满舵后，逐次回舵，并再次操右舵，直到右满舵，记录下各舵角时的 ω 值。

表 2-11　螺旋试验数据记录

舵角 δ	左舵								正舵	右舵							
	40°	35°	30°	25°	20°	15°	10°	5°	0°	5°	10°	15°	20°	25°	30°	35°	40°
角速度 ω																	

螺旋试验的曲线如图 2-31 所示。

螺旋试验结果如图 2-32 所示，若试验所得曲线为 $aOa'Oa$，舵角与角速度呈单值对应关系，则船舶动航向稳定。若试验所得曲线为 $ABCDA'—A'DEBA$，舵角与角速度呈多值对应的环形，则船舶动航向不稳定；环高、环宽越大，动航向稳定性越差。大型船舶螺旋试验环形的舵角范围大于 20° 时，操纵困难。

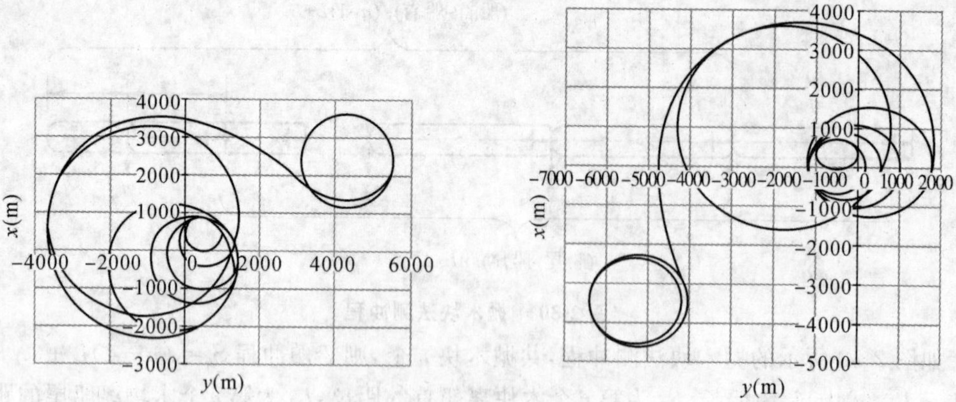

图 2-31　螺旋试验的曲线

2. 逆螺旋试验

逆螺旋试验(Reverse spiral test)由 M. Beck 提出。试验目的为判定航向稳定性的好坏，求取为使船舶达到某一旋回角速度而需操的平均舵角。该法比较省时(单舵约 30min)、省力，主动操舵保持 ω 为定值，抗外界干扰能力较强，结果较准确；但必须有测定船舶转首角速度的角速度仪。

试验方法：先确定一系列回转角速度 ω，然后操舵，使船舶保持各 ω 值定常回转，记录各 ω 值及相应的 δ 值(表 2-12)；并绘制 ω-δ 曲线。

表 2-12　逆螺旋试验数据记录

角速度 ω	左								正	右							
	ω_8	ω_7	ω_6	ω_5	ω_4	ω_3	ω_2	ω_1	0	ω_1	ω_2	ω_3	ω_4	ω_5	ω_6	ω_7	ω_8
舵角 δ																	

逆螺旋试验结果如图 2-33 所示，若试验得到 ω-δ 的曲线成单值对应，曲线近似于一条直

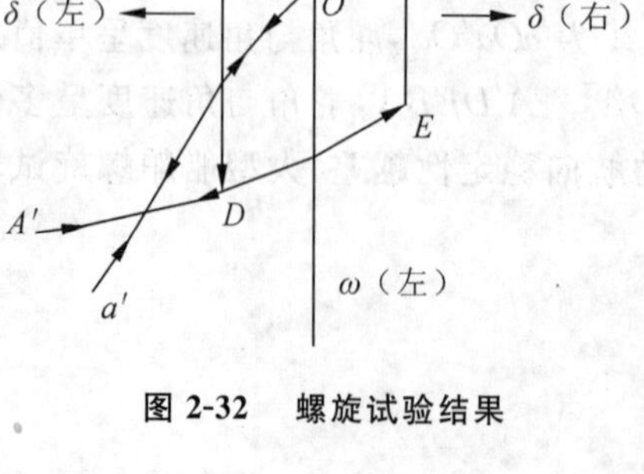

图 2-32　螺旋试验结果

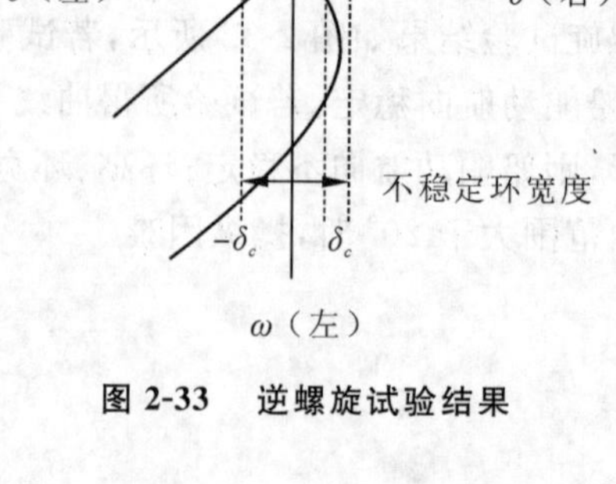

图 2-33　逆螺旋试验结果

线，线上各点的斜率均为正，说明船舶具有良好的航向稳定性。相反，如果曲线呈 S 形，在临界舵角范围内($-\delta_c \sim \delta_c$)，ω-δ 曲线成多值对应关系，则说明船舶不具备航向稳定性(即通过操舵无法得到定常的角速度，船可能向右旋转也可能向左旋转)。且多值对应的宽度越宽则表示船舶的航向越不稳定，这与螺旋试验所求出的不稳定环的宽度所表示的含义是完全一致的。

六、Z 形试验

1. 试验目的

Z 形试验的目的是求算船舶操纵性指数 K、T，全面评价船舶的回转性、追随性和航向稳定性。通常采用 10°/10°(舵角 / 操相反侧舵时的船首向改变量) 试验，还可采用 20°/20°、5°/5°Z 形试验，分别表示强机动、弱机动情况。

2. 试验方法

(1) 船舶在预定航向上稳速直航 2 ～ 3min。

(2) 快速操右舵 $\delta = 10°$ 并稳住舵角。(第一次操舵)

(3) 当首向角 φ 偏离初始首向角达右 10° 时，立即回舵并操左 10° 舵角，稳住舵角。(第二次操舵)

(4) 当首向角 φ 偏离初始首向角达左 10° 时，立即回舵并操右 10° 舵角，稳住舵角。(第三次操舵)

(5) 当首向角 φ 再次偏离初始首向角达右 10° 时，立即回舵并操左 10° 舵角，稳住舵角。(第四次操舵)

(6) 船首向左达 10° 初始首向角时，快速操舵回中，至此一次试验结束。船舶一般完成至少三次蛇航运动(最好五次)为止。

(7) 用 DGPS 接收机记录船舶运动轨迹及速度；记录首向角及其他有关数据(表 2-13)；记录第一超越角、第二超越角、评价初始回转能力的纵距及其他有关参数，绘出 Z 形操纵试验记录曲线(图 2-34)。

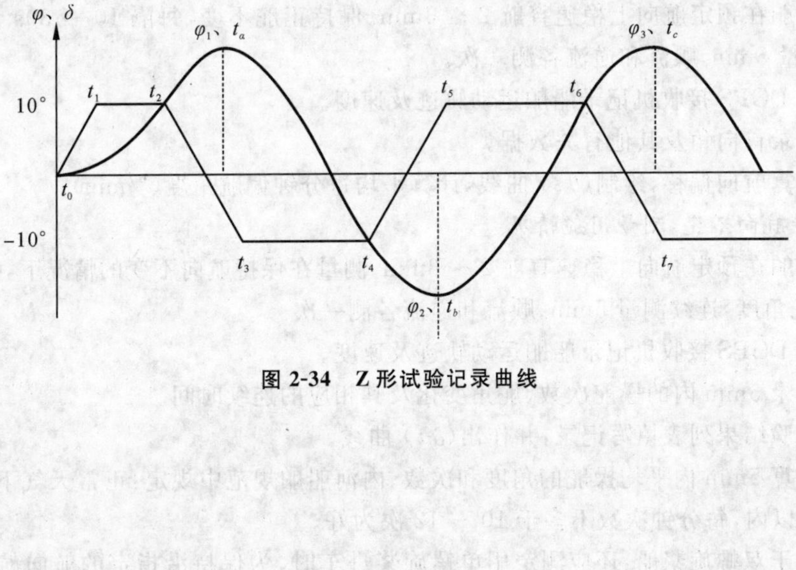

图 2-34　Z 形试验记录曲线

表 2-13　Z 形试验数据记录

t_0	t_1	t_2	t_a	t_3	t_4	t_b	t_5	t_6	t_c	t_7
/	/	/	φ_1	/	/	φ_2	/	/	φ_3	/
/	/	/		/	/		/	/		/

3. 超越角 φ_{ov} 和超越时间 t_{ov}

航向超越角(φ_{ov})：每次进行反向操舵后，船首向操舵相反一侧继续转动的增加值。超越角越大，船舶转动惯性越大。

航向超越时间(t_{ov})：每次进行反向操舵时刻起至船首开始向操舵一侧转动的时刻之间的时间间隔。超越时间越长，船舶转动惯性越大。

超越角越大，超越时间越长，航向稳定性越差。

七、威廉逊(Williamson)救生试验

(1) 船舶以设定航速稳定直航时，从船中部一舷侧(假设为右舷)向外抛出浮标(代表落水者)。向浮标一侧快速操右满舵，待船航向右偏转到 60° ～ 90° 之间时，快速反向操左满舵。船航向与原直航航向接近反向时(一般提前 60° 左右)操舵回中。船航向与原航向成反向时，保持直航并减速。船接近浮标时，航速减至 0，试验结束。

(2) 用 DGPS 接收机记录船舶运动轨迹及速度。

(3) 记录从试验开始第一次操满舵至第二次反向操舵的时间，从第二次反向操舵开始至回舵的时间。

(4) 绘出船的运动轨迹曲线，根据运动曲线计算船与浮标间的最短距离。

八、航向稳定性试验

1. 保持舵角不变，测量航向变化情况

(1) 船舶在预定航向上稳速直航 2 ～ 3min。保持正舵不变，每隔 10 ～ 30s 记录航向读数，连续测量 5min。顺流和逆流各测一次。

(2) 用 DGPS 接收机记录船舶运动轨迹及速度。

(3) 记录首向角及其他有关数据。

(4) 计算航向偏移，绘制(θ-t) 曲线，计算平均每分钟偏航角度(°/min)。

2. 保持航向不变，测量用舵情况

(1) 船舶在预定航向上稳速直航 2 ～ 3min。测量在保持航向不变的情况下，操舵的次数和最大操舵角度，连续测量 5min。顺流和逆流各测一次。

(2) 用 DGPS 接收机记录船舶运动轨迹及速度。

(3) 记录 5min 内的操舵次数、舵角变化及其相应的连续时间。

(4) 试验结果列表填写记录，并作出(δ-t) 曲线。

(5) 计算 5min 内平均操舵的角度和次数。内河船舶规范中规定：正常天气下，操舵角度在 2° ～ 3° 以内，每分钟次数不多于 10 ～ 12 次为好。

(6) 对于双螺旋桨船，还应测定用单螺旋桨进车时，为保持沿指定的航向航行，所需要

压舵的舵角，一般要求在 10° 左右。

第六节　船舶操纵性衡准

一、船舶操纵性资料

为使船舶操纵性有关信息的内容和格式达成一致，需要建立一个能为驾驶者提供更多操船细节的操纵资料，为此，1987 年 11 月，IMO 大会通过了 A601(15) 决议，要求船舶配备引航卡、驾驶台操纵性图及船舶操纵手册三种形式的随船资料。

1. 驾驶台操纵性图(Wheelhouse poster)

驾驶台操纵性图是一种详细概述船舶旋回性能和停船性能的图表资料，置于驾驶台显著位置。其内容包括深水和浅水($h/d = 1.2$)、满载和压载情况下船舶的旋回圈轨迹图及制动性能(停船试验) 资料。

2. 船舶操纵手册(Maneuvering booklet)

船舶操纵手册是详细描述船舶实船操纵性试验结果的手册，它是重要的船舶资料之一。其主要内容包括旋回试验、Z 形操纵试验和停船试验的试验条件、试验记录以及试验分析等。操纵手册包括全部驾驶台操纵性图上的全部信息。除实船试验结果之外，操纵手册中的大部分操纵信息为估算结果。

3. 引航卡(Pilot card)

引航卡是一种船长与引航员之间关于船舶操纵性能进行信息沟通的资料卡。引航卡每航次由船长填写。其内容包括本船的主尺度、操纵装置性能、船在不同载况时主机不同转速下的航速以及船舶特殊操纵装置(侧推器) 等信息。

二、船舶操纵性标准

IMO 于 2002 年 12 月 4 日通过的船舶操纵性标准(Standard for ship manoeuvrability)，适用于 2004 年 1 月 1 日或以后建造的、舵桨推进的任何长度的化学品油船或液化气船，以及 $L \geqslant 100\text{m}$ 的其他船舶，但不适用于有关规则中定义的高速快艇。

船舶操纵性指标及容许界限值见表 2-14。注意：该标准中的进距、旋回初径和冲程是指船舶中点处的进距、旋回初径和冲程。

具体对某一艘船舶，应在试航时或以其他适当时机尽可能取得详尽的船舶操纵性资料，这对实际操船应用大有帮助。

长江船舶的使用经验认为，转首时间应不大于 7 ～ 10s。对于 K'、T' 指数，由 $\pm 10°$Z 形试验得到的 K'、T'，对于一般货船，$K' = 1.5 \sim 2.0$、$T' = 1.5 \sim 2.5$；对于大型油船，$K' = 1.7 \sim 3.0$、$T' = 3.0 \sim 6.0$。

表 2-14 船舶操纵性指标及容许界限值

评价指标	容许界限范围
旋回性(Turning ability)	进距 $\leqslant 4.5L$,旋回直径 $\leqslant 5L$(垂线间长)
初始回转性 (Initial turning ability)	船舶操左(右)10°舵角后,船首向角从原航向改变10°时,船舶在原航向上的纵向行进距应不超过2.5倍船长
偏转抑制性能和保向性 (Yaw-checking and course-keeping ability)	10°/10°Z形操纵试验测得的第一超越角应不超过: 10° 当 $L/V < 10$s 时; 20° 当 $L/V > 30$s 时; $[5 + 0.5(L/V)]°$ 当 $10 < L/V < 30$s 时 10°/10°Z形操纵试验测得的第二超越角应不超过: 25° 当 $L/V < 10$s 时; 40° 当 $L/V > 30$s 时; $[17.5 + 0.75(L/V)]°$ 当 $10 < L/V < 30$s 时 20°/20°Z形操纵试验测得的第一超越角应不超过25°
停船性能(Stopping ability)	船舶全速倒车停船试验中的航迹进距(Crash Stopping Distance)不超过15倍船长; 但是,对于超大型船舶,主管机关认为该标准不能满足时,可进行修订,但任何情况下不应超过20倍船长

注:L 为船长,V 为船速。

思考题

1. 船舶启动过程中如何用车?
2. 什么是停车冲程?影响因素有哪些?
3. 什么是倒车冲程?影响因素有哪些?
4. 万吨级、5万吨级、10万吨级、15～20万吨级船舶倒车冲程的经验数据是多少?
5. 分析右旋式FPP单桨船倒车制动过程。
6. 怎样判断是选择旋回制动还是选择倒车制动?
7. 写出船舶操纵运动一阶方程。
8. 分析角速度变化曲线特征。
9. 分析角加速度变化曲线特征。
10. 分析转向角变化曲线特征。
11. K、T 指数表示什么物理意义?
12. 如何利用 K'、T' 比较船舶操纵性能?
13. 如何应用 K、T 指数推算旋回半径、新航向距离?
14. 船舶旋回运动第一阶段的运动特点?
15. 船舶旋回运动第二阶段的运动特点?
16. 船舶旋回运动第三阶段的运动特点?
17. 船舶旋回时外倾的特点、原因?影响因素?
18. 为避免旋回过程中可能产生的倾覆事故,应如何操纵船舶?

19. 观察快艇旋回时的横倾状态，并分析横倾原因。
20. 作图，画出旋回圈，标注旋回圈要素。
21. 纵距、旋回初径在操纵中有何应用？
22. 反移量在操纵中有何应用？
23. 两船进距之和在操纵中有何应用？
24. 漂角与船舶旋回性有何关系？
25. 转心与船舶旋回性有何关系？
26. 影响旋回圈大小的因素有哪些？如何影响？
27. 什么是船舶的位置稳定性？
28. 什么是船舶的直线稳定性？
29. 如何用指数 T 判断船舶航向稳定性的优劣？
30. 什么是船舶保向性？
31. 保向性的影响因素有哪些？
32. 试述旋回试验的目的、试验过程。
33. 如何利用抛木块法计算船舶冲程？
34. 螺旋试验、逆螺旋试验的目的是什么？两种试验方法有何区别？
35. Z形试验的目的是什么？
36. Z形试验中的超越角大、超越时间长，说明船舶航向稳定性差还是好？

第三章　外界因素对船舶操纵的影响

航行环境是指船舶周围的自然环境，包括气象、水文和水域等因素。在海上，空气的运动产生风，海水的运动产生海流、潮汐和波浪等。船舶在海上航行时，其运动状态无时无刻不受到这些气象、水文要素的影响。此外，在港湾水域，船舶运动状态还受到水域环境的影响，如宽度受限的航道，水深受限制的浅水等。因此，船舶操纵的安全性不但涉及船舶操纵性能，而且还要考虑各种航行环境的影响。操船者应对这些影响进行全面正确的预估，调整航行方法，以利于船舶安全航行。本章主要介绍这些环境因素对船舶操纵的影响。

第一节　风对操船的影响

风的开发利用，历史十分久远。人类利用风帆行船已有5000多年的历史。郑和七下西洋，哥伦布发现美洲新大陆，麦哲伦航海环球一周成功，都是风帆的卓越贡献。

在水面航行的船舶，船体水线以上部分暴露在空气中，当受到风力的作用时会改变船舶的运动状态，进而影响船舶操纵的安全性。

一、风动压力及其转船力矩

风动压力（简称风动力）是指处于一定运动状态下的船舶，船体水线以上部分所受的空气动压力。船舶受风影响主要表现在，船速发生变化，船体向下风产生漂移，同时船首将向上风或下风偏转。有时受风影响，会出现舵力转船力矩不足以抵御风力偏转力矩，而导致操舵无法控制的局面，此外风力形成的横倾力矩可能使船体发生横倾。

（一）风动力

1. 风动力 F_a 及其要素

风动力大小与风速 V_a、风舷角 θ、受风面积和形状有关。船舶的受风情况如图3-1所示。视风、真风与船速的关系如图3-2所示。

风动力值可用下式估算：

$$F_a = \frac{g}{2}\rho_a C_a V_a^2 (A_a \cos^2\theta + B_a \sin^2\theta) \tag{3-1}$$

式中：F_a—— 风力(N)；

ρ_a—— 空气密度(1.226kg/m^3)；

C_a—— 风力系数；

V_a—— 相对（视风）风速(m/s)；

A_a—— 水线以上船体正投影面积(m^2)；

B_a—— 水线以上船体侧投影面积(m^2)；

θ—— 相对（视风）风舷角。

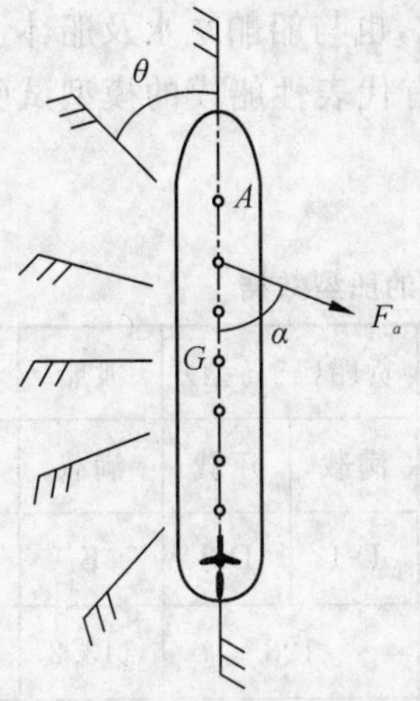

图 3-1　船舶的受风情况

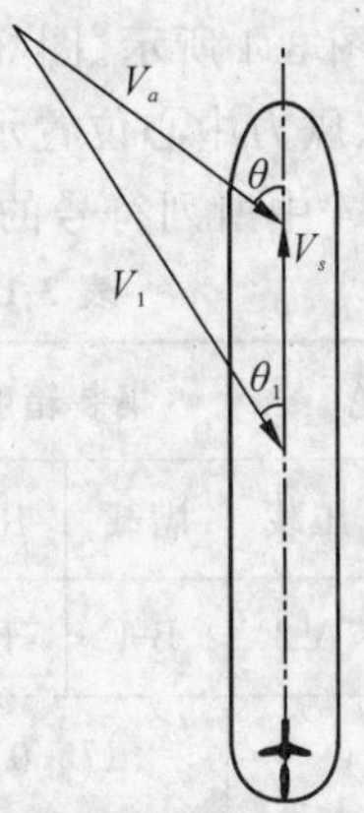

图 3-2　视风、真风与船速的关系

上述影响因素中，相对风速 V_a 和风舷角 θ 可从船上风速风向仪获得。实际中非定常风由于风向风速经常发生变化，计算时应加以修正：

变化很小时：平均风速；

强风时：平均风速 ×1.25；

暴风时：平均风速 ×1.50。

A_a、B_a 可从船舶相应资料中根据实际平均吃水查得，有些船舶若无有关资料可查时，也可利用图 3-3 中船舶所属或相近的船型，根据船舶实际吃水与满载吃水的百分比（图 3-3 中简称满载吃水比）d_T，分别查取正、侧面受风面积系数 C_1、C_2 后，再按下式求出正、侧面受风面积的 A_a、B_a 的概略值。

$$A_a = C_1 \cdot B^2, B_a = C_2 \cdot L^2 \tag{3-2}$$

式中：C_1—— 正面受风面积系数；

C_2—— 侧面受风面积系数；

B—— 船宽(m)；

L—— 船长(m)。

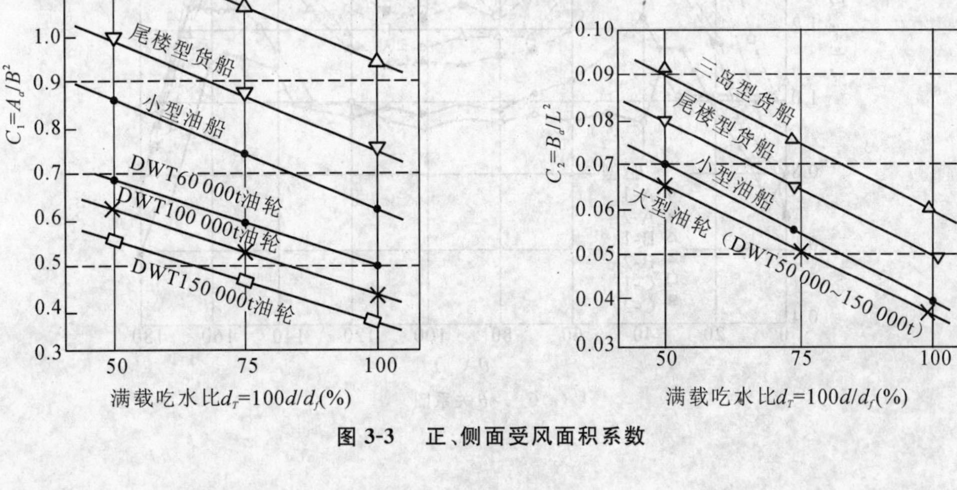

图 3-3　正、侧面受风面积系数

风力系数 C_a 的大小主要决定于风舷角 θ 的变化，也与船舶吃水及船体上层建筑形状和面积分布有关，如图 3-4 所示。图 3-4 是根据几种具有代表性船模的模型试验结果绘制的风力系数、风动力角、风力中心位置示意。

表 3-1 为图 3-4 中所列符号的船型数据。

表 3-1　图 3-4 中所列符号的船型数据

船舶种类	油轮		集装箱船		滚装船		货船(三岛型)		渡船	金枪渔船	鲣渔船
载况	满载	压载	满载	压载	满载	压载	满载	压载	满载	满载	满载
符号	A-1	A-2	B-1	B-2	C-1	C-2	D-1	D-2	E	F	G
船舶垂线间长 L_{pp}(m)	290.0		175.0		150.0		128		113.2	29.5	29.5
船宽 B(m)	47.5		25.0		23.4		17.5		15.85	6.0	6.0
型深 D(m)	24.0		15.4		20.4		10.4		6.8	3.0	3.0
吃水 d_m(m)	16.08	9.33	9.4	6.5	7.0	5.44	7.94	4.25	4.43	2.4	2.4
排水量 Δ(t)	183200	96713			14633	10828	13450	6440		300	300
A_a(m^2)	1030	1280	522.2	609.4	447.2	499.3	285	370	261.8	26.7	34.2
C_1	0.457	0.567	0.836	0.975	0.817	0.912	0.931	1.208	1.042	0.742	0.950
B_a(m^2)	3123	5180	2311	2377	2351	2590	999	1490	1312	108.4	140.5
C_2	0.038	0.062	0.076	0.078	0.105	0.115	0.061	0.091	0.102	0.125	0.161

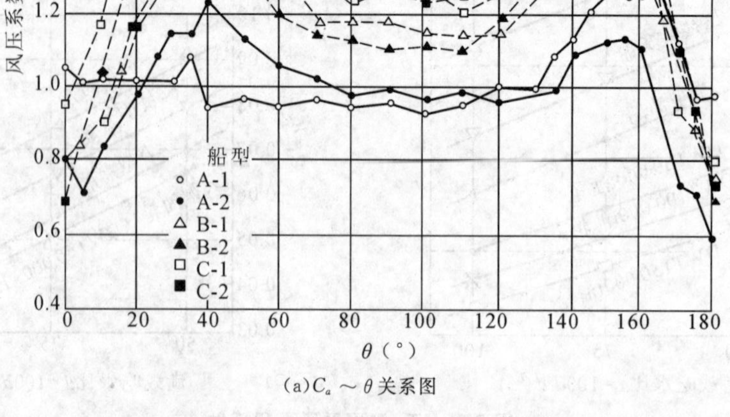

(a)$C_a \sim \theta$ 关系图

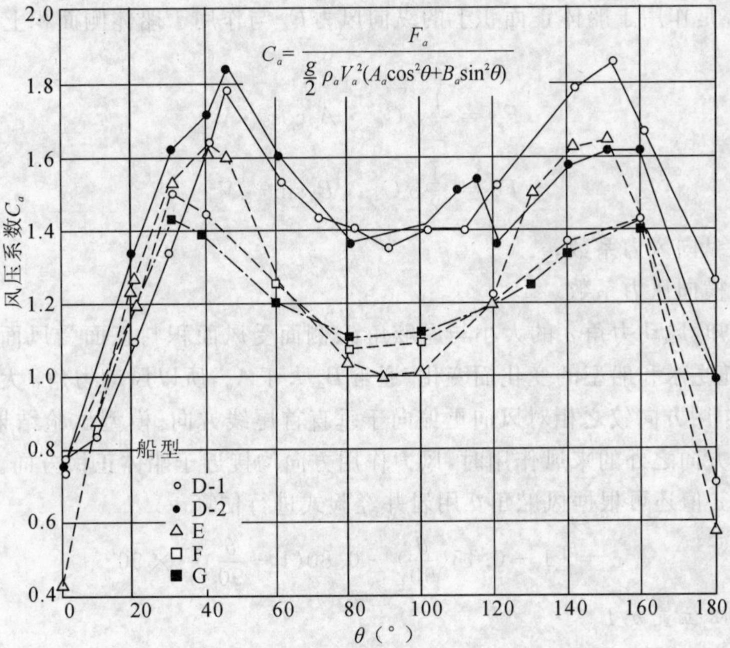

(b)$C_a\sim\theta$关系图

图 3-4　风力系数、风动力角、风力中心位置示意

从这些结果中可以看出以下一些特征：

(1)$C_a\sim\theta$变化关系近似于马鞍形曲线。当$\theta=0°$和$180°$时，C_a值最小；当相对风向为$40°$和$140°$附近时C_a出现两峰值。$\theta=90°$时C_a较小，但船舶所受的风力值最大。

(2)C_a随船型不同而不同。上层建筑较少的油轮，C_a值较小，而受风面积较大的滚装船、集装箱船的C_a值则较大，而三岛型货船由于船体水线上投影面积的原因，C_a值也较大。

(3) 同一船舶随着吃水增大C_a值略有减小，满载时C_a值较轻载时略有减小。

2. 风动力角 α

风动力F_a与船舶首尾线的夹角，称为风动力角。风动力角α与相对风向一致，如图 3-5 所示。

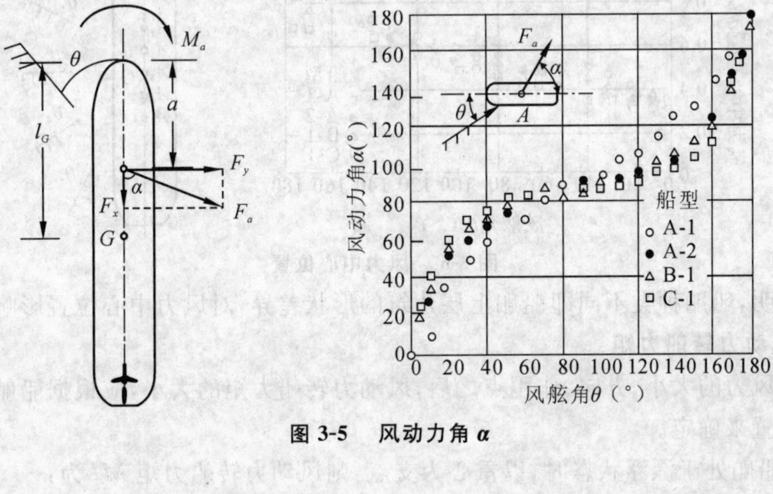

图 3-5　风动力角 α

风动力 F_a 是作用于船体正面积上的纵向风力 F_x 与作用于船体侧面积上的横向风力 F_y 的合力。

$$F_x = \frac{1}{2}\rho_a C_{ax} \cdot A_a \cos\theta \cdot V_a^2 \tag{3-3}$$

$$F_y = \frac{1}{2}\rho_a C_{ay} \cdot B_a \sin\theta \cdot V_a^2 \tag{3-4}$$

式中：C_{ax}—— 纵向风力系数；

C_{ay}—— 横向风力系数。

由上式可知，风动力角 α 的大小与风舷角 θ、侧面受风面积与正面受风面积之比 B_a/A_a 密切相关，并随吃水和船型的变化而变化。通常 B_a 大于 A_a，所以风动力角 α 大于风舷角 θ，即风动力 F_a 的作用方向较之相对风向更偏向于垂直首尾线方向。模型试验结果表明，除船首尾方向的相对方向之外的来风作用时，风力作用方向均接近于船体正横方向。

风动力角 α 值还可根据风舷角 θ 用岩井经验式进行估算。

$$\alpha = \left[1 - 0.15\left(\frac{\theta}{90}\right) - 0.80\left(1 - \frac{\theta}{90}\right)^3\right] \times 90^\circ \tag{3-5}$$

3. 风力中心位置 a/L_{pp}

风力作用中心位置 A 点至船首的距离 a，受风舷角 θ、船舶上层建筑形状以及面积分布情况所影响。船舶空载时该压力中心比满载时明显靠前。a 值可用岩井经验式估算。

$$a/L_{pp} = 0.291 + 0.023\theta \tag{3-6}$$

式中：θ—— 风舷角，单位为度(°)。

实验结果表明，θ 增大，a 值近似线性缓慢增加，即风力中心位置 A 将由船的前部向后移动，当 θ 由 0° ～ 180° 变化时，a/L_{pp} 大都在 0.3 ～ 0.7 范围之间。除船首尾方向相对风向外，风力中心大都靠近船体中心。当 $\theta = 90^\circ$ 左右即船舶正横受风时，$a \approx 0.5L_{pp}$，即风力中心在船中附近；当 $\theta < 90^\circ$ 即风从正横前吹来时，A 在重心 G 之前；当 $\theta > 90^\circ$ 时，则 A 在 G 之后。风力中心位置如图 3-6 所示。

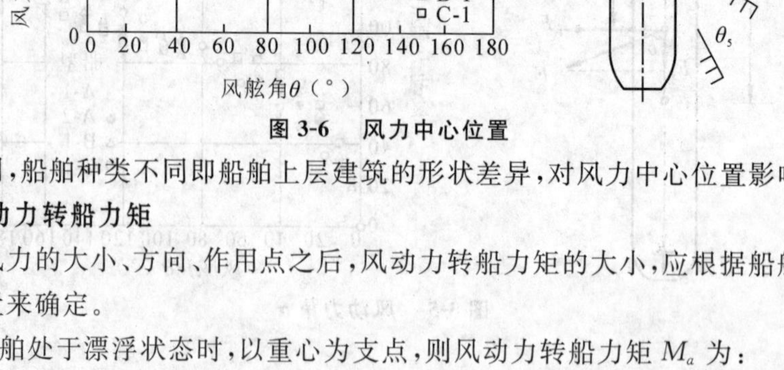

图 3-6　风力中心位置

实验表明，船舶种类不同即船舶上层建筑的形状差异，对风力中心位置影响并不太大。

(二) 风动力转船力矩

在知道风力的大小、方向、作用点之后，风动力转船力矩的大小，应根据船舶在不同状态时的支点位置来确定。

(1) 当船舶处于漂浮状态时，以重心为支点，则风动力转船力矩 M_a 为：

$$M_a = F_a \sin\alpha \cdot (l_G - a) = \frac{g}{2}\rho_a V_a^2 C_{ma}(A_a \cos^2\theta + B_a \sin^2\theta) \tag{3-7}$$

其中 l_G 为重心至船首的距离，C_{ma} 为风力转船力矩系数，$C_{ma} = C_m \sin\alpha \cdot (l_G - a)$。$C_{ma}$ 值的大小随船舶种类、载况和船舶受风面积的大小与分布的情况以及风舷角的不同而不同。图 3-7 为油轮和集装箱船的 C_{ma} 曲线。由图可知，这两类船舶在正横稍前受风时，$C_{ma} = 0$；$\theta = 90°$ 即正横受风，C_{ma} 很小；斜顶风、斜顺风时，C_{ma} 最大；正横后受风时又比正横前受风时大；$\theta = 0°$、$180°$ 时，$C_{ma} = 0$。

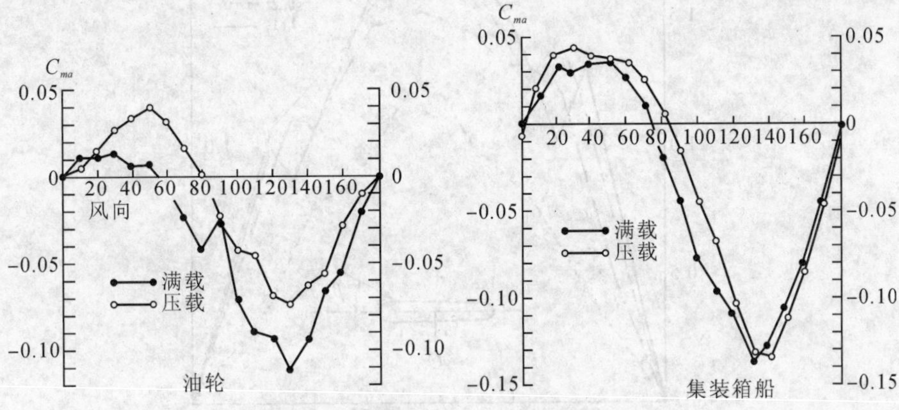

图 3-7　油轮和集装箱船的 C_{ma} 曲线

(2) 当船舶靠离泊中受风作用，如船首固定或尾离方式离泊时，船舶以船首为支点，则 M_a 为：

$$M_a = F_a \sin\alpha \cdot a \tag{3-8}$$

(3) 当采用首离方式离泊或船尾一端固定时，则船舶以船尾为支点，则 M_a 为：

$$M_a = F_a \sin\alpha \cdot (L - a) \tag{3-9}$$

二、水动力与水动力转船力矩

船舶与其周围的水有相对运动时，船体就会受到水的作用力，这种作用力统称为水动力。船水之间的相对运动，可能是由于船舶本身自力（车、舵、锚、缆）作用，也可能是由于外力（拖船、风力、水流）作用所引起。

（一）水动力

既然是力，必然具有力的三要素，即力的大小、方向、作用点。水动力的三要素均与船和水的相对运动方向（即漂角）有关。

1. 水动力 F_w 及其要素

水动力 F_w 是由作用于船首尾方向的水动力分力即纵向分力 F_x 和横向分力 F_y 合成的合力。船舶前进时，由于水线下船体在首尾方向流线形好，纵向分力 F_x 一般较小，且该力也不会引起船首偏转，所以通常主要研究水动力横向分力 F_y，其大小可用下式估算。

$$F_y = \frac{g}{2} \cdot \rho_w \cdot C_{wy} \cdot V_w^2 \cdot L \cdot d \tag{3-10}$$

式中：ρ_w —— 水的密度（海水中取 1025kg/m³，淡水中取 1000kg/m³）；

C_{wy} —— 水动力横向分力系数；

V_w—— 相对流速，即船与水的相对运动速度(m/s)；

L—— 船舶两柱间长(m)；

d—— 船舶吃水(m)；

F_y—— 横向水动力(N)。

如图 3-8 所示，为横向水动力系数 C_{wy} 在几种不同水深情况下与漂角β的关系。

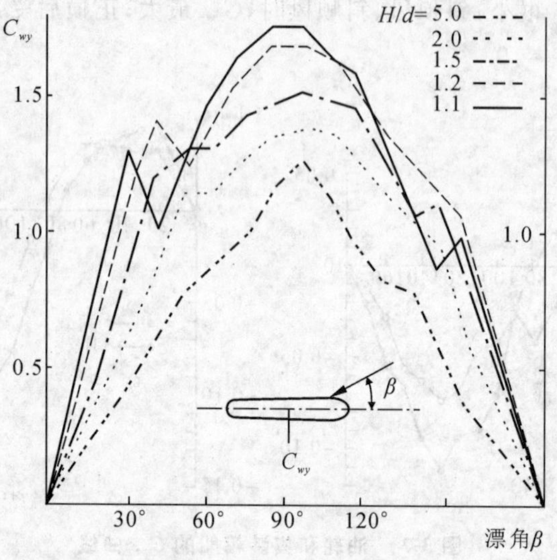

图 3-8　横向水动力系数

由图可知，横向水动力系数 C_{wy} 随漂角β的变化情况近似于正弦曲线；同时 C_{wy} 随水深与吃水之比 H/d 减小而增大，说明浅水中船舶所受水动力增加。横向水动力系数与漂角β及水深与吃水之比 H/d 的关系可表示为：$C_{wy} \propto k \cdot \sin\beta$，系数 k 表示水深的影响。

$0 < \beta < 90°$，C_{wy} 随漂角β增大而增大，β为 90° 时，C_{wy} 达最大，而后随β增大而减小。

$C_{wy} \propto (H/d)^{-1}$。水深吃水比 H/d 减小，k 增大，C_{wy} 增大。水动力受水深影响较大，浅水中流压力明显增加。

2. 方向

水动力方向与船舶首尾线的夹角，称为水动力角γ，如图 3-9 所示。则

$$\tan\gamma = \frac{\text{横向水动力 } F_y}{\text{纵向水动力 } F_x} \tag{3-11}$$

由于船体水线下正面积很小，故 F_x 很小，所以水动力角γ大体在 90° 左右。

3. 作用点

如图 3-9 所示，水动力作用点 W 的位置受漂角、船体水下侧面积形状及分布情况所影响。

水动力中心 W 至船首的距离 a_w，随漂角β的增大而增大，漂角β由 0° 向 180° 变化过程中，水动力作用点 W 距船首从 $0.25L$ 处渐次移至 $0.75L$ 处。当 $\beta = 90°$ 时，$a_w \approx 0.5L$，即水动压力中心在重心 G 附近；当 $\beta < 90°$ 时，W 在 G 之前；当 $\beta > 90°$ 时，W 在 G 之后。同一船舶，空载或压载时尾倾较大，水动力中心位置比满载时明显后移，尾机型船更甚。

（二）水动力转船力矩 M_w

当水动力大小、方向、作用点求出后，即可据船舶转动的支点确定水动力转船力矩。

如图 3-10 所示，若以船首为支点时，水动力转船力矩 M_w 为

$$M_w = F_w \cdot \sin\gamma \cdot a_w \tag{3-12}$$

若以重心为支点时，则 M_w 为

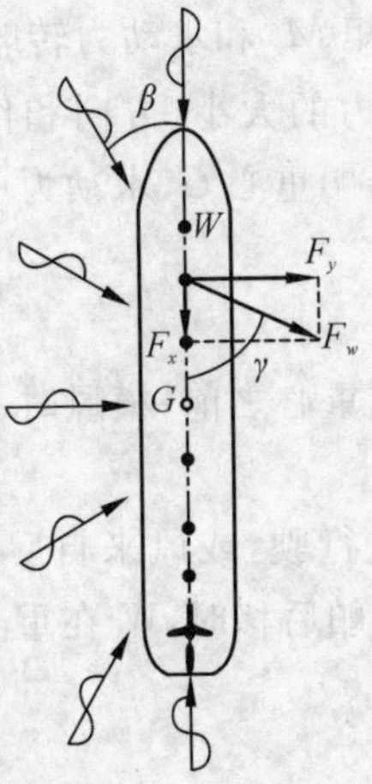

图 3-9　水动力作用点和方向

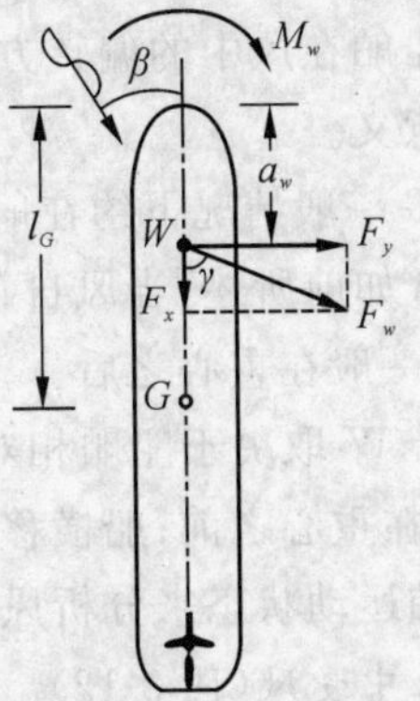

图 3-10　水动力转船力矩

$$M_w = F_w \sin\gamma \cdot (l_G - a_w) = \frac{g}{2}\rho_w V_w^2 C_{mw} L d \tag{3-13}$$

式中：C_{mw} 称为水动力转船力矩系数。$C_{mw} = C_{wy}\sin\gamma \cdot (l_G - a_w)$。$C_{mw}$ 与漂角 β 及 H/d 的关系如图 3-11 所示。由图可知，当 $\beta = 0°$ 或 $180°$ 时，$C_{mw} = 0$，$M_w = 0$；当 $\beta = 90°$ 时，C_{mw} 近似为零，$M_w = 0$；$\beta > 90°$ 时 C_{mw} 值比 $\beta < 90°$ 时大，说明由于船体首瘦尾肥，向船尾方向运动时水动力构成的转船力矩较大。β 一定时，H/d 减小，C_{mw} 增大。

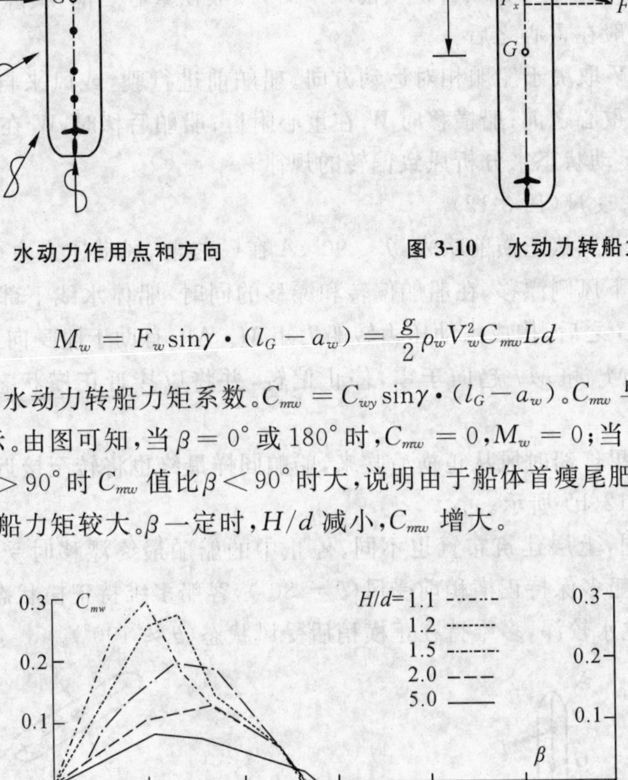

图 3-11　C_{mw} 与漂角 β 及 H/d 的关系

三、风致偏转和漂移的规律

（一）风致偏转规律

船舶在受风作用下偏转运动的方向，由风力转船力矩 M_a 和水动力转船力矩 M_w 的合力矩方向决定。定性分析偏转方向关键要弄清风力和水动力的大小、方向和作用点的位置，亦即在定性说明船舶在风中的偏转方向时，风力中心 A、船舶重心 G、水动力中心 W 三者位置关系具有重要意义。

船舶重心 G 一般情况下约在船中稍后。

风力中心 A 如前所述，当风自正横前吹来时，一般在重心之前；横风时一般在重心附近；正横后来风，则一般在重心之后。

水动力中心 W 取决于船舶相对运动方向。船舶前进行驶，或风来自后方吹船向前漂移时，水动力中心在重心之前；船横移时 W 在重心附近；船舶后移时，W 在重心之后。

以下按船舶运动状态来分析风致偏转的规律。

1. 船舶静止中受风（图 3-12）

船舶停船时，若风从正横前吹来，$\theta < 90°$、A 在 G 之前，风动压力力矩 M_a 使船首向下风偏转，同时船身向下风侧漂移。在船舶偏转和漂移的同时，船体水线下部分受到水动压力作用，$\beta > 90°$、W 在 G 之后，构成水动压力转船力矩 M_w，M_w 有助于船身向下风偏转。直至变成正横附近受风时，M_a 和 M_w 趋向于零，停止偏转，并将以接近正横状态向下风漂移，如图 3-12(a) 所示。

不难分析，如果停船时风从正横后吹来，船舶同样最终也将转至接近正横受风状态并向下风漂移，如图 3-12(b) 所示。

船舶类型不同，上层建筑布置也不同。停止中的船舶最终漂移时受风相对方向略有差异。油轮和尾机型船多保持正横稍前受风（$\theta = 80°$），客船多维持正横状态受风（$\theta = 90°$），而一般货船往往尾吃水较深，多维持在正横稍后受风状态（$\theta \approx 100°$）。

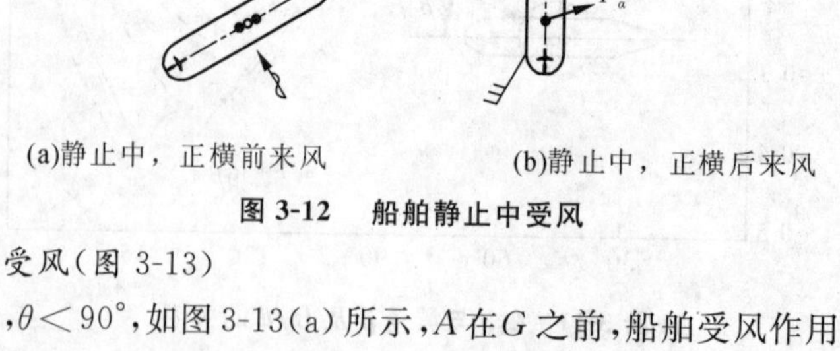

(a)静止中，正横前来风　　(b)静止中，正横后来风

图 3-12　船舶静止中受风

2. 船舶前进中受风（图 3-13）

正横前来风时，$\theta < 90°$，如图 3-13(a) 所示，A 在 G 之前，船舶受风作用，边前进边向下风侧产生漂移，但总体上仍在前进中，因此 W 在 G 之前。M_a 和 M_w 方向相反，船首偏转方向将依 M_a 与 M_w 的大小和方向而定。当 $M_a > M_w$ 时，出现顺风偏；当 $M_w > M_a$ 时将出现逆风偏。

根据经验：空船、慢速、尾倾、首受风面积大时，多为顺风偏，反之，满载或半载、快速、尾受风面积大时，多为逆风偏。风速低，航速高，风向来自正横前后各约 30° 范围时，船首迎风偏的倾向越明显，需操下风舵，才能保向航行。

当风从正横后吹来时，$\theta > 90°$，A 在 G 之后，由于船舶前进的同时受 F_a 作用向下风侧即船首前方斜航，但总体上船舶仍在前进中，故 W 在 G 之前。M_a 和 M_w 方向相同，共同使船首逆风偏转，如图 3-13(b) 所示。

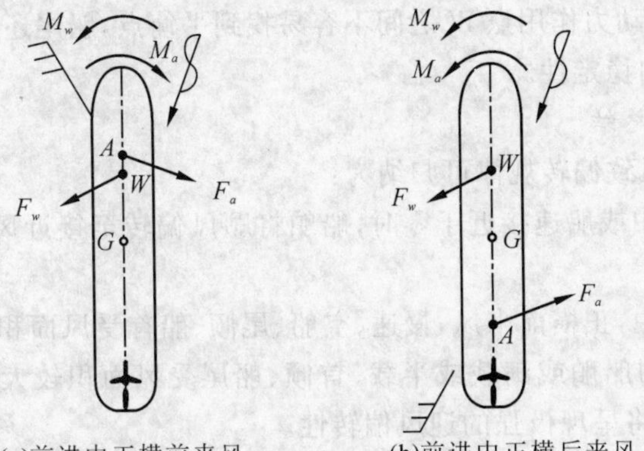

图 3-13　船舶前进中的受风

由此可见，船舶前进中，斜顶风航行时比斜顺风时易于保向。

3. *船舶后退中受风*(图 3-14)

当风从正横前来时，$\theta < 90°$，A 在 G 之前，船舶后退同时受风作用向下风侧漂移，W 在 G 之后，M_a 与 M_w 共同使船尾逆风偏转，这种现象也称尾找风，如图 3-14(a) 所示。

当风从正横后来时，$\theta > 90°$，A 在 G 之后，船舶在后退同时受风动压力 F_a 作用向下风侧即船首前方漂移，但总体上船舶仍在后退中，$\beta > 90°$，W 在 G 之后。此时船舶偏转方向由 M_a 与 M_w 之代数和来决定。若退速较低，F_w 较小，此时则受 M_a 作用，船尾偏向下风，其偏转规律基本上与静止中相同，如图 3-14(b) 所示。

由于船尾要比船首肥大，且船尾还有舵及车叶等设备，所以当倒航中船有一定退速时，作用于船尾部下风侧的水动力 F_w 迅速增大，而且 W 比 A 更靠近船尾，M_w 往往大于 M_a，使船尾迎风，如图 3-14(c) 所示。

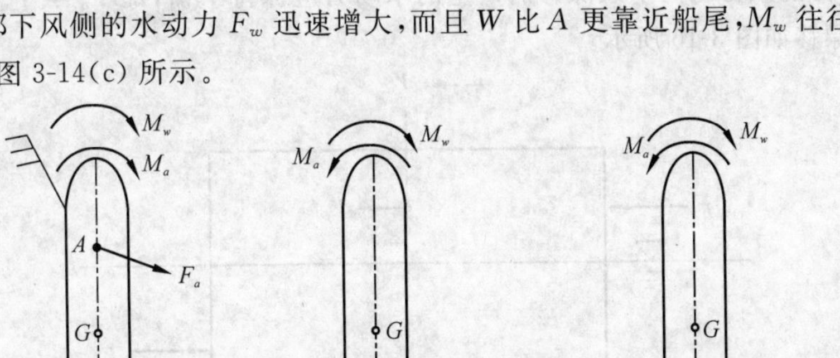

图 3-14　船舶后退中受风

对于FPP右旋式单桨船，如遇来自左舷正横后的风，由于倒车时螺旋桨排出流和沉深横向力的作用，尾迎风将来得更早更急，即使退速不大，风力不太强时，也会出现尾迎风现象。如遇右正横后来风，尾迎风则必须以一定的后退速度和一定的风速为条件，不具备这种条件，船尾便向下风偏转。即正横后来风时，左舷来风比右舷来风“尾找风”显著。

后退中的船舶，即便不考虑螺旋桨的影响，一直用正舵，也不具备航向稳定性，加之舵效又极差，因此，除非风速极低，退速极慢，否则这种尾迎风趋向很难控制。而且在尾迎风后，由于风力作用点 A 和水动力作用点 W 之间不容易找到平衡点，船尾还会左右偏荡难以稳定下来，同样也不具备航向稳定性。

4. 风致偏转规律总结

通过上述分析，风致偏转规律可归纳为：

(1) 船舶在静止中或船速接近于零时，船舶将顺风偏转至接近风舷角100°左右向下风飘移。

(2) 船舶在前进中，正横前来风，慢速、空船、尾倾、船首受风面积较大的船舶，船首顺风偏转；前进速度较大的船舶或满载或半载、首倾、船尾受风面积较大的船舶，船首将迎风偏转；正横后来风，船舶将呈现极强的迎风偏转性。

(3) 船舶在后退中，在一定风速下并有一定的退速时，船舶尾迎风偏转。这就是通常的尾找风现象，正横前来风比正横后来风显著，左舷来风比右舷来风显著；退速极低时，船舶的偏转与静止时的情况相同，并受倒车横向力的影响，船尾不一定迎风。

(二) 风致漂移规律

静水中的船舶因风的直接作用和水动力的间接作用而产生的横向运动称为风致漂移。船舶试验表明，受风时的漂移速度除与船舶受风特点有关外，还与船速密切相关。船舶受风作用下产生向下风漂移，漂移速度在船舶停止时最大，随船速增加，船舶漂移速度反而降低。在浅水中，由于船舶所受的横向阻力增大，风致漂移速度较深水中显著减小。

1. 船舶停于水上的漂移速度

停于水上的船舶在受风作用时最终将保持正横附近受风，并匀速向下风横向漂移。此时，作用于船体的风力与向下风漂移时产生的水动力应保持平衡，即 $F_a = F_w$。船舶停于水上时的风致漂移如图3-15所示。

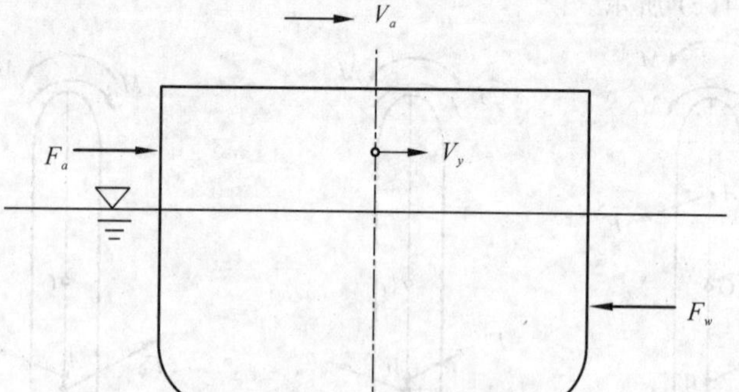

图3-15　船舶停于水上时的风致漂移

$$F_a = \frac{g}{2}\rho_a C_a B_a (V_a - V_y)^2 \tag{3-14}$$

$$F_w = \frac{g}{2}\rho_w C_w B_w V_y^2 \tag{3-15}$$

式中的横漂速度 V_y 比风速 V_a 小得多，故可用真风速直接代入，得到停船时的漂移速度 V_y；由 $F_a = F_w$ 可求得 V_y

$$V_y = \sqrt{\frac{\rho_a C_a B_a}{\rho_w C_w B_w}} \cdot V_a \tag{3-16}$$

式中：C_a—— 风舷角 $\theta = 90°$ 时的风动力系数，一般空载时取为 1.2，满载时取为 1.4；

C_w—— 深水中横漂时($\beta = 90°$) 的水动力系数，一般取值为 1.0；

ρ_a—— 空气密度(1.226kg/m³)；

ρ_w—— 海水密度(1025kg/m³)；

B_a—— 水线上船体侧面积(m²)；

B_w—— 水线下船体侧面积(m²)，按 $L_w \cdot d$ 计算。

用 C_a 取 1.2 的数值代入得

$$V_y = 0.038\sqrt{\frac{B_a}{B_w}} \cdot V_a = 0.038\sqrt{\frac{B_a}{L_w \cdot d}} \cdot V_a \tag{3-17}$$

式中：V_y—— 深水中停船时受风横向漂移速度(m/s)；

V_a—— 真风速(m/s)；

B_a—— 船体水线上侧面积(m²)；

L_w—— 水线面长度(m)；

d—— 船舶当时实际平均吃水(m)。

根据研究，若满载横漂时 C_a 取 1.4，则公式(3-17) 中的系数可取为 0.041。实际上该系数随船型、排水状态以及水深与吃水之比的变化而不同。同一船舶在浅水中，横漂时水动力增加，横漂速度相应要减小，因此当估算港内等浅水域中的漂移速度时，应按实际水深与吃水之比 H/d 对深水中的漂移速度加以修正。风致漂移速度修正系数如表 3-2 所示。

一般大型船舶空载时，则 $V_y = \frac{1}{20}V_a$；满载时，则 $V_y = \frac{1}{30}V_a$。

表 3-2　风致漂移速度修正系数

水深与吃水之比(H/d)	1.1	1.5	2.0
普通船型船舶的修正系数	0.6	0.7	0.8
超大型船舶的修正系数	0.5	0.6	0.7

2. 航行中船舶的漂移速度

(1) 风压差角

航行中的船舶受风作用下，边前进边向下风漂移。受风动力转船力矩 M_a、水动力转船力矩 M_w 的综合作用，船首还将产生偏转。为抑制船首向上风偏转，采取向下风舷压一定舵角，使合力矩 $M = M_a + M_w + M_\delta = 0$，从而保持船首向稳定。但由于船舶存在横向漂移速度$V'_y$，实际船舶航速 V 与船舶首尾线产生漂角 β，即风压差角。船舶航迹线不断偏离计划航线。漂角 β 值的大小取决于航行中的漂移速度 V'_y和航速 V_s，即

$$\tan\beta = \frac{V'_y}{V_s} \tag{3-18}$$

风压差角的大小与风速、船速以及横移速度有关，如图 3-16 所示：船速增加，风压差角随之降低，并呈负指数关系变化，因为船速提高时，斜航阻力增加，因而风压差减小，如图 3-16(b) 所示；风速增大，风压差角增加，风压差角的变化近似与风速成正比，如图 3-16(c) 所示；此外，横移速度小，风压差也小。通常风压差只有几度，若风压差达 10° 时则船舶将处于近乎不可保向的范围，因为此时漂移速度已相当大，使 M_w 与 M_a 的代数和超过 M_δ 的值。

(2) 预配风压差角(图 3-17)

为了保持船舶沿预定航线保向前进，必须预配风压差角并压一舵角来达到目的，如图 3-17 所示。所要预配的风压差大小等于船舶斜航时的漂角 β 大小。

当船舶压某一舵角 δ 能保证其以某一漂角 β 在风中稳定斜航时，假设以船首迎风偏转需操下风舷舵进行保向为例，为保持船舶沿预定航线保向前进，必须使作用于船体的诸横向力和力矩保持平衡，即 $F = F_a + F_w + P_y = 0, M = M_a + M_w + M_\delta = 0$。

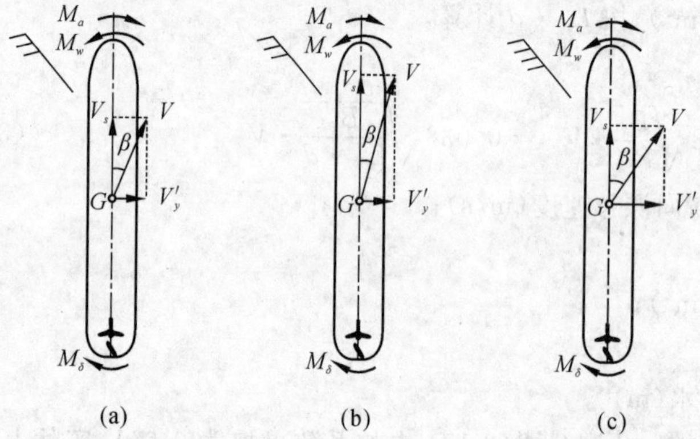

图 3-16　风压差角的大小与风速、船速以及横移速度的关系

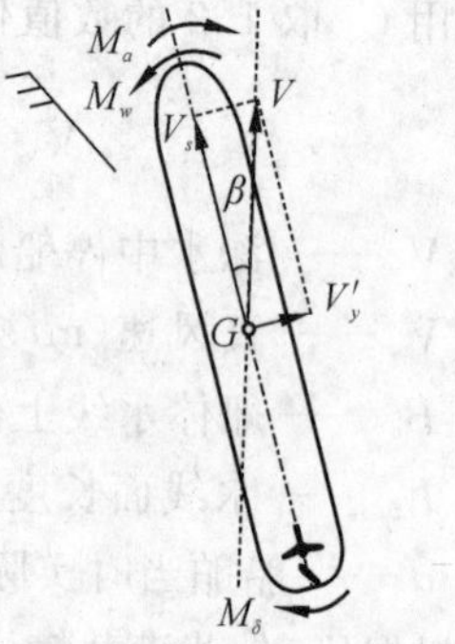

图 3-17　预配风压差角

(3) 漂移速度 V'_y

航行中的船舶若航速为 V_s，则受风作用下漂移速度 V'_y 的大小，可采用通过实船试验得出的下列公式计算。

$$V'_y = V_y \cdot e^{-1.4V_s} \tag{3-19}$$

式中：V_y—— 停船时的漂移速度(m/s)；

V'_y—— 航行中风致漂移速度(m/s)；

V_s—— 航速(kn)。

由此可见，船舶航行中的漂移速度除与影响停船时的漂移速度的那些因素相关之外，还与船舶航速密切相关。船速越低，横漂速度越大。因此在港内靠离泊或掉头操纵过程中，应根据船舶当时漂移速度及下风侧可供使用的水域大小，确定可供操纵使用的时间，将之与完成整个操纵过程所需的时间相比较，看是否安全可行，做到心中有数。

四、风致横倾

水上受风面积较大的客船、客渡船等，需要考虑风致横倾可能导致的危险。特别是船舶横风时，受风面积最大，风动压力最大，横倾力矩也大。若风致横倾力矩超过恢复力矩，可能导致船舶倾覆事故。2015 年 6 月 1 日 21 时约 32 分，“东方之星”号客轮由南京开往重庆，在长江大马洲水道(长江中游航道里程 300.8km 处) 翻沉。“东方之星”号船长 76.5m，型宽 11m，型深 3.1m，吃水深度 2.5m，水面以上高度大于 10m。水上受风面积大，重心高，受强横风作用，风致横倾力矩过大，导致船舶倾覆，如图 3-18 所示。

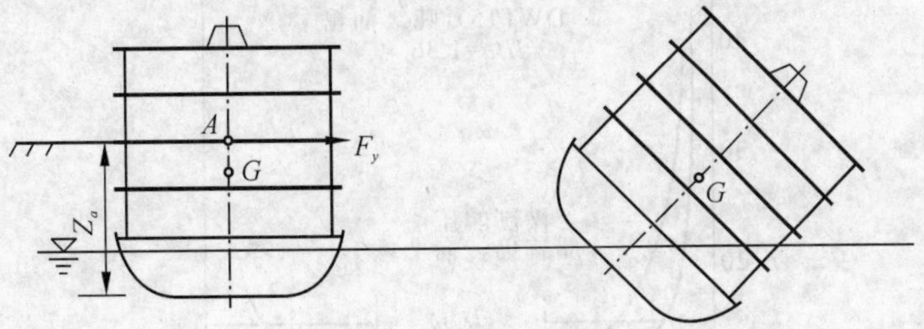

图 3-18　风致横倾

五、强风中操船的保向界限

船在航行时，除首尾来风不发生偏转外，其他方向来风都将使船在向下风漂移的同时还产生偏转运动，大多呈现为迎风性偏转。为了保证船舶航行在预定的航线上，必须使用风压差和向下风舷压一舵角来抵消船的漂移和船首的偏转。风速越大，航速越慢，则风压差越大，为了保向所需的压舵量势必也越大。但在一定船速下操一定舵角所具有的保向作用是有限度的，因此，对应于某一定船速，当风速大到某一界限以上时，操舵不能抵消迎风偏转的合力矩作用时，便会出现凭操舵不能保向的现象，有的甚至出现即使用满舵，也无法保持航向。能够用舵保持航向的风速界限，称为保向界限。保向界限和风速与航速之比 V_a/V_s 及相对风向角 θ 有关，如图 3-19 所示，某油轮在风中压舵角分别为 15°、35° 时的可保向界限曲线。曲线下面的区域为可保向范围，曲线越处于较高的位置，越容易保向；曲线以上的区域为不可保向的范围，在 $\delta = 35°$ 时的可保向界限曲线的上部区域内，即为用满舵也无法保向的范围，由图可知：

(1) 同一条船的不同舵角的保向界限曲线中，舵角大时曲线位置更高一些，这说明压舵角大，保向范围扩大。

(2) 相对风向角对保向界限的影响尽管因船不同而有所差异，但大多在 $\theta = 80° \sim 120°$ 范围内曲线出现最低值，这说明船舶正横附近或稍后受风时，保向最为困难。风速只要达到船速数倍时，就将出现即使满舵也无法操纵的情况。

(3) $\theta < 90°$ 即斜顶风时曲线较高，$\theta < 90°$ 即斜顺风时曲线较低，这说明船舶斜顶风的保向性较斜顺风时好。

(4) 保向性范围总的来说随风速的降低而扩大，随船速的降低而减小，增大压舵角可扩大保向范围。

由此可知，提高船速、增加压舵角、采取斜顶风是提高船舶保向性的有效措施。但船速的提高是有限度的，对于任何船舶，随着风速增大均存在受风不能保向的范围。

另外，对于不同类型的船舶而言，水线上下侧面积之比 B_a/B_w 较大的船舶其保向性较差；浅水对强风中的船舶的可保向界限的影响甚微。

在近岸水域船舶往往低速航行，尤其是在较窄的近港航道上，强风中低速航行出现不能保向问题将会导致灾难性后果。操船者应掌握不同船速、不同风舷角情况下的船舶可保向的极限风速。

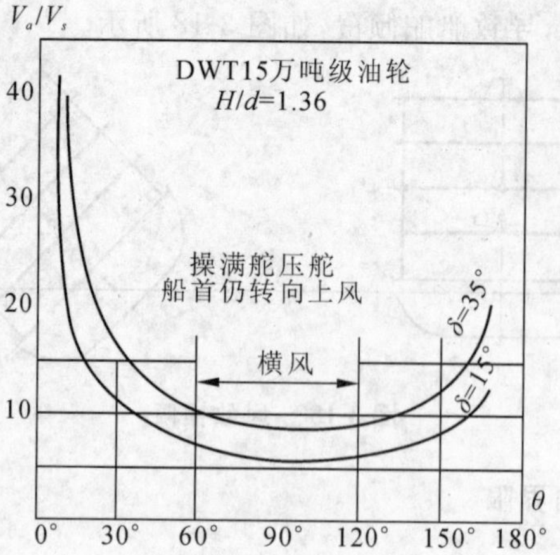

图 3-19　强风中操船的保向界限

第二节　流对操船的影响

船舶在水中运动时，总是会受到水流的影响。对船舶操纵来说，流是一种外界影响，流速和流向是不可控制的。但通过操纵措施可以减小流对船舶的影响。流会影响船舶的航行轨迹，不但影响航行效率，甚至可能危及船舶的安全，导致搁浅、碰撞等危险。这一节主要讨论均匀流对船舶操纵的影响。

一、流对航速、冲程的影响

1. 流对航速的影响

船舶在单向流场中航行，船舶对地的速度为船对水速度与流速的合成。

$$V = V_s \pm V_w \tag{3-20}$$

(1) 顺流航行：航速 = 船速 + 流速，$V = V_s + V_w$；

(2) 逆流航行：航速 = 船速 − 流速，$V = V_s - V_w$。

因此，在静水船速和流速不变的条件下，顺流航行时对地船速比顶流航行时对地船速大两倍流速。在内河水域，为充分利用水流，提高航速，驾驶员常采用顺流走主流，逆流走缓流的航法。

2. 流压差角

当流向与船舶的首尾向有一定交角时，流速和静水船速的合速度将使船向来流的相反一舷运动，这种影响即通常所称的“流压”，合速度方向与船首尾线的夹角称为流压差角 φ（也称漂角），如图 3-20(a) 所示。流速越大，交角越大，船速越慢，流压差角就越大，船舶向下流侧漂移速度越快，如图 3-20(c) 所示。提高船速，流压差角减小，如图 3-20(b) 所示。操船时尤其应警惕横压流的影响，特别是船舶以较低航速在狭窄水域航行时。

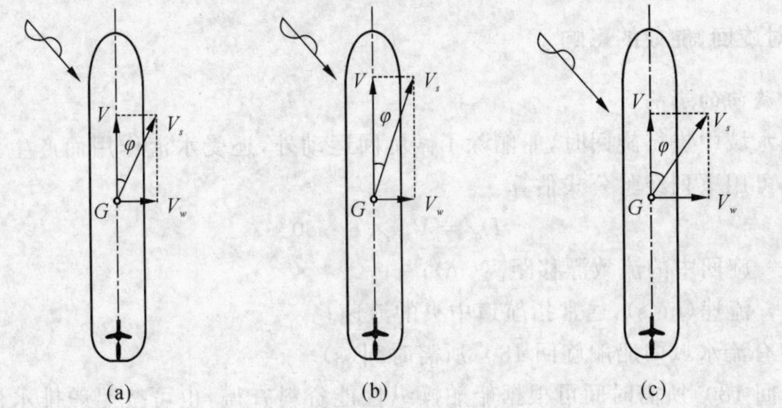

图 3-20　流压差角 φ

3. 流压差角的运用(图 3-21)

航行中为保持船舶沿某一预定航线行驶，需根据流压大小进行流压差修正，如图 3-21(a) 所示。当船舶在有流水域顶流靠泊时，应根据流速大小，控制好流压差角，掌握住船速，以获得合适的横向入泊速度，运用"横移驶靠"的操纵方法，使船舶平稳地靠上泊位，如图 3-21(b) 所示。否则如船速与交角控制不当，尤其在急流时，交角摆得过大，将造成压碰码头的事故。

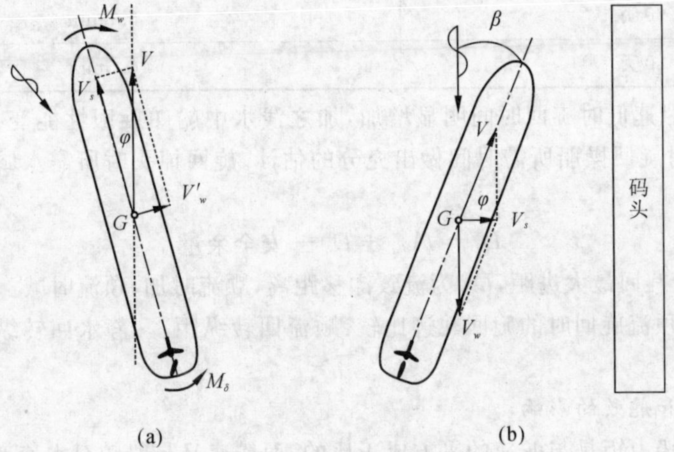

图 3-21　流压差角的运用

4. 流对冲程的影响

因冲程是指船舶对水移动的距离，船舶顶流和顺流航行时，若其他条件相同，停车冲程是一致的。

但在其他条件相同时，船舶在顶流时，对地冲程减小，流速越大对地冲程越小；顺流时，对地冲程增加，停车时减速的过程非常缓慢，如不借助倒车或抛锚，将不能阻止船以水流速度向前漂移。

进港靠泊时，为方便控制余速，通常选择顶流靠泊。如顺流进港，一方面应及早停车淌航，另一方面应及时运用倒车、抛锚或拖船制动等措施来减速。

二、流对旋回、舵效的影响

1. 流对旋回的影响

在有流水域中进行旋回时，船舶除了做旋回运动外，还受水流作用而产生漂移运动。流致漂移距离可用下列经验公式估算：

$$D_d = V_w \times t \times 80\% \tag{3-21}$$

式中：D_d—— 旋回中的流致漂移距离(m)；

V_w—— 流速(m/s)，通常指航道中央的流速；

t—— 有流水域中船舶旋回 180° 所需时间(s)。

船舶旋回 180° 所需时间可根据船舶操纵性能资料查得，也可按船舶排水量大小估算。不同吨位船舶旋回 180° 所需时间如表 3-3 所示。

表 3-3　不同吨位船舶旋回 180° 所需时间

吨位	旋回 180° 约需时间
0.5万 t	3.0min
1万 t	3.5min
5万 t	4.5min
10万 t	5.5min
20万 t	6.5min

排水量大、船速低时旋回时间明显增加，加之浅水中船舶旋回性能变差，因此狭水道、港内旋回时，应对旋回操船所需时间做出充分的估计。旋回掉头时所需水域大小 D_1 可按下式估算：

$$D_1 = A_{dm} \pm D_d \pm \text{安全余量} \tag{3-22}$$

式中：A_{dm} 为旋回最大进距，D_d 为流致漂移距离，顺流时加，顶流时减。

顺流、平流、顶流旋回时的旋回轨迹比较：顺流回转纵距 > 静水回转纵距 > 逆流回转纵距。

2. 流对舵力和舵效的影响

舵力及其转船力矩是与舵速的平方成正比的，而舵速又与船舶对水速度成正比，由于不论顶流或顺流，只要流速相等，船舶相对于水的速度则不变，等于静水船速，所以在舵角及螺旋桨转速(排出流速度）等条件相同时，顺流和顶流时的舵力相等，其转船力矩也相同。

虽然顶流、顺流时舵力及其转船力矩相同，但舵效不同，因舵效是个对地的概念。顶流时对地船速较顺流时小两倍流速，故使用相同的舵角，顶流时能在较短的距离上使船首转过较大的角度，因此顶流时的舵效比顺流时好。顶流、顺流舵效比较如图 3-22 所示。

但是必须注意，当船首斜向顶流时，由于流压力矩的作用，船舶迎流舷回转困难，舵效反而差。重载大船在遇强斜流时尤其如此。

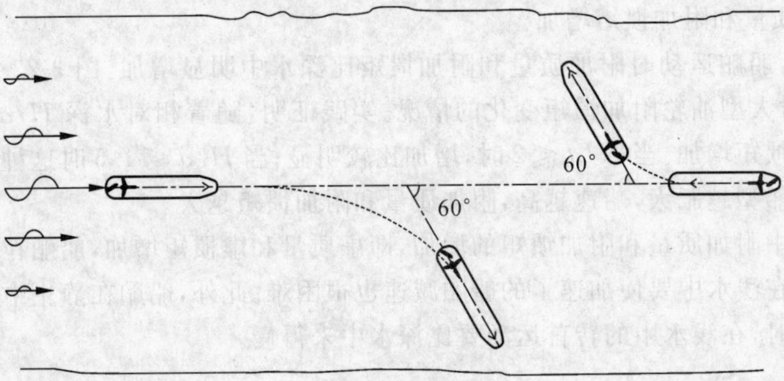

图 3-22　顶流、顺流舵效比较

第三节　受限水域对操船的影响

受限水域是指相对于不同吃水和船宽的船舶而言，水深相对较浅和航道宽度相对较窄的水域。在受限水域中操船时，船舶运动会出现不同于宽广的深水域时的现象和特点。由于水域的水深相对较浅而使船舶运动特点发生的变化，称为浅水效应(Shallow water effect)。由于水道的宽度相对较窄而使船舶运动特点发生的变化，称为岸壁效应(Wall effect)。浅水效应和岸壁效应统称为受限水域效应(Restricted water effect 或 Confined water effect)。

一、浅水效应

(一) 浅水的概念

船舶在浅水域中航行时，水动力将发生明显变化，其运动状态也将随之改变，并影响操纵安全。浅水是一个相对概念，同一水深，对于小吃水船舶可能是深水，而对于大吃水船舶而言可能是浅水。通常采用相对水深的概念来表示水深的大小，即水深吃水比(H/d)。对于一般运输船舶，从出现对船体横向运动的影响区分，以 $H/d \leqslant 2.5$ 为界作浅水域对待；同时该数值也可作为对船舶前进中的操纵性有影响的水深界限。具体分类如下：

(1)$H/d > 3.0$，深水；

(2)$1.5 < H/d \leqslant 2.5$，对船体横向运动有影响的浅水；

(3)$1.2 < H/d < 1.5$，通常所指的浅水，对操纵性有明显影响，并易被发现；

(4)$H/d < 1.2$，超浅水，对操纵性有显著影响。

(二) 浅水效应的表现及影响

1. 船速下降，兴波变化

船舶在水中运动的同时，会带动其周围部分的水一同运动。船舶前进运动、横移运动时，相当于在船舶本身质量上增加了一部分质量，增加的质量称为附加质量；船舶做回转运动时，会比船舶本身转动惯矩相应增加一部分惯矩，增加部分的惯矩称为附加惯矩。附加质量与船体质量之和称为虚质量；附加惯矩与船舶惯矩之和称为虚惯矩。

在水深充分的条件下，船舶运动的附加质量及附加惯矩的比例，大致可取值为：前后方向运动时的附加质量为船体质量 0.07 ～ 0.10 倍；横向运动时的附加质量为船体质量 0.75 ～ 1.0 倍；附加惯矩为船体惯矩的 1.0 倍。

(1) 附加质量和附加惯矩增加

在浅水中，船舶运动时附加质量和附加惯矩比深水中明显增加。图 3-23 表示了相对水深 H/d 变浅时大型油轮附加惯矩变化的情况。实践证明，随着相对水深 H/d 减小，船舶附加质量和附加惯矩增加。当 $H/d \leqslant 2$ 时，增加比较明显；当 $H/d \leqslant 1.5$ 时这种增加倍率将急剧增大。此外，船型越肥大，船速越高，附加质量和附加惯矩越大。

由于浅水中附加质量和附加惯矩的增加，即虚质量和虚惯矩增加，船舶在浅水中就很难加速，同样地，在浅水中要使加速了的船舶减速也很困难。此外，船舶在静止中使用同样拖力的拖船来转首时，在浅水中的转首运动要比深水中来得慢。

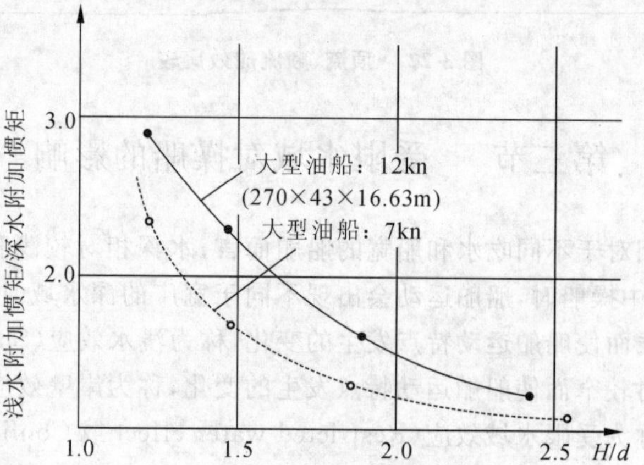

图 3-23 不同水深时大型油轮的附加惯矩

(2) 兴波发生变化

船舶航进中，船体周围水压分布特点是，在船首处，因前进时船首推压水，水流流速降低，压力增高，水位上升，呈高波峰；在船侧中部，水流流速大，水位下降，形成低压处，呈波谷；在船尾部，因通过船侧和船底的水流在尾部会合，形成又一水位较高的区域，压力较高，呈低波峰。这种水压力的变化、高低及沿船长分布情况与船型、船速、水深吃水比有关。肥大型船，船速越高，这种压力变化越激烈，兴波也越大。

以上是深水中航行时船体首尾向水压力变化的一般特点，当船舶驶入浅水域时，随着水深变浅，具有一定船速和吃水的船舶，其船体中央部分的低压区将逐渐向船尾方向扩展。

由于船舶前进时周围的水位有升降，形成了兴波运动，兴起的波浪即船行波。船行波(图 3-24) 可分为首波系和尾波系。发生于船首柱稍后的称为首波系；发生于船尾柱稍前的称为尾波系。尾波系不如首波系明显。这两个波系各有两种波，一是散波，它是由两舷向外扩散的短波；另一是横波，它处于船体两侧散波之间，垂直于船舶运动方向，由前向后传播。散波与横波相遇处呈较高波峰，各连接点的连线近似成一直线，如图 3-24 所示，此直线与船舶首尾线的夹角称为散波角。在深水中，散波角为 $18° \sim 20°$，而在浅水中，船舶前进时，散波角增大，当该角度增加到 $40°$，则说明浅水阻力的影响开始出现。角度越大，浅水的影响就越显著。

在浅水域中，如果水深极浅，船行波受到水深变浅的强烈影响，可能形成一种浅水中特有的波，称为孤立波(Solitary wave)。这种波是以一种与水深 H 的平方根成正比的波速 $\sqrt{gH}$ 推进的波。

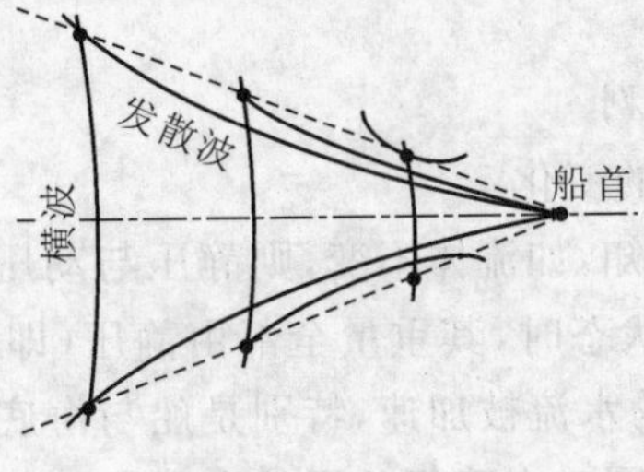

图 3-24　船行波

在浅水中，船行波受到干扰，船首和船尾两个散波和横波相互叠加，产生高波峰，因此浅水域中横波的范围和高度增大，消耗能量增大，兴波阻力增大，散波角增大，此时宛如散波在向前追赶船舶，称为“赶浪”。如果航速达到孤立波传播的速度 $\sqrt{gH}$ 时，此时波峰线与船舶中纵剖面间的夹角达 90°，即散波和横波完全相互叠加在一起，形成两个同船一起横向移动的巨大横波，船员称之为“拖浪”，此时兴波阻力达到最大值。

此外，船舶进入浅水后，还会出现下列现象：首散波变小，水花声减小；尾波增大，船尾及其两侧由于螺旋桨流作用而致水变混浊。

(3) 船速下降

驶于浅水域中的船舶，船体周围的水流因空间受限，水流流速加快，因而摩擦阻力增加；此外，浅水域中航行时，船体下沉，吃水增加，纵倾加大，也增加了摩擦阻力；同时船舶在浅水域中航行时，兴波阻力增加；船尾涡流增大，涡流阻力增加；以及由于推进器附近涡流的增强而导致推进器效率下降。所以浅水中航行，船舶在相同转速下船速比深水域低。

船舶在浅水域中，船速的下降比例，在实际中可利用 Schlichting 的减速图近似求取，如图 3-25 所示，图中所列曲线为等比例船速降低率曲线，线上标注数值为降速率的百分数。因此，从深水域以船速 V_s 驶入浅水域时，其船速的表达式为：

$$V_s = V(1-a) \tag{3-23}$$

式中：a—— 降速率。

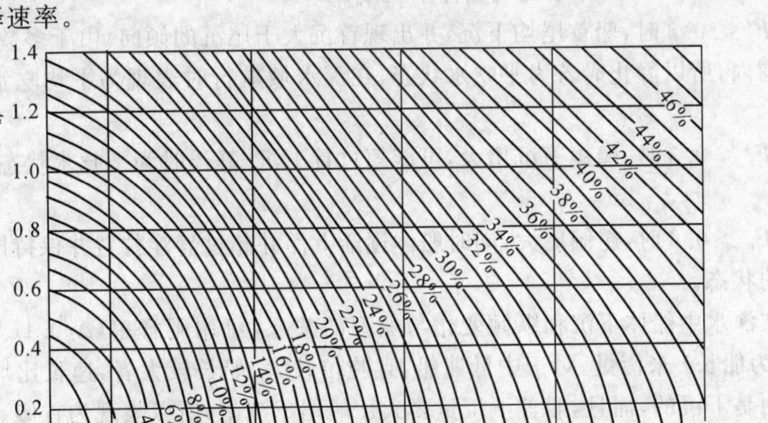

图 3-25　浅水中船舶的降速率

图中，$\frac{\sqrt{A_x}}{H}$ 为船中水线下横剖面积的平方根与水深之比；$\frac{V_s^2}{gH}$ 为深水域船速的平方与水深和重力加速度之比。

2. 船体下沉和纵倾变化加剧

(1) 船体周围动压和静压的变化

根据流体力学有关原理可知，如流体不变，则静压与动压相加为一常数。动压增加则静压相应减小。当船舶处于静止状态时，其重量全部由静压（即浮力）所支持，此时动压为零。当船舶运动时，由于船体周围的水流被加速，特别是船与海底之间水流加速明显，导致动压增加静压减小，因而船体下沉，同时由于船首尾的水压力分布发生变化而使纵倾改变。

(2) 深水中船体下沉与纵倾变化(图 3-26)

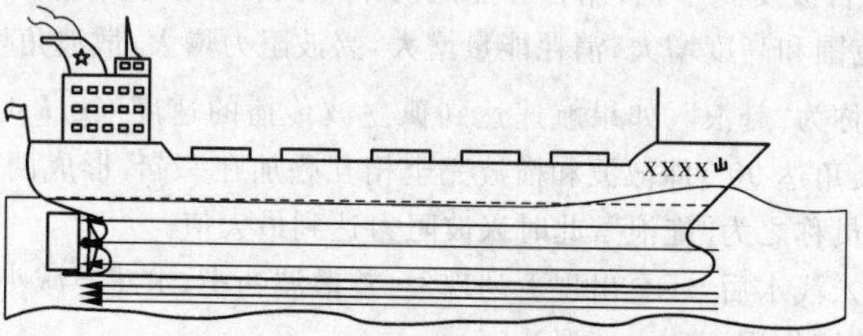

图 3-26　深水中船体下沉和纵倾变化

在深水域中船体下沉与纵倾变化，主要取决于船型和船速。试验结果表明，肥大型船舶船体下沉和纵倾变化剧烈；航速越快，船体下沉和纵倾变化越剧烈。

船舶在深水中船体下沉和纵倾变化随船速的关系，可用船速的无因次量傅汝德数 F_r 来衡量。

$$F_r = \frac{V_s}{\sqrt{gL}} \tag{3-24}$$

式中：V_s—— 船速(m/s)；

L—— 船长(m)。

① 当 $F_r \approx 0.06$ 时，开始出现船体下沉现象。

② 当 $F_r < 0.3$ 时，船首尾均下沉，并出现首沉大于尾沉的倾向。由于多数商船的速度在该速度范围内，所以静止时若为平吃水状态，在深水域航行时表现为平均吃水增加，并出现首倾。

③ 当 $F_r > 0.3$ 时，船尾下沉增大，可能超过首下沉。静浮时为平吃水状态的船舶将变成尾倾。

④ 当 $F_r > 0.6$ 时，尾倾更大，同时船体逐渐上浮并超过静浮位置并保持尾倾状态，呈滑行于水面的状态。

船舶在深水中船体下沉和纵倾变化与船型的关系，可用肥脊率($\Delta/0.1L^3$，其中 Δ 为排水体积；L 为船长）来衡量。对于中低速船，且吨位较大、船长较大者，速长比均较小，一般船首和船尾均是下沉的，而且，船首下沉量要大于船尾下沉量，所以表现为首倾。肥脊率越高的船，该首倾及下沉情况越显著。当然，低速时，这种首倾现象是很小的。

(3) 浅水中船体下沉和纵倾变化

船体下沉与纵倾变化除与船型、船速有关外，还与水深有关。浅水中的船体下沉及纵倾的变化，较深水中更为剧烈。由于水深较浅时，船体周围的水位下降现象范围更大，还受到水深较浅时产生的孤立波影响，所以船体下沉及纵倾变化与深水中相比有其特点。其变化与船速及水深的关系可用水深傅汝德数 F_{rh} 来表示。

$$F_{rh} = \frac{V_s}{\sqrt{gH}} \tag{3-25}$$

式中：V_s—— 船速(m/s)；

H—— 水深(m)。

船速较低时船体就开始下沉。

$F_{rh} < 0.6$，即 $V_s < 0.6\sqrt{gH}$ 时，船首下沉大于尾下沉，静浮时平吃水状态的船舶变成首倾。

$F_{rh} > 0.6$，即 $V_s > 0.6\sqrt{gH}$ 时，下沉加剧，船尾下沉增大，超过船首下沉，原为平吃水状态的船舶将变为尾倾。

$F_{rh} = 1$ 即 $V_s = \sqrt{gH}$ 时，船体尾倾最大，阻力最大，船体下沉量加剧。

$F_{rh} > 1$ 时，船体以尾倾状态上浮。

图 3-27 为浅水与深水域中船首尾下沉量的比较。由图可知，浅水中船体下沉和纵倾的特点是：

① 较低船速时就开始出现船体下沉；

② 随着船速增加，下沉量增加率比深水中大；

③ 船体达到首纵倾最大值及由首倾变为尾倾时所需船速低。

在一般商船速度范围内的船舶在浅水中航行时，通常表现为首下沉量大于尾下沉量，即原为平吃水的船舶将变为首倾。但是，如果船舶在浅水中回转，却有可能呈尾倾状态，这是由于一方面旋回中船速下降，首尾下沉量均减小；另一方面由于旋回时转心位置接近船首，因而旋回时船尾切线速度比船首大，即船尾切向水流流速大，水位下降多，导致船尾下沉量增大。

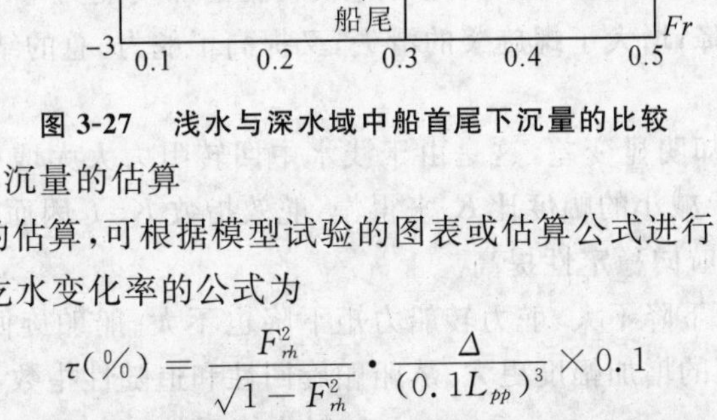

图 3-27　浅水与深水域中船首尾下沉量的比较

(4) 浅水中船体下沉量的估算

船体下沉量大小的估算，可根据模型试验的图表或估算公式进行推定。

学者 Hooft 估算吃水变化率的公式为

$$\tau(\%) = \frac{F_{rh}^2}{\sqrt{1-F_{rh}^2}} \cdot \frac{\Delta}{(0.1L_{pp})^3} \times 0.1 \tag{3-26}$$

式中 τ 为吃水变化率，即吃水变化量与船长之比；F_{rh} 为水深傅汝德数，即 $V_s/\sqrt{gH}$，g 为重力加速度，H 为水深，单位为 m；Δ 为排水容积，单位为 m^3。

大型油轮在浅水域中航行时船首下沉量与水深吃水比(H/d)、船速的关系，如图 3-28

所示。该图为一模型船的船首下沉量试验结果。对于与模型船舶（长 300m）船长不同的船舶，可将图示的船首下沉量乘以 $\sqrt{L_i/300}$ 求得（L_i 为各船的船长）。

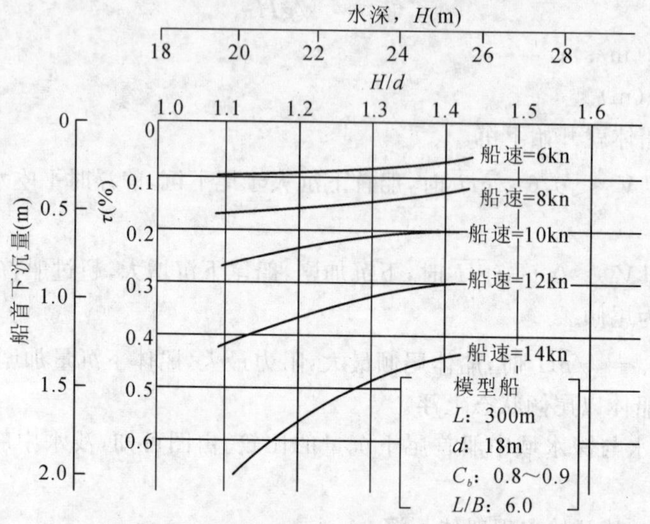

图 3-28　某油轮船首下沉量与 V 及 H/d 的关系

此外，美国 Barrass 提出的大型船舶船体下沉量估算的简易公式为：

$$S = C_b \cdot \frac{V_s^2}{50} \tag{3-27}$$

式中：S—— 浅水中船舶重心处的平均下沉量（m）；

V_s—— 船速（kn）。

由上可见，相对船体下沉量 S/L 在浅水中与水深傅汝德数的平方、方形系数、船舶吃水成正比，而与船舶长宽比 L/B 及水深成反比。

3. 船体振动加剧

（1）浅水中，水动力增大，首波增大，尾波增大，船体下沉、上浮导致船体振动加剧。

（2）浅水中，船尾伴流增强，螺旋桨上下桨叶推力之差较深水明显，船体振动加剧。

4. 浅水对船舶操纵性的影响

（1）舵力略有下降，舵效下降。

浅水中，舵叶周围的水流发生了变化，伴流、涡流增加使舵力下降。另一方面，由于相同转速时浅水中船速下降，增大了螺旋桨的滑失，又提高了舵力。总的结果，浅水中舵力下降实际上并不大。

但在浅水中舵效却明显变差，这是由于浅水中回转阻力大大增加，旋回性指数 K 大大减小，而追随性指数 T 减小的幅度比 K 来得慢，舵效指数 K/T 因而减小的缘故。

（2）旋回性下降，航向稳定性提高。

浅水中航行，舵力下降不大，舵力转船力矩下降也不大。船舶旋回阻矩及虚惯矩均有较大增加，其中旋回阻矩的增加幅度更大。从船舶旋回性和追随性指数 K、T 来分析：

$$K = \frac{a}{b} = \frac{\text{转船力矩系数}}{\text{阻尼力矩系数（浅水中}\uparrow\text{）}} \tag{3-28}$$

$$T = \frac{I}{b} = \frac{\text{船舶惯量}}{\text{阻尼力矩系数（浅水中}\uparrow\text{）}} \tag{3-29}$$

不难看出，K、T 同时减小。所以，船舶从深水进入浅水中，旋回性变差，而追随性、航向稳定性变好。

图 3-29 所示为某大型油轮（$DWT = 27.8$ 万 t，$L_{pp} = 325\text{m}$，$d = 21.79\text{m}$）在不同水深吃水比 H/d 条件下，满舵 35° 旋回的试验结果记录。由图可知，水深变浅，旋回初径增大，纵距也有所增加，但纵距增加率远低于旋回初径增加率，由此可见，浅水中旋回圈各要素并非整体性增加。根据多数试验结果表明，一般认为，当 $H/d = 4$ 左右时，旋回圈开始受到浅水的影响；当 $H/d = 1.25$ 时，旋回圈约比深水中增大 70% 左右。

进入浅水后，当水深吃水比 $H/d < 4$ 时，螺旋试验中的不稳定环形区域开始减小；Z 形试验中，惯性超越角也开始减小。这说明水深变浅时航向稳定性和追随性有所改善。但某些大型油轮船模试验结果发现，在中等水深（H/d 为 $1.6 \sim 2.6$）时船舶会出现航向稳定性反而下降的特殊现象，往往将这种中等水深称为危险水深，在操船时应予注意。

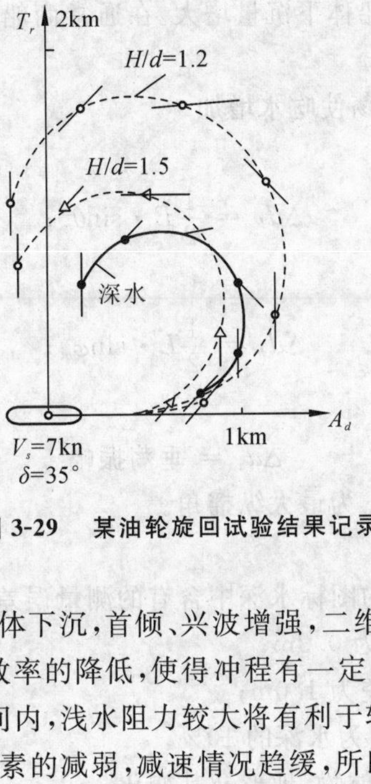

图 3-29　某油轮旋回试验结果记录

(3) 停船性能影响

船舶驶于浅水域时，由于船体下沉，首倾、兴波增强，二维流增速等原因，船体阻力将有所增加。另外，由于螺旋桨推进效率的降低，使得冲程有一定的减小，缩短了停船距离。特别是刚停车后余速较高的一段时间内，浅水阻力较大将有利于较快降速而减小冲程。当船速降至较低船速时，因为上述作用因素的减弱，减速情况趋缓，所以对减小冲程的作用减弱。

（三）富余水深

1. 富余水深的定义

浅水中操船，由于受限水域的影响往往引起操纵困难，横移阻力过分增大，不得不依靠拖船的协助；航行中船体下沉增大，有时会使船底与海底接触而导致船体损伤、主机和推进器故障。因此，在浅水域中为保证船舶安全和航行安全，水深必须满足一定的要求，以适应水域的条件和状况、适应操船的方法和条件，使水深超过实际吃水，并保持一定的安全余量，这个安全余量通常称之为富余水深（Under keel clearance）。如图 3-30 所示，富裕水深可由下式求出：

富余水深 ＝ 海图水深 ＋ 当时当地的基准潮高 － 船舶静止时的实际最大吃水

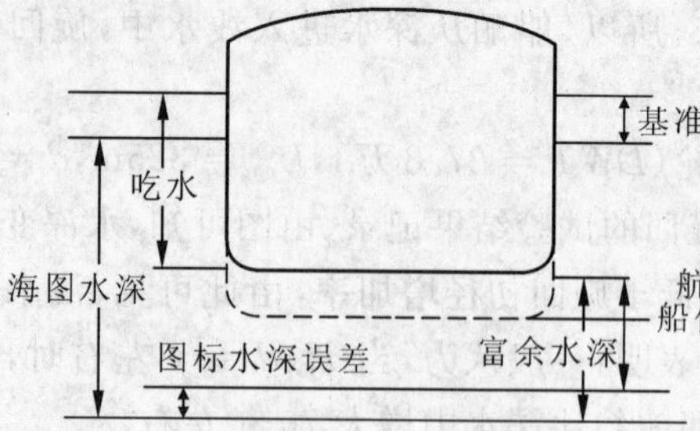

图 3-30　富余水深示意

2. 确定富余水深应考虑的因素

在确定富余水深时，应考虑以下因素：

(1) 船体下沉和纵倾变化

船舶在浅水域中航进时，船体下沉量增大。在通常商船速度范围内，直航时一般呈现为首倾，故尤应注意船首下沉量。

(2) 船舶因波浪引起的摇荡使吃水增加

横摇时的吃水增加量

$$\Delta d_R = \frac{1}{2}B \cdot \sin\theta_m; \tag{3-30}$$

纵摇时的吃水增加量

$$\Delta d_p = \frac{1}{2}L \cdot \sin\varphi_m; \tag{3-31}$$

垂荡时的吃水增加量

$$\Delta d_z = \text{垂荡振幅} \tag{3-32}$$

其中：θ_m 为最大横摇角，φ_m 为最大纵摇角。

(3) 海图水深的测量误差

根据国际测深标准，海图的图标水深中含有的测量误差为：

水深 20m 以下，允许误差为 0.3m；

水深 20 ～ 100m，允许误差为 1.0m；

水深 100m 以上，允许误差为水深的 10%。

与此同时还应考虑海底碍航物、地形及其变化。

(4) 水位的变化量

① 当时当地的潮高误差。

② 气压变化引起的水位变化。气压每升高 1hPa，水面下降 1cm。

③ 水的比重变化引起的吃水变化。设船舶由海水（密度为 ρ_1）进入淡水（密度为 ρ_2），则吃水变化量为

$$\Delta d = d_1 \cdot \frac{C_b}{C_w}\left(\frac{\rho_1}{\rho_2} - 1\right) \tag{3-33}$$

式中：d_1—— 在海水中的吃水；

C_b—— 方形系数；

C_w—— 水线面系数。

(5) 为安全操纵应考虑的因素

① 受限水域航行时会产生浅水、岸壁效应等现象，故应留出一定的富余水深，以保证船舶安全航行，克服上述效应，而有效地进行保向、改向或移动的安全操纵。

② 防止主机冷却水入口吸入泥沙。如主机冷却水使用靠近船底的吸入口时，至少需有冷却水吸入口直径 1.5 ～ 2 倍的船底富余水深。

③ 海底表层为硬岩时，由于不平坦，触底的危险性更大，因此所取富余水深应比软泥底时大。根据 Bojtch 的提案，对岩石底质估算 60cm，砂底估算 30cm 的富余水深是必要的。

④ 在港内操纵时，往往为制动或掉头而用锚，锚的抓底情况因底质不同而异。当底质为泥时，一般都是锚爪向下全部埋入泥土。而在结实的砂底上拖锚时，则往往锚爪未能充分埋入，所以船底下应留有相当于锚头宽度的间隙，一般取锚冠凸缘的宽度。

在具体确定富余水深时，应将上述各因素根据具体航行条件加以考虑进行取舍。

3. 确定富余水深的参考实例

(1) 欧洲引水协会(EMPA) 对进出阿姆斯特丹、鹿特丹、安特卫普诸港的船舶，建议采用如下的富余水深(表 3-4)：

表 3-4　欧洲引水协会建议的富余水深

水域	大型船	超大型油轮(VLCC)
外海航道	吃水的 20%	吃水的 15%
港外航道	吃水的 15%	吃水的 10%
港内	吃水的 10%	吃水的 5%

(2) 马六甲海峡、新加坡海峡对吃水 15m 以上的深吃水船及 DWT15 万 t 以上的 VLCC 过境时，规定了至少应保持 3.5m 富余水深。

(3) 日本濑户内海主要港口的富余水深基准为

①$d < 9\text{m}$：$5\%d$；

②$9\text{m} \leqslant d \leqslant 12\text{m}$：$8\%d$；

③$d \geqslant 12\text{m}$：$10\%d$。

有的港口如水岛港、加古川港则规定富余水深为：$10\%d + 50\text{cm}$。

(4) 美国纽约港和新泽西港港口管理当局对所辖水域的部分航道和航行水域的富余水深提出了如下建议：

① 部分航道的船舶富余水深不得小于 2ft(约 0.61m)；

② 对受涌浪影响较大的水域，建议最小富余水深为 3ft(约 0.91m)。

(5)《长江口深水航道通航安全管理办法(试行)》规定，客船、油船、化学品船、液化气船在深水航道内航行时应保留不小于本船淡水吃水 15% 的富余水深；其他船舶仍按照不小于本船淡水吃水 12% 的富余水深控制。

二、岸壁效应及航道宽度

(一) 岸壁效应(Bank effect)

水道宽度受限时，当船舶偏航接近水道岸壁，因船体两舷所受水动力不同，而出现的船舶整体吸向岸壁、船首转向航道中央的现象称为岸壁效应，如图 3-31 所示。

水道宽度对操船的影响，根据 Hooft 的研究认为，航道宽度与船长之比 $W/L \leqslant 2$ 时，出现岸壁效应，这个值可作为窄水域对待；当 $W/L \leqslant 1$ 时，操纵性受到明显影响。这里所述的水道宽度是指航道的底部宽度。

1. *岸推(Repulsion)*

如果船舶偏至航道某一侧距离岸壁较近时，航行中船首排开的水分向左右两舷侧，近岸一舷由于岸壁阻挡水流扩散缓慢；同时一部分需从船底流过的水也因水浅而流动不畅。因此在船首近岸舷形成高水位，产生转船力矩推首转向航道中央，这种现象称为岸推。该力矩称岸推力矩，如图 3-31 所示。

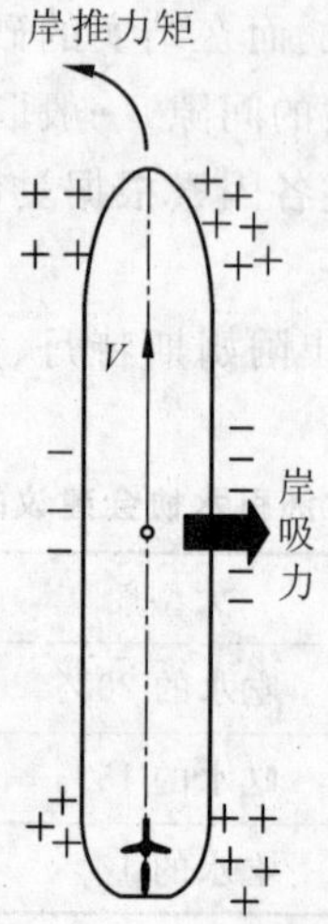

图 3-31　岸壁效应

岸推力矩 N：

$$N = -\rho \cdot C_b \cdot L \cdot B \cdot d \cdot V^2 \cdot \eta_0 \cdot [0.0025 + 0.0755(\frac{d}{H})^2] \tag{3-34}$$

式中：η_0—— 船舶与航道边线的距离。

2. *岸吸(Suction, attraction)。*

与岸推产生的同时，在船中尾部由于船体靠近岸壁，近岸侧过水断面小，流速增大，压力下降；此外，螺旋桨正车时，把前方的水吸入盘面然后排向后方，使吸入流的一面，即船中尾部两侧，尤其内舷侧形成较低水位，压力下降。因此，船中尾部近岸舷水流流速快、压力低，船舷两侧构成推船向岸靠拢的压力差。这个横向吸引力称为岸吸力，这种现象称为岸吸，如图 3-31 所示。

岸吸力 Y：

$$Y = \rho \cdot C_b \cdot B \cdot d \cdot V^2 \cdot \eta_0 \cdot [0.0925 + 0.372(\frac{d}{H})^2] \tag{3-35}$$

式中：η_0—— 船舶与航道边线的距离。

3. *岸壁效应的影响因素*

模型试验和实船试验表明，岸壁效应与下列因素有关：

(1) 岸间距越小，岸壁效应越明显。船岸间距达 1.7 倍船宽时，便可显出岸壁影响。

(2) 水道宽度越窄，岸壁效应越激烈。

(3) 航速越高，岸壁效应越激烈。

(4) 船型越肥大，岸壁效应越明显。

(5) 水深越浅，岸壁效应越激烈。

4. 岸壁效应实例

天津港一起险情示意如图 3-32 所示。

天气情况：天气晴朗，偏南风 2 ～ 3 级，视线 5n mile 以上，航道为双向航道。

船舶资料：出港船 A，船长 223.7m，船宽 32.2m，最大吃水 12.7m；进港船 B，船长 86m，船宽 14m，吃水 3.2m。

A 船从新港 19 号泊位离泊，航行至 29♯-30♯ 号浮筒之前，没有发生任何影响到安全航行的情况。当时是涨潮，流向基本是沿着航道，增加舵效。

根据 AIS 回放，从 1605 时至 1647 时检测本船的车舵性能，均得到本船的正常应答，主机和舵机没有发生故障。

与 B 船会遇之前，A 船的航迹已经靠近了主航道南边缘。与 B 船联系后，约定会左舷过，A 船又向右让了 30°，1620 时，距离 B 船小于 0.4n mile，A 船的舵工反映舵失效。此时 A 船船速 12 ～ 13kn，舵角为右满舵，船首瞬间向左加速旋转，船身向右旋转，船首正指向 B 船的船身。驾驶员立即检查车舵，同时通告交管中心和会遇的 B 船，让 B 船配合大角度向左转向。B 船紧急采取行动，驶过让清 A 船时，A 船已经大角度偏向航道中央。待距离航道边缘有 2 倍船宽的距离时，船首才能慢慢把定，船舶方可控。

事发当时，B 船后 2n mile 处是一条船长约 300m，吃水 19m 的满载散货船。若非交管联系及时，B 船吃水较小，操纵得当，否则碰撞难以避免，后果不堪设想。

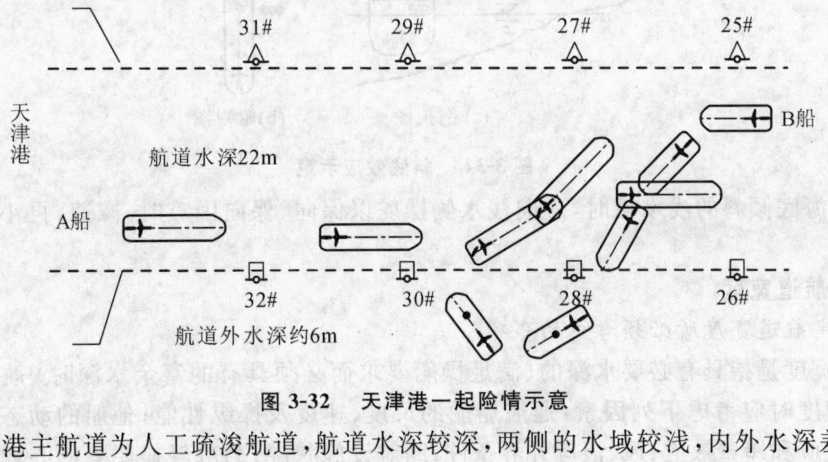

图 3-32　天津港一起险情示意

天津港主航道为人工疏浚航道，航道水深较深，两侧的水域较浅，内外水深差距较大。主航道在防波堤口门到灯塔之间的水域，水深为 22m，底宽度 397m，坡度比为 1∶5，坡度角约为 78°，天津港航道剖面示意如图 3-33 所示。主航道以外的水深 4 ～ 7m 不等，29♯-30♯ 号浮筒附近航道南侧水深只有 5.5m，航道内外的水深差距达到 17 ～ 18m，航道两侧坡度较大，这就为大吃水船舶偏离航道中线航行时产生岸壁效应提供了条件。

由于 A 船船位太靠近主航道的南边缘，29♯-30♯ 处航道外水深只有 5.5m 加上当时潮水高度，而航道处水深至少有 21m 加上当时潮水，对于吃水大的船舶来说，航道边缘犹如岸壁一样，当船位靠近航道边缘时会产生明显的岸壁效应。当满舵不足以克服岸壁效应产生的偏转时，也就无法把定在设定的航向上，船首会向深水处偏转。驾驶员在会遇他船之前没有注意到舵角指示器情况，也没有注意到本船船位的明显偏南，会船之前更没有主动向北调整

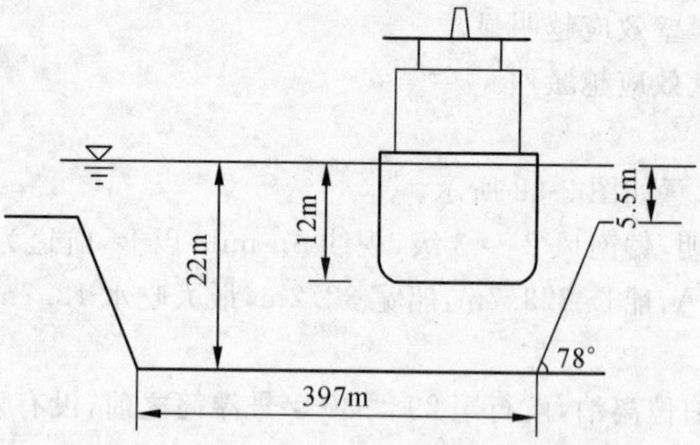

图 3-33　天津港航道剖面示意

自己的船位。当舵工反映无舵效时，驾驶员误以为舵机失灵，由于没有充分的心理准备应对这种满载吃水较大船舶容易受岸壁效应影响的情况，应急情况下采取行动，很难保证航行安全。

5. 斜底效应

1934 年 1 月 12 日，英国海军“纳尔逊”号战列舰(排水量 38000t)进朴次茅斯港，虽用了左满舵，但舰首依然不断向右偏转，导致舰尾搁于左侧浅滩。船体整体吸向浅水，船首转向深水，这种现象被称为斜底效应，与岸壁效应类似。斜底效应示意如图 3-34 所示。

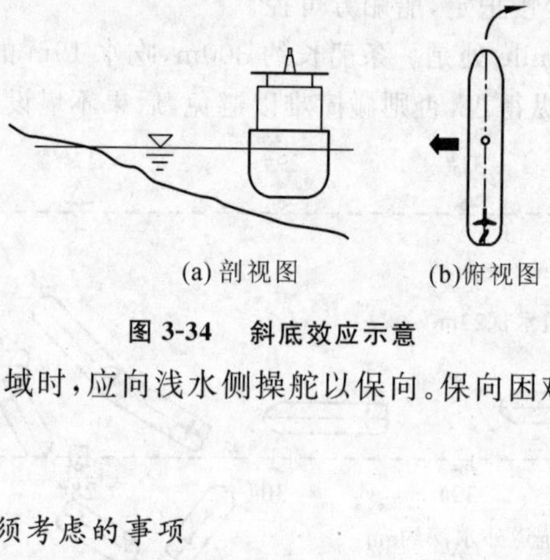

(a) 剖视图　(b)俯视图

图 3-34　斜底效应示意

驶于海底倾斜的浅水域时，应向浅水侧操舵以保向。保向困难时，减速，再小舵角驶离浅水区。

(二) 航道宽度

1. 决定航道宽度所必须考虑的事项

航道宽度是指具有必要水深的(满足操船要求而必须具有的富余水深时) 航道海底宽度。选择宽度时应考虑下列因素：通航船舶的尺度、速度及操纵性能；他船的动态与交通流量；浅水效应和岸壁效应；风、浪等外界条件；助航设施状况；为减轻操船者的心理紧张负担而留有一定的富裕宽度。

2. 航道宽度的基本构成

(1) 保向宽度(船舶操纵宽度)

无风流时，保向航行所需的宽度因船舶操纵性的优劣而不同。据研究，以船速 5kn 通过运河时的模型试验表明：操纵性好的船舶，需宽度 1.6B(船宽)；操纵性一般的船舶，需宽度 1.8B；操纵性较差的船舶需宽度 2.2B。

在有风流时，还应考虑风流产生的漂移量；船舶驶经长直的航道时，必须考虑船位误差导致的横向偏位；以及用舵保向时转舵产生的船尾反移量，等等。

(2) 两船间距及船岸间距

并航时船舶间的相互作用力主要决定于航速、船型、水深、间距等。一般情况下，以备车速度(12kn 左右) 航行的船舶，两船间距至少应取一倍船长左右，船岸间距应保持在一半船长左右。

Oldenkamp 的模拟计算结果，得出了船速和船岸间距的影响关系。如船速为 12kn 时所需的航道宽度为 1L，则船速为 16kn 时需使航道宽度增加 40％。有岸壁效应时船速 12kn 需增宽 60％，16kn时需使航道增宽到 2 倍以上；而当船速降至 5kn 时，在可行驶的水道中，两船间隔可窄至船宽 B 左右，距岸间隔取 1.5B，操 5° 压舵角即可保向。

但应注意的是，在浅水域内河中行驶时，考虑到由于浅水效应可能导致船首发生碰撞，航速应降至 10kn 以下。

(3) 操船时为减轻紧张心理而增加的宽度

国外对大型船舶长所做的调查表明，在较长航道中能缓和操船紧张心理的航道宽度为 4 ～ 5L。当然，这个值在设计航道时显得较大，但可作为操船者的心理要求加以考虑。心理上要求的航道宽度因地形、交通、水文气象等航行环境的变化而不同。

3. 港湾航道的宽度

港湾航道的宽度如表 3-5 所示，可根据实际需要如航道的长度、会遇频繁程度、船舶的尺度等因素来确定。表 3-5 可作为双向航道确定宽度时参考。

表 3-5　港湾航道的宽度

航道长度	船舶交通情况	航道宽度
较长的航道	航道内船舶会遇频繁	2L
	非上述交通情况时	1.5L
上述情况之外的航道	航道内船舶会遇频繁	1.5L
	非上述交通情况时	L

注：L—— 可通过的最大船舶长度。

三、狭水道中船舶保向操纵

船舶在宽度受限的水域航行时，由于岸壁效应的影响使船先直航运动，然后变为回转运动，再变为横漂运动。为保持船舶在预定的航线上航行，势必需向岸壁侧(即内舷) 压舵。航道宽度越窄、航速越快、岸壁效应越明显，保向所需压舵量越大。图 3-35 表明了船舶偏离航道中央线的距离大小与保向压舵角之间的关系。

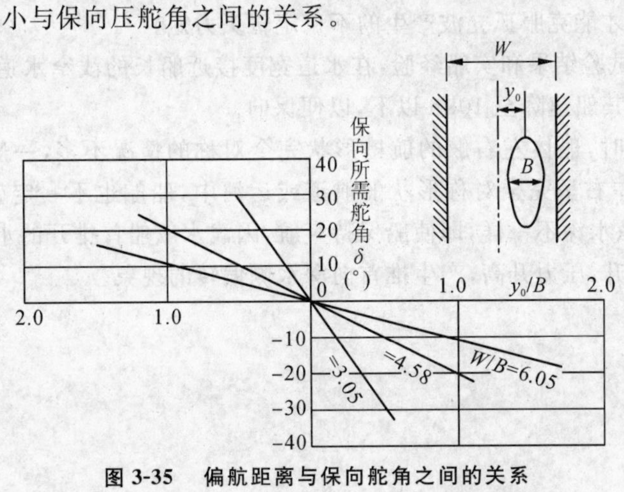

图 3-35　偏航距离与保向舵角之间的关系

岸壁效应通常是指船舶偏离航道中央、靠近岸壁航行时所出现的现象。但如果航行于宽度、水深同时受限的水域内，如运河中航行时即使船舶驶于航道中央，船首也会发生偏转。图 3-36 所示狭长水道中的船速与保向舵角，为运河航行的模型试验结果。图中 S/A_x 为水道断面面积与船体横断面积之比（也称阻塞比），如果 S/A_x 变小，对应一定的 S/A_x 值存在一难以保向的速度。在图中当 $S/A_x = 3.63$ 时，该速度为 7kn 左右。这是由于船速接近孤立波波速 $\sqrt{gH}$ 时，保向最困难，船舶需操较大舵角，才能克服产生较大的不稳定转头力矩；当 $S/A_x = 9.49$ 时，为保向所需操舵的舵角平均值，不论船速在 4 ～ 12kn 之内如何变化，总是在 4° 内。

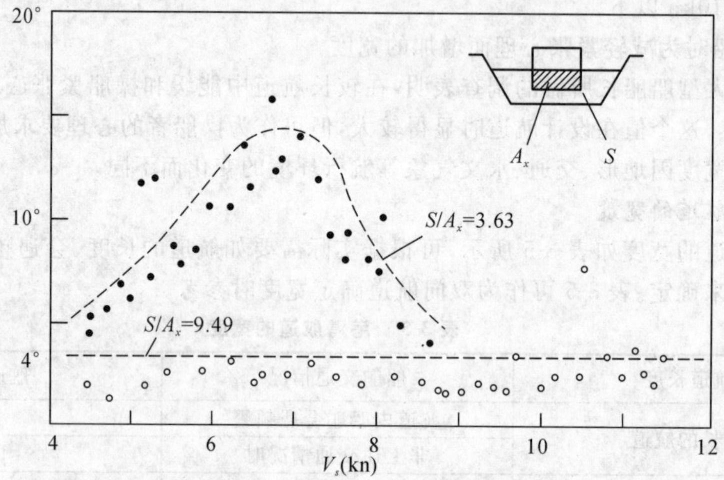

图 3-36　狭长水道中的船速与保向舵角

根据巴拿马运河等地引航员的经验，在狭水道航行时，船舶偏离航道中心线而需保持直航时，允许的压舵量为 15° 舵角，如果超过 15° 舵角才能保向，则比较危险，应采取减速措施并尽可能增大船岸间距。

日本专家曾就苏伊士运河航行时的保向问题进行过研究，得出以下结论：

(1) 航道相对宽度和相对水深极小时，保向所需压舵角明显增大。

(2) 在极窄极浅航道中航行时，如 $V_s = \sqrt{gH}$，即船速等于孤立波波速时，保向最困难，船舶需操较大舵角才能克服孤立波产生的不稳定转头力矩。

(3) 根据模型试验结果和实船经验，在水道宽度接近船长的浅窄水道内，建议行驶于航道中央的船舶应将其船速降至 10kn 以下，以便保向。

浅水域中航行时，船体左右舷的航槽形状完全对称的情况不多，一般海底均呈倾斜状态，即使在中心线左右呈完全对称形状的航道或运河中，船舶也不一定就航行在其中心线上。这样船体左右舷水深不一样，即使船保持直航，因浅水舷船首排开的水扩散困难，致使浅水舷船首处水位上升，压力升高，产生推首向深水侧偏转的现象。

第四节　船间效应

船舶在近距离接近航行，如对驶、追越或驶近系泊船时，船舶两舷的水流对称性遭到破坏，会产生类似岸壁效应的现象，出现互相吸引、排斥、转头、波荡等现象，称为船间效应(Interaction)。

一、船间效应的概念

1. 吸引与排斥

航进中的船舶，首尾处水位升高，压力增高从而给靠近航行的他船以排斥作用；而船中部附近水位下降，船中附近流速增大，压力降低，则给靠近的船舶以吸引作用。船间效应的吸引、排斥现象，如图 3-37(a) 所示。

2. 转头

当船首向与他船散波方向存在夹角时，即船舶斜向与散波遭遇时，伴随波的回转运动，波峰处的船体部分受波的前进方向的作用力，而波谷处的船体部分则受到相反方向的作用力，其结果产生了使船转头的力矩。船间效应的转头现象，如图 3-37(b) 所示。

这种转头作用，也是对方船的兴波越激烈时越大，当小型船、吃水浅的船遭受到高速大型船的散波作用时特别显著。

3. 波荡

处于他船船行波中的船舶，因其处于波的不同位置而受到向前加速和向后减速的作用，这种现象称为波荡(See-sawing) 或无索牵引(Wireless towing)。

两船如平行接近处于追越关系时，就要受到追越船或被追越船所造成的船行波作用，如处于波峰则受到推动作用，船舶被加速；处于波谷则受到波浪的阻遏作用，船舶被减速。船间效应的波荡现象，如图 3-37(c) 所示。

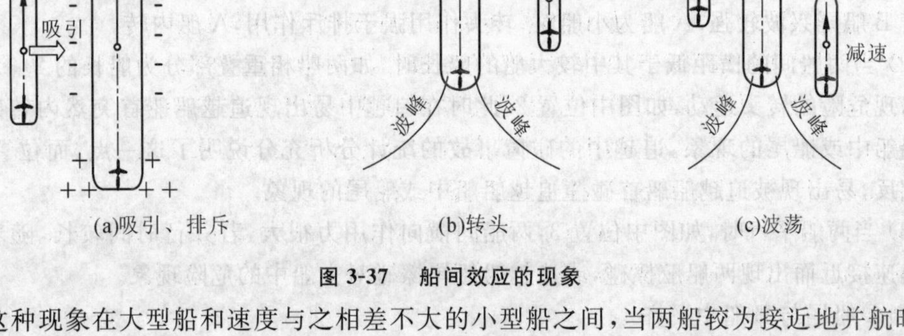

图 3-37　船间效应的现象

这种现象在大型船和速度与之相差不大的小型船之间，当两船较为接近地并航时更易发生。在狭水道内航行时，大型船舶船速越高，兴波越为激烈，小型船吃水越浅，波荡现象就越激烈，对小船的影响就越大。

以上三种现象有时可能同时出现。

二、追越过程中两船间的相互作用

1. 追越时两船间的力、力矩

Brix 半经验估算式（两船横距按 $0.35L_m$ 计算）

追越时船间最大横向力 Y_{max}：

$$Y_{max} = (0.025 \sim 0.030)\frac{1}{2}\rho V_m^2 L_m d_m \tag{3-36}$$

追越时船间最大转船力矩 N_{max}：

$$N_{max} = (0.004 \sim 0.007)\frac{1}{2}\rho V_m^2 L_m^2 d_m \tag{3-37}$$

式中：L_m—— 两船船长平均值，m；

V_m—— 两船速度平均值，m/s；

d_m—— 两船吃水平均值，m。

2. 追越过程两船的相互作用

图 3-38 描述了追越中不同相对位置时两船的相互作用。

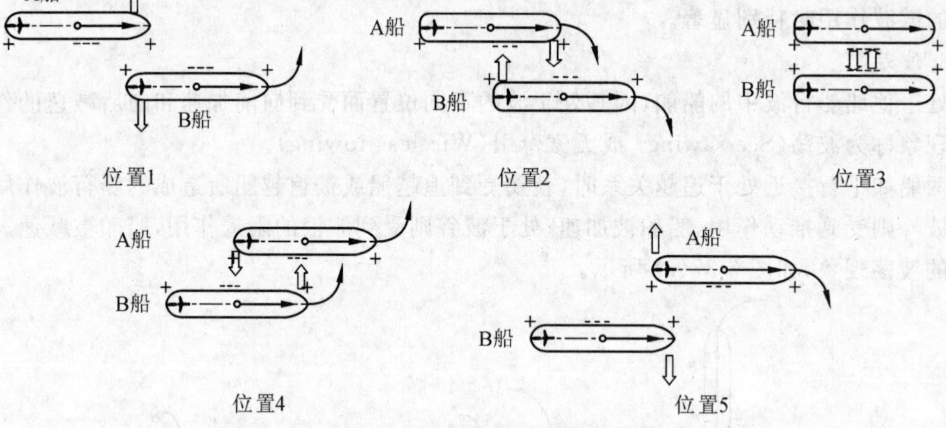

图 3-38　追越中不同相对位置时两船的相互作用

(1) 在 A 船首与 B 船尾平齐时，即图中的位置 1，此时如两船距离较近，前船（B 船）易出现内转，可能挡住后船（A 船）的进路，发生被后船船首触碰的危险。

若 B 船尾兴波较强，A 船为小船时，转头作用强于排斥作用，A 船内转。

(2) 当两船间的横距低于其中较大船的船长时，如两船相重叠部分为船长的 2/3 ～ 3/4 时将出现危险的转头运动，如图中位置 2，此时在追越中易出现追越船船首突然内转碰撞被追越船船中或船尾的现象。追越中的碰撞事故的统计分析充分说明了这一点。而位置 4，情况则相反，易出现被追越船船首碰撞追越船船中或船尾的现象。

(3) 当两船平行时，如图中位置 3，两船间横向作用力很大，若并行时间较长，随着两船距离迅速接近而出现两船舷擦碰，或追越船船尾擦碰对方船中的危险现象。

(4)A 船尾与 B 船中平齐

位置 4，出现 A 船尾擦碰 B 船船中的危险现象。

(5)A 船尾与 B 船首平齐

位置 5,虽有偏转,但风险不大。若 A 船尾兴波较强,B 船为小船时,转头作用强于排斥作用,B 船内转。

在浅窄航道航行时,追越中应特别注意以上几种危险局面。

三、对驶过程中两船间的相互作用

两船对驶会船时的相互作用情况,根据船模试验结果,如图 3-39 所示。

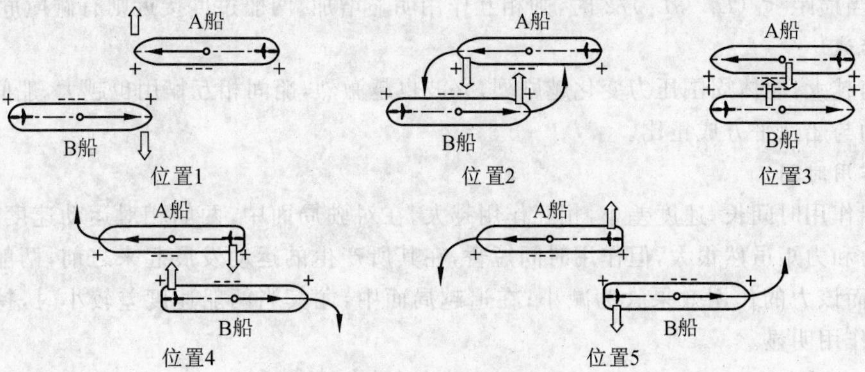

图 3-39　两船对驶时船间效应

位置 1:两船船首内侧高压互相排斥,船首各自外转。

位置 2:两船首部各被对方中部的低压所吸引,船首各自内转。

位置 3:两船内侧各为低压,互相吸引。

位置 4:两船尾部各被对方中部的低压所吸引,船首外转。

位置 5:两船尾部内侧高压互相排斥,船首各自内转。

两船间的这种相互作用力和力矩非常大,但是,在对驶会遇的情况下,这种非常大的力和力矩的出现是短暂的。在其所产生的力发生效果之前,两船已经相互驶过了,使这种力和力矩的作用效果大大减轻。

四、驶过系泊船时的相互作用

当船舶近距离驶过系泊船时,船间的相互作用使得驶过船受到的影响类似于岸壁效应。但除船间作用力和力矩的影响之外,系泊船也会受到驶过船的船行波及其岸壁反射波的影响。这种影响常表现为船舶的首摇、横摇、纵摇、横荡、纵荡及垂荡六个自由度的运动。其中对船舶影响最大的是纵荡。不良后果是可能造成系泊船靠岸舷侧的擦损和断缆等事故。

根据经验,航行船舶近距离驶过系泊船时,系泊船所受影响的大小与下列因素有关:

(1) 航行船舶排水量越大,航速越高,系泊船所受影响越大;

(2) 水深越浅,船间距离越小,系泊船所受影响越大;

(3) 系泊船排水量越小,影响越大;

(4) 强风急流将助长这种影响。

五、影响船间效应的因素

船间效应的大小取决于两船相互作用力、作用时间以及船舶排水量的大小，因此与下列因素有关：

1. 船间距离

两船横距越小，船间作用力越大。船间作用力的大小约与两船间横距的 4 次方成反比；船间作用力矩约与两船横距的 3 次方成反比。一般说来，当横距 $<(L_1+L_2)$ 时就会产生这种作用，当横距 $<(L_1+L_2)/2$ 时，则相互作用明显增加。两船过度接近则有碰撞危险。

2. 船速

船速越大，船体周围压力变化越剧烈，兴波也越激烈，船间相互作用也越大。船间作用力和力矩约与船速平方成正比。

3. 作用时间

两船作用时间长，速度差小，相互作用越大。在对驶局面中，两船相对运动速度较高，相互作用力和力矩虽然很大，但作用时间短暂，在其所产生的运动发展起来之前，两船已相互驶过，因而该力的作用效果大为减小；在追越局面中，尤其当两船速度差较小时，持续时间长，相互作用明显。

4. 船舶的大小

大小相差较大的两船并航时，较小的船受影响较大。

5. 水域条件

在浅窄的受限水域中航行时，相互作用比在广阔的深水域中明显。

六、船间效应的预防措施

1. 追越时预防措施

在受限水域近距离追越过程中，应当采取有效措施，减轻船间效应，避免发生碰撞事故。

(1) 尽量避免在狭窄弯段或浅滩处追越，应选择平直、通航密度小的允许追越的航段进行追越。

(2) 尽量保持足够的横距，深水中快速追越时，两船间应至少保持大船的一倍船长，最好能大于两船船长之和。在港内低速追越时，两船间的横距可以减小到最少保持一倍船宽，但若考虑到操船安全，最好能大于大船的一倍船长。追越时的横距要求如图 3-40 所示。

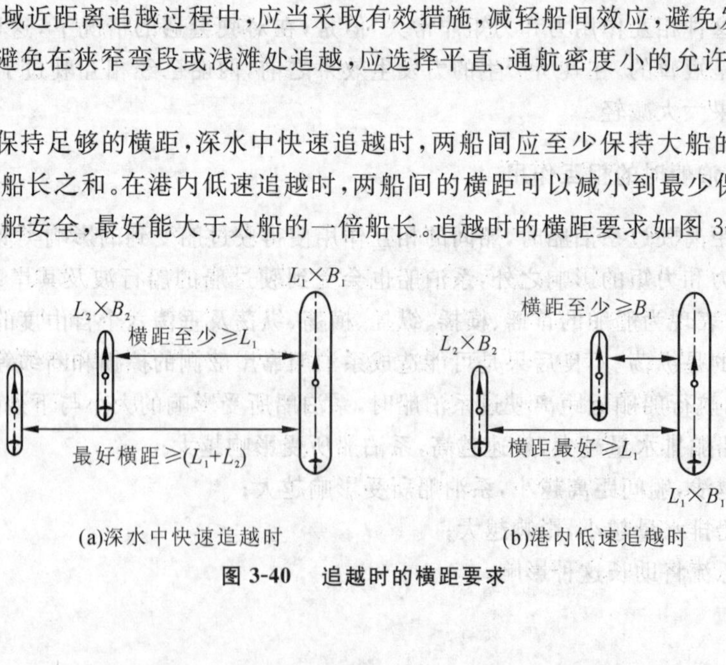

图 3-40 追越时的横距要求

(3) 追越前必须用 VHF 或声号征得被追越船的同意后方可追越。

(4) 被追越船如同意追越，应尽量让出航道，减速至能维持舵效的速度行驶；追越船应适当加车，尽可能加大两船的间距，以便增大两船间的速度差，减小两船并行的时间。

(5) 一旦出现明显的相互作用而有碰撞危险时，则追越船应减速，停车或倒车，并用相应的舵角制止偏转；而被追越船则应适当地加车以增加舵效，抵制偏转，此时被追越船如果减速则可能丧失舵效，反而容易引起碰撞。

2. 对驶时预防措施

对驶会船时，为避免激烈的船间效应而发生碰撞的预防措施是：

(1) 应避免在复杂的航段会船。

(2) 对驶前应减速缓慢航行，尽量保持两船间的横距大于大船的船长。

(3) 待两船船首相平时，切忌用大舵角抑制船首外转，否则将导致船首进入对方船中部低压区加速内转而引起碰撞。正确的措施是适当加车增加舵效，稳定船首向，减少通过的时间，使相互作用迅速消失而安全通过。

3. 驶过系泊船时措施

为了避免对系泊船造成过大影响，航行船舶近距离驶经系泊船时，宜减速行驶，同时尽可能加大与系泊船的横距。

系泊船在有航行船舶驶过时，为了避免遭受影响而造成事故，应当采取有效措施：

(1) 加强值班，保持系缆受力均匀，避免某根缆绳单独过紧或过松。

(2) 必要时对系缆和碰垫做必要的调整，以增加船舶系泊稳定度。

(3) 发现有大船快速驶过时，系泊船应对舷梯做出必要调整，停止可能受影响的作业，避免发生事故。

思考题

1. 试述风动压力三要素及其规律。
2. 风力系数与风舷角有何关系？
3. 如何判断风动压力作用中心位置？
4. 试述水动压力三要素及其规律。
5. 简述船舶静止中受风偏转规律。
6. 简述船舶前进中受风偏转规律。
7. 简述船舶后退中受风偏转规律。
8. 为什么斜顶风时保向界限曲线高于斜顺风时的保向界限曲线？
9. 简述流对冲程的影响。
10. 顺流或逆流对船舶旋回纵距有何影响？
11. 顺流或逆流时对舵效有何影响？
12. 流速、船速对流压差角有何影响？
13. 顶流靠泊时，简述船舶横移驶靠的操纵方法。
14. 浅水效应有哪些特征？
15. 什么是拖浪、赶浪现象？
16. 浅水中舵压力、舵效如何变化？

17.浅水中船舶的旋回性、追随性如何变化？
18.简述富余水深经验公式及其影响因素。
19.何谓岸吸、岸推？
20.影响岸壁效应的因素有哪些？
21.出现岸壁效应，如何操纵船舶？
22.什么是船间效应?包含哪些现象？
23.简述追越中两船的相互作用。
24.简述对驶中两船的相互作用。
25.影响船间效应的因素有哪些？
26.为避免或减轻追越中的船间效应，两船横距应如何控制？
27.对驶中两船首相遇时，出现船首外转，应如何正确操纵？
28.驶过系泊船时，会出现哪些船间效应？

第四章　港内操船

港内操船指对船舶进行靠泊、离泊、系离浮筒、掉头和锚泊等的操纵。港内操船时需要根据船舶操纵性能和合理运用船舶操纵设备及港作拖船，准确把握外界环境对船舶操纵的影响，以便对船舶的航向、航速和船位三要素进行实时控制，保证船舶操纵的安全。

第一节　进出港操船

一、港内水域概述

港口系指位于江河、湖泊、海岸等水域的沿岸，具有一定设施和条件，可供船舶停泊、货物装卸、物料供应等作业的地方。港口按所在位置可分为海岸港、河口港和内河港，海岸港和河口港统称为海港。港口的范围包括水域和陆域两部分。

港内水域一般包括港内航道、船舶制动水域、回旋水域、码头前沿停泊水域，以及锚地、停泊区等，惠州港如图 4-1 所示。陆域部分主要由码头和堆场构成。港口的水域、气象、水文条件不同，船舶操纵方法也存在很大差异。船舶操纵人员首先要了解航行水域通航环境，针对其特点，制订相应的操纵方案。

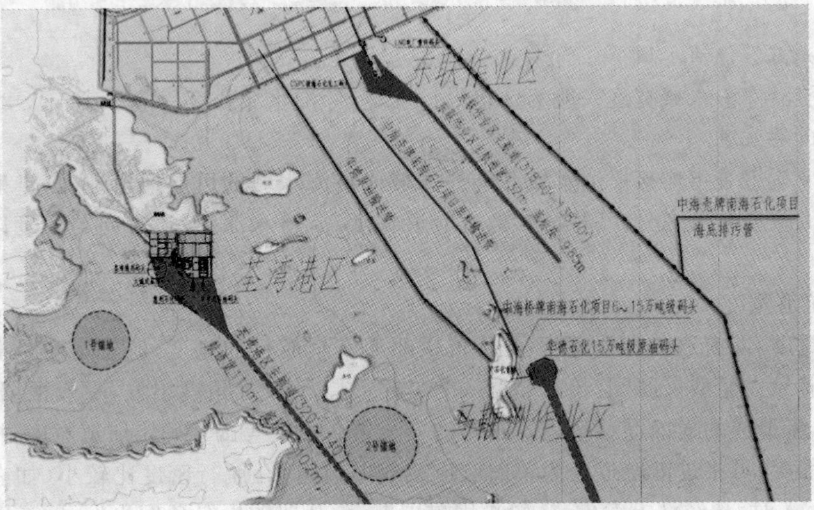

图 4-1　惠州港

1. 船舶制动水域

船舶制动水域是指供船舶进靠泊位过程中停船操纵的水域。船舶制动水域一般设置在进港方向的直线上，少数设置在半径不小于 3 ～ 4 倍设计船长的曲线上。船舶制动距离压载状态可取 3 ～ 4 倍设计船长，满载状态可取 4 ～ 5 倍船长。对于超大型散货船以及航行条件复杂的港口，可适当加大。实际操纵中，大型船舶在进港制动时一般不采用全速倒车的方式，以便为紧急情况的处理留有余地，船舶的初速在 4 ～ 6kn 时的实际制动距离为 2 ～ 6 倍船长，初速在 6 ～ 8kn 时的实际制动距离为 4 ～ 10 倍船长。

制动距离是船舶靠泊过程中选择船速的依据。船速过高，可能不易停船；船速过低，又可能由于风流的影响而产生较大的漂移。因此，应根据可供制动的距离和水文气象条件选择合适的进港船速。

2. 回旋水域

船舶回旋水域设置在方便船舶进出港和靠离码头的水域。回旋水域范围的大小一般决定了船舶掉头操纵方式，掉头水域范围较大时，可以采用自力掉头操纵方式；掉头水域范围有限时，小型船舶可以采用拖锚掉头方式，中、大型船舶需采用拖船协助方式。船舶回旋水域尺度如表 4-1 所示。

表 4-1　船舶回旋水域尺度

适用范围	回旋圆直径(m)	备注
掩护条件较好，水流不大、有港作拖船协助	$(1.5 \sim 2.5)L$	没有侧推及无拖船协助时，船舶回旋圆直径可取$(2.0 \sim 3.0)L$
掩护条件较差的码头	$2.5L$	掩护条件差时，可适当增大
允许借码头或转头墩协助转头的水域	$1.5L$	
液化天然气码头	$\geqslant 2.5L$	

受水流影响较大的港口，应适当加长转头水域沿水流方向的长度，沿水流方向的长度可取$(2.5 \sim 3.0)L$。

3. 码头前沿停泊水域

码头前沿停泊水域宽度一般为 2 倍设计船宽，停泊水域长度一般不小于 1.2 倍船长。

4. 进出港航道

进出港航道是指连接停泊水域和港外水域或沿海水域的可航通道。进出港航道有天然航道和人工疏浚航道之分。其特征参数有航道宽度、航道水深、航道方向与弯度以及乘潮水位等。

(1) 航道宽度

航道宽度，即航道的有效宽度，是指可供船舶安全航行的宽度。航道宽度是衡量航道水平方向通航最大船型尺度（船长与船宽）的重要标志。从设计角度出发，一般根据船速、航迹带宽度、风流造成的横向漂移量以及必要的安全富余宽度等因素确定航道宽度，根据船舶通航的频繁程度，可将进港航道分为单向航道或双向航道。在航行密度比较小（如在日平均通航艘次 ≤ 1）时，从经济上考虑，一般采用单向航道。从船舶操纵角度出发，航道宽度是指船舶航行水域在水平面方向的限制，即受限水域宽度，故船舶在航道内航行要考虑保向宽度、岸壁效应、船间效应以及是否需要拖船协助等问题。

根据《海港总体设计规范》(JTS 165—2013)，航道通航宽度由航迹带宽度、船舶间富余宽度和船舶与航道底边线间的富余宽度组成。航道基本尺度如图 4-2 所示。单线和双线航道通航宽度可分别按式(4-1) 和式(4-2) 计算。

单线航道
$$W = A + 2c \tag{4-1}$$

双线航道
$$W = 2A + b + 2c \tag{4-2}$$
$$A = n \cdot (L\sin\gamma + B) \tag{4-3}$$

式中：W—— 航道通航宽度(m)；

A—— 航迹带宽(m)；

b—— 船舶间宽余宽度(m)，取设计船宽，当船舶交会密度较大时，船舶间富余宽度可适当增加；

n—— 船舶漂移倍数，采用表 4-2 中的数值；

γ—— 风、流压偏角(°)，采用表 4-2 中的数值；

c—— 船舶与航道底边线间的富余宽度(m)，采用表 4-3 中的数值；

L、B—— 设计船长、船宽(m)。

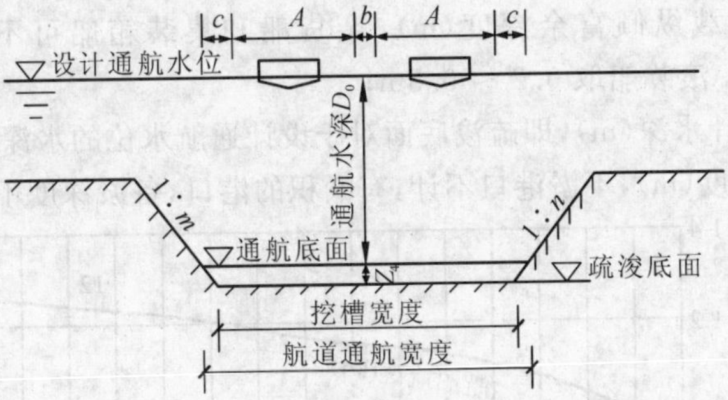

图 4-2　航道基本尺度

表 4-2　船舶漂移倍数 n 和风、流压偏角 γ 值

风力	横风 ≤ 7 级				
横流 V(m/s)	≤0.10	0.10＜V≤0.25	0.25＜V≤0.50	0.50＜V≤0.75	0.75＜V≤1.00
n	1.81	1.75	1.69	1.59	1.45
γ(°)	3	5	7	10	14

注：① 斜向风、流作用时，可近似取其横向投影值查表；

② 考虑避开横风或横流较大时段航行时，经论证，航迹带宽可进一步缩小。

表 4-3　船舶与航道底边线间的富余宽度 c

项目	杂货船或集装箱船		散货船		油船或其他危险品船	
航速(kn)	≤6	＞6	≤6	＞6	≤6	＞6
c(m)	0.50B	0.75B	0.75B	B	B	1.50B

对液化天然气船舶通行的航道，通航宽度除满足按式(4-1) 和式(4-2) 计算外，尚应满足不小于 5 倍设计船宽的要求。

(2) 航道水深

航道水深通常是指理论最低潮面至海底的深度，即海图水深。航道水深是衡量航道垂直方向通航最大船型尺度(吃水) 的重要标志。人工疏浚航道工程量巨大，一般考虑船舶乘潮进出港。从设计角度出发，在航道起算水位确定以后，按设计船型满载吃水，考虑龙骨下最小富余深度，并考虑波浪的影响、航行下沉量以及回淤等因素确定航道水深。从船舶操纵角度出发，航道水深是指船舶航行水域在垂直方向的限制，故船舶在航道内航行要考虑安全富余水深（UKC）的问题。

根据《海港总体设计规范》（JTS 165—2013），航道通航水深和设计水深可按下列公式计算：

$$D_0 = T + Z_0 + Z_1 + Z_2 + Z_3 \tag{4-4}$$

$$D = D_0 + Z_4 \tag{4-5}$$

图中：D_0—— 航道通航水深（m）；

T—— 设计船型满载吃水（m）；

Z_0—— 船舶航行时船体下沉量（m），对于非限制性航道按图 4-3 采用；

Z_1—— 航行时龙骨下最小富余水深（m），采用表 4-4 中的数值；

Z_2—— 波浪富余深度（m），采用表 4-5 中的数值；

Z_3—— 船舶装载纵倾富余深度（m），杂货船和集装箱船可不计，油船、散货船取 0.15m，滚装船取 0.2 ～ 0.3m；

D—— 航道设计水深（m），即疏浚底面对于设计通航水位的水深；

Z_4—— 备淤深度（m），不淤港口不计，有淤积的港口，备淤深度不宜小于 0.4m。

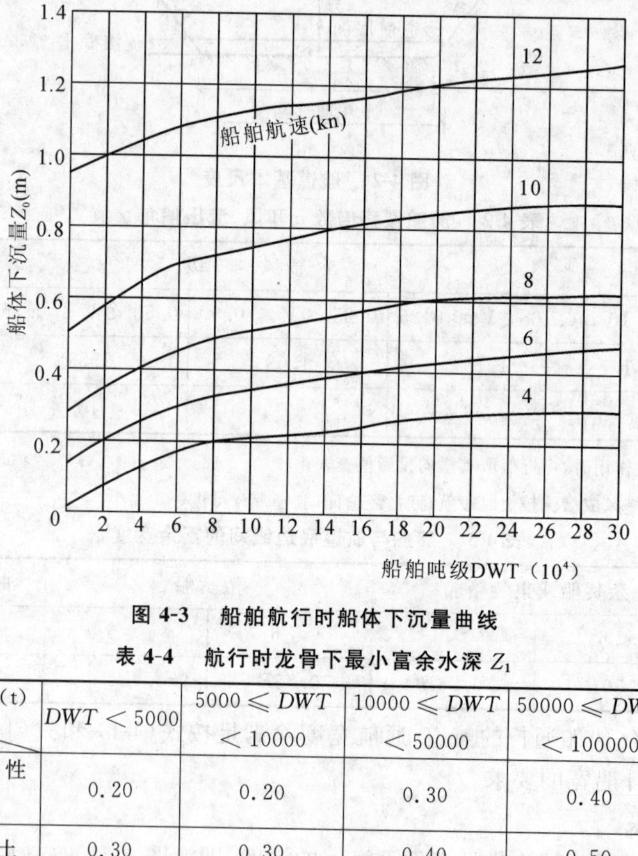

图 4-3　船舶航行时船体下沉量曲线

表 4-4　航行时龙骨下最小富余水深 Z_1

船舶吨级（t）／土质特性	$DWT < 5000$	$5000 \leqslant DWT < 10000$	$10000 \leqslant DWT < 50000$	$50000 \leqslant DWT < 100000$	$100000 \leqslant DWT < 300000$
淤泥土，软塑、可塑性土，松散沙土	0.20	0.20	0.30	0.40	0.50
硬塑黏性土、中密砂土	0.30	0.30	0.40	0.50	0.60
坚硬黏性土、密实砂土、强风化岩	0.40	0.40	0.50	0.60	0.70
风化岩、岩石	0.50	0.60	0.60	0.80	0.80

表 4-5　船、浪夹角 Ψ 与 $Z_2/H_{4\%}$ 的变化系数值

Ψ (°)	0 (180)	10 (170)	20 (160)	30 (150)	40 (140)	50 (130)	60 (120)	70 (110)	80 (100)	90 (90)
$Z_2/H_{4\%}(\overline{T}\leqslant 8s)$	0.24	0.32	0.38	0.42	0.44	0.46	0.48	0.49	0.5	0.52
$Z_2/H_{4\%}(\overline{T}=10s)$	0.55	0.65	0.75	0.83	0.90	0.97	1.02	1.08	1.10	1.15

注：① 当 $DWT<10000t$ 时，表中的数值应增加 25%；

② 当波浪平均周期 $8s<\overline{T}<10s$ 时，可内插确定 $Z_2/H_{4\%}$ 的取值；

③ 当波浪平均周期 $\overline{T}<10s$ 时，应对 Z_2 进行专门论证。

(3) 航道方向与弯度

航道方向是指航道中线的方位角。航道方向是衡量风、浪、流影响程度的依据。进港航道的布置一般顺着主流向的方向。在往复流的水域，如河口港，一般航道方向与流向基本平行，然而在沿海或有旋转流的水域，航道方向或多或少与流向都有一定的交角，有的甚至为横流，在急流、横风的情况下可能造成船舶难以安全通过航道。

受地形地貌的影响，在整个进港航道长度范围并非一个航道方向，可能存在一个甚至多个转向角。尽管在航道设计时考虑了转向点附近水域宽度的具体要求，但弯曲航道的确增加了实际操船的难度，而且转向角越大，难度越大。特别在通过弯曲河道时，由于弯处流场比较复杂，更要引起足够的重视。转向角较大的水域，大中型船舶应考虑拖船协助转向。

(4) 乘潮水位

吃水较大的船舶，如果某一航段的水深不足以使船舶安全通过航道，则需要在一定的时间内利用一定的潮位，以确保船舶安全通过该航段，这种能使船舶在一定时间内可安全通过航道的潮位称为乘潮水位。考虑乘潮水位设计的航道不能全天候通航。对于需要乘潮进出港的船舶，需要考虑进出港的时机。

5. 连接水域及码头前沿水域

(1) 连接水域

连接进出港航道至码头的水域有掉头水域、码头前沿水域、制动水域等。这些水域的大小及其与航道之间的关系直接影响船舶操纵的安全性。

(2) 码头前沿水域

码头前沿水域是指供船舶靠离泊操纵和装卸作业的水域。码头前沿水域一般水流比较稳定，具有足够的水深和宽度，能满足船舶安全靠离泊操纵和装卸作业的要求。按码头布置形式可分为顺岸码头前的水域和突堤码头间的水域。其大小按船舶尺度、靠离码头的方式、水流和强风的影响、转头区布置等因素确定，一般为 $2.0B$（B 为船宽）。

码头前沿水域在任意情况下都具有能保证船舶满载时的安全停泊要求的水深。为此，码头前沿水域的水深通常比航道和掉头水域的水深大。

6. 码头及泊位

船舶最常见的停泊方式之一是码头系泊。码头是港口的主要组成部分。一个码头可以有一个或多个泊位。

码头是指供船舶停靠、装卸货物和上下旅客的水工建筑物。码头的种类繁多，分类方法也不尽相同。码头大致有下列几种分类形式：

(1) 按照码头的平面布置进行分类，可分为顺岸式、突堤式、墩式码头等。墩式码头又可分为与岸用引桥连接的孤立墩和用联桥连接的连续墩两种，墩式码头也称为栈桥式码头；突堤码头又分为窄突堤(突堤是一个整体结构) 和宽突堤(两侧为码头结构，当中用填土构成码头地面) 两种；

(2) 按结构形式进行分类，可分为重力式、板桩式、高桩式、斜坡式、墩柱式和浮码头等；

(3) 按用途进行分类，可分为一般件杂货码头、专用码头(渔码头、油码头、煤码头、矿石码头、集装箱码头等)、客运码头、供港内工作船使用的工作船码头以及为修船和造船工作而专设的修船码头、舾装码头等；

(4) 按照码头周围水域是否有掩护进行分类，可分为有掩护码头和开敞码头两种。

有掩护码头又分为具有天然掩护和人工掩护两种。例如，在挖入式或回填式港池内所建码头属于人工掩护码头。

尽管码头形式有所差异，水域环境和自然环境有所不同，但进出港、靠离泊操纵的方式并没有本质上的差别。但有掩护码头与开敞式码头由于受风、流、浪的影响不同，故船舶操纵差别比较大。

7. 锚地及港湾

船舶停泊方式除了码头系泊之外，另一种重要的停泊方式是锚地停泊。最普通的锚地停泊方式是锚泊，此外，还有系浮筒停泊方式。

1) 锚地与港湾

锚地与港湾是专供船舶(船队) 在水上停泊及进行各种作业的水域，如装卸锚地、停泊锚地、避风锚地、引航锚地及检疫锚地等。装卸锚地为船舶在水上过驳的作业锚地。停泊锚地包括到离港锚地、供船舶等待靠码头、候潮和编解队(河港) 等用的锚地。避风锚地指供船舶躲避风浪时的锚地，小船避风须有良好的掩护。检疫锚地为外籍船舶到港后进行卫生检疫的锚地，有时也和引航、签证等共用。

港湾指具有天然掩护的自然港湾(有时也辅以人工措施)，可供船舶停泊或临时避风的水域。避风港是供船舶在航行途中，或海上作业过程中躲避风浪的港口，一般是指为小型船、渔船和各种海上作业船设置的临时锚地。

2) 锚地及港湾停泊方式

(1) 单浮筒系泊

单浮筒系泊是船舶在锚地或港湾常用的停泊方式之一。一般从船首用缆或锚链直接将船舶系在系船浮上。这种方式系泊操纵方便，船舶能随流向和风向改变方向，缆绳或锚链受力较小；所需水域面积较抛锚停泊要小。其缺点是占用水域面积较大。

(2) 双浮筒系泊

双浮筒系泊是从船舶首尾分别用缆绳系于浮筒上。这种系浮方式适用于锚地或港湾较为狭窄的水域，在河道中常用。双浮筒系泊的最大优点是占用的水域面积较小，但其缆绳受力较大，故一般首尾都布置多根系缆。

锚泊和浮筒系泊两者的船舶操纵过程较为类似，最大的区别在于浮筒系泊基本没有选择的余地。浮筒系泊具有操纵复杂、机动性差、稳定性较好等特点，故浮筒系泊适合于停泊时间较长的情况，如海上装卸作业、船舶修理等。

(3) 锚泊

锚泊是指船舶抛锚的停泊方式，是船舶最常用的停泊方式之一。在水域较为宽阔，水深、底质适宜抛锚，避风条件较好的情况下宜采用单锚泊停泊方式。反之，在单锚泊抓力不足或水域宽度有限的情况下宜采用双锚泊停泊方式。双锚泊又分为八字锚泊、一字锚泊和平行(一点)锚泊三种方式，其占用水域和操纵的复杂程度各不相同。

(4) 组合停泊方式

为了节省建设码头的费用或在受限水域增加船舶的系泊稳定性，有些港口采用组合停泊方式。所谓组合停泊方式是指船首用单锚或双锚进行锚泊，船尾用系缆将船舶系在浮筒或码头上的停泊方式，其操纵过程较为复杂，既有锚泊操纵又有系泊操纵。

二、船舶进出港作业的限制条件

船舶进出港作业限制条件一般如下：

(1) 船舶装卸作业的允许风力不宜超过 6 级。

(2) 当能见度小于 1km 时，船舶宜停止进出港和靠离泊作业；集装箱码头正常装卸作业的能见度应不小于 500m。

(3) 海面冰量大于或等于 8 级，浮冰的密集度大于或等于 8 级，且出现灰白冰和白冰时，船舶宜停止进出港。

(4) 危险品船，如液化天然气船舶作业条件更加严格。总舱容 80000m^3 以上的液化天然气船舶作业过程各个阶段的允许风速、波高、能见度和流速宜符合表 4-6 的规定。

表 4-6　液化天然气船舶(船舶舱容 $V \geqslant 80000m^3$)作业条件

序号	作业阶段	风速(m/s)	波高(m)		能见度(m)	流速(m/s)	
			横浪 $H_{4\%}$	顺浪 $H_{4\%}$		横流	顺流
1	进出港航行	$\leqslant 20$	$\leqslant 2.0$	$\leqslant 3.0$	$\geqslant 2000$	< 1.5	$\leqslant 2.5$
2	靠泊操作	$\leqslant 15$	$\leqslant 1.2$	$\leqslant 1.5$	$\geqslant 1000$	< 0.5	< 1.0
3	装卸作业	$\leqslant 15$	$\leqslant 1.2$	$\leqslant 1.5$	—	< 1.0	< 2.0
4	系泊	$\leqslant 20$	$\leqslant 1.5$	$\leqslant 2.0$	—	< 1.0	< 2.0

三、进出港船速的控制

进出港操纵是船舶从航行状态转为停泊状态或由停泊状态转为航行状态的必经阶段。这一阶段，由于船速的降低，控制航向的能力变差，航行水域的宽度和深度受限，通航密度增大，更增加了船舶搁浅、碰撞的可能性。航速过快会增大船舶的下沉量和惯性冲程，航速过慢会增大船舶的风(流)致漂移和航迹带宽度。因此，要根据船舶操纵性能、通航情况、航行水域的水文气象和地理环境对进出港船速进行掌控。

1. 船舶进港减速运动控制过程

船舶进港过程为减速操纵，船舵控制航向的能力随着船速的降低而减弱。为了保证船舶操纵的安全，在仅靠船舵控制航向的情况下，船舶抵达停泊位置时应具有一定的舵效。

(1) 船舶进港过程

船舶进港过程中，一般采用主机转速逐级递减方式进行减速操纵。具体船速递减方式取决于船舶情况、航行环境以及操船人员等因素，即根据船舶种类及载重状态、减速性能、进港水域、水文气象等情况分阶段进行减速。根据操舵对航向的控制能力，将船速递减过程分为四个阶段，即高速阶段、中速阶段、低速阶段和制动阶段。

(2) 备车与减速

船舶由沿海水域驶入港口水域并向停泊位置接近过程中，由于港内航行需要频繁改变船速，因此，首先要进行备车。处于备车航行状态时，船舶是否降速取决于船舶距停泊位置的距离、船舶吨位、操纵性、通航环境以及船型种类等因素。

对于中、小型船舶，通常距离停泊位置约10～15n mile时或提前1h进行备车；如操船环境较好，进港备车的时机应至少在至锚地前剩余航程 5n mile 以上时，并采用“港内全速”航行；

大型船舶，特别是 VLCC，备车距离还要增大，一般在 15n mile 以上。大型集装箱船，由于其操纵性能较好，一般在至锚地剩余航程 5n mile 左右时或提前 0.5h 进行备车；若交通条件复杂，通常在至锚地剩余航程 10n mile 时或提前 1h 备车，并采用“港内半速”航行。

(3) 高速阶段

距离停泊位置为 10 ～ 15n mile(狭水道或航道航行可能更远) 时，船舶一般位于外港航道或港口界限之外，船速为 10kn 以上(港内全速)。对于一般运输船舶，这一船速范围在港内航行属于“高速”，故称为高速阶段。在高速阶段，由于船速相对较高，受风、流的影响较小，船舶对操舵的反应较为灵敏，故其航向可由操舵进行有效控制，不需要拖船协助，船舶操纵风险较小。

(4) 中速阶段

距离停泊位置为 3 ～ 10n mile 时，船舶一般位于港口航道内，船速为 6 ～ 10kn(半速或慢速)，对于一般运输船舶，这一船速范围在港内航行属于“中速”，故称为“中速阶段”。在中速阶段，尽管舵效有所下降，风、流造成的影响比“高速” 时有所增大，但船舶航向基本还是由操舵进行控制，不需要拖船协助。在受限水域，可能需要拖船系在大船的舷侧或船尾，以协助船舶保向。这时船舶操纵风险较“高速” 时有所增大。

(5) 低速阶段

距离停泊位置为 1 ～ 3n mile 时，船舶位于内港或航道内，船速一般为 4 ～ 6kn(微速或停车)，对于一般运输船舶，这一船速范围在港内航行属于“低速”，故称为“低速阶段”。在低速阶段，风、流造成的影响比“中速” 时进一步增强，舵效下降非常明显，特别是船速降至失去舵效的临界点时，停车之后，船舶很快失去舵效，操舵不足以控制船舶航向，船舶操纵风险也相应增大，则需要用侧推器(如果有) 或用拖船协助船舶保持正确的位置和航向。一般以低速阶段作为使用侧推器的最早时机。

(6) 制动阶段

距离停泊位置 3 ～ 5 倍船长时，船舶位于进港航道端部和泊位前沿之间的过渡水域，船速一般为 3 ～ 4kn。因为在这一位置范围需要进行制动操纵，故称为“制动阶段”。在制动阶段，由于需要进行倒车制动，舵完全失去对航向的控制能力，故需要使用侧推器(如果有) 或拖船全面控制船舶的运动，船舶吨位越大制动所需的距离也随之增大。

船舶进港过程及操纵特点如表 4-7 所示，船舶进港过程中，不同运动阶段，控制船舶运动的手段各不相同。随着船速的降低，舵的控制能力逐渐减弱，同时，风、流等外界影响逐渐增强，对侧推器或拖船的依赖程度逐渐增加。

表 4-7　船舶进港过程及操纵特点

主机车钟指令	备车前进三	前进二 Half ahead	前进一 Slow ahead	微速前进 Dead slow ahead	停车 Stop engine	倒车 Astern
船速范围	10 kn 以上	8 ～ 10kn	6 ～ 8kn	5 ～ 6kn	4 ～ 5kn	3 ～ 4kn
剩余航行距离	10 ～ 15n mile	5 ～ 10n mile	3 ～ 5n mile	2 ～ 3n mile	1 ～ 2n mile	$3L$ ～ $5L$
舵的保向能力	好	较好		较差		差
风流影响程度	小	较小		较大		大
拖轮依赖程度	低	较低		较高		高
船舶操纵风险	小	较小		较大		大

在各阶段中，制动阶段对拖船的依赖程度最强，则依此来选择所需最大拖船功率和数量，从船舶操纵意义上讲，高速、中速和低速三个阶段由于需要保持一定的船速使船舶安全进港，故属于“航行控制”阶段，而制动阶段由于需要进行减速、停船使船舶安全系泊，故属于“系泊控制”阶段。

(7) 减速过程中的航向控制

进港操船中，随着船速逐步降低，舵的控向能力将会变得越来越差，此时需要侧推器或拖船协助控向。根据实践经验，需要注意的是不同的控向手段，需要有相应的船舶速度域，以达到有效地控制船舶航向的目的。

一般说来，操船者应当知道下列数据：

① 自动舵可有效控制航向的速度范围为 8kn 以上；

② 万吨级船舶手操舵有舵效的最低速度约为 2kn，而大型船舶约为 3kn；

③ 侧推器发挥作用的速度范围为 4kn 以下；

④ 港作拖船发挥作用的速度范围为 4 ～ 6kn。

船舶在减速过程中的航向控制问题，在实际操船中并不完全像上述四条那样单一。各种控向手段可实施控制的有效速度域经常随船舶种类、船型、载态、外界环境条件的不同而不同。因此，需依据具体船舶及其所处的具体环境对船速加以订正。

2. 船舶出港加速运动控制过程

船舶出港过程为逐级加速操纵过程，舵控制航向的能力随着船速的提高而增强。比较而言，船舶出港操纵较船舶进港操纵容易。

船舶出港航行于港口水域时，应根据船舶状况、外界水文气象环境、航道及交通流情况决定行驶航速，一般航行速度以不超过 6 ～ 8kn 为宜。

四、接、送引航员时的操船方法

为维护港口秩序和保障船舶安全，一般港口都对进出港船舶实行强制引航制度。因此，船舶进出港过程中，安全接送引航员成为船长的主要责任之一。目前，因港口环境和情况不同接送引航员的交通工具有两种：一种是引航船或拖船；另一种是直升机。

1. 引航员登离船装置的要求

引航员登离船装置是影响引航员登轮安全的因素之一。2010 年 12 月 3 日，IMO 海上安全委员会 88 次会议上，通过了第 308 号关于 SOLAS 公约修正案的决议，自 2012 年 7 月 1 日起生效。IMO 和 IMPA 按照 SOLAS 第Ⅴ章第 23 条和 IMO 决议 A. 1045(27) 更新了引航员登离船装置示意图(图 4-4)。引航员登离船装置规定要点如下：

(1) 引航员登离船装置的安装应由负责驾驶员进行监督，并对安装和操作设备的人员就安全操作程序进行指导。

(2) 负责接送引航员的驾驶员携带无线电对讲机在登船入口处照料并保持与驾驶台联系，并护送引航员经由安全通道前往和离开驾驶台。

(3) 登离船入口处无障碍物，配备带有一个自亮灯的救生圈和一根撇缆绳；夜间应使引航员软梯及引航员登离船的地方均有足够的照明，以指示引航船艇来靠和有利于引航员上下船舶的安全。

(4) 引航员攀登软梯的高度不少于 1.5m、也不大于 9m。

(5) 对于干舷为 9m 以下的船舶，软梯离海面高度由引航员决定。

(6) 对于干舷为 9m 以上的船舶，必须安置组合梯(Combination ladder)，舷梯必须紧靠船舷侧，最大坡度不超过 45°，下面的平台必须保持水平，并离海面至少 5m 以上。

(7) 船舶配置的引航员软梯长度除了考虑空载时的干舷高度外，还应考虑各种吃水差以及 15° 的不利倾侧需要。

(8) 软梯置于船体的平直部位内，如实际可行，置于船舶长度一半的船中处，以确保软梯的所有踏板紧靠船舷侧。

图 4-4　引航员登离船装置示意

2. 引航员登离船时船舶操纵要点

引航员登离船时船舶的运动状态也是影响引航员安全的因素之一。船舶在锚地接送引航员无须讨论船舶动态问题，比较而言，航行中接送引航员的风险较大，而且由于引航员登离船水域往往通航密度较大，更要引起足够重视。引航员登船前，除了要做好以上装置的安放和检查外，还要较精确控制船舶，其操纵要点如下：

(1) 调整进港船速，准确预报和控制抵达引航员登船点的时间。过早或过晚都不利于船舶安全，尤其是过早抵达引航地点而引航员还未抵达，因水域狭窄，往往会造成被动局面。

(2) 根据引航员的要求，调整航向，将软梯或组合梯放在下风舷侧，以利用船体的遮蔽作用减小下风舷侧的风浪，有利于引航员安全登离船。在引航员登离船时，应保持航向和航速。

(3) 引航员登离船时，大船一般以保持舵效的船速为妥。引航员登离船时一定要掌握好时机，在风浪中，引航艇处于波峰的时机，引航员应立即采取行动登船或离船，其他时机行动容易发生危险。

(4) 能见度不良时，本船位置不易被引航船识别，必要时开启雷达为引航船导航并鸣放合适的声号供引航船识别。

(5) 引航船附近往来船舶交通密集，应加强瞭望，注意及时用 VHF 与 VTS 和他船取得联系并及时避让。

3. 直升机接送引航员船舶操纵要点

随着航运业的发展，直升机在接送引航员和海上救助方面应用越来越多。特别是大型船舶，往往引航员等船地点距离港口较远，引航船受风浪影响较大，不能出港接送引航员，致使许多船舶滞留锚地。采用直升机运送引航员到锚地登船将最大程度保证港口生产需求。直升机具有方便、快捷等优点，但直升机在转运人员过程中也存在较大风险，由于操作不当造成机毁人亡的事故时有发生。究其原因，除了直升机驾驶员方面的因素以外，船上人员的操作失误也是事故原因之一。因此，船舶操纵人员有必要掌握直升机海上转运人员期间的船舶操纵知识，以利安全。

(1) 直升机作业的天气条件限制

直升机在能见度 1n mile 及以上，云高 200m 以上并且风力 8 级以下的条件才能进行引航员接送作业；在降冻雨和降雪的情况下，禁止直升机接送引航员作业；在风速大于 15m/s 或者降雨达到中到大雨时，禁止直升机采用绞车方式进行引航员接送作业。

(2) 直升机抵达前的安全检查

对于所有船舶：

① 根据有关最低要求的规定将降落区域报告交管中心(VTS)。

② 所有甲板吊杆或克令吊以及其他活动设备是否落下并固定。

③ 所有降落 / 吊运区域附近的松动物品是否移开或系固。

④ 降落 / 吊运区域附近是否清洁，且没有残留货物和冰凌。

⑤ 降落 / 吊运区域是否处在日出至日落期间，或在能见度不良时是否有足够的照明(直升机飞离船舶之前不可关闭甲板照明灯)。

⑥ 甲板照明灯的照射方向向下指向甲板，以免直接指向直升机驾驶员。

⑦ 注意甲板上的相对风向和风速，挂妥船旗或三角旗。

⑧VHF 设定在港口指定频道。

对于油船还要做到：

⑨ 不早于直升机降落前 30min 释放货舱压力(若没有配备惰性气体系统)。

⑩ 降低货舱压力使其为正值(若配备惰性气体系统)。

⑪ 通风后关闭所有货舱开口。

对于液化气船还要做到：

⑫ 采取所有防范水蒸气泄漏到甲板的措施。

对于散货 / 液货混装船还要做到：

⑬ 停止所有舱面通风，并落下舱口压条(干散货)。

消防措施：

⑭ 根据有关要求，在降落 / 吊运区域预先设置消防设备。

船员注意事项：

⑮ 指定协助直升机降落／吊运的船员，并在操作前在下列方面给予指令：降落／吊运区域的位置（如果船上没有固定的场所）；在直升机降落之前和降落期间尽可能处于离开降落／吊运区域的安全位置；任何时候都应远离降落／吊运区域；在吊运期间，不要接触吊索。

⑯ 指定协助直升机接送引航员的船员需携带手提 VHF 对讲器。

⑰ 指令所有不参与操作的船员远离露天甲板。

⑱ 指令所有船员不得使用闪光灯照相机，以免影响直升机驾驶员的视线。

如果在驾驶台两翼吊运：

⑲ 去除驾驶台两翼的遮阳罩。

⑳ 所有雷达天线停止运转。

上述所有项目检查完之后，船长应确认：

㉑ 甲板消防组到位并做好操作准备。

㉒ 船长上驾驶台，并确认安全检查的所有项目是否做到。

㉓ 船长通知有关方面船舶准备就绪，必要时通知 VTS。

(3) 船舶横摇和纵摇角

船舶的过度运动可能造成直升机滑出甲板上的降落区域。因此，在直升机降落甲板期间，一般要求船舶的运动状态最低达到下列要求：

① 横摇角左、右各不超过 2.5°，即横摇幅度不超过 5°；

② 纵摇角前、后各不超过 2°，即纵摇幅度不超过 4°。

为了减轻船舶的摇摆幅度，往往直升机驾驶员会要求船长调整航向和船速。

(4) 船舶航向和船速

直升机降落甲板期间，一般要求船舶保持航向和船速。有时直升机驾驶员和引航员进行协商确定具体的航向和船速。一般情况下，要求船舶风舷角不大于 30°，并避免航向的突然变化。

第二节　港内掉头

将船首向改变 180° 的操纵称为掉头操纵。掉头操纵是船舶在营运过程中常见的作业之一。在操纵船舶掉头时，应做到安全迅速。为此，驾驶员应根据掉头的目的，航道条件和风、流及本船操纵性等主客观情况，选择好掉头地点和时机，正确选择掉头方向，拟订具体操纵方案。在掉头作业前，密切注意航道情况和周围环境，及时按规定悬挂、显示信号，在无碍他船行驶时，方可掉头。在掉头操纵过程中，应谨慎操纵，随机应变，避免触岸、搁浅及碰撞事故的发生。

一、所需水域的估算

船舶掉头所需水域的大小，因所采用掉头方式的不同而异，掉头方式可分自力掉头和拖船协助掉头两种。

1. 自力掉头

自力掉头是指依靠船舶本身的控制设备产生的力矩使船舶回转的掉头方式。按照所用设备的不同，自力掉头又分为操舵旋回掉头和顺流拖锚掉头两种方式。港内自力掉头通常采用顺流拖锚掉头方式。

操舵旋回掉头时先使船舶降速，而后需要主机进车增加舵力，所需水域范围较大，一般不小于 $3L$（L 为船舶总长）。如果船舶装有侧推器，使用侧推器进行掉头可减小所需水域范围，但无论如何不得小于 $2L$。单桨船利用锚和风、流有利影响掉头所需水域应为 $2L$。值得注意的是，在低速情况下，操舵控制航向的能力有限，同时，锚链负荷和锚的抓力也是有限的，故自力掉头方式仅适用于小型船舶在气象条件较好、水域较为宽阔的情况。

在有流的内河水域，按照《河港工程总体设计规范》(JTJ 212—2006)，单船或顶推船队回旋水域沿水流方向的长度不宜小于单船或船队长度的 2.5 倍，流速大于 1.5m/s 时，回旋水域长度可适当加大，但不应大于单船或船队长度的 4 倍；回旋水域沿垂直水流方向的宽度不宜小于单船或船队长度的 1.5 倍，当船舶为单舵时，回旋水域宽度不应小于单船或船队长度的 2.5 倍。

2. 拖船协助掉头

拖船协助掉头是指船舶借助拖船的拖力或推力产生的回转力矩使船舶掉转的操纵方式。这种掉头方式应用最为普遍。一般根据船舶排水量和水文气象条件，选择单拖船、双拖船或多艘拖船协助掉头操纵，例如，小型船舶进出港需要掉头时，在气象条件比较恶劣的情况下，可采用单拖船协助掉头。中型船舶一般使用两艘拖船协助掉头，所需掉头水域至少为 $1.5L$。大型船舶，特别是 VLCC，一般使用 3～4 艘拖船，拖船协助掉头所需水域范围一般不小于 $2L$。

二、掉头地点的选择

在水域狭窄、船舶密集、情况复杂的港口，常指定专用掉头区供给船舶掉头之用，需要掉头的船舶应驶往指定的掉头区进行掉头操作。

航行船舶需要掉头时，应选择在障碍物少、水流平缓、航道宽广的航段进行。

顺流航行船舶为靠泊指定码头而掉头时，应根据当地航道、水流及本船的操纵性能，选择好回转掉头的转舵点。以保证船舶在回转掉头后，具有调整船位的充分余地。这一转舵时机，除与本船旋回圈纵距有关外，还与当地流速有密切关系。流速较大，航速高，纵距增加，就应适当提前转舵掉头；流速较小，则可适当延迟掉头时机。

三、掉头方向的选择

船舶回转掉头方向的选择应根据本船的船、桨、舵效应横向力的综合情况、航道尺度、水流条件及风的影响等因素来决定，现分别分析如下：

1. 根据船、桨、舵效应横向力的综合情况选择掉头的方向

根据右旋单螺旋桨船的船、桨、舵效应横向力的综合分析，船舶向左或向右的旋回圈初径不完全相等，有的船向右旋回的旋回圈初径小于左旋，有的则相反。在采用连续进车掉头时应向旋回圈初径较小的一舷旋回掉头。

在掉头过程中，为防止越过航道边界而采用进、退车掉头时，右旋单螺旋桨船应选择向右回转掉头；左旋单螺旋浆船则应向左回转掉头；外旋双螺旋桨船可向任意一舷掉头。

2. 根据航道上的水流情况选择掉头的方向

内河航道上的流速分布不均匀，有主流、缓流、回流、泡水、漩水等水流存在。船舶应充分利用这个特点，以获得一个额外的力矩，加速回转的角速度，缩小旋回圈直径。一般地说，船舶下水航行时，应从主流向缓流回转掉头，如图 4-5 所示。

当船舶回转约达 90° 左右时，由于船尾部处于主流，流速较高，船首处于缓流，流速较低，所以水动力 R 的作用点位于船舶重心后方的船尾部分，这样，水流动力所产生的转船力矩 M_w 与舵压力的转船力矩 M_P 方向相同，总的转船力矩为 M_P+M_w，从而加速了船舶的回转角速度，并减小了旋回圈直径，如图 4-5 中 ① 所示。如果驾驶员错误地使下水船从缓流向主流回转掉头，如图 4-5 中 ② 所示，则船首在驶入主流后，水流动力所产生的转船力矩 M_w 将与舵压力的转船力矩 M_P 方向相反，总的转船力矩为 M_P-M_w，因水流动力产生一个阻挠船舶回转的力矩，使船舶难以抬起头来，船舶掉头就很困难，甚至可能直冲对岸而发生事故。

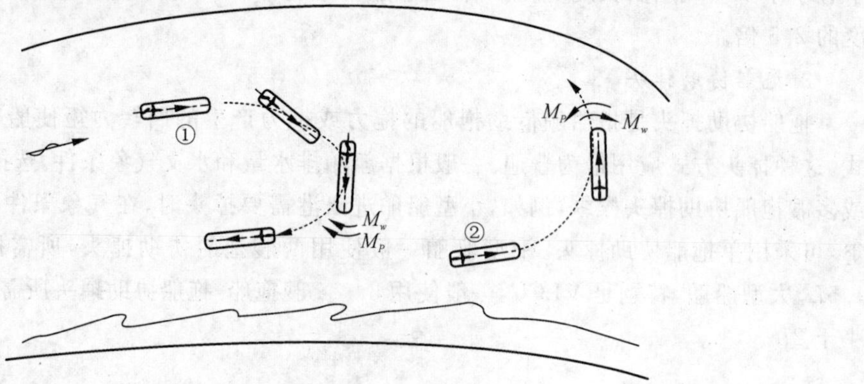

图 4-5　下水船选择掉头方向

上水船需掉头向下游航行时，应从缓流向主流掉头，如图 4-6 所示，从图中 ① 可以看出，当船首驶入主流时，水动力所产生的转船力矩 M_w 与舵压力所产生的转船力矩 M_P 方向相同，加速船舶的回转。如果从主流向缓流掉头，如图中 ② 所示，水动力所产生的转船力矩 M_w 与舵压力的转船力矩 M_P 方向相反。如果主、缓流的流速差较大，这个反转力矩较大，甚至可使船掉头不成。

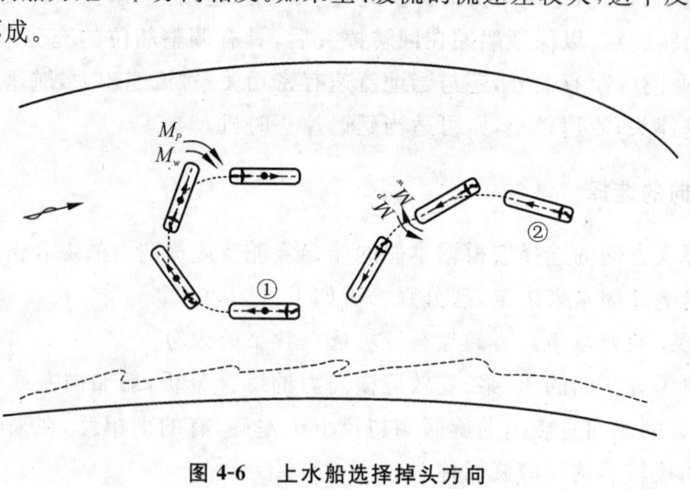

图 4-6　上水船选择掉头方向

通过以上分析可以做出下列结论：

(1) 船舶在较平直的河段中掉头时，下水航行船舶应从主流转向缓流；而上水航行船舶则应从缓流转向主流。

(2) 在弯曲度不甚大的河段上掉头时，下水航行船舶应从陡岸转向浅水岸，上水航行船舶则应从浅水岸转向陡岸。

(3) 在弯曲度较大，航道宽度小于旋回圈直径时，为了保证船舶航行安全，船舶无论上、下水航行均应从陡岸向浅水岸掉头。因为上水航行船舶若由浅水岸向陡岸掉头，则在掉头的第一阶段，船体水动力所产生的转船力矩有助于船舶回转，但当船中部分通过主流后，船体的首部在缓流区，尾部在主流区，水动力所产生的转船力矩有碍船舶的回转运动，主流至陡岸间的流速差越大，产生的反转力矩也越大，可能使船舶掉头不成，直冲对岸，特别是当船舶回转了 180° 以上，需要转离陡岸时，船体受扫弯水的推压，船尾有可能扫向陡岸，打坏舵叶或螺旋桨。

3. 在有侧风情况下回转掉头方向的选择

船舶在顺航道中航行可能受侧风的作用。迎风掉头时(图 4-7 中 ① 所示)，受风致漂移的影响，船舶旋回初径减小。顺风掉头时(图 4-7 中 ② 所示)，受风致漂移的影响，其旋回圈初径大大超过了无风时的初径，这对船舶的回转掉头是极为不利的，而且，万一船舶掉头不成就有触岸的危险。

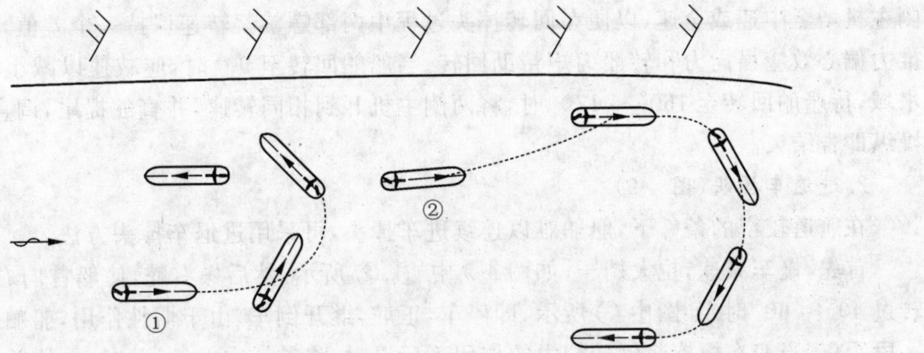

图 4-7　迎风掉头和顺风掉头

广大船员在实践过程中也反复证明了船舶在侧风中逆风掉头，操纵安全、主动。顺风掉头则不太安全，容易陷入被动局面，甚至发生事故。所以，船舶掉头时，一般均选择朝逆风方向掉头。

4. 选择掉头方向的注意事项

船舶在回转掉头时，船、桨、舵效应横向力和风、流动力三种因素往往同时存在，所以要求驾驶员能利用自己掌握的船舶操纵基本原理，并根据当时的风、流和航道上的具体情况，分析并抓住主要矛盾，采取正确的措施，以保证船舶安全、迅速地进行掉头。在风、流较小的情况下，船、桨、舵效应横向力是提供选择回转掉头的主要因素。船舶空载或风力较大时，风动力是考虑选择回转掉头的主要因素(船员称为“吃风不吃流”)。在满载强流的情况下，水动力是考虑选择回转掉头的主要因素(船员称为“吃流不吃风”)。

经过上述详细的分析后，驾驶员即可做出船舶掉头方向和方法的决定，并通知有关船员，以便协调地进行掉头操作。在进行回转掉头之前，驾驶员还应观察周围是否有对驶或追越或尾随的船舶，尤其是在船舶密度较大的水域或在夜间掉头时，更应加以注意，以防不测。

四、常用的自力掉头方法

不同的掉头方法适用于不同的船舶和外界环境，驾驶员应根据本船的操纵性能和当时当地的客观条件，正确选用合理的掉头方法。

1. 连续进车掉头(图 4-8)

在航道宽度大于旋回圈初径条件下，可采用连续正车回转掉头方法，如图 4-8 所示。该方法的特点是操作简便，需时最短。其具体操纵步骤如下：

对于单螺旋桨船，船舶在驶抵选定的掉头地点之前，先向掉头的相反方向操舵，拉大档子，腾出水域，以供船舶安全回转之用(在狭窄河段中掉头更为必要)；同时降低车速以降低船速，减少回转运动的纵距、旋回圈初径和横倾，并增加储备功率，以备急需之用。然后向掉头方向转舵。当船转过 35°～40° 时，恢复常速，增加螺旋桨诱导速度以提高舵压力，增加舵压力的转船力矩，加大船舶回转角速度。当掉头接近完成时，应及早回舵，必要时可操反舵，用以调直船身，防止船尾扫坡或触滩(船员称之为“直舵提尾”)。

双螺旋桨船进行回转掉头操纵时，操纵步骤与上述基本相同。首先拉大档子，腾出水域。然后两部主机同时改为慢速或中速；随之将舵转向回转一侧，待船回转至 20°～30° 时，将外侧主机增至中速或全速，以便在回转掉头过程中两部螺旋桨转速保持一个差值，形成足够的推力偏心效应横向力和转船力矩帮助回转。当船舶回转至 90° 时，应减速以减小横倾和回转水域，待船舶回转至 160°～170° 时，将两侧主机开到相同转速，并直舵提尾，调直船身。掉头操纵即告结束。

2. 进退车掉头(图 4-9)

在航道较窄的条件下，船舶难以连续进车掉头，可采用进退车掉头方法。

首先，慢车减速，拉大档子，如图 4-9 中 ①、② 所示。然后操右舵，使船首向右转。当船首转过 40°～60° 时，如图中 ③ 所示，即停车，正舵，继开倒车。由于惯性作用，船舶仍向前移动一段距离。当船在螺旋桨倒转拉力的作用下后退时，将舵转向左舵，此时，右旋单螺旋桨船在舵压力、尾流螺旋性效应横向力、螺旋桨水面效应横向力和“尾找风”特点的共同作用下，船舶在后退的同时，船尾继续左转，如图中 ④、⑤ 所示。然后停车、正舵，至位置 ⑥ 整个掉头作业完成。在采用此法进行掉头时，应了解本船螺旋桨反转时的制动性能，以免因船倒退不出来而发生触岸事故。在采用正倒车回转掉头时，应考虑船、桨、舵效应横向力的影响，右旋单螺旋桨船应向右掉头，左旋单螺旋桨船应向左掉头。

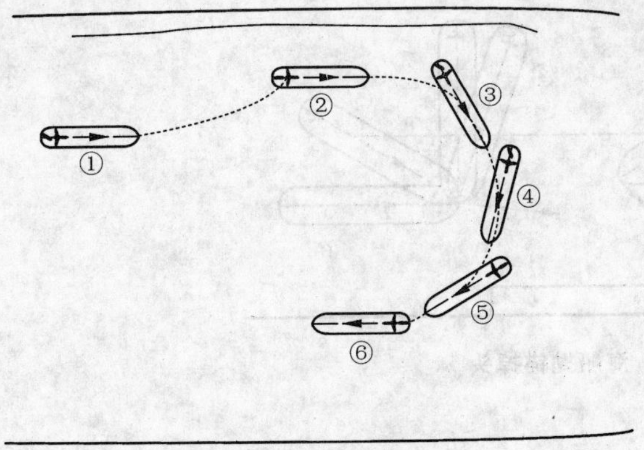

图 4-8　连续进车掉头

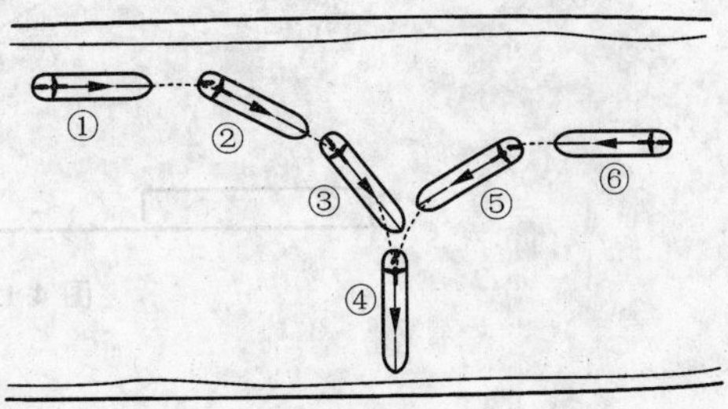

图 4-9　进退车掉头

3. 顺流抛锚掉头

当航道宽度显然不足，采用连续正车掉头或正倒车掉头的操纵均困难时，可采用抛锚掉头方法。

(1) 河船抛锚掉头(图 4-10)

对于河船而言，下水船在选定掉头地点和掉头方向后，应立即下令备妥相应一舷的船首锚(向右掉头备右舷锚，向左掉头备左舷锚)，及时减速并拉大档子，用舵回转。当转了一个适当角度后停车或倒车、减速，待船身转至与流向接近垂直时，抛下首锚，出链约 1.5 倍水深的长度时，即行刹车、拖锚，如图 4-10 中 ③ 所示。这时，船身在锚和水流的作用下就可顺利掉过头来，然后再起锚，按所需航路行驶，如图 4-10 中 ⑥ 所示。

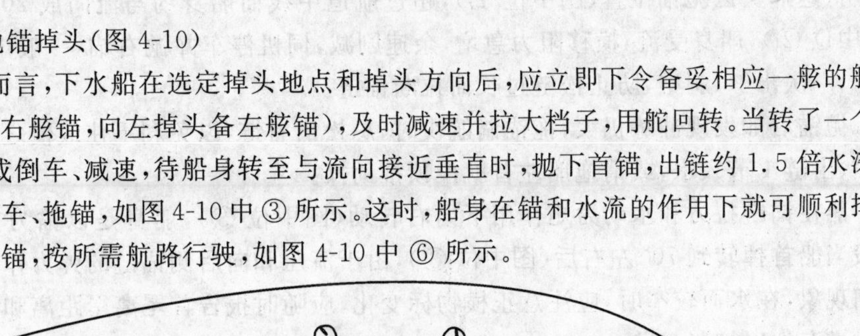

图 4-10　河船抛锚掉头

在无流港口掉头时，常采用抛锚掉头操纵，操作方法略有不同。在抛下内舷船首锚成拖锚后，用舵和断续的微速正车，获得舵压力转船力矩，使船在该力矩及锚抓力的共同作用下，在较小水域内顺利地完成掉头作业。

(2) 海船抛锚掉头(图 4-11)

对于海船而言，船舶顺流抵达掉头区时的流速以 1～1.5kn 为宜，即便空载也不宜在流速过急时进行，如图 4-11 所示。

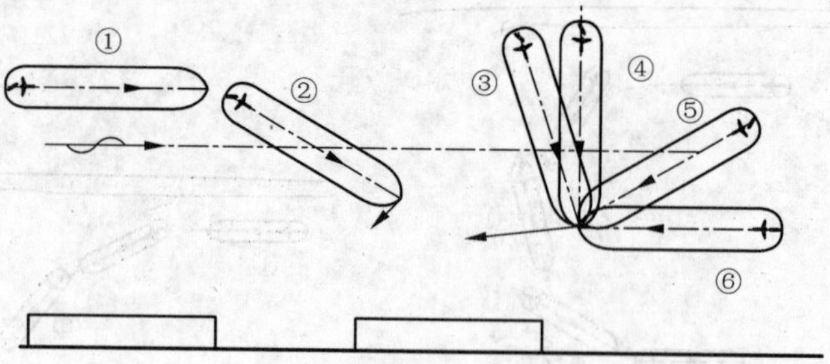

图 4-11　海船抛锚掉头

及早停车淌航，船抵掉头区之前，余速减少至最低限度，必要时倒车减速。

抵达掉头区前约 1 ～ 2L，摆在航道中央略偏左的地方（图中位 ①），船速 2 ～ 3kn，同时操右满舵，使船首向右侧回转。

抵达掉头区抛锚位置（图中位 ②），超过航道中线而船身约与流向成 20° ～ 30° 的状态（图中位 ②），船身受流，横移阻力急增，余速剧减，伺机停车并抛右锚，一般出链 2.5 ～ 3 倍水深，一次出够、刹牢，防止松链过长而拉断锚链。

抛锚后如发现冲势仍大，拖锚淌航快时，忌松出右链，以免刹不住或使之挣断。应当加抛左锚、出链 1 节入水，或请拖船左首就位顶推助操。

船在锚链拉力和水动力矩作用下向右转动（图中位 ③），船身是以锚为支点进行回转。一般当船首掉转到 70° 左右后（图中位 ③），由于流压和向后侧锚链的弹力作用，船身易出现后缩现象，在水面较窄时，应注意正横物标变化，应随时报告首尾离岸距离和周围情况，以便及时进车加以抑制。

当船转至近乎横流时（图中位 ④），水动力、锚链受力、转向角速度最大，可用片刻进车、右舵，以缓解锚链张力，配合顶流，拎直船身。

航向掉转 90° 后，水动力矩、转向角速度减小，当转向角达 150° 时（图中位 ⑤），进车，操右舵助转；转向 180° 时（图中位 ⑥），起锚操纵。

水流过急或水流太缓对港内掉头均不利，可用拖船协助。起锚时应注意锚链的方向，及时用车舵配合。

4. 鸳鸯车掉头

鸳鸯车掉头又称一正车一倒车掉头。双螺旋桨船回转掉头，除用舵操纵船舶外，尚可采用一桨正转、一桨反转，从而产生推力偏心效应横向力和分水效应横向力，增加转船力矩和回转角速度。这一操作方法被船员俗称为“鸳鸯车掉头”法。该方法常在航道狭窄的水域内采用。

由于双螺旋桨船无论向左或向右掉头，其船、桨、舵效应横向力相同，所以，掉头方向的选择应根据航道的具体情况和风、流等因素进行考虑。在决定了回转方向后，就应慢车减速，把船驶向掉头方向的另一侧，以拉大档子，增加供船舶回转的水域面积，而后向掉头一舷操舵，并将掉头一舷的车停止并开倒车。若船速过大以至于有可能逼近航道边界时，应增加反转螺旋桨的转速，减小正转转速。用鸳鸯车掉头，回转圈初径较小，若用车得当，船舶可原地回转掉头，但掉头需时较长。

5. 顶岸掉头

在航道狭窄且岸边有足够水深，风流影响较小，无水下碍航物的条件下，可采用顶岸掉头法进行掉头，如图 4-12 所示。

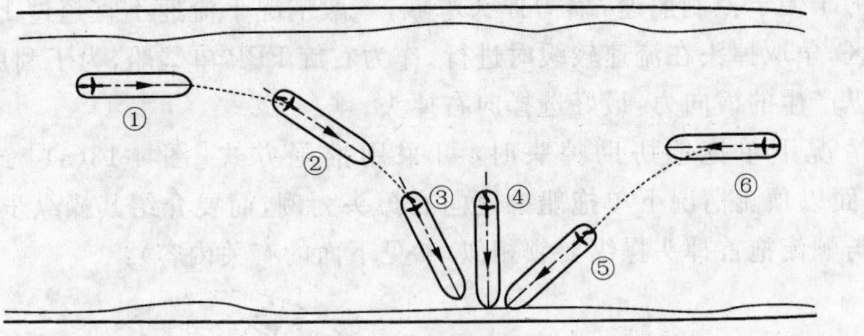

图 4-12　顶岸掉头

当船舶选择好掉头地点和掉头方向以后，拉大档子，慢车减速，而后再停车，以大于 45°的夹角滑行至岸边(图 4-12 中 ②③ 位置)。倘若速度过大，可斟酌当时情况，略开倒车或抛回转一舷的锚拖一下，使船舶以安全速度轻顶岸边，此后操右满舵，开慢进车(如果是双螺旋桨船，则可用左进车，右倒车)，使船舶在舵压力和推力偏心效应横向力的作用下，以船首顶点为转心做回转运动，如图中 ③④⑤ 位置。待左舷与岸边靠拢，约成 45° 夹角时，停车，继开倒车，操正舵(或左舵，若抛有锚可将锚绞起)，船身即可逐渐驶离岸边，当船舶驶至图中位置 ⑥ 时，掉头操纵即告结束。

6. 利用侧推器掉头

若船舶装配有首 / 尾双侧推器，则可通过操纵首侧推器实现掉头。操纵侧推器时，一般船速控制在 4kn 以下；使用时，切忌由零螺距突然加至满负荷，应逐级提高转速。

五、拖船协助掉头

大型船舶港内掉头或小型船舶狭窄水域顶流掉头时，需要借助拖船进行。利用拖船协助掉头可分为单艘拖船协助和多艘拖船协助，多艘拖船协助时，将拖船分别布置在掉头船舶的首尾部位，根据掉头方向的需要，首尾部位中一端的拖船顶推，另一端的拖船拖曳，从而完成掉头操纵，多拖船协助时因船舶横移较小，掉头占用水域较单拖船协助时小。在此重点叙述单艘拖船协助掉头的方法。

1. 单拖船协助掉头的配置

在无流的水域，单拖船协助掉头时，拖船的协助方式及其作用点的位置取决于周围障碍物的情况。为了避免掉头过程中船舶接近障碍物，拖船的作用方向应为障碍物所处位置的相反方向。

在有流的水域，单拖船协助掉头时，拖船的协助方式及其作用点的位置取决于流向。为了减小船舶向下游漂移，顶流掉头时，宜采用拖船在船尾部顶推(推尾)或在船尾吊拖(拖尾)的协助方式；顺流掉头时，宜采用拖船在船首部顶推(推首)或在船首吊拖(拖首)的协助方式；横流掉头时，由于需要选择向上游的掉头方式，则宜采用拖船拖首或推首的协助方式。

由于吊拖的拖缆可以带在船首最前端或船尾最后端，从而可以获得最大转船力矩；同时，吊拖还可以改变拖力的作用方向，则可利用拖缆沿船舶纵向的分力控制掉头过程中的船舶前进和后退。而顶推力的作用点只能位于船舶上某一可以顶推的部位，且基本不能改变推力的方向。因此，采用单拖船吊拖方式协助掉头比顶推方式协助掉头的效果好。

2. 顶流单拖船协助掉头

掉头时为了便于控制船速，缩短掉头水域，一般情况下流速不宜超过 1kn；最好在平流时抵达掉头区，争取掉头在流速较缓时进行。作为右旋 FPP 单桨船，为了利用掉头过程中可能的倒车操纵产生的横向力，最好选择向右掉头。

顶流的情况下单拖船协助掉头时，可采用推尾方式［图 4-13(a)］或拖尾方式［图 4-13(b)］。下面以顶流情况下单拖船推尾向右掉头为例，简要介绍其操纵步骤及要领（单拖船拖尾掉头与顺流拖首掉头操纵要领相似，参见下面的有关内容）：

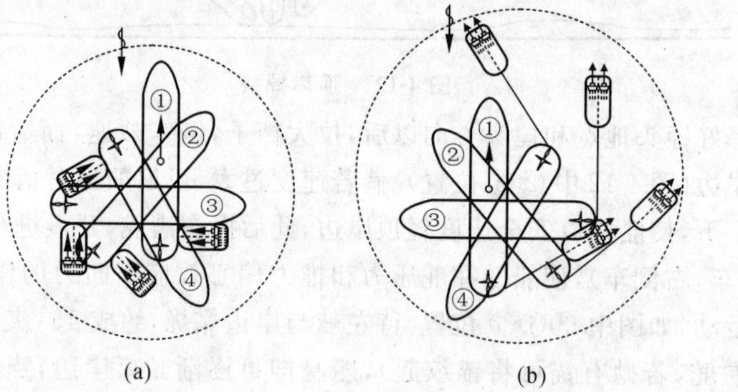

图 4-13　顶流单拖船推尾／拖尾协助掉头

(1) 拖船顶推之前，船舶对地的速度为 0，为此，往往需要低速进车，使船舶对水的速度为流速。船位应位于掉头水域的上游偏右的位置，见图中的位置 ①。

(2) 船尾拖船开始顶推，随着船舶航向的变化，水流造成的漂移逐渐显现出来，当航向变化约 30°～40° 时，适时停车，防止船舶前冲，见图中的位置 ②。

(3) 随着转动角速度的增大，船舶逐渐转为横向受流，见图中的位置 ③。此时应加大拖船推力，迅速转过横流状态，以免造成过大的漂移。横流时，一旦发现船舶前冲或后退，应及时倒车或进车予以纠正。

(4) 船舶转过横向受流之后，应适当减小拖船推力，进而减小转动角速度。当船首向变化约 150° 时，拖船停止顶推，依靠转动惯性转过剩余角度，见图中的位置 ④。这时若转动角速度仍然很大，则需及时慢速进车、操左满舵，以减小转动角速度，直至船舶稳定在出港航行的新航向上。

3. 顺流单拖船协助掉头

掉头时为了便于控制船速，缩短掉头水域，一般情况下流速不宜超过 1kn；最好在平流时抵达掉头区，争取掉头在流速较缓时进行。作为右旋 FPP 单桨船，为了利用掉头过程中可能的倒车操纵产生的横向力，最好选择向右掉头。

顺流情况下单拖船协助掉头时，可采用推首方式［图 4-14(a)］或拖首方式［图 4-14(b)］。下面以顺流情况下单拖船拖首向右掉头为例，简要介绍其操纵步骤及要领（单拖船顺流推首掉头与顶流推尾掉头操纵要领相似，参见上面的有关内容）：

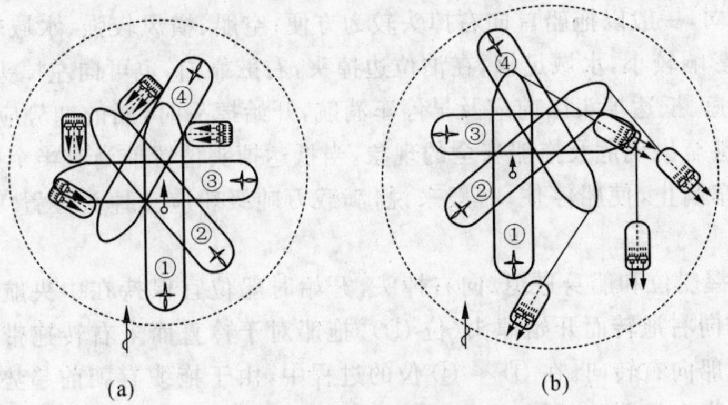

图 4-14　顺流单拖船推首/拖首协助掉头

(1) 拖船发出拖力之前，船位应位于掉头水域的上游偏左的位置，且船速为0。船首拖船开始发出拖力。为了减小船舶向下游漂移，开始时拖缆方向应指向船舶右后方，见图中的位置①。

(2) 随着船舶航向的变化，水流造成的漂移逐渐显现出来，当航向变化30°～40°时，为防止船舶后退，将拖缆方向逐渐改为垂直于船舶首尾线，以增大转船力矩，见图中的位置②。

(3) 随着转动角速度的增大，船舶逐渐转为横向受流，见图中的位置③。此时应加大拖船拖力，迅速转过横流状态，以免造成过大的漂移。横流时，一旦发现船舶前冲或后退，应及时倒车或进车予以纠正。

(4) 船舶转过横向受流之后，拖缆方向应逐渐向船舶右前方过渡，这样不但可以减小转动角速度，而且可以借助拖缆向前的拖力来减小下游漂移。当船首向变化约150°时，拖船停车。

4. 内河单拖船顶流拖首掉头

在内河港口，船舶一般顶流靠泊，船头朝向上游。当离泊下行时，若使用单拖船协助，往往采用单拖船顶流拖首掉头，如图4-15所示。

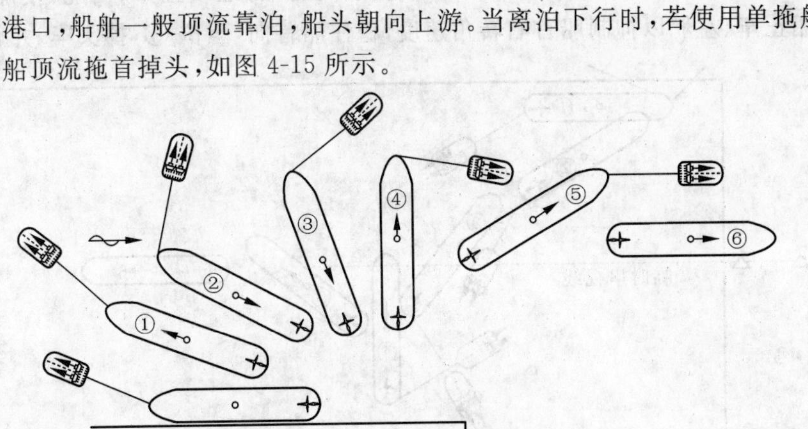

图 4-15　内河右岸拖首离泊掉头

(1) 顶流掉头，为减少操纵中的流压漂移，便于控制船位、缩小掉头所需水域，最好应于平流时抵达掉头区，争取在平流或近乎平流中掉头，否则顶流流速不宜超过1kn。

(2) 掉头方向，一般以拖船首向右掉头较为方便；空船、横风较强、水域较窄则以迎风掉头为安全；若风影响较小，水域足够，在泊位边掉头，右舷靠泊，也可向左掉头。

(3) 控制余速。抵达掉头区前应及早停车淌航，开始掉头时，船的冲势应基本消失，以免影响拖船行动，甚至出现危及拖船安全的现象。当抵达掉头位置前尚有半个船长时仍觉进速太快，应立即倒车制止，使船停住。一般来说，满载万吨级船应在掉头位置 1000m 以外停车淌航。

(4) 注意掌握船位和船身进退。向右掉头，开始时船位宜保持在中央航道左侧。当船速消失即可令拖船向右拖转而开始掉头(位 ①)。拖船对于拎直而未右转拖带之前，大船不宜右舵以免妨碍拖船向右转向。在 ① ~ ④ 位的过程中，由于拖缆有朝前趋势，大船可能出现前冲现象，此时，应在目测首、尾与岸线的距离的同时，应用正横附近物标，以判断船身的进退，及时用车舵略做调整。特别要注意及早倒车制止前冲(位 ②、③)，保持船位于航道中间，以便顺利进行掉头。船身横于航道时，拖缆将变成倒向，大船船身可能后缩，一经发现，应用右舵并少量正车调整(位 ④)。

(5) 降低转头速度，稳定船首向。船首转向 150° 左右时，向右转头速度仍很高，应及时操左满舵，配合正车以刹减。最后拎直船身，稳住船首向(位 ⑤ 至位 ⑥)。

空船、横风较强时，掉头后拎直前，车舵调节应使大船尽快占据上风，拖船也应向上风一侧进行拖带，以便争取主动。

5. 静水港单拖船拖尾掉头

静水港拖尾掉头如图 4-16 所示。拖船拖尾掉头常见于静水港。尾部各缆解掉后，大船前部留首缆、前倒缆，垫好碰垫，拖船缓缓起拖(位 ①)，使大船尾离，待尾离出约 30° 左右(角度大小依有无吹开风、吹拢风而定) 松开并解掉船的各缆(位 ②)，若为较强拢风，尾离角度要更大，再解掉船前各缆。出泊后的大船，因拖缆在前阶段向后而有退势，应用右舵，正车，以便助转和防止过度后缩危及拖船安全，如图 4-16 中位 ③ 所示；与此同时，还应令拖船右转拖尾，由拖船拖尾使大船加速右转至位 ④，控制大船的后缩；继续正车、右舵，使船首右转，并视情况采用正车、左舵以抑制船首右转角速度，稳住船首向，至位 ⑤，掉头毕，并解掉拖船。

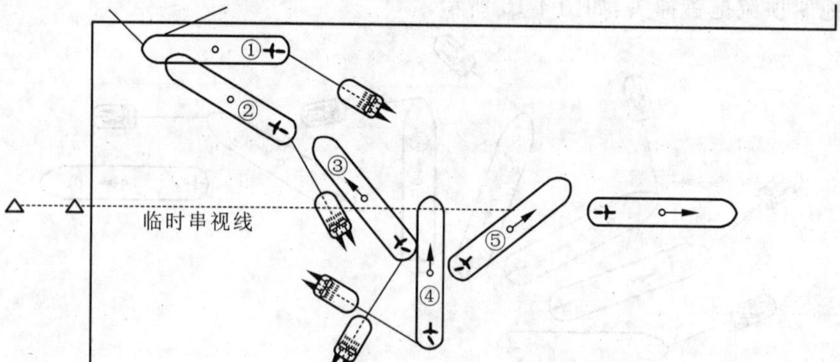

图 4-16 静水港拖尾掉头

第三节　船舶靠泊操纵

一、靠泊操纵准备工作

船舶驶靠码头时，处于低速运动状态，加上水域受限，受力情况较为复杂，其运动状态及船位控制均较困难，且作业要求较高。这就要求驾驶员根据本船的实际操纵性能，风、流情况，当时码头条件及他船运动状态等，制订完整的操纵方案，在实际靠泊中，巧妙而灵活地运用操纵设备，正确操纵船舶，完成靠泊任务。

船舶驶靠码头前，驾引人员必须做好如下准备工作：

1. 掌握有关情况

这里的有关情况，是指与船舶驶靠码头密切相关的情况，其数量是否充分将决定靠离码头成功与否。

(1) 环境情况

环境情况包括港口、航道、码头的情况，泊位附近的风、流、水深以及港内和泊位附近的船舶动态等情况。

港口情况。掌握航道的实际深度、宽度。掌握掉头区的范围、禁锚区以及诸如分道通航制、港内限速、甚高频（VHF）使用及导航、通信设施的使用等规定。此外，还有各段航道的航向、航程及航标的配备等。

泊位情况。掌握码头种类，码头的走向，泊位长度、水深，前后停船多少，实际泊位空档的大小（一般为船长的115％～120％）及泊位附近的水域宽度等。若泊位为浮式码头，应掌握趸船的强度和尺度，锚链的出链方向及出链长度。此外，还需掌握船舶驶抵泊位时当地的风、流等情况，同时还应注意到港内，特别是泊位附近因受地域、地形制约，风向、风速、流向、流速等情况与港外的差别及多变等特点。对于静水港，主要考虑泊位附近风向与风速的变化，有流港在考虑风的同时，还应考虑泊位附近流向、流速和转流时机，尤其对于流速较大的泊位或重载船舶（受风面积较小），更应着重考虑水流的影响。

船舶动态。通过港务局的调度部门和港监局的交通服务和管理部门，及时掌握驶经泊位附近的船舶动态，以便安全避让，并为安全顺利靠泊创造条件。

(2) 本船情况

本船情况包括本船的操纵性能、载重状态、实际运动状态，以及各种操纵设备投入使用的有效性及可靠程度等情况，尤其是船舶在各种载况和航速时的冲程和舵效。另外，对船员的技术业务能力也应全面了解。

2. 制订计划

通常，靠泊操纵计划应包括进港准备，港外和港内航道航行操纵，靠泊操纵各阶段内的总体安排，以及各阶段内的主要操纵环节，可能遇到的困难和对策。敏锐地观察、科学地分析、周密地安排是制订靠泊操纵计划的基本原则。

良好的靠泊计划必须在时间、空间、操纵措施、关键问题和对策上做出明确的规定。例如，起锚并驶出锚地，驶进浅水区，驶进港外和港内航道，掉头，抵泊和靠泊等。

3. 做好靠泊部署

执行靠泊计划需要全船人员的协同配合和全部操纵设备的综合运用两项条件。为此，需做好靠泊部署工作。

(1) 人员到位。在进行靠泊操纵前，船长应将靠泊计划、操纵意图、关键环节清楚地向各驾驶员明确交代，详细地给出必要的指示，使他们心中有数，以利于充分发挥他们的主动性。在到位的人员中，应更多注重其能力与特长的发挥。操舵、撇缆、带缆、抛锚等操作岗位的人员必须具有较高的技术水平和认真的工作态度。

(2) 设备到位。锚设备和系泊设备的准备工作，应按靠泊计划进行，混乱则可能导致靠泊失败或引发事故。操舵、盘车，乃至操纵主机的各种准备工作也应按靠泊部署要求进行。拖船的预约和协助也应按计划到位。船长应通过严密的准备和组织工作，严格防止在关键时刻出现诸如锚不能及时抛出，链不能按要求刹住，缆不能按要求带上或松出，乃至要车给不出，舵失灵等问题的发生。

考虑到各船的船员、设备情况各有特点，靠泊条件也各不一样，在靠泊部署方面既应坚持统一标准，也应允许有具体的调整，这是对靠泊部署的进一步完善和补充。

二、靠泊操纵过程

从船舶操纵特点来看，靠泊过程可分为两个阶段，第一阶段是指船舶从制动开始至抵达泊位前沿水域的运动过程，该阶段是船舶抵达泊位的过程，故简称为“抵泊过程”。抵泊过程中的船舶运动参数有抵泊速度、抵泊横距和抵泊角度等。第二阶段是指船舶从泊位前沿水域向码头靠拢的运动过程，该阶段是船舶靠岸的过程，故简称为“靠岸过程”。靠岸过程中的船舶运动参数有靠岸角度和靠岸速度等。抵泊区是一个范围较广的扇形区域，也就是说，船舶可能从抵泊区的任意方向接近泊位前沿水域。靠岸区是一个长度约为船长、宽度为“横距”的矩形区域，即船舶靠岸运动过程应局限在该区域内。在进入靠岸区之前需对船舶姿态进行调整，以便适合于靠岸。在靠岸区内，在外力作用下船舶将以一定速度靠拢泊位。

三、靠泊操作要领

1. 选择入泊方向(图 4-17)

船舶靠泊前，需要根据风、流等影响因素规划入泊方向，可用航迹线与码头前沿线的夹角来表示。按照夹角的大小可分为大角度入泊和小角度入泊两种方式(图 4-17)。排水量大的船舶一般采用小角度入泊；有较大吹拢风或吹开风时，为减小船舶下风漂移，宜采用大角度入泊的方式。入泊方向又受到泊位后方有无他船停泊的影响，泊位下方有他船停泊，则入泊角度要大；顶流或顺流情况下，宜采用小角度入泊。

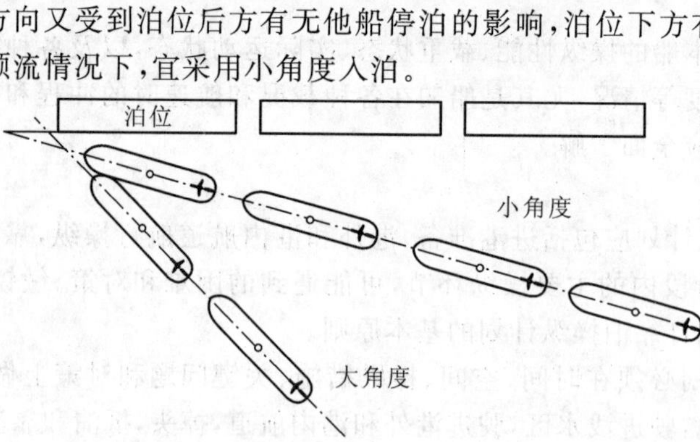

图 4-17 选择入泊方向

2. 摆好船位

一般情况下驶靠码头的船舶的船位通常是指慢车、停车时船舶位置，用纵距和横距来衡量。

所谓纵距是指靠泊船的船首在停车淌航时至泊位上端点的纵向距离。一般情况下，纵距约为 2 ～ 3 倍船长，大中型船舶需 3 ～ 5 倍船长，视风、流情况及船舶冲程大小作适当调整。

所谓横距是指靠泊船的船首在停车淌航时，和驶抵泊位正横开处位置处于距码头外缘线的垂直距离，如图 4-18 中 d_1、d_2 所示，并分别称为初始横距和靠泊横距。

摆好船位，即控制好纵距和横距，实质上就是选定合理可行的入泊航迹线的问题。该航迹线即由初始横距和靠泊横距的横开端点连接而成的直线，俗称"串视线"，如图 4-18 所示。由于初始横距和靠泊横距的横开端点位于水上，故难以在船舶驶靠过程中利用。较为可行的经验做法是，沿串视线前方选择位于陆岸的两个物标，如烟囱、楼角、旗杆等突出物，作为临时的串视标，并在其距离选择上保证有用作叠标的足够灵敏度，以保证船舶循着串视线驶至泊位外档适当位置处。

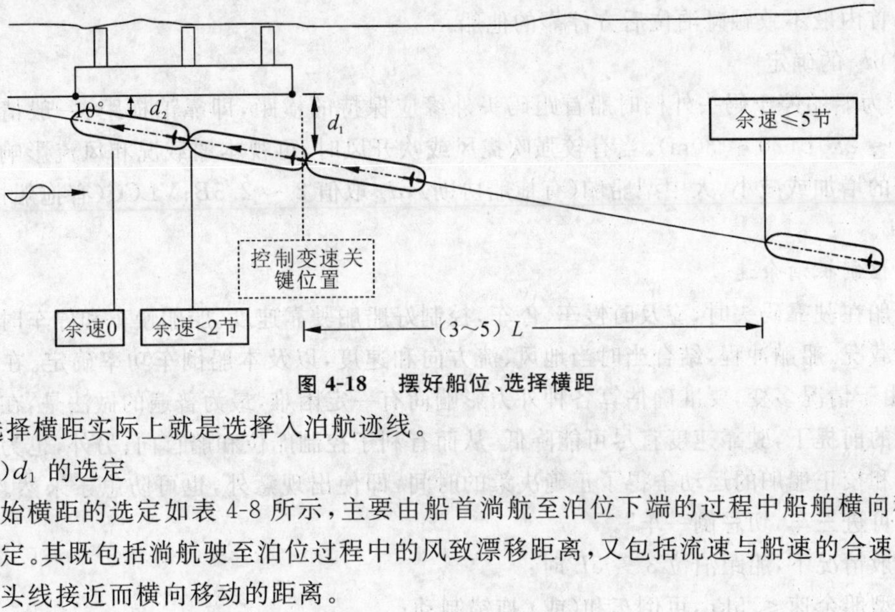

图 4-18　摆好船位、选择横距

选择横距实际上就是选择入泊航迹线。

(1) d_1 的选定

初始横距的选定如表 4-8 所示，主要由船首淌航至泊位下端的过程中船舶横向移动距离来确定。其既包括淌航驶至泊位过程中的风致漂移距离，又包括流速与船速的合速度使船身向码头线接近而横向移动的距离。

表 4-8　初始横距的选定

泊位前后状况	影响因素	初始横距 d_1
泊位后方无他船停靠时	风流影响小	靠拢角 5° ～ 10°，$d_1 \geqslant 2B$
	吹拢风	$d_1 \geqslant 3B$
	吹开风	为减小漂移，需减小初始横距；而为保向，需给予较大风压差角，而使船首偏向内侧，迫使初始横距提高。根据实际经验，$d_1 \geqslant 2B$
泊位后方有他船停靠时	泊位后方只有一船停靠而无并靠	按 $d_1 \geqslant 2B$
	泊位后有多船并靠	$d_1 - d_2 > B_1 + B_2 + B_3$

① 本船预定泊位的后方有他船停靠或有两船并靠时，d_1 值的选定要大于上述停靠船舶

宽度之和的要求。

②泊位后方无他船停靠，且风流影响较小时，初始横距 d_1 仅由泊位长度、靠泊角度和 d_2 值所决定；靠拢角度如按 $5^\circ \sim 10^\circ$ 计，则 d_1 至少应保持两倍船宽。

③ 有吹拢风时，为减弱漂移，可适当地提高余速。一般情况下，初始横距应大于 3 倍船宽。

④ 有吹开风时，考虑到风致漂移，应当减少初始横距；然而考虑到船舶航向稳定性，在低速淌航中又不得不给予较大的风压差角，而使船首偏向内侧，造成较大的靠拢角度，这又迫使初始横距不得不予以提高。因此，根据实际经验，初始横距也不少于两倍船宽。

⑤ 泊位后如已有他船停靠时，靠泊横距 d_2 的选定固然可以不受影响，但初始横距 d_1 的选定则需要考虑这一重要因素。其考虑的原则是：应能保证船首淌航至码头的过程中，船尾的内舷不致因风、流的影响而触碰泊位后已停靠的他船。也就是说，在吹拢风时，要求按前述方式求得 d_1 与 d_2 之差大于泊位后已停靠船舶的宽度之和，不足时则应增加 d_1 使之达到要求。一般情况下，若泊位后只有一船停靠而无他船并靠时，则可不予考虑。吹开风时则需注意本船船首内舷不致触碰泊位后方停靠的他船。

(2)d_2 的确定

d_2 为船舶停于码头外档时船首距码头外缘应保持的横距，即靠泊横距。一般情况下取值 $1.5 \sim 2.0B$($20 \sim 30$m)。当有较强吹拢风或吹开风时，可视本船载况和风流影响大小予以适当的增加或减小。大中型船舶(有拖船协助)，d_2 取值 $2 \sim 2.5B$；VLCC(有拖船协助)$d_2 > 2.5B$。

3. 控制抵泊余速

船舶在驶靠码头时，应及时慢车、停车，控制好船舶驶靠速度。船舶慢车和停车时机应根据船舶载况、船舶冲程，结合当时当地风、流方向和速度，以及本船倒车功率确定。在操纵过程中，由于情况多变，要准确估算各种外力影响尚有一定困难，最为普遍的做法是，在保证船舶舵效的前提下，驶靠速度宜尽可能降低，从而有利于控制船位和船首向；另外，也为观察船舶动向和校正船舶的运动争得了正确决策的时间，即使出现意外，也可防患于未然。备用车时，“宁可进三车，切忌倒一车”。

一般情况下，船距泊位 $3 \sim 5L$ 时：

小型船余速 $\leqslant$ 5kn，可倒车和(或) 拖锚制动；

中型船余速 $\leqslant$ 4kn，可倒车制动；

大型船余速 $\leqslant$ 3kn，拖船协助制动。

根据实际操纵经验，不论用何种速级的倒车，一般当螺旋桨水花到船中部时，船即开始后退；单螺旋桨船应注意倒车时船、桨、舵效应横向力对船舶靠拢角度的影响，可用抛锚制动，以保持舵效。

船舶滑行至泊位后端，是控制船舶驶靠速度的关键时刻，如岸边景物后移速度较快，可判断航速较高，此时应及早倒车加以抑制。

船首抵泊位中心(N 旗) 的航速，以不足 2kn 为宜，以便用少量的后退二，或短链拖外舷锚(如 10m 水深，出链 1 节入水)，可在大约半倍船长距离之内将船拉停；然后根据具体条件，用车、舵调整船位及靠泊角度较为主动。

空载且吹开风较大时，为降低风致漂移速度，可适当提高航速。这就需要提前抛锚，必要时，甚至拖双锚淌航。这样做既可大胆用车操舵，使船沿预定串视线进入泊位，又可在较短距离之内把船停住。

有流的港口，泊位附近的水深往往较航道要浅，流速也较小，其流向可能有变。

船舶由航道淌航至码头边，会发现航速略有变化，驾驶员对此应有所估计。

4. 调整靠拢角度

所谓靠拢角度，就是指船舶贴靠码头时与码头的夹角。靠拢角度决定靠拢时的接触面积。靠拢角度大则船与码头的接触面积小，船及码头接触部位压强大，可能损坏船舶及码头。

船舶为了保持在选定的串视线上淌航前进，需要不断地调整角度。减小靠拢角度可减小横向接近速度，顶流较强时尤为明显；增大靠拢角度可提高横向接近速度；首吹开风较强时，还可采取顶风驶向泊位前沿的方法，使整个靠泊过程可免去对风致漂移，尤其是对横向漂移的担心。

在靠泊中调整靠拢角度，主要是通过在淌航过程中操舵、用车实现的；进入泊位后还可以在此基础上通过抛锚并适当松紧锚链，绞收系缆而加以实现；大型船舶则需要较好地借助拖船协助操纵。

确定靠拢角度大小的总原则是：重载船顶急流驶靠时，靠拢角度宜小，以降低驶靠速度并减轻靠岸力；空船、流缓、吹开风时，靠拢角度宜大，以减轻风致漂移，并保证有足够的驶靠速度。嵌档驶靠时，应使船到达档子正横处，船身与码头接近平行。在困档水水域内驶靠时，应将船首略向外扬，以减小船首尾线与流向间的夹角。船舶在淌航过程中，反复调整靠拢角度最理想的情况，是使船接近平行地贴靠码头。

5. 控制靠拢速度

靠拢速度指的是船舶横向入泊速度（法向靠岸速度）。法向靠岸速度越大，则船与码头碰撞动能大，影响船舶及码头结构安全。靠拢速度一般根据船舶大小来确定。

(1) 靠拢速度经验值

万吨级以下船舶 ≤ 15cm/s；中型船 ≤ 10cm/s；大型船 ≤ 8cm/s；超大型船 2 ～ 5cm/s。船舶排水量越大，法向靠岸速度应越小。

(2) 规范规定值

按我国《港口工程荷载规范》(JTS 144—1—2010)，船舶法向靠岸速度设计值如表 4-9 所示。

表 4-9　船舶法向靠岸速度设计值

船舶排水量	法向靠岸速度 V(m/s)	
	有掩护码头	开敞式码头
5000 < Δ ≤ 10000	0.12 ～ 0.17	0.17 ～ 0.35
10000 < Δ ≤ 30000	0.10 ～ 0.15	0.15 ～ 0.30
30000 < Δ ≤ 50000	0.10 ～ 0.12	0.12 ～ 0.25
50000 < Δ ≤ 100000	0.08 ～ 0.10	0.10 ～ 0.20
Δ > 100000	0.06 ～ 0.08	0.08 ～ 0.15

由于靠泊中的船舶始终处于运动之中，驾驶员必须针对船舶运动中出现的动态变化，紧紧抓住上述五个操纵要领，适当地给予必要的调整和控制，使之与客观条件的要求相适

应,才能最终使船平稳地停靠于指定的泊位上。

四、自力靠泊操纵

自力靠泊指凭借船舶自身的控制设备进行靠泊的操纵方式。船舶自身的控制设备主要包括推进器和舵,最常见的是单车、单舵船。而舵控制船舶的能力受多种因素的影响,特别是在靠泊过程中的低速情况下,舵几乎完全失去作用。因此,传统意义上的自力靠泊方式一般仅适用于小型船舶(万吨级以下船舶),且仅限于在气象条件不太恶劣、水文条件不太复杂的情况下进行操作。

随着船舶控制技术的发展,船舶自身的控制设备也在不断完善,船舶自力靠泊能力逐渐增强。例如,现代化集装箱船的侧推器大大减小了对拖船的依赖程度。双车船自身的控制能力要高于单车船。因此,在气象条件不是很恶劣的情况下,有些装有侧推器的大中型船舶也采用自力靠泊方式。常用的自力离泊方式有滑行驶靠法、横移驶靠法、抛锚驶靠法等多种。

1. 滑行驶靠法

在水流正常,码头附近水域宽敞的情况下多采用此法。① 根据流速的大小及本船倒车的制动能力,在抵码头前适当距离减速,停车;② 以适当角度(宜小)向码头滑行驶进;③ 当船首接近码头下角外方,逐渐用舵调顺船身,沿码头外缘以微弱的速度继续背行驶靠;④ 当船首快要到达预定位置而速度尚未消失时,可用倒车制动并及时送出倒缆,带上首尾缆绳后收紧即可。

2. 横移驶靠法

也称平移驶靠法。横移驶靠法可分逆流渐转渐稳横移驶靠和吹拢风横移驶靠两种。

(1) 逆流渐转渐稳横移驶靠:在水流较急,泊位上下已经靠泊其他船舶或有障碍物时采用。① 船靠惯性滑行,控制船位近于静止,操舵河心,顺身;② 向码头用舵时,舵角宜小并稍开顺车,既增加舵效又提住船身,不随流下移;③ 再向河心扬舵顺身,使船向码头平移,靠上码头,带好系缆。

(2) 吹拢风横移驶靠:① 船靠惯性滑行至码头外缘,在离开码头较大横距处调顺船身;② 用适当的上风舵(指风动力中心在船前部),中舵,受吹拢风吹压,向码头平行横移;③ 及时提车以减轻吹拢风的横压力,如船首向码头偏转较多,还应考虑用上风舵;④ 将船首最受力的靠把与码头上方靠把重合,以缓冲船舶与码头的撞击力,如船仍有前冲趋势可用倒车减缓,船受吹拢风吹压,横移靠拢,必要时,可利用车速,调整船位,系好各缆绳。

3. 抛锚驶靠法

在强吹拢风,困档水,水流急,泊位小的情况下采用。① 船靠惯性滑行至码头外档,保持适当横距,抛下外舷首锚,松链;② 如船首转进太快,可刹住锚链,如船尾迫向码头,必须以车舵拉住;③ 再视情况松链,适当车舵配合,使船接近平行地贴近码头,渐渐靠拢。

4. 大角度驶靠法

较强吹开风,码头区水流缓慢又没有回转余地及档子的情况下采用。① 掌握本船惯性和速度,以较大的角度对准码头的中部或尾部;② 用舵控制船首使之处于随时外扬的姿态,以免抬不起头来而碰撞船首;③ 接近码头,抓紧时机,及时操外舷舵,使船急速回转,当船首达码头上端点时停止回转,具有靠码头的趋势,并保持适当的横距;④ 根据本船冲程及风流的影响,及时动车制动,使船首驶平码头并保持适当的横距;⑤ 先带上首倒缆,用车舵配合,调整船位，系好各缆。

5. 顺流驶靠法

顺流航行船作顺流驶靠时，当船舶驶入风力控制区的码头上方，即以最缓的速度迎风前进，滑行靠上码头，如风力大于流力时，逆流船驶过码头，进行掉头后，再滑行驶靠码头，争取主动权。在弱回流中，作顺流驶靠时，船舶在码头的下方即以最缓的余速顺回流前进，与码头保持约一倍船宽的横距（在无吹拢风的情况下）到达码头腰部附近，即送出前倒缆，然后用车舵将船收拢，靠好码头。

6. 回流倒靠法

在强回流内靠码头时采用船首朝向下游向码头驶靠。船舶进入回流区后，处于逆流状态，此时应慢速与码头保持适当的横距前进，如果水流或风有困档之势，则应抛开锚，然后车舵配合，使船平行靠拢码头。在狭窄的强回流区倒靠时，船舶在回流的下方调顺船身进入回流趟进，内档留有船舶旋回的余地，待船首达码头下方前，操外舷舵，进车，抛内舷侧首锚，停车，船身借回流的压力掉头顺身，必要时可用车舵配合加速掉头，然后以抛锚驶靠法靠向码头。尤其要注意当船舶顺流航行，闯进回流区时，掌握车舵，灵活运用。

五、辅助靠泊系统

早期的船舶靠泊监测系统是利用声呐技术监测船舶靠泊速度。现在多采用激光辅助靠泊系统和高精度导航及靠泊仪。辅助靠泊系统如图 4-19 所示。

激光辅助靠泊系统配置有风速风向仪、流速流向仪、温度湿度仪、潮位波浪仪、视频监控设备、专用手持式无线数传显示设备、室外大型 LED 显示屏、缆绳张力监测等设备，可提供船舶靠泊时的船舶位置和船舶动态，包括：船首的速度、船尾的速度、船舶与码头的距离、船舶与码头的夹角、船舶靠泊后的移位报警、缆绳张力报警等。

图 4-19　辅助靠泊系统

高精度导航及靠泊仪是基于导航卫星开发的，可实时精确地测量出船首、船尾的横移速度、与码头的距离以及船舶首尾线与码头轴向的夹角，并将岸基“指泊仪”精确指示出的船首、船尾靠泊位置清晰地显示出来，整个靠泊过程以数模形式直观地实时展现在高精度导航及靠泊仪上。为夜航、雾航情况下的船舶高精度定位、导航和安全靠泊提供技术支持。

六、拖船协助靠泊

大型、超大型船舶往往使用拖船协助进港及靠泊。在拖船协助下，船舶驶至泊位下端时，可以平行或有一定的朝向码头的靠泊角度(为克服倒车产生的偏转),但不宜大于 15°。横向距离不宜太近,一般要求横距在两倍船宽以上。初始的靠泊角度太大及横距太小易造成因船头快速扫向码头而拖船无法控制的紧张局面。

船头平行码头前沿线或平行于靠船墩即进入靠泊阶段,此时应把船速控制在 1kn 以下;靠泊角度尽量平行于码头。准确掌握船速可通过观察码头辅助靠泊仪或观察码头设施的相对运动速度来判定。

1. 靠泊平直码头(图 4-20)

大型、超大型船舶靠泊平直码头时,若流的影响很小,可以采用图 4-20(a) 所示的靠泊方式。拖船 ①、② 顶推外舷,若横移速度快,则拖船 ③、④ 吊拖首尾,从而控制船舶入泊速度。若有流的影响,则可采用图 4-20(b) 所示的靠泊方式,与图 4-20(a) 类似,只是调整拖船 ③ 的吊拖方向,略偏向上游侧,从而控制船舶受流影响可能导致的下漂。

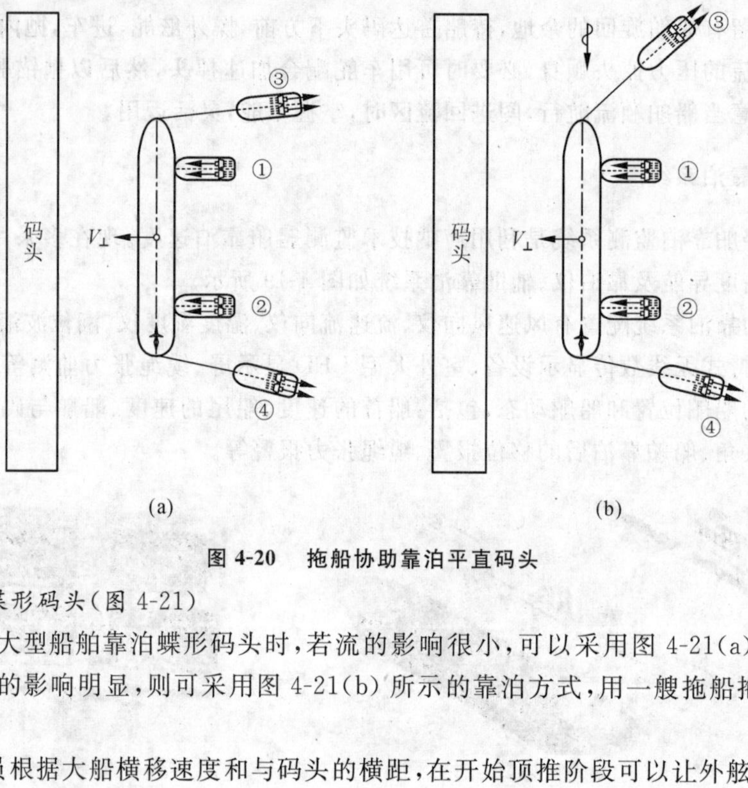

图 4-20 拖船协助靠泊平直码头

2. 靠泊蝶形码头(图 4-21)

大型、超大型船舶靠泊蝶形码头时,若流的影响很小,可以采用图 4-21(a) 所示的靠泊方式。若受流的影响明显,则可采用图 4-21(b) 所示的靠泊方式,用一艘拖船拖首以抑制流的影响。

操纵人员根据大船横移速度和与码头的横距,在开始顶推阶段可以让外舷拖船快车顶;当大船横移速度起来以后,令外舷拖船停车,让大船靠惯性向泊位横移,横移过程中靠水阻力自然降速。

当大船和码头横距在半个船宽左右时,要特别注意观察大船横移速度和大船与碰垫连线是否平行,此时应视为控制横移速度的最好时机。如果船身进得较慢且有角度,可令外舷拖船顶推,提高入泊速度和调整船身与碰垫连线平行;如果船身进得太快且有角度,可令内舷拖船顶推来降低入泊速度和调整船身与碰垫连线平行;如果大船入泊速度过快,只凭内舷拖船顶推大船降速不理想,可令图 4-21(a) 中的拖船 ①、④ 松缆退出至拖的状态,共同协助内舷拖船降速。当大船以小于 5cm/s 的速度挨上碰垫后,令外舷拖船中速顶住,同时撤出内舷拖船至外舷。

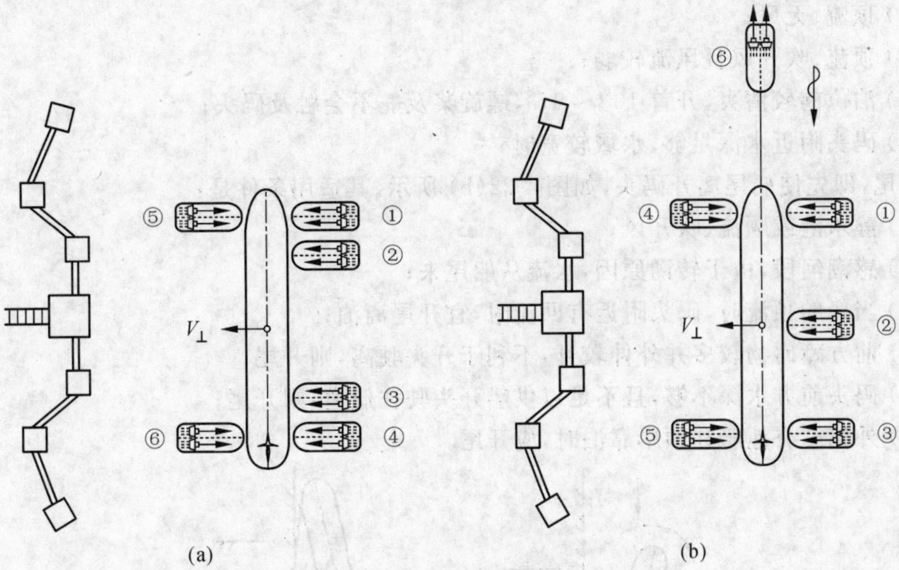

图 4-21 拖船协助靠泊蝶形码头

第四节 船舶离泊操纵

一、准备工作

船舶离泊操纵的准备包括：

(1) 离泊前，应实地观察风、流及泊位前后情况，即前后有无动车余量，锚链方向及长度，系缆的角度及受力状态，以及水域内来往船舶的动态。凡不适宜部分应做必要的调整。

(2) 制订离泊方案。应根据气象、潮汐、泊位特点，船舶动态、装载情况，按照本船实际操纵性能，正确决定离泊时机、离泊方案，并于开航前的会议上向有关人员进行部署。

(3) 如有拖船协助，应交代协助操纵方案，以便其主动配合。

(4) 机舱活车前，驾驶员应到船尾察看系缆及螺旋桨附近是否清爽，并确认无碍后，方可试车、试舵、试声光信号，并按规定悬挂信号。

(5) 备车后再做单绑。使用后倒缆(坐缆) 扬首或使用前倒缆甩尾时，必须确保缆绳有足够的长度、强度。里档锚不应与码头护木齐平，突出部位或触岸部位应垫好碰垫。等水面清爽时即可实施离泊操纵。

二、船舶自力离泊操纵

自力离泊指凭借船舶自身的控制设备(推进器、舵、锚、缆等) 进行离泊的操纵方式。传统意义上的自力离泊方式一般仅适用于小型船舶(万吨级以下船舶)，且仅限于在气象条件不太恶劣、水文条件不太复杂的情况下进行操作。在气象条件不是很恶劣的情况下，有些装有侧推器的大中型船舶也采用自力离泊方式。

1. 确定扬首或开尾

扬首，即先使船首离开码头，如图 4-22(a) 所示。适于扬首驶离的情形为：

(1) 顶流、无风；

(2) 顶流、吹开风且风流较弱；

(3) 泊位前较清爽，开首 10° ~ 15°，螺旋桨及舵不会触及码头；

(4) 码头附近水深足够，水域较宽时。

开尾，即先使船尾离开码头，如图 4-22(b) 所示。其适用条件是：

(1) 静水港或顺流、吹开风；

(2) 感潮河段，由于转潮原因，水流从船尾来；

(3) 当船舶顶流时，码头附近有回流时，宜开尾离泊；

(4) 前方障碍物较多并外伸较开，不利于开头驶离，则开尾；

(5) 码头前方水深不够，且不足以供船开头驶往航道，则开尾；

(6) 外档靠有他船和顶岸靠泊时，应开尾。

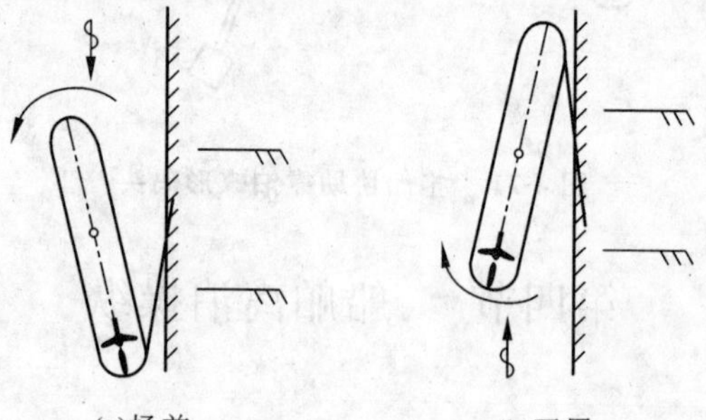

(a)扬首　　(b)开尾

图 4-22　船舶离泊方式

2. 常用的自力离泊操纵方式

(1) 扬首驶离法

操纵要领：① 解除各缆；② 操舵河心，船借水流压力使船首扬开；③ 回舵，用慢速进车；④ 待船首扬出一定角度，船尾离开码头使用车舵，驶向航道。

(2) 坐缆驶离法

坐缆驶离法又称坐艄驶离法。操纵要领：① 单绑，解掉各缆，只留船尾倒缆(坐缆)；② 向外舷使舵，船靠水流后退，使船尾倒缆得力，船首外扬，继而回舵，如水流缓慢又有吹拢风时，可用倒车，以提高外扬的能力；③ 一般情况下，当摆开距离达一倍船宽时，解尾倒缆；④ 向内压一点舵，慢速进车，摆一下船尾，随后用舵向外渐转，必要时可先停一下车；驶出码头时避免操大舵角，防止甩尾触碰码头；⑤ 当船尾离开码头后，再用车舵，驶向航道。

(3) 坐缆下移驶离法

此法又称坐艄下移驶离法。在有强吹拢风情况下，且码头下方有一定的空档，足够的水深且无障碍时，可用此法。操纵要领：① 解掉各缆，只留船尾倒缆，慢倒车，尾倒缆松至一定长度，一般 1/4 船长，使之受力；② 加大倒车，向外操舵，船首外扬至风、流合力作用线即可；③ 停车，急解尾倒缆，迅速提车(甚至加大车速，以防船舶迫拢)，然后驶向航道。

(4) 绞锚驶离法

操纵要领：① 先解尾缆后解首缆；② 开始绞锚，船首受锚拉向河心偏转，并向码头侧适当压舵，使船尾加速离开，如稍有吹拢风，可贴住码头绞出；③ 为防止锚链过分受力和船尾向码头转进，适当用车舵配合进行调整，双螺旋桨船可以用鸳鸯车产生推力转矩控制船舶的转向；④ 锚链绞起后即可进入航道行驶。

(5) 开尾驶离法

又称飞艄驶离法。操纵要领：① 单绑，解掉各缆，只留船前倒缆，必要时前倒缆可松长；② 向码头一舷操满舵，首倒缆受力后船尾在车舵缆的作用下，船尾摆开；③ 船尾转出一定角度，一般为 40°，停车，解首倒缆，中舵，倒车；④ 船后退适当距离，停车再调航向用车舵驶离。

3. 自力离泊操纵注意事项

(1) 掌握驶离角度

驶离角度的大小直接影响船舶驶离操纵的安全。一般船首摆开角约 15°，摆开距离为一倍船宽。常流及船首前方水域较清爽时，开首驶离的角度可小些；首前方有他船靠泊或有吹拢风时，开首驶离的角度应大些。

开尾角度的大小和角速度的快慢，关系到下一步的操纵。顶流靠泊船，若开尾速度太小，则当船首摆出时，船尾可能甩回码头；若开尾角度太大，可能使船首摆不出来。顺流靠泊船，开尾角度太大，可能使船身打横，造成船舶失控或妨碍他船等。吹开风时，则开尾角度适当减小。吹拢风时，则开尾角度适当增大。在不同的客观条件下，对开尾角度大小的要求也不相同。

(2) 控制船舶的前后移动

一般系泊档子前后活动余地有限，要求用车不能过猛，单绑的系缆不能过松，应使系缆逐渐得力，避免承受动力负荷。船舶的前后移动应靠滞、溜缆绳和车、舵来控制；在驶离码头时，应考虑船前后及外档的余地。

(3) 防止系缆绞缠螺旋桨

解缆时应尽快绞进，特别是尾部系缆，要求船尾和驾驶室之间取得密切联系，在尾缆未收清前切勿动车。在双螺旋桨船上，为防止系缆绞缠桨叶，一般应先开动外舷车。

三、拖船协助离泊

1. 顺直码头平行离泊（图 4-23）

大型船舶、超大型船舶，当其泊位前后余地不大，开首或开尾均不便时，也可借助两艘拖船平行驶离，强吹拢风作用情况下的大型船离泊多采用此方法，如图 4-23 所示。若受流的影响，处于上游端的拖船适当调整拖缆方向，使拖力方向偏向上游端。

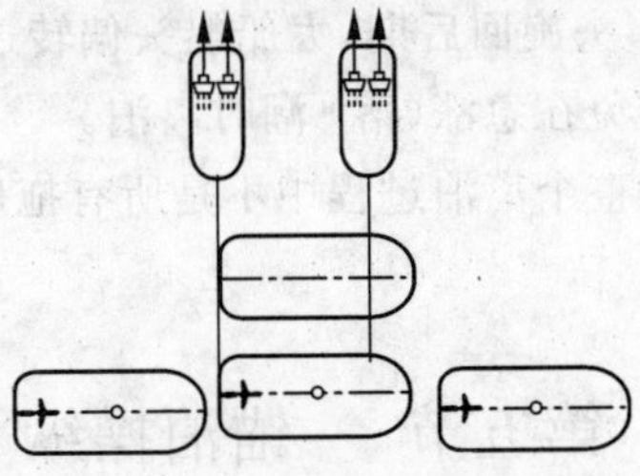

图 4-23　顺直码头平行离泊

2. 蝶形码头平行离泊（图 4-24）

蝶形泊位离泊主要是采取内外舷拖船结合，内顶外拖的模式离开泊位。离泊时，外舷两艘拖船 ①、② 带缆，大船解缆过程中中速顶住大船，保持大船平稳靠在码头；内舷两艘拖船

③、④ 待内舷只剩倒缆时即可到顶推位置就位；另外一艘拖船 ⑤ 在船头带缆等候，如图 4-24(a) 所示。等缆绳清爽后，外舷带缆拖船倒车退出，内舷拖船慢顶使大船平行离开泊位，如图 4-24(b) 所示。然后在旋回水域由拖船协助掉头。

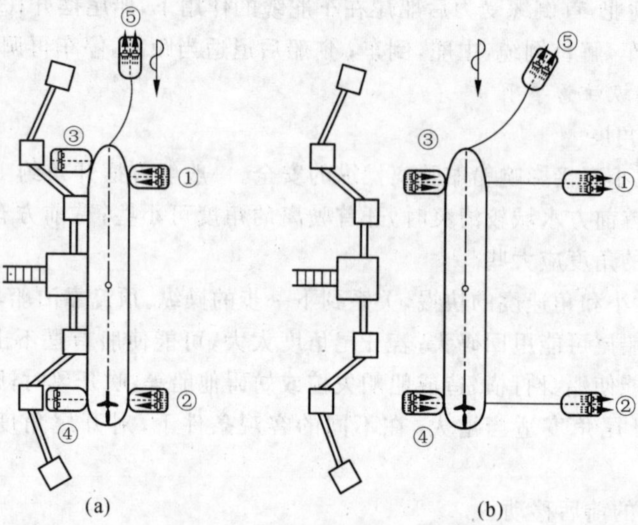

图 4-24　蝶形码头平行离泊

3. 注意事项

拖船协助大船离泊码头时要注意如下问题：

(1) 选择内舷配置拖船的条件。不是所有的蝶形码头都能像上述方式配置拖船，为保证拖船的安全，首要条件是拖船要有足够的可操纵水域。即当大船靠好码头拖船垂直顶推大船时，拖船船尾与栈桥的富余距离大于碰垫的厚度。

(2) 离泊时若顶风或顺风较大，或水流较强时，在最后倒缆收清前，外档拖船一定要用车顶住，防止大船前进或后退速度较快，难以控制。

(3) 大船离泊做平行移动时，若右舷受风，且大船空载受风面积较大，这时大船做平行移动的速度比较慢，要注意观察拖缆受力状况。当看到拖缆在"跳"时，切记要令拖船减速，防止断缆。

(4) 大船在掉头旋回过程中，可能会因不同舷侧受风而使旋回速度加快。这时要适时降低拖船拖力或顶推力，防止在掉头旋回后期，大船船头偏转过快，以致难以控制。

(5) 为确保安全，应尽量避免在急涨(落) 潮时离泊。

(6) 机动灵活配备拖船。在整个离泊过程中不是所有拖船都保持在原有的位置，而是根据需要灵活调配。

第五节　锚泊操纵

一、锚地选择

对于锚泊船来说，从抛锚至起锚的全过程中，锚始终能够发挥良好的系驻作用，不走锚，不断链，锚泊才算成功。因此，锚地条件是否符合锚泊要求，是必须考虑的重要因素。

锚泊的目的不同，对锚地的要求也不相同。一般锚泊和避风锚泊，避一般强风锚泊和避台风锚泊，长时间锚泊和短时间锚泊，对锚地的要求均不一样。有的锚地水深合适、底质好，但不适于避风；有的锚地适于避定向强风而不适于避变向强风。选择锚地要注意满足锚泊的要求，如水深、底质、潮流等；更重要的是应能够满足锚泊目的中的特殊要求，确保用锚的成功。

1. 适当的水深

(1) 锚地最小水深($h_{\min}$)

$$h_{\min} \geqslant k \cdot d + \frac{2}{3} h_{w\max} \tag{4-6}$$

式中：$h_{\min}$—— 最低潮时的锚地最小水深，即海图水深(m)；

d—— 锚泊时船舶最大吃水(m)；

k—— 系数，无浪涌或遮蔽良好时取 1.2，有拖船协助时可取 1.1；有浪涌或遮蔽不良时取 1.5；

$h_{w\max}$—— 最大波高，无浪涌或遮蔽良好时取 0(m)。

一般情况下，在无浪涌侵入，遮蔽良好的锚地，当短时间锚泊且自力操船时，所选锚地的水深至少应保证在低潮时具有相当于吃水 20% 的富余水深，否则难以自力操纵；当有拖船协助操纵时，最小水深应保证大于吃水的 1.1 倍。

在有浪涌侵入，遮蔽不良的锚地，为了防止船舶摇摆及垂荡可能出现的蹾底危险，应保证在低潮时最小水深 $h_{\min} \geqslant 1.5$ 吃水 + 2/3 最大波高。普通万吨级货船适宜的锚地水深为15 ～ 20m。

(2) 锚地最大水深($h_{\max}$)

可抛锚的最大水深界限取决于船舶所配锚机的额定负荷能力，理论上的最大水深是锚机将锚所能绞起来的水深。不同锚机的额定负荷是不同的，抛锚的最大水深也不同。

考虑到锚的有效抓力，锚地最大水深一般不宜超过一舷锚链总长的四分之一。考虑到锚机的起锚能力，深水抛锚的水深极限一般可取 85m。

2. 良好的底质和水底地形

锚地底质以软硬适度的沙底、泥底和黏土质的泥底抓力为最好；其次是泥沙混合底；软泥、硬泥较差；砾石、卵石底的抓力最差；石底、珊瑚礁底不宜抛锚。

水底地势以平坦为好，尽量避免在水底陡坡处抛锚；坡度较陡，将影响锚的抓力，容易发生走锚断链事故。

3. 风、浪、流等作用力小

(1) 流速平缓，流向稳定

锚地的流速平缓，流向平顺稳定，能减小船体所受的水动力和避免锚泊船发生偏荡，减小锚抓力，从而减少发生走锚事故。

水位暴涨导致水深和流速增加，会直接危及锚泊船的安全，必须予以充分注意。

在拦河坝下游锚泊时，必须注意因水电站的日调节而引起的水位的变化，在这里的水位日变幅有时可达 1 ～ 2m，甚至更大。

在有潮汐影响的地区(河段) 抛锚时，还应考虑潮汐涨落幅度和低潮时的必要水深以及潮流流向的变化。

(2) 良好的避风条件

锚地应选择在可以避风和防浪的地点，一般应选择上风岸或尽可能靠上风位置，或具有天然屏障的水域。

4. 足够的回转余地

回转余地应根据锚地底质、锚泊时间长短，附近有无障碍物及水文气象条件等综合考虑后确定。

(1) 大风浪中港外抛锚时所需水域及与他船的距离

大风浪中船舶在港外抛单锚时，设锚位、船位测定误差为 r，雷达定时，r 的大小约为船位至测定物标之间距离 D 的 2%，即 $r = 2\%D$，则单锚泊回转半径 R 为：

$$R = L + L_c + 2r \tag{4-7}$$

式中：R—— 回转半径(m)；

L—— 船长(m)；

L_c—— 出链长度(m)。

如图 4-25(a) 中 ①、②、③ 三个位置所示，图中 ① 位置是假设锚位、船位不存在误差的情况下，$R = L + L_c$；图中 ② 位置是仅仅考虑锚位存在测定误差圆的情况，此时 $R = L + L_c + r$；实际大风浪中单锚泊所需水域大小按第 ③ 状态考虑(即 $R = L + L_c + 2r$) 较妥。强风中，锚泊船与其他锚泊船应保持最小安全间距 D，$D = 2(L + L_c + 2r) - L$，如图 4-25(b) 所示。

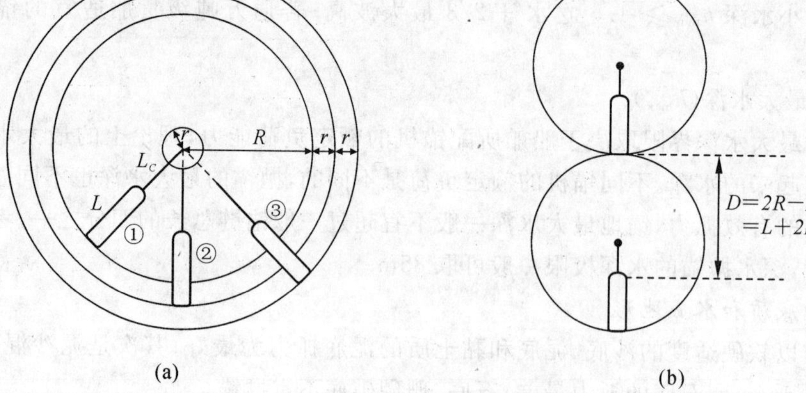

图 4-25　单锚泊所需水域及锚泊船间距(大风浪中)

如果当时锚地中两船间距 D 小于该值时，则应考虑重新选择锚泊点。根据实践经验，为了保证船舶安全锚泊，距离浅区、陆地等固定障碍物为船舶一舷全部链长加 2 倍船长较妥；距离下风侧 10m 等深线应留有 3 ～ 5n mile 的富余距离较妥。

(2) 港区锚地锚泊时所需水域

在港区锚地，由于船舶密集，水域有限，其锚泊所需水域可按下式估算：

单锚泊时回转水域的半径：$R = L +$ (60 ～ 90)m，或 $R = L +$ 实际允许出链长度；

八字锚泊时回转水域的半径：$R = L + 45$m，或 $R = L + 0.6 \times$ 实际出链长度。

根据《海港总体设计规范》(JTS 165—2013)，船舶采用单锚系泊时，每个锚位所占水域为一圆形面积，其半径可按下列公式计算：

$$\text{风力} \leqslant 7 \text{ 级时}, R = L + 3h + 90 \tag{4-8}$$

$$风力 > 7 级时, R = L + 4h + 145 \tag{4-9}$$

式中：R—— 单锚水域系泊半径(m)；

L—— 设计船长(m)；

h—— 锚地水深(m)。

注：本式不适用于防台锚地。

(3) 单浮筒系泊水域尺度(图 4-26) 按下式计算

$$R = L + r + l + e \tag{4-10}$$

式中：R—— 单浮筒水域系泊半径(m)；

L—— 设计船长(m)；

r—— 由潮差引起的浮筒水平偏位(m)，每米潮差可按 1m 计算；

l—— 系缆的水平投影长度(m)，$DWT \leqslant 10000t$ 时，取 20m；$10000 < DWT \leqslant 30000t$ 时，取 25m；$DWT > 30000t$ 时，l 可适当增大；

e—— 船尾与水域边界的富余距离(m)，取 $0.1L$。

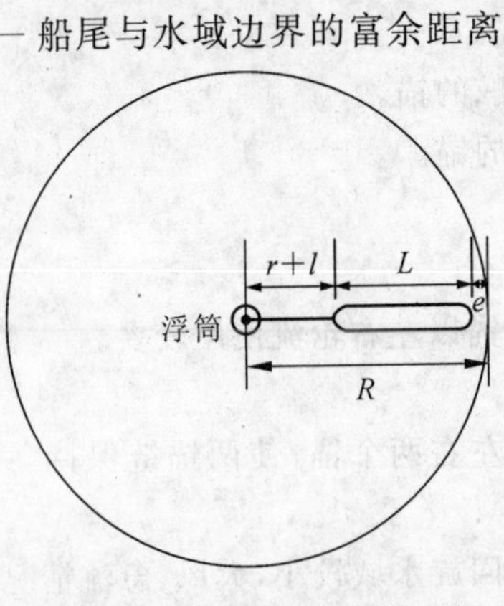

图 4-26　单浮筒系泊水域尺度

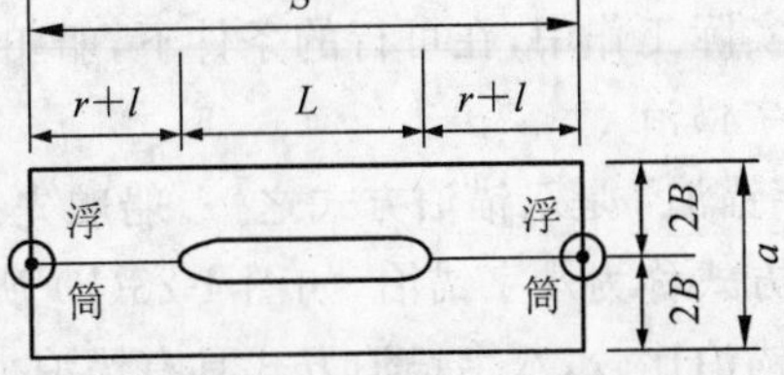

图 4-27　双浮筒系泊水域尺度

(4) 双浮筒系泊水域尺度(图 4-27) 按式(4-11)、式(4-12) 计算。

在双浮筒水域进行过驳作业时，应根据工艺要求增加驳船和浮式装卸设备所占的水域宽度。

$$S = L + 2(r + l) \tag{4-11}$$

$$a = 4B \tag{4-12}$$

式中：S—— 系泊水域长度(m)；

L—— 设计船长(m)；

r—— 由潮差引起的浮筒水平偏位(m)，每米潮差可按 1m 计算；

l—— 系缆的水平投影长度(m)，$DWT \leqslant 10000t$ 时，取 20m；$10000 < DWT \leqslant 30000t$ 时，取 25m；$DWT > 30000t$ 时，l 可适当增大；

a—— 系泊水域宽度(m)；

B—— 设计船宽(m)。

5. 危险性小

抛锚地点应让出航道，避免遮蔽航标；远离装卸危险品码头和水底电缆、沉船、暗礁等障碍物，以免发生事故。同时，锚泊点附近应有良好的定位条件。

二、锚泊方式

按照使用锚的数量进行分类，锚泊方式可分为单锚泊和双锚泊两种方式。按照双锚泊两锚链方向的交角进行分类，双锚泊又分为八字锚泊、一字锚泊和平行锚泊三种方式。锚泊方式的选择取决于锚地条件、底质、风、浪、流等情况。

1. 单锚泊

单锚泊是指船舶在锚地采用单锚进行锚泊的停泊方式，如图 4-28(a) 所示。当锚泊时间不长，或锚地宽敞，风浪不大，或用锚操纵船舶时常抛单锚。

与双锚泊方式比较，单锚泊方式具有操作简单，抛、起锚方便，适用范围较为广泛等优点，大中型船舶多采用单锚泊方式；其不足之处是风浪增大、急流情况下锚泊力略显不足，偏荡严重，容易导致走锚，且需要较宽广的回转水域。

船首常有两只锚，选用哪一舷锚为宜，可根据下列因素决定：

(1) 锚地宽敞，风、流影响小，可抛任意一舷首锚。

(2) 单螺旋桨船可抛与螺旋桨旋转方向相反一舷的锚。

(3) 风、流来自一舷时，则抛上风舷或迎流一舷的锚。

(4) 为掉头而抛锚时，则应抛掉头一舷的锚。

(5) 为靠泊而抛锚时，则应抛外档锚。

但在实际工作中，在可行的条件下，船舶两只首锚以左右轮流使用较妥。

2. 八字锚泊

“八字锚泊”是双锚泊方式之一。船舶先后抛出左右两个锚，使两锚链保持一定水平张角的锚泊方式称为八字锚泊，如图 4-28(b) 所示。

与单锚泊比较，八字锚泊方式具有锚泊力较大，回旋水域较小，大风、急流情况下对偏荡有一定的抑制作用等优点，适于底质差、风大流急、单锚泊抓力不足或为有效防止风流所致偏荡的情况；其缺点是操作较为复杂，风、流方向经常改变后两锚链容易绞缠。目前，即使是小型船舶，也很少采用这种方式进行锚泊。但有些组合系泊方式中常采用八字锚。

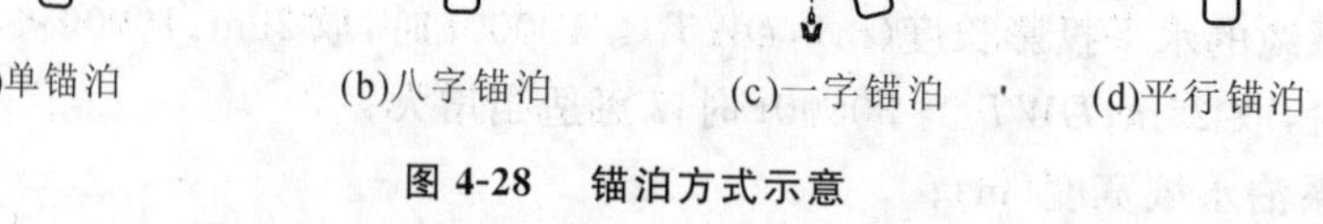

(a)单锚泊　(b)八字锚泊　(c)一字锚泊　(d)平行锚泊

图 4-28　锚泊方式示意

八字锚中，左右舷锚链夹角的大小，直接关系到双锚抓力合力的大小。八字锚锚泊力与锚链夹角的关系如图 4-29 所示。如果两锚链的夹角减小时，则两锚抓力的合力增加，反之则减小。八字锚泊时，通常两链的夹角为 30° ～ 60°；为防止偏荡两链夹角为 50° ～ 60°；为防止大型船的偏荡两链夹角取 60° ～ 90°。八字锚泊的锚泊力为单锚泊的 1.7 ～ 1.8 倍。当两锚夹角 120° 时，则抓力减小到与单锚时相同。

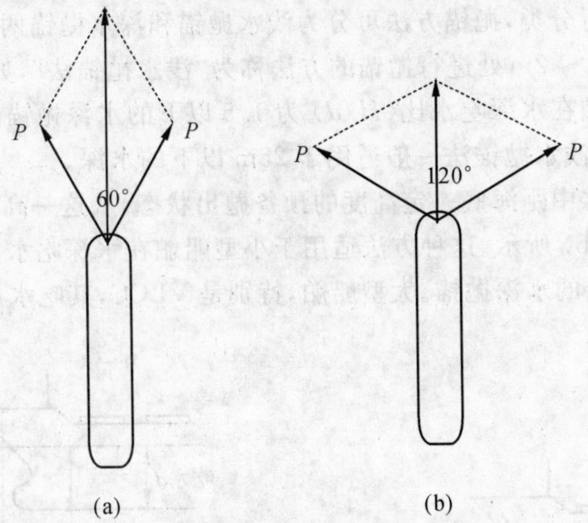

图 4-29　八字锚锚泊力与锚链夹角的关系

3. 一字锚泊

在有潮汐影响的狭窄河道中，如用单锚锚泊，而锚地区域的安全回转余地不够时，可在与潮流方向相一致的方向上，先后抛下两只首锚成一直线（双链交角近于 180°），使船系留在两锚之间，并随风、流的方向而改变首向，称为一字锚，如图 4-28(c) 所示。

在流的作用下，产生锚泊力的锚称为力锚；另一锚则称为惰锚，相应的锚链分别称为力链和惰链。通常力链长度为 3 ～ 4 节，惰链长度为 3 节左右。

一字锚的优点是回转范围小，故多用于往复流的狭水道或河道内临时锚泊；其缺点是作业较为复杂，风、流方向经常变化后两锚链容易绞缠，且大风、急流情况下锚泊力不足，一般仅适用于小型船舶。

4. 平行锚泊

船舶同时抛下左右两锚，使双链长度相等并保持平行，即两锚链水平张角保持在 0° 左右的锚泊方式称为平行锚泊，也称为"一点锚"，如图 4-28(d) 所示。

平行锚泊方式具有锚泊力较大（约为 2 倍单锚泊的锚泊力）的优点。我国南海海域常受台风袭扰，有些船长采用平行锚泊方式来抵御台风的影响，取得了良好的效果。风、流方向经常变化后两锚链容易绞缠，平行锚泊方式也不能有效抑止偏荡的产生。

三、单锚泊操纵方法

对于运输船舶来说，无论是小型船舶，还是大型船舶，最常用的锚泊方式是单锚泊，故首先介绍单锚泊操纵方法。传统上讲，单锚泊操纵方法有前进抛锚法和后退抛锚法两种。除了协助掉头或紧迫情况下为避免碰撞而采用前进抛锚法外，一般商船多采用后退抛锚法。

1. 备锚

备锚是指使锚和锚链处于预备抛出状态。包括启动锚机、解开制链器、合上离合器、用锚机将锚从锚链孔处送至预定抛出高度、刹紧制动器、脱开离合器等操作步骤，然后等待抛锚指令。

锚备妥后，锚冠至海底的高度称为预定抛出高度，简称"抛锚高度"。锚的下降相当于自由落体运动，抛锚高度越大，下降速度越快，严重时不但可能造成刹车失效或锚机损坏，还可能引起锚与海底撞击而变形或损伤。因此，抛锚高度不宜太高。

按照抛锚高度进行分类，抛锚方法可分为浅水抛锚和深水抛锚两种方法。从锚链孔处直接抛锚或在水面以上 1 ～ 2m 处进行抛锚的方法称为“浅水抛锚法”，如图 4-30(a) 所示。这种方法适用于中小型船舶在水深吃水比（H/d）为 1.5 以下的水深抛锚。现代中小型船舶的吃水一般不超过 13m，故浅水抛锚法一般适用于 25m 以下的水深。

备锚时将锚送入水中距海底一定高度的预备抛出状态，从这一高度抛锚的方法称为“深水抛锚法”，如图 4-30(b) 所示。这种方法适用于小型船舶在水深吃水比 3.0 以上、中型船舶在水深吃水比 2.5 以上的水深抛锚。大型船舶，特别是 VLCC，其吃水可达 25m 以上，则要求采用“深水抛锚法”。

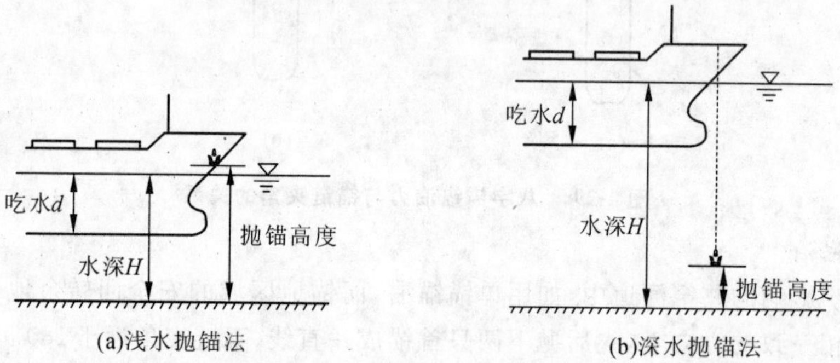

图 4-30　不同水深的抛锚高度

据有关调查资料统计，在水深为 40 ～ 80m 范围内，平均抛锚高度约为 12m。实际上，为保险起见，水深为 25 ～ 50m 时，即应采用这一抛锚高度，水越深抛锚高度应越小。水深为 50 ～ 80m 时，可利用锚机先将锚送达海底处于预备抛出状态，即抛锚高度为 0。在水深超过 80m 时，可利用锚机将预定需抛出的锚链全部送出，并使锚链横卧海底。

2. 调整船首向

根据船舶进港船速和停车冲程确定停车位置，用余速接近锚泊位置。接近过程中注意风、流等外界的影响，适时进车操舵控制航向，减小横向漂移。船舶抵达抛锚位置之前的船速不宜过快，否则，为了减速不得不使用长时间的倒车，将对抛锚时的姿态产生影响。

船舶进入锚地的船首向最好指向风、流作用的合力方向。锚地有他船锚泊时，可根据其他锚泊船的船首向和锚链的松紧程度大致判断当时的风、流作用力的方向和大小。船首尾线与风、流或风流合力作用线的交角愈小愈好，一般不宜大于 15°，在空载、风强流弱时，船首应以顶风抛锚为好；满载、流强风弱时，船首应顶流抛锚。切忌在横风、横流时抛锚。

3. 控制船速

运输船舶一般采用后退抛锚法，如图 4-31 所示。所谓后退抛锚法，即船舶到达预定的泊位，船略有后退趋势时，抛出首锚。其操纵方法安全方便，且锚爪抓底的过程短。这是一种最常用的抛锚方法。

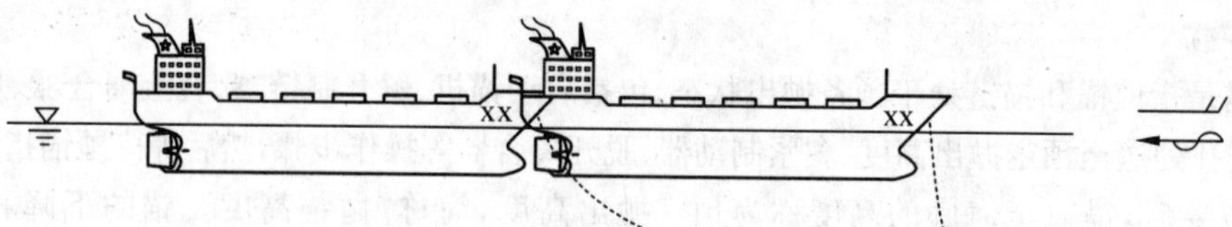

图 4-31　后退抛锚法

船完全静止是不宜抛锚的。这种情况下抛锚，会使松出的锚链堆积在锚上，可能造成锚链缠住锚爪。采用后退抛锚法时，船舶的退速不宜过高，否则，容易出现出链过快而刹不住的现象，造成断链、丢锚或锚机损坏等事故。一般认为，停船后船舶对地略有退速时为抛锚的最佳时机。退速的大小主要取决于船舶排水量，小型船舶一般控制在 2.0kn 以下，满载时应控制在1.5kn以下；中型船舶控制在1.0kn以下；大型船舶因锚机刹车力有限，应控制在0.5kn以下。判断抛锚时的航速的方法是：

(1) 根据正横附近灵敏度较高的串视物标，或其他锚泊船(包括其背景)的相对运动判断。

(2) 充分利用精度较高的 DGPS 的船速进行判断。

(3) 实践经验表明，在流缓水域，当倒车排出流水花抵达船中部时，一般船舶已对水停止运动，即船对地略有退势。但值得注意的是，当流较急时，尾流水花到船中部，船将随流下漂。

(4) 在夜间，如对流向、流速情况不太了解，对本船航速的控制把握不大时，可先抛短链锚即刹住，根据锚链方向和松紧程度，判断本船对地速度及流向，然后再用车、舵调整，待船首顶风、流，船身略有退势时，再松链至锚泊需要长度。

4. 调整姿态及松链

将锚抛入水中，一般先出短链，视锚链滑出的长度适时将锚机刹车刹紧。这样既可防止锚链堆积过多，又可缩短拖锚距离，迫使锚很快抓底。可根据水深情况确定短链长度，一般抛出 2 ～ 2.5 倍水深的短链长度时，应将锚链刹住，利用船后退的拉力使锚爪啮入土中。

抛出短链后，抛锚操作人员应随时将水面以上锚链部分的松紧程度和方向情况向驾驶台报告。锚链方向通常用整点时钟表示，例如，“12 clock” 表示锚链指向正前方；“3 clock” 表示指向右正横；“6 clock” 表示指向正后方；“9 clock” 表示指向左正横。

船长或引航员根据报告的具体情况采用进车、操舵或倒车措施调整船舶运动状态，使之便于松链和使锚受力。在急流和大风中抛锚时，为防止船舶后退太快，须适当用车顶住。当锚链松至预定长度时，应适当用车，使锚缓缓受力，防止锚链承受冲击负荷。

一般根据锚链的松紧程度进行松链，锚链受力时继续抛出锚链，锚链松弛时刹住锚链，这样反复几次，直至松至所需链长。

5. 锚抓底情况的判断(图 4-32)

锚链松到所需链长后，应进行刹车刹牢、合上制链器等操作。此后抛锚操纵人员切不可立即离开船首，应对锚链受力状态进行仔细观察，判断锚是否有效抓底。

停止松链几分钟后，船舶在风、流的作用下将以微小速度后退，锚链随着船舶的后退逐渐绷紧，这时，锚链受力最大，露出水面的锚链长度也最长，如图 4-32 中的位置 ①。如果锚链绷紧之后短时间内变得松弛，即露出水面的锚链长度缓慢缩短，锚链呈自然悬垂状态，则说明锚已经稳定抓底，如图中的位置 ②。反之，如果锚链长时间处于绷紧状态或锚链绷紧时抖动，则说明锚没有稳定抓底，而处于走锚状态，如图中的位置 ③。如果船舶处于走锚状态，应进行起锚，并重新抛锚。

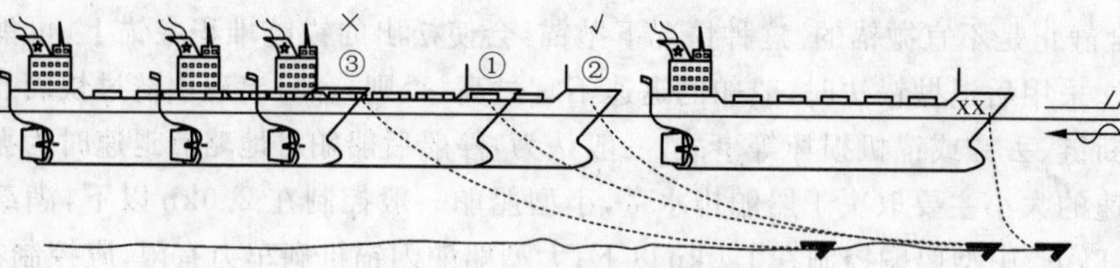

图 4-32　锚抓底情况的判断

6. 深水抛锚操纵要领

如果在深水域按普通抛锚法直接将锚从锚链孔或水面抛下，将导致出链速度太快，使锚机刹车带烧坏、断链和失锚；或由于锚触底时速度大，遇坚硬底质的水底而可能致锚变形或损坏。因此，当水深超过 25m 时，需采用深水抛锚法，其操纵要领如下：

(1) 水深大于 25m 但小于 50m 时，应先用锚机将锚送出至接近水底 5～10m 处后，再用刹车按普通抛锚法将锚抛出。

(2) 水深大于 50m 时，可直接用锚机将锚松至水底后，再按普通抛锚法抛出。大型船舶应以小于 0.5kn 的微小退势抛锚，或利用锚机将预定需要的锚链送出去，并使锚链平卧水底。

7. 起锚操纵

起锚过程中，随时向驾驶台报告锚链方向和受力情况，驾驶员必须采用车舵配合，以减轻锚链过度受力以及硬绞受损。在大风浪或流急时起锚，必须用车配合，未启动主机不得进行起锚操作。起锚时，如发现锚链绞缠，或发现锚钩挂住障碍物，须根据情况，谨慎处理，不可盲目硬绞或盲目开车。

四、双锚泊操纵方法

双锚泊方式分为八字锚泊、一字锚泊和平行锚泊三种方式。各种锚泊方式的操纵要领如下。

(一) 八字锚泊操纵方法

根据抛锚时风的来向不同八字锚的操作方法分为顶风流后退抛锚法和横风流抛锚法两种，而横风流抛锚法又分为前进中抛锚和后退中抛锚。下面分别对各方法的操纵要点加以介绍。

1. 顶风流后退抛八字锚(图 4-33)

如图 4-33 所示，先使船首顶风流驶至第 ① 锚位，在略有退势时，抛下任一舷锚(风流不一致时，应先抛上风锚)。倒车后退松链 2 节左右(松链长度约为预定长度的 0.5～1 倍) 船略后退至 ②，进车向未抛锚一舷操舵，驶至船位 ③，用舵调顺船身，抛下另一锚，随风流作用船体后退，陆续松链至预定长度。然后调整两链长度，使两链均衡受力，船在 ④ 位置停泊稳妥为止。

在有风、流水域抛八字锚时，首先要明确抛双锚的目的是为了抗风还是抗流，以决定两锚链之间的夹角、间距和松链长度，然后视现场风、流及本船浮态情况，决定操纵方法。要熟悉本船的操纵性能，根据风流情况正确使用操纵设备，才能把八字锚抛好，获得良好的抛锚效果。

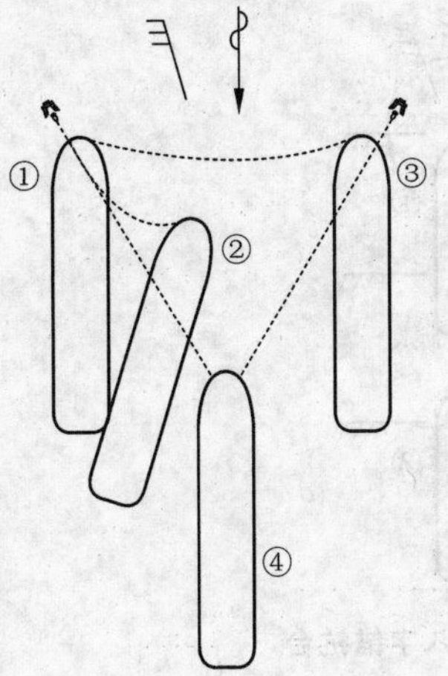

4-33　顶风流后退抛八字锚

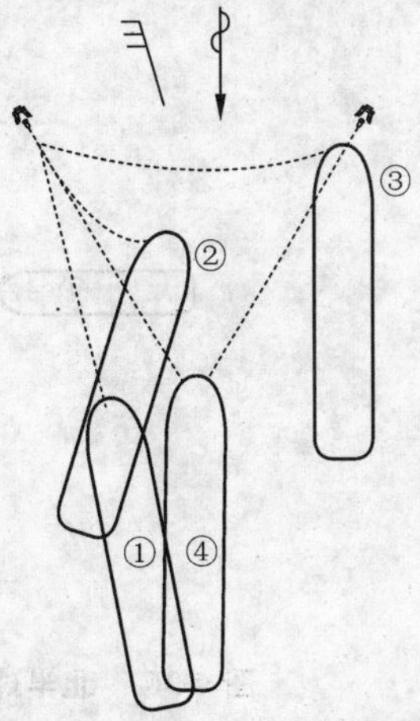

图 4-34　单锚泊改抛八字锚

由单锚泊改抛八字锚时，应在强风来袭前进行。先将锚链收短至适当长度，然后开车操舵，使船到达第二落锚点(图 4-34 中位 ③)，抛下第二只锚，再松出两链至预定长度。单锚泊改抛八字锚如图 4-34 所示。

2. 横风流抛八字锚(图 4-35)

横风流条件下抛八字锚，分为前进抛锚法和后退抛锚法两种。图 4-35(a) 是采用横风流前进抛锚法。船横风流缓速航进至位 ① 时，抛上风(流) 锚，进车松链，达位 ② 时抛下风(流) 锚，微倒车，让风流将船压向下风下游方向，同时相应松出两链至预定长度并调整使其受力均匀，在位 ③ 稳定锚泊。若采用后退抛锚法，则应先抛下风流锚，后抛上风流锚，如图 4-35(b) 所示。

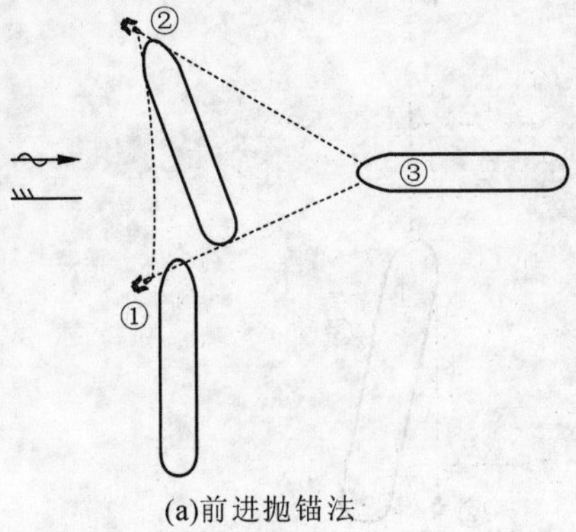

(a)前进抛锚法

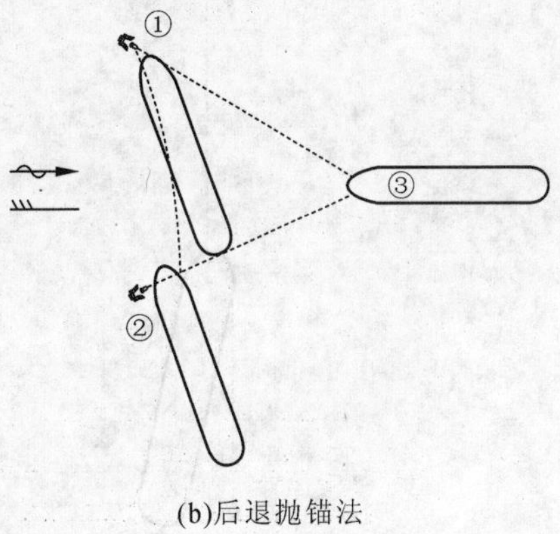

(b)后退抛锚法

图 4-35　横风流抛八字锚

3. 北半球抗台抛八字锚

在北半球，当判断船舶处于台风右半圆时，由于风向顺时针方向变化，应先抛左锚，后抛右锚，锚链左长右短，如图 4-36 所示。

左半圆风向逆时针变化，则先抛右锚，后抛左锚，锚链右长左短。

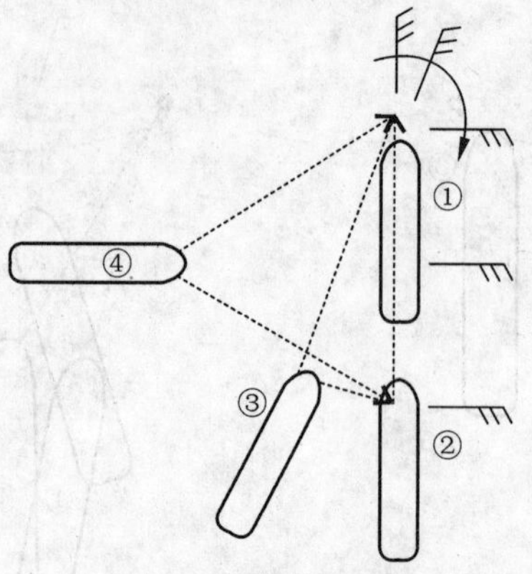

图 4-36　北半球台风右半圆抛八字锚抗台

（二）一字锚泊操纵方法

一字锚泊一般采取顶流操纵方式，可分为前进抛锚和后退抛锚两种操纵方法。先抛惰锚后抛力锚的方法称为顶流前进抛锚法，如图 4-37(a) 所示；先抛力锚后抛惰锚的方法称为顶流后退抛锚法，如图 4-37(b) 所示。

1. 顶流前进抛锚法

如图 4-37(a) 所示，船抵锚位 ① 前，及早停车减速，保持缓慢速度接近第 ① 落锚点，抛下惰锚（或上风舷锚），徐徐松出锚链至预定链长的 2 倍，边松链边前进至锚位 ②，刹住惰锚锚链，在锚位 ② 抛下力锚（或下风舷锚）；然后绞收惰锚锚链，松出力锚锚链，直至两锚链等长或达预定的长度为止，至位置 ③。

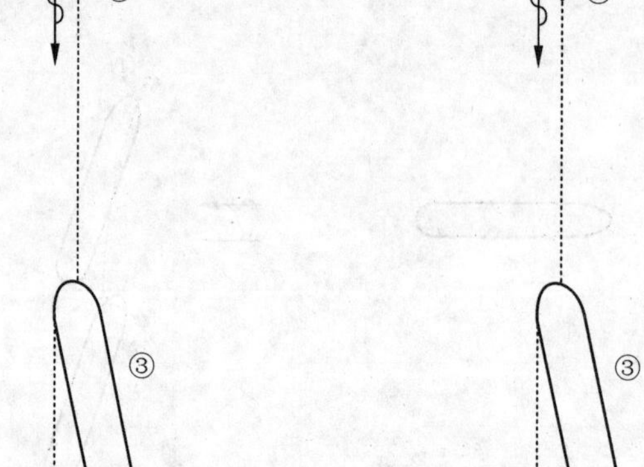

(a)顶流前进抛锚法　　(b)顶流后退抛锚法

图 4-37　一字锚泊操纵方法

2. 顶流后退抛锚法

如图 4-37(b) 所示，船沿锚位线顶流前进至上流锚位前，及早停车减速，并适时倒车，使船到达锚位 ①，且略有退势时，抛下第一锚（力锚），如有侧风，应抛下风舷锚，借船退势边退边松链，松至预定链长的 2 倍时至锚位 ②，抛下第二锚（惰锚），然后一面松惰锚锚链一面绞进力锚锚链至两链长度均等或达预定长度时止，至位置 ③。一般力链 4 节，惰链 3 节。在流急的港口，要相应增加两锚的链长。

3. 一字锚泊注意事项

两种抛锚方法比较，顶流前进抛锚法有利于保向、锚位准确、风流作用下两锚均保持良好抓底状态等优点，因而被普遍采用。而顶流后退抛锚法具有防止惰链受力过大的优点，但不利于保向，特别是受到较大外力影响时，如横风等，很难有准确锚位和良好的锚泊状态。

一字锚泊不适用于长时间停泊，且一般为浅水区域。在涨、落潮流速不等的水域，流速较大方向的锚链可出链 4 节甲板，流速较小方向的锚链可出至 3 节甲板。两锚链松紧程度应适当。遭遇横风影响时，两锚链过紧可能因锚链受力过大而造成走锚；过松可能因船舶向下风漂移距离较远而失去一字锚的作用。

为防止两锚链绞缠，要保持两链松紧适度，在转流前将惰链绞紧，使船首不能自由偏转，并将舵转向惰锚所在的一侧，以免逆转。

为保证一旦锚链绞缠时便于清解，抛锚松链时要注意把锚链卸扣留在甲板上。如有条件，清解时可用拖船拖（顶）船尾，使船向绞缠的反方向回转。

（三）平行锚泊操纵方法

平行锚泊的操作相对简单，适时控制船速，当船舶顶风流抵达锚位且略有退势时，将两锚同时抛出，然后两锚松链至所需长度并相等即可，如图 4-38 所示。这种抛锚方式是由我国的航海家龚鎏于 1975 年首创的，使船舶抗台抛锚方法发生了重大变革。

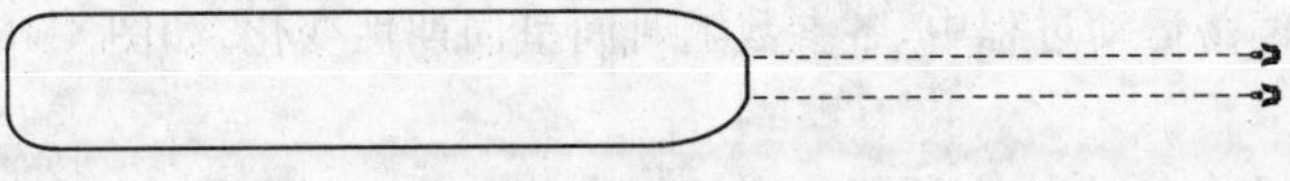

图 4-38　平行锚泊操纵

平行锚泊抓力最大，达单锚泊抓力的 2 倍；又因其操作简便，并可及早松足锚链，不需在大风浪中再进行调整，所以平行锚最适合于抗台风。另外，也可用于内河中抵御急流。

平行锚两链链长取值的经验值如下：

(1) 五千吨级船舶，双锚链长 5 ～ 7 节；

(2) 万吨级船舶，双锚链长 6 ～ 8 节；

(3) 五万吨级及以上船舶，双锚链长 7 ～ 9 节。

五、单锚泊船的偏荡及其防止

锚泊船在风、流、浪等外力、水动力和锚链力的作用下，将产生围绕锚泊点的周期性左右摆动，这种现象称为“偏荡” 运动。偏荡运动使锚链水平方向增加了额外动力，这种额外的动力是船舶走锚的主要原因之一，严重的偏荡会导致断链。除一字锚外，单锚泊、平行锚、八字锚以及单点系泊等停泊方式都存在偏荡现象。在大风浪作用下，单锚泊船舶偏荡最大；平行锚泊时，虽偏荡有所减小，但总体上仍较大；船舶抛八字锚，两锚链张角合适时可较大缓解偏荡，但如果风向有明显变化而未及时调整两锚链出链长度，也会产生偏荡现象。锚泊中，船舶偏荡，锚链张力增加，影响锚抓力大小，还可能导致锚链绞缠，引起走锚。

（一）单锚泊船的偏荡运动轨迹

单锚泊中的船舶，由于作用于水线上船体的风动力的变化，会使船左右受力失去平衡。在新的状态下，锚泊船因所受风动力、水动力和锚链拉力周期性的变化，使船舶产生首摇（船首左右转动）、纵荡（船身前后运动）、横荡（船身左右运动）三种运动的复合周期性运动，称为偏荡运动。单锚泊船偏荡轨迹如图 4-39 所示，锚泊船在偏荡时，船舶重心将描绘一个与风向垂直的“∞”字形轨迹，一般来说，抛锚一侧的半个“∞”字形相对短些。

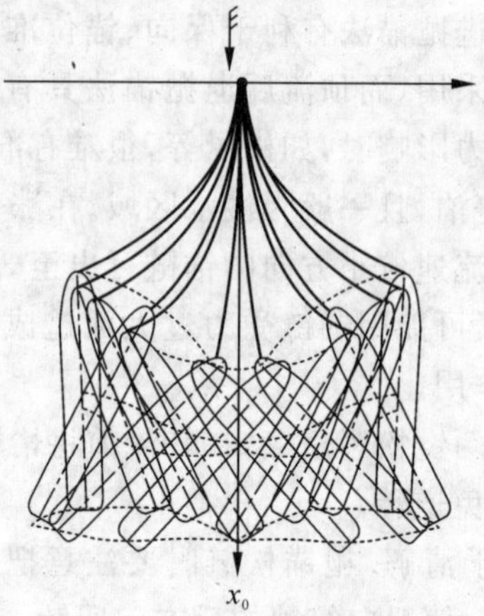

图 4-39　单锚泊船偏荡轨迹

（二）偏荡运动特征参数

偏荡运动的特征参数有偏荡幅度、偏荡周期、转动角速度、锚链张力、锚链方位角等。实船试验结果表明，偏荡运动过程中，各参数随时间呈周期性变化，如图 4-40 所示。

1.偏荡幅度

偏荡过程中，船首在 y_0 方向所能达到的最大值称为“极限位置”，坐标 $y_0 = 0$ 时，称为“平衡位置”。一般将沿 y_0 轴方向左右两个极限位置之间的水平距离称为偏荡幅度。偏荡幅度增大，锚链冲击力也相应增大。

偏荡幅度主要取决于出链长度、风力的大小、船舶载况以及纵倾姿态等因素。一般来说，出链长度越长、风力越大、船舶吃水越小，偏荡振幅越大；轻载比重载偏荡幅度大；尾倾比首倾偏荡幅度大。偏荡振幅最大可达 2.5 倍船长。因此，为了使偏荡幅度不至于过大，大风浪中锚泊船的出链长度不宜过长。

2.偏荡周期

偏荡周期是指锚泊船两次抵达同一极限位置所用的时间。偏荡周期越小，偏荡运动越剧烈，锚链受到冲击力的频率越高。偏荡周期同样取决于出链长度、风力的大小以及船舶载况等因素。一般来说，出链长度越短、风力越大、水面以上受风面积越大、风压力中心位置前移，偏荡周期越短；轻载比重载偏荡周期短。一般单锚泊船的偏荡周期为 10～15min。因此，为了使偏荡周期不至于过短，大风浪中锚泊船的出链长度不宜过短。

3.风舷角的变化规律

锚泊船偏荡过程中的风舷角指风向与船舶首尾线之间的交角，也称为船首方位。偏荡过程中，风舷角随时间呈周期性变化。在一个偏荡周期内出现两次风舷角最大值。一般船首接近平衡位置时，风舷角最大，其最小值出现在极限位置附近。最大风舷角可达 50°以上。

4.锚链方位角

锚链方位角是指船首处锚链方向与船首向之间的交角。偏荡过程中，锚链方位角随时间呈周期性变化。在一个偏荡周期内出现两次锚链方位角最大值。船首位于平衡位置时，锚链方位角为 0°，其最大值出现在极限位置。

5. 转动角速度

偏荡过程中，船舶转动角速度随时间呈周期性变化。一个偏荡周期内出现两次转向角速度最大值，其一般出现在船首由极限位置向平衡位置运动过程中，此时，船首在平衡位置附近。

6. 锚链张力

船舶锚泊时，作用在锚链上的张力分为静力和动力两种，前者称为"静态张力"，后者称为"冲击张力"。锚泊船不发生偏荡时，作用在锚链上的力仅为静力；偏荡时，不仅包括静力，还包括由偏荡运动产生的动力。偏荡过程中，冲击张力的大小随时间呈周期性变化。一个偏荡周期内出现两次最大冲击张力。最大冲击张力一般出现在船首由极限位置向平衡位置运动过程中转动角速度发生最大值之后的时刻，此时，船首接近平衡位置，风舷角最大，锚链方位角较小。最大冲击张力一般为静态张力的 2 ～ 3 倍，最大可达 5 倍。小型船偏荡时锚链受冲击张力为正面所受风压力的 3 ～ 5 倍，压载大型油轮约为 3 倍，满载大型油轮约为 2 倍，空载集装箱船约为 3 倍。船舶偏荡周期越短，锚链的张力越大。

（三）缓解船舶偏荡的措施

偏荡使船舶产生纵向和横向的周期性运动，船舶长时间剧烈偏荡会导致拖锚或走锚，为此可采取下列方法来缓解偏荡。

1. 打入压载水，增加吃水

尽可能多打入压载水，以增加吃水，这样，既减少水线上船体受风面积，同时又增大水线下船体水阻力，使得偏荡减缓。如能达到 3/4 以上满载吃水，可极大缓解激烈的偏荡。

2. 调成首倾

将船舶调成少量的首倾，使水线上船体受风动力作用点后移，水线下船体受水动力作用点前移，这样增加了偏荡时的阻尼力，起到使船首迎风的作用。但小型船舶应谨慎采用该方法。

3. 加抛止荡锚

止荡锚又称立锚，就是将另一只首锚在船舶偏荡至未抛锚一舷的极限位置、向平衡位置开始荡动时抛下。因为此时船舶偏荡速度较低，便于操作，且阻尼作用效果较好，两锚链互不妨碍，所以有利于船舶稳定在平衡位置上。为充分发挥止荡作用，同时又必须使之能拖得动，止荡锚的出链长度应控制在适当的长度内。根据经验，一般可选在 1.5 ～ 2.5 倍水深之间。

4. 改抛八字锚

当风力增强，估计单锚泊抓力不足以抵抗外力时，应不失时机地将单锚泊改抛八字锚。操作时应注意将两锚连线保持与风向垂直，两链交角控制在 60° 左右，超大型船舶则以 90° 左右为宜。

5. 恰当使用车、舵、侧推器

船舶偏荡激烈时，除采取上述措施外，还可用车来缓和偏荡。对于主机可连续使用微正车、应舵较快的船舶而言，可通过微正车辅以舵的配合，抑制偏荡。但大型船舶由于主机转速难以微调，应舵缓慢，采用正车很难与变化中的外力达到平衡，则可采用连续慢速倒车。模型试验表明，倒车比正车抑制偏荡的效果好。但由于倒车增加了锚链张力从而提高了锚的负荷，所以有走锚的可能，因此使用主机倒车时应取最低转速。有侧推器的船舶，也可在偏荡时灵巧运用侧推器抑止偏荡。

六、船舶走锚及应急措施

走锚是指锚在外力作用下离开锚泊位置而持续拖动的现象。锚泊船走锚可能造成搁浅、碰撞等事故，因此，必须采取措施防止走锚。

1. 走锚的原因

锚泊船走锚的根本原因是外力大于锚泊力。具体讲走锚是由多种原因造成的，这些原因包括外力增大（大风、急流、浮冰等）、锚地底质不佳、出链长度不足，以及偏荡运动等。

(1) 洪水猛涨，流速激增，使船体承受的水动力大于锚泊抓力。

(2) 在大风中，因风引起的船舶偏荡减小了锚泊抓力及风对船体产生的风动力急增，致使风、流动力的和大于锚泊抓力而发生走锚。船舶在大风中因偏荡运动而走锚时，锚泊船的船首一般位于偏荡运动轨迹的平衡位置附近，处于风舷角最大，且基本固定不变的姿态。

(3) 抛锚时松出的锚链长度不够，以致锚爪不能以较大的角度插入水底，且向上分力也有将锚上提出土的趋势，因而使锚抓力过小。

(4) 底质不良，不能充分发挥锚抓力。例如在流沙中锚泊，由于泥沙的流动而不能发挥锚抓力；在硬土层或卵石层上抛锚，则因锚爪不易抓入，而使锚不能产生有效的抓力。

(5) 不正常水流影响。由于不正常水流的流速、流向经常变化，使船偏荡不定，摇晃河底的锚，使锚泊抓力减小，最后造成走锚。

(6) 本船锚泊后，他船相靠又不抛锚，本船又未增加松出锚链，可能使锚泊抓力不足而走锚。

船舶产生走锚的原因很多，有时几种原因同时起作用，发生走锚又未及时发现并采取措施，则可能发生严重事故。

2. 判断走锚的方法

为了保证船舶的安全，锚泊船应指派专人“值锚更”，随时注意锚泊船及周围的情况，用一切有效手段进行瞭望，检查船是否走锚。判断船舶是否走锚的方法有：

(1) 锚泊时，根据锚地锚泊船的密度、气象水文情况设置雷达和 GPS 等定位系统的“警戒圈”范围，使之能在锚泊船走锚时发出警报。也可根据与锚地的其他锚泊船，特别是下风、下游的船舶的相对位置变化来判断是否走锚。

(2) 仔细观察锚泊船的偏荡运动，如果周期性偏荡运动突然停止，船舶变为一舷受风，锚链处于上风舷侧，且风舷角基本保持不变，则可断定发生了走锚。

(3) 观察锚链情况。正常锚泊时，锚链常有周期性松紧、升降现象，若锚链表现为持续拉紧状态并间或突然松动的现象，用听觉或手感到锚链急剧地抖动，说明有可能在走锚。

(4) 根据本船与他船相对位置变化来判断是否走锚。在强风中，可通过观测船首、尾方向上的他船或物标的变化来判断；急流中应重点观察正横附近的他船或物标的串视线的方位变化。这是由于大风浪中锚泊船走锚时接近正横状态受风并向下风漂移。

3. 走锚的应急措施

一旦发现走锚，值班驾驶员应采取如下措施：

(1) 应立即抛出另一舷首锚并使之受力，这是首要的措施，防止船舶由于走锚距离过大而发生搁浅、碰撞等事故。慎用(不用) 松链方法，因为松长锚链不利于锚的二次抓底。

(2) 紧急备车，报告船长；开动主机以减轻锚链受力。

(3) 在采取上述措施同时，应按照避碰规则的规定，悬挂及鸣放“Y”信号，并用 VHF 等通信手段及时报告有关当局和发出航海警告。

(4) 主机备妥后进行起锚，另择锚地，重新抛锚。

七、守锚与活锚

在锚泊期间，为了船舶安全，必须经常采取措施保持锚和锚链处于良好的抓着状态，这种措施称为守锚。

守锚措施除前面已经介绍过的单锚泊(还有平行锚) 偏荡的抑制，锚链绞缠的清解等外，还包括起锚检视。

海底为泥沙且易移动的水域，特别是在内河等有流的水域，长时间锚泊，泥沙堆积在锚上致使锚被泥沙深深埋没(淤锚)。这时锚与适应风流变化的锚链方向不能一致，使锚杆受到相当大的弯矩，破坏锚的抓着条件，同时还给起锚操作造成障碍。为了避免锚被埋没，把锚绞起来后重新抛下，以维持良好的锚泊状态，这种操作叫起锚检视，船员称为“活锚”。

在内河等有流水域且泥沙流动较多的地方，常以 3 ～ 5d 为周期进行起锚检视。在大风浪期间锚泊，为确保良好的抓底状态，必要时也要起锚检视。

八、锚链绞缠及清解

(一) 单锚泊船锚与锚链绞缠清解方法

单锚泊船舶起锚时，可能发生锚链卡在锚爪与锚杆之间，锚倒挂在锚链上的情况；也可能出现锚链缠绕在锚杆上的情况。锚链清解方法有三种：

(1) 可将绞出水面的锚重新抛下后再绞起，一般均能自行脱开。

(2) 考虑到只要利用缆绳将锚竖起，依靠锚自身质量，即可将锚链清解，因此，可安排人员顺软梯下到锚杆处，将撇缆绳穿过锚杆与卡住的锚链之间，待下梯人员回船后，在锚穴上部的导缆孔带回头缆。缆绳保持受力，慢慢松出锚链，锚逐渐翻转，锚链顺利脱出，收回回头缆。至此，锚链清解完成。清解船锚和锚链的绞缠如图 4-40 所示。

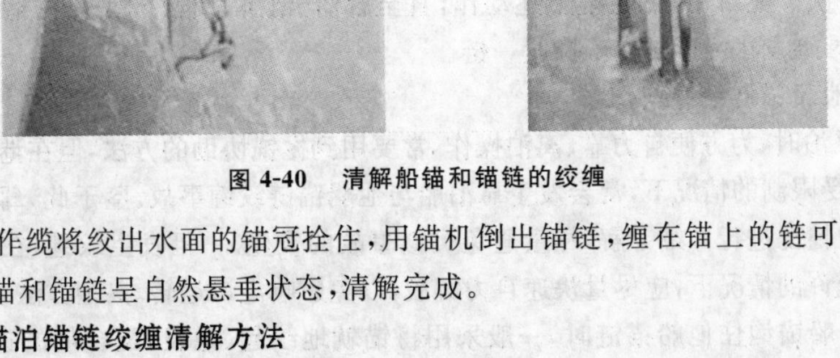

图 4-40　清解船锚和锚链的绞缠

(3) 用工作缆将绞出水面的锚冠拴住，用锚机倒出锚链，缠在锚上的链可滑出脱开，然后松工作缆，锚和锚链呈自然悬垂状态，清解完成。

(二) 双锚泊锚链绞缠清解方法

1. 锚链绞花及清解难度

若双锚泊船随风、流向变化而总向一舷回转，则两锚链就会发生相互绞缠。根据两锚链绞缠数目，分别称为：半个绞花，即船回转半圈，两锚链只交叉一次；一个绞花，即船回转一圈，两锚链交叉两次；一个半绞花，即船回转一圈半，两锚链交叉三次；两个绞花，即船回转两圈，两锚链交叉四次。

锚链绞缠将使锚和链受到局部弯曲和扭转负荷而引起损坏，或使抓力大为减小，并对起锚和收存造成困难。所以应抓紧时间进行清解。

当锚链绞缠成半个绞花状态时，可以先绞进绞花下面的锚链，当一只锚绞起以后即可重新张开。绞花在一个以上，清解较为复杂，如当时风流较弱，有拖船协助时，可使船体按绞花的相反方向转头进行清解。如果当时远离港口或在港内无拖船协助时，就须在风流较弱时自力清解。

2. 断链法清解锚链绞缠

自力清解以往采用的方法是切断锚链法。先将缠绕锚链的连接卸扣打开，再用钢缆沿相反方向绕过被缠绕的另一锚链后拉进锚链筒与断开的锚链相连接进行清解，最后再将断开的锚链慢慢绞上并用卸扣重新连接起来。该方法操作复杂，需人手较多，在强风时夜间进行作业往往有一定的困难和危险性。

3. 交替绞链法清解锚链绞缠

在无拖船协助时，可操作锚机、配合车舵使绞花自行清解，这种操作方法较简单，清解绞缠要领如下：

(1) 判断锚链受力情况，先将惰锚锚链松下约半节，使其不吃力，让力锚单锚受力，此时船舷偏于力链方向，然后用微速进车，车舵配合，抵御流速，使力链不吃力。

(2) 慢慢绞起力锚，并保持力链始终与锚链孔呈垂直悬垂状态。由于绞锚时的震动，加上"盘绕"惰链的自重，导致它自动下滑。这样力链就可慢慢地从扭链的圈套中抽出。

(3) 再刹住力锚，适当收紧惰锚，但不能过紧，仍以保持两链的扭缠部分尽量靠近力链链孔的下方处，且不能受力。继续绞出力锚，同时观察其扭链自行下滑情况。

(4) 在绞链过程中有时可能会遇到盘绕扭链打结，跟随力链一起上来，此时可适当绞紧惰链，刹牢。然后用刹车突然松下力链，使其惰链突然受力拉伸，松动扭链，自行解结。

(5) 再配合车舵继续绞力链，使其扭链自行下滑。

(6) 当力锚绞至近水面，可以看到绞缠在锚杆或锚链上的扭链时，适当绞紧惰链，由于此扭力向反方向拉动，往往可使力锚随反方向转动，绞缠的两链也就随着其反方向转动而自行解开。

(7) 如一次未能解清，可重复上述动作，直至解清。清解过程中，车舵的适宜配合十分重要。在风流较弱时，可故意用倒车拉紧一链。

(三) 与他船锚链绞缠与清解

船舶在靠泊时，为方便自力靠、离泊操作，常要用到抛锚协助的方法，但在港口泊位密度较大、旋回水域受限制的情况下，常会发生靠泊船与他船锚链绞缠事故。鉴于此，驾引人员应当在靠泊前对泊位情况进行详细了解，尽量避免类似事故的发生。一旦发生绞缠，在主管当局及港口通航环境允许的情况下，应尽量快速自力解脱，以免影响港口运转。典型方法有两种：

(1) 若本船锚钩住他船锚链时，一般采用将锚就地绞起、抛投，配合船的进退、摆动的方法，争取摆脱绞缠。

(2) 将锚垂直绞起至离开水面，将所钩住的链用回头缆提住；然后倒出锚链，使锚爪脱出；再绞本船锚，配合用车等措施，使本船的锚尽可能远离对方锚链，避免绞进时在空中再次绞缠；而后开动缆车缓缓放下缆绳，待锚链到底，缆绳出现松弛后，将缆绳通过缆车绞起，清解与他船锚链的绞缠示意如图 4-41 所示。

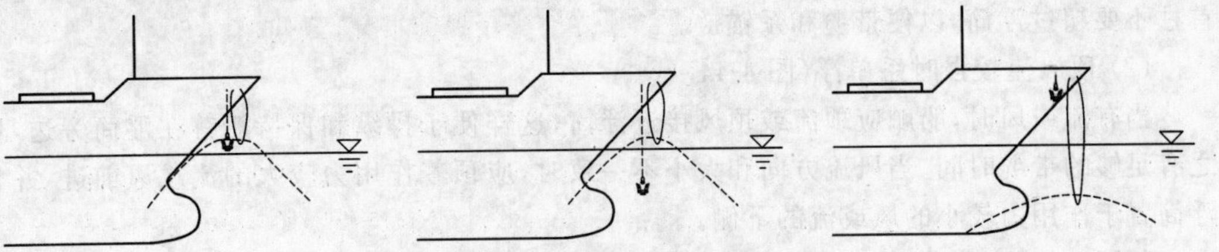

图 4-41　清解与他船锚链的绞缠示意

第六节　系、离浮筒操纵

一、系浮设施

浮筒，亦称“水鼓”，是供船舶系泊的筒状浮体。系浮筒缆绳(图 4-42) 分为单头缆和回头缆。

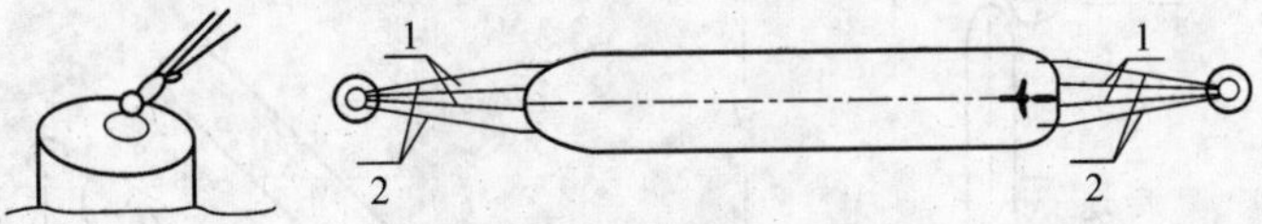

图 4-42　系浮筒缆绳

1— 单头缆；2— 回头缆

单头缆：首尾至少各 2 根；用于承受系泊力。

回头缆：首尾各一根；从一舷送出，穿过浮筒环后再从另一舷拉回船上。平时不承受系泊力，松弛状态，主要离浮筒时使用；离浮时最后解除，船员自行解脱。

二、系、离单浮筒的操纵

(一) 系单浮筒

一般船舶可以自力系单浮筒，大型船舶或超大型船舶则应有拖船协助，以解决对船舶的控制和系缆问题。

1. 准备工作

船舶到达浮筒前，应做好下列准备工作：

(1) 备妥系缆。将供系浮筒用的系缆从缆车拉出，前端从船首导缆孔穿出，经栏杆上方折回，放置甲板上并接上递缆。此外，还应备妥几根撇缆。

(2) 备妥锚链。如泊地风流较大，或停泊时间较长，系浮筒应使用锚链。为此，应将锚链准备好：用制链器将锚扣牢，把制链器后边锚链上的连接链环打开，然后将锚链从船首中央导缆孔松出，直至水面为止。如船首中央没有可供放出锚链的导缆孔，则用锚机将锚放低一些后，用锚链掣扣牢，打开锚链，将锚链从链孔直接放出至水面。为避免锚与船体产生碰击，应用系缆将锚固定，或事先移挂于舷侧并固定好。此外，另一锚应做好抛锚准备。

2. 系单浮筒操纵

(1) 顶风流较弱时系单浮(图 4-43)

操纵船舶接近浮筒，船舶可从任意方向接近，或选择顶弱风流前进，如图 4-43 所示。把浮筒放在正前方或稍偏一点，慢速正车，适时停车、倒车，使船首在浮筒旁停止下来。注意船首柱不要超过浮筒，以便带缆和系锚链。

(2) 顶风流较强时系单浮(图 4-44)

当有流或风时，船舶应顶流或顶风接近浮筒，这样便于操纵和保持船首在浮筒旁边，使之有足够的带缆时间。当风流方向和大小不一致时，应顶着作用力较大的流或风前进，并将浮筒置于作用力较小的风或流的下侧。

如图 4-44 所示，为防止停船后，船首很快落向下风/下游，给系浮带来困难，先在浮筒左侧(约 0.5L)上风处抛左锚，出链 1.5 倍水深为宜(视风力而定，但应能拖锚)，利用风力、辅以必要的倒车或进车及用舵使船首接近浮筒。完成系浮后应尽可能将锚绞起，或待风缓之后再行绞起。

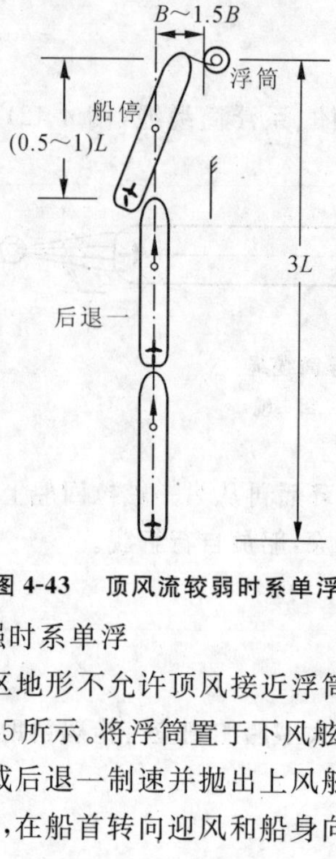

图 4-43　顶风流较弱时系单浮

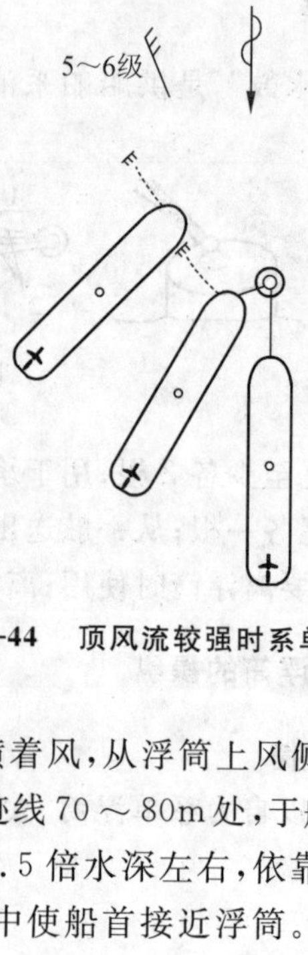

图 4-44　顶风流较强时系单浮

(3) 横风较强时系单浮

当有风而港区地形不允许顶风接近浮筒时，船可横着风，从浮筒上风侧接近。横风较强时系单浮如图 4-45 所示。将浮筒置于下风舷侧约距航迹线 70～80m 处，于船首抵浮前 0.5L 左右使用后退二或后退一制速并抛出上风舷锚，出链 1.5 倍水深左右，依靠风力，并辅之以倒车、进车的调整，在船首转向迎风和船身向下风漂移中使船首接近浮筒。完成系浮后也应尽可能将锚绞起。

(4) 带系缆

船首接近浮筒需带缆艇完成系浮缆和系浮链的带缆操作；如无专用的带缆艇，也可用本船机动艇完成该项操作。机动艇带缆系浮筒如图 4-46 所示。必须注意，在浮筒上人员未离开浮筒前，不能绞缆或用车，以免浮筒被带动打转，造成人员落水。

带系缆是系浮筒的关键环节，如果系缆未带上而船已被风流压开，则必须重新接近，这不仅浪费时间，有时还会形成被动局面。因此，带系缆动作要求迅速。

如船舶停泊时间较短，风流又不大，系缆系好后，加带 2 ～ 3 根单头缆和一根回头缆，系泊即告结束。各缆受摩擦部分应妥善包扎，防止磨损。如停泊时间长，或风流较大，应接着系锚链。

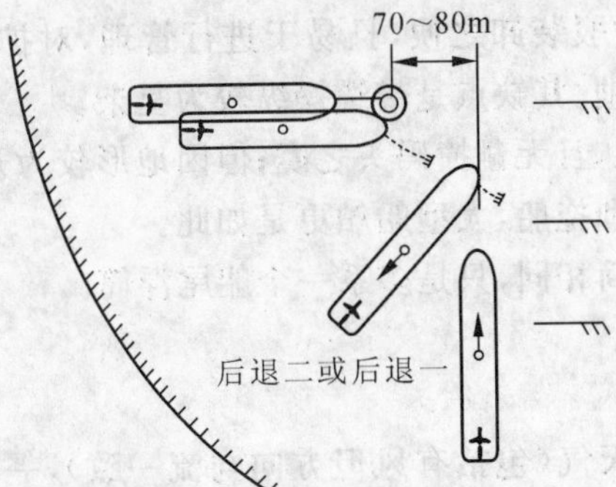

图 4-45　横风较强时系单浮

图 4-46　机动艇带缆系浮筒

(5) 系锚链

系锚链的方法如图 4-47 所示：先绞收系缆，使船首尽量靠近浮筒；再从船上放下一根递缆，浮筒上人员将它穿过系留环后连接于锚链前端第 5 ～ 6 个链环上；然后甲板上人员收进递缆，将锚链拉至系留环边，由浮筒上人员用卸扣将它连接于系留环上；最后放出适当长度（15 ～ 20m）的锚链，用制链器扣牢。系缆改回头缆如图 4-48 所示，锚链系好后，将系缆改成回头缆，打开卸扣，将系缆穿过系留环后送至船上，用制链器扣住，准备离浮筒时使用。系浮筒操作即告结束。

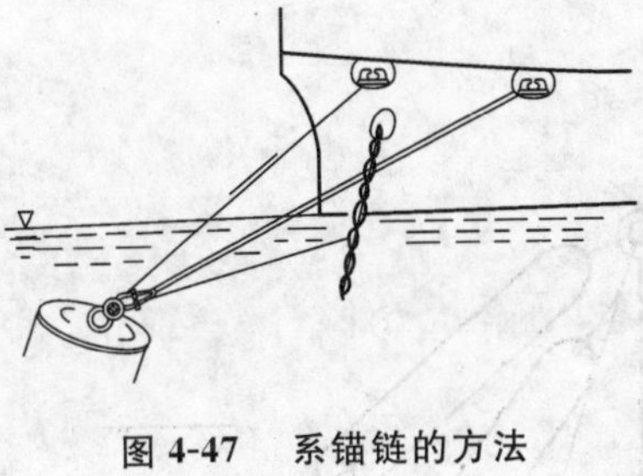

图 4-47　系锚链的方法

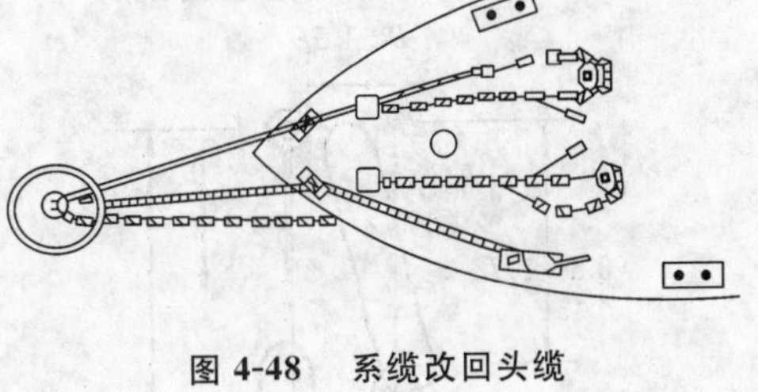

图 4-48　系缆改回头缆

（二）离单浮筒

1. 解除系缆的离单浮筒操作

离单浮筒操作较为简单。仅使用系缆系浮时，一般情况下先将系浮缆中的单头缆解掉，风力较大时，可适当进车并收紧回头缆之后再解单头缆，最后才解去回头缆。适当用车、舵，使船舶驶离浮筒水域。

2. 解除锚链和系缆的离单浮筒操作

(1) 缩短锚链，使船靠近浮筒；

(2) 收紧回头缆，使船对锚链的作用力落在回头缆上，以便解开锚链；

(3) 收回锚链，并与锚连接好；

(4) 微进车，待回头缆松驰时，迅速解回头缆、收回头缆；

(5) 适当用车、舵，使船舶驶离浮筒水域。

三、系、离双浮筒操纵

船首、尾各自系在一个浮筒上的系泊方法称系双浮筒。与系单浮筒相比，系双浮筒能使系泊船较好地保持在既定的系泊位置上，具有过驳装卸之便，且易于进行管理，对扩大港内作业面和增加吞吐量及提高船舶周转率都有帮助。其缺点是带缆操纵较为复杂。

从操纵上看，系双浮筒较驶靠码头时泊位大，且无碰撞码头之虞；但因地形较为开敞，风流作用较码头边急；带缆需时较长，常需借助锚和拖船，大型船舶更是如此。

系双浮筒的准备工作及系缆操作与系单浮筒相同，只是多系一个船尾浮筒。

（一）系双浮筒的操纵

1. 无风时系双浮筒（图 4-49）

双浮筒一般都是顺流向布设，因此，在无风天气（包括有风但方向与流一致），一般应顶流驶近，先用系缆和锚链系好船首浮筒（与系单浮相同），然后松链、缆后退，当船尾接近船尾浮筒时，再系好尾缆。船尾不使用锚链，因此，应用 3 ～ 4 根系缆。

如果船舶顺流进港，应先转成顶流，然后再系浮筒。

首尾浮筒都系好后，调整船首锚链和船尾系缆的长度，使船舶停留于两浮筒中央位置⑤，如图 4-50 所示。

2. 有横风时系双浮筒（图 4-50）

当风向垂直于浮筒连线时，操纵比较困难。操纵性好的小型船舶，在有足够水域的条件下，可以从上风接近前浮筒，迅速系好船首系缆，然后松首缆（链）、倒车，船退至位置 ③，同时利用风动力使船尾转向后面的浮筒，用车舵控制船舶偏转速度，并迅速带上尾缆。大型船舶在横风时系双浮筒，一般需拖船协助。

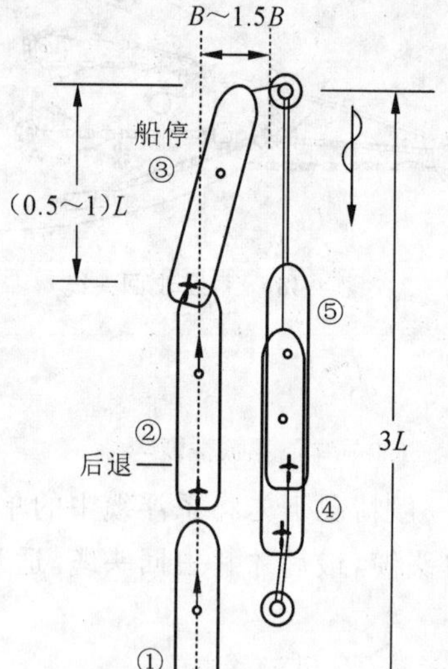

图 4-49　无风时系双浮筒

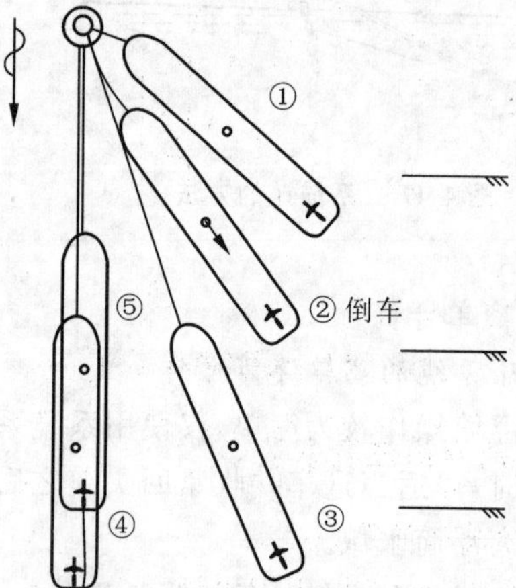

图 4-50　有横风时系双浮筒

（二）离双浮筒操纵

1. 无风流离双浮筒

在无风流天气，离浮筒时先解船尾单头缆、回头缆，再收紧船首回头缆，再解船首单头缆、回头缆，然后用车舵使船舶偏离浮筒连线，至所需角度后，便可正车驶离。

2. 顶流离双浮筒

(1) 如图 4-51 所示，先解除船尾端的所有缆绳，再收紧船首回头缆，使船首单头缆（链）放松，然后解除船首单头缆（链），只留回头缆。

(2) 小型船：进车，使船首回头缆放松，解回头缆，自行操舵、用车离开两浮筒之间的水域。

(3) 中大型船：用拖船向船首端 30° ～ 50° 方向起拖，船首端摆出两浮筒连线，解掉船首端回头缆，进车、用舵驶离。

3. 顺流离双浮筒

(1) 如图 4-52 所示，先解除船首端的所有缆绳（链）。再收紧船尾回头缆，使船尾单头缆放松，然后解除船尾单头缆，只留回头缆。

(2) 小型船：倒车，使船尾回头缆放松，解回头缆，自行操舵、用车离开两浮筒之间的水域。

(3) 中大型船：用拖船向船尾端 30° ～ 50° 方向起拖，船尾端摆出两浮筒连线，解掉船尾端回头缆，再进车、用舵驶离。

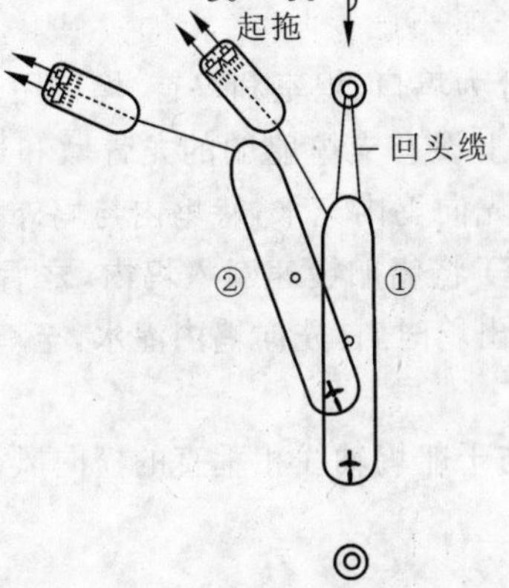

图 4-51　顶流离双浮筒

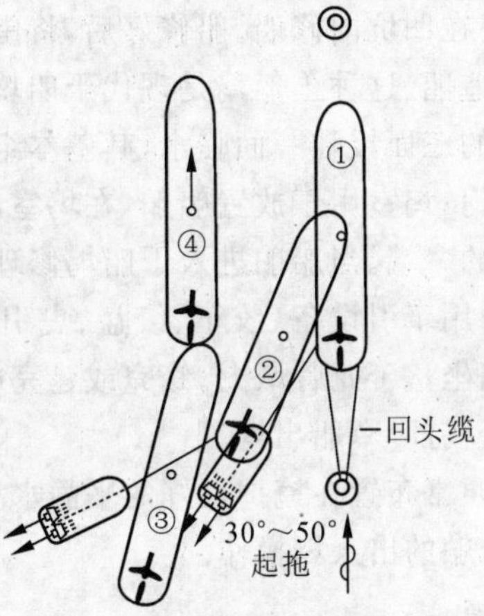

图 4-52　顺流离双浮筒

四、系离浮筒注意事项

系离浮筒应注意以下几点：

(1) 系浮筒的船舶周围水域宽敞。但由于水域遮蔽差，风流影响较码头边大，加上带缆时间长，系链需时更长，而且要有带缆艇协助，需要有人上浮筒操作；从某种意义上说，要求驾驶员更认真地分析客观条件，制订周密计划，精心操纵船舶，以防止触碰浮筒和触碰泊位前后他船等事故的发生。

(2) 迅速带缆是系浮中的一个重要环节，要求本船船首尽可能接近浮筒（一般纵向距离约 20m，横向距离约 10m）。系浮时应尽量保持系船端与浮筒之间相对静止。

(3) 拖锚是系浮筒的另一个重要环节，锚位距浮筒不宜过近，一般与浮筒连线距30 ～ 40m。

(4) 系双浮时，避免在转流时进行。系双浮后，遇强横风，注意缆绳受力。横风强时可改为系单浮。

(5) 风大流急常需拖船协助，驾驶员应具备正确决定所需拖船功率及艘数的知识；应能正确指挥拖船完成系离浮筒的协助操纵任务，并在对风流影响和拖船作用的估计中留有充分的余地，以免出现被动局面。

第七节　港内其他操纵

一、进出船坞操纵

(一) 船坞

船坞是用于修造船舶的水工建筑物。布置在修造船厂内，主要是用于船舶建造、修理、拆解等的工作平台和场所。船坞有两种：干船坞和浮船坞。

1. 干船坞

干船坞是一种具有凹形坞室的水工建筑物，船舶可在坞室内进行建造或修理(图4-53)。古代在有潮海岸，人们在涨潮时将船舶引入一个三面围以土堤的凹坑里去，退潮后用围堰封闭缺口，即可在凹坑内修船。船修好后，将围堰拆除，利用涨潮使船上浮并引船出坑。这种凹坑也可用来造船。这种土船坞是现代干船坞的前身。

干船坞的三面接陆一面临水，其基本组成部分为坞口、坞室和坞首。坞口用于进出船舶，设有挡水坞门；坞室用于放置船舶，在坞室的底板上设有支撑船舶的龙骨墩和边墩；坞首是与坞口相对的一端。当船舶进入干船坞修理时，首先向坞内充水，待坞内与坞外水位齐平时，打开坞门，利用牵引设备(绞车、绞盘、曳引小车等)将船舶慢速牵入坞内，之后将坞内水体抽干，使船舶坐落于龙骨墩上。修完或建完的船舶出坞时，首先向坞内灌水，至坞门内外水位齐平时，打开坞门，牵船出坞。

干船坞通常布置在掩护良好的平静水域内，与干船坞轴线相垂直的横向风、浪和潮流应小，以利于船舶的出入坞操作。

2. 浮船坞

浮船坞是一种可以移动并能浮沉的凹字形特殊船舶(图4-54)。其两端开敞、横断面呈槽形。它不仅可用于修、造船舶，还可用于打捞沉船，运送深水船舶通过浅水的航道等。它通常由两侧坞墙(又称塔墙)和坞底(又称底趸)所组成，有时只在一侧设坞墙。坞底和坞墙都是空箱结构，沿浮船坞纵向和横向分隔成若干舱室，其中有的是干燥的空气舱，有的是水舱。当向舱内灌水或从舱内排水，浮船坞即可下沉或升起。

船舶进坞时，首先开启阀门向浮船坞水舱内灌水，使浮船坞下沉到足够深度，即可引船入坞，然后开动设在浮船坞中的水泵，将水舱中的水排出，浮船坞即徐徐上浮，将船舶托出水面，此时船舶已坐落在坞底的龙骨墩上，便可进行检修。浮船坞大多是钢质的。

与干船坞比较，浮船坞具有造价低、建造周期短、机动灵活便于迁移等优点，但与船厂联系不够方便，一般多用于万吨级以上船舶的小修、坞修和事故修理。

图 4-53　干船坞

图 4-54　浮船坞

（二）进坞操纵

1. 准备工作

(1) 船坞方做好备坞工作。当船舶进入干船坞修理时，首先用灌泄水设施向坞内充水，待坞内与坞外水位齐平时，打开坞门。另外准备好牵引设备、碰垫、带缆艇等。

(2) 船舶进坞前应调整到要求的吃水差，无横倾，收妥双锚，并按厂方要求做好其他准备工作。

(3) 船舶进出坞，本身没有动力，通常 10 万 DWT 以下的船舶一般使用 2～3 艘拖船，大于 10 万 DWT 的船舶使用拖船 3～6 艘不等。现在多配备全旋回拖船，要求拖船状态良好，性能可靠。

2. 进坞操纵

例 1：涨末，流速 0.5～1kn，吹拢风 4～5 级进坞。进坞操纵步骤如图 4-55 所示。

(1) 过坞门确定串视线，距离坞门约 3～4 倍船长，停车淌航，由 3 艘拖船控制船位，如图船位 ① 所示。以功率最大的拖船 C 绑拖在左舷尾部，功率较小的拖船 A 拎头，拖船 B 提尾。

(2) 船位 ②：船首距坞门 1L 时，船首与坞门的横距约 3 倍船宽。根据大船的船速，及时令拖船 A 减速，拖船 C 倒车控制，拖船 B 向上风、上流提尾。

(3) 船位 ③：船首接近坞门时，船速降低至零。令拖船 C 顶推左舷尾部，及时调整船舶角度，拖船 A、拖船 B 协助控制，防止船舶下漂。

(4) 船位 ④：在 A、B、C 三艘拖船的拖顶下，船身逐渐调直，带首绞引缆，由岸上绞车将船身逐渐绞入，用左右两缆校正首偏转，拖船不用时解去。最后定好位置（船位 ⑤），结束进坞。

例 2：涨末，流速 0.5kn，吹拢风 4 级进坞。进坞操纵步骤如图 4-56 所示。

(1) 过坞门确定串视线，距离坞门约 3～4 倍船长，停车淌航，由 3 艘拖船控制船位，如图船位 ① 所示。以功率最大的拖船 C 布置在左舷尾部。由于水域的限制以及拖船顶推方法比吊拖容易操作，基本上使用拖船顶推方法，不用吊拖方式。A 拖船于右侧船首顶推，B 拖船于左侧船首顶推，C 拖船于左侧船尾顶推。

(2) 驶于串视线，风流均来至右舷，大船速度减缓，风流导致船舶漂移明显，应用 B 拖船和 C 拖船顶推配合，控制船舶在串视线上。

(3) 船位 ②：大船位是控制船舶进坞口的关键，应使用拖船协助船舶减速，此时一般不使用大船倒车，如需使用一定要尽量短时间，做到一倒即停，控制余速在 0.5kn 左右。

(4) 船位 ③:接近坞门,应控制船舶速度接近于 0,及时调整船舶角度,可令 C 拖船顶推船舶尾部,加大角度,逐渐接近 90° 角,船首继续使用 A 拖船和 B 拖船控制,且控制船两舷位置距离坞口大致相等。

(5) 船位 ④:解除 B 拖船的缆绳,大船微速进车,使用舵角进入坞门,A 拖船和 B 拖船慢慢离开,带上首缆和首倒缆,应用缆绳控制船位,大船缓慢进入坞身,解除拖船 C,带好尾缆和尾倒缆,使用缆绳控制船位位于坞的中线上。最后定好位置(船位 ⑤),结束进坞。

例 3:超大型船舶进坞,在高平潮前 45min 开始操纵,风速不超过 4 ～ 5 级。超大型船进坞操纵步骤如图 4-57 所示。

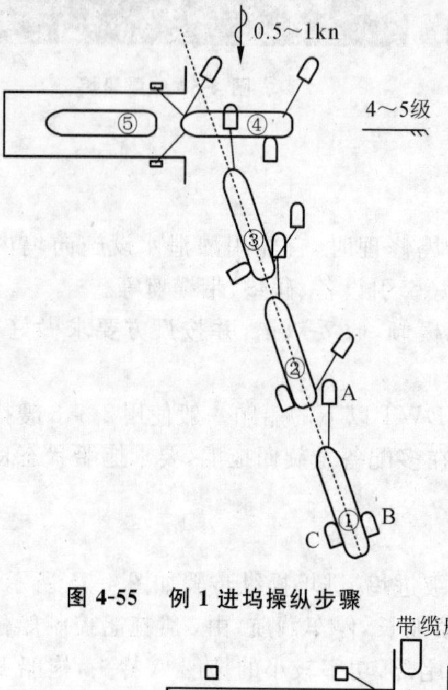

图 4-55　例 1 进坞操纵步骤

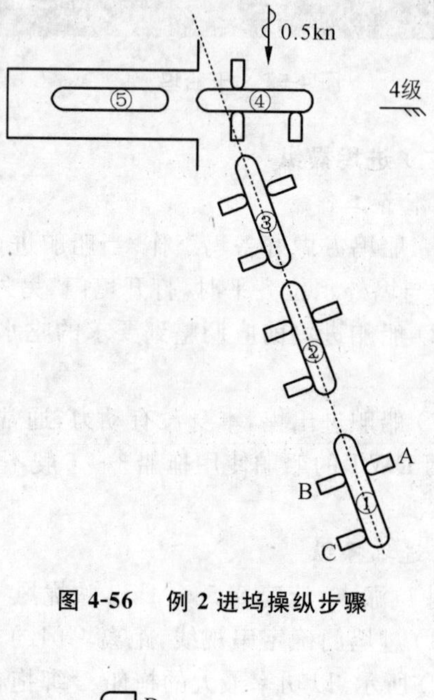

图 4-56　例 2 进坞操纵步骤

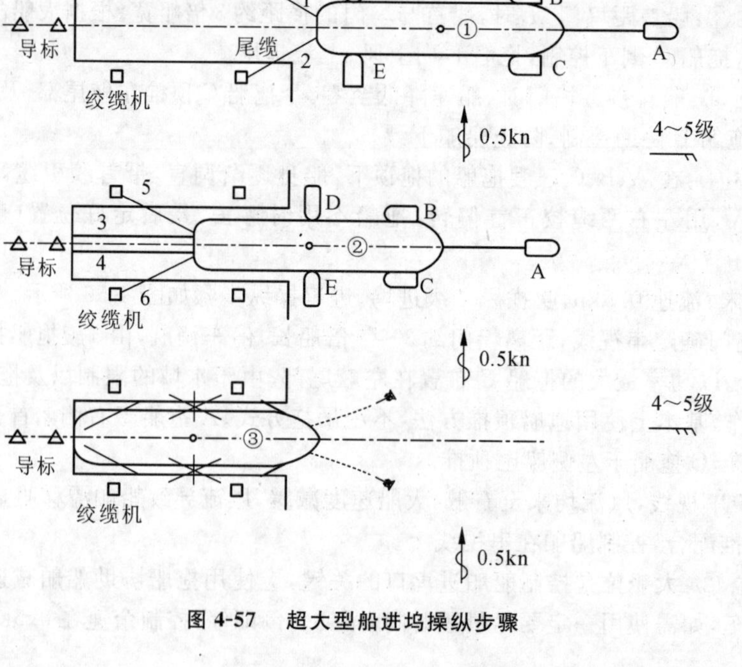

图 4-57　超大型船进坞操纵步骤

(1) 超大型船的进坞宜在白天能见度良好的情况下进行。大船离开锚地后，在引航员的引领和至少一艘拖船的护航下，适时慢车、停车，驶抵坞口船舶回转掉头水域。

(2) 系带拖船。大船在回转掉头水域系带拖船，大船在拖船拖带或顶推下掉头并驶抵坞口，如图中船位 ① 所示。带缆艇将大船船尾缆绳与两侧的绞缆机相连接。

(3) 大船在拖船B、C和缆绳1,2的共同作用下缓缓接近坞口。拖船B、C和尾八字缆控制船舶进坞速度，拖船 D、E 和缆绳 1,2 控制船舶的横向移动。

(4) 船位 ②：大船船尾进坞后，适时系上主绞缆缆绳，拖船 D、E 改顶船中稍后位置，大船船尾的缆绳在主绞缆绳受力后，系上 3,4 方向的两根缆绳，适时解除缆绳 1,2。

(5) 大船在拖船 B、C 和主绞缆的作用下，徐徐驶进船坞。拖船 A、B、C 适时倒车，控制大船进坞余速，直至大船入位，拖船 D、E 适时解除与大船的系缆。大船在坞内运动过程中，拖船 D、E 和缆绳 5,6 控制船舶的横向移动，防止大船因受外力作用偏航而碰触坞底斜坡。

(6) 位置 ③：带上所有系船缆，解除所有拖船。利用浮吊、拖船将大船船首左右主锚按"八"字锚的形式分别抛出。

(三) 出坞操纵

1. 准备工作

(1) 派专人在船坞(台) 上游值守并测定其前沿水域的实际流速。

(2) 当舾装船舶船首在船坞(台) 外，船尾在船坞(台) 内时，水流对船体作用可能产生较大的力矩，船舶将发生偏转，有碰撞船坞(台) 侧面的可能。可事先在船坞(台) 侧面及船坞(台) 口处设置防撞设施。

(3) 准备好船首及船尾的拖缆。

2. 出坞操纵

例 1：涨末，流速 0.5 ～ 1kn，吹拢风 4 ～ 5 级出坞。出坞操纵步骤如图 4-58 所示。

(1) 船位 ①：船首留左、右缆，另准备一首拖缆送至坞边上流侧备用。提尾拖船 C 带妥拖缆就位。

(2) 船位 ②：拖船 A 起拖，船身渐渐退出，随时绞船首左、右两缆校正首偏转。半个船身出坞后，大船后部受流，拖船 A 应向上风、上流拖直并及时绞船首下流舷缆绳校正，拎头拖船 B 带上首拖缆就位。

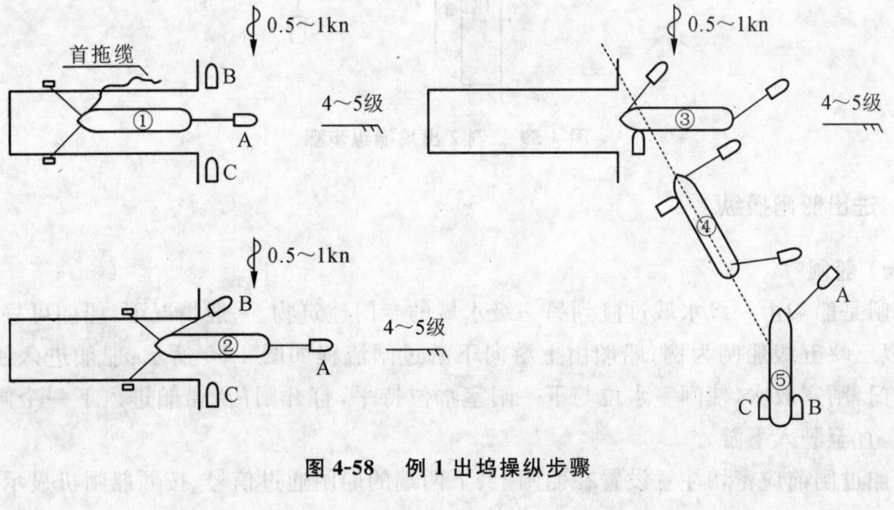

图 4-58　例 1 出坞操纵步骤

(3) 船位 ③:船首将退出,拖船 A 快车拎头,收进各缆,拖船 B 准备顶头。

(4) 船位 ④:船身全部出坞,拖船 C 快车顶头,尾拖船应尽量抢占上风位置。

(5) 船位 ⑤:船身调正迎流后解尾拖,令拖船 B、C 傍拖。

例 2:3 万吨级舾装船出坞及靠泊操纵,流速 0.5 ～ 1kn,出坞操纵步骤如图 4-59 所示。

(1)3 万吨级舾装船出坞及靠泊操纵采用 2 艘 1500 匹马力的拖船和 1 艘 1000 匹马力的拖船为宜,满足纵向、横向上拖力的要求。

(2) 船位 ①:拖船 A 利用足够强度的缆绳绑定舾装船舶,另外两艘拖船在船坞(台)上下游侧分别就位。

(3) 船位 ②:拖船 A 起拖,缓速拖带舾装船下水。船出坞后,拖船 B 和拖船 C 在舾装船舶上下游侧协助顶推。拖船 A 在拖带时,船尾略向下游侧,使舾装船舶向下游转向。

(4) 舾装船离开船坞(台) 前沿 50m 及以上开始进行掉头作业。拖船驾驶员密切注意舾装船舶的偏转速率。

(5) 船位 ③:拖船 A 继续拖带舾装船舶船尾处,拖船 C 傍拖于舾装船舶,给舾装船舶航行动力。拖船 B 拖带于船首,和拖船 A 共同控制船舶的航行轨迹。

(6) 船位 ④:在拖船的拖带作用下,舾装船舶逐渐到达本工程舾装码头前沿水域,在拖船协助下完成靠泊。

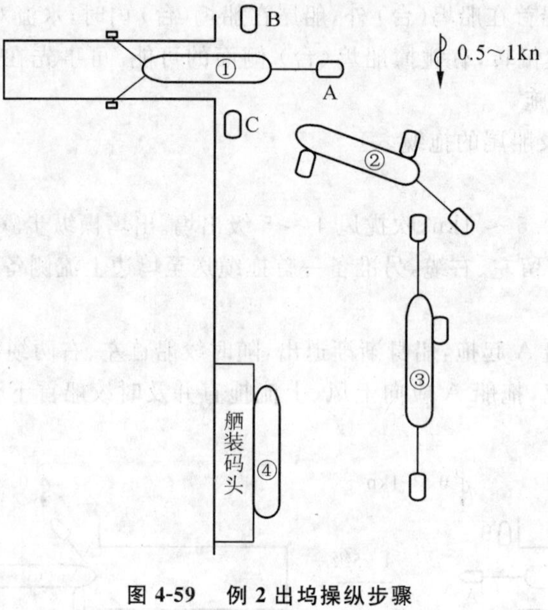

图 4-59 例 2 出坞操纵步骤

二、进出船闸操纵

(一) 船闸

船闸是船舶由一级水域过渡到另一级水域的专门建筑物。一般情况下,船舶可昼夜通过船闸。以三峡五级船闸为例,船舶由上游向下游过闸流程如图 4-60 所示:船舶进入闸室后,关闭闸门,闸室放水,使闸室水位与下一闸室水位持平,打开闸门,船舶进入下一个闸室,依此类推,直至驶入下游。

船舶过闸前应密切注意设置在船闸上、下两端的船闸通过信号。按照船闸机显示的信号

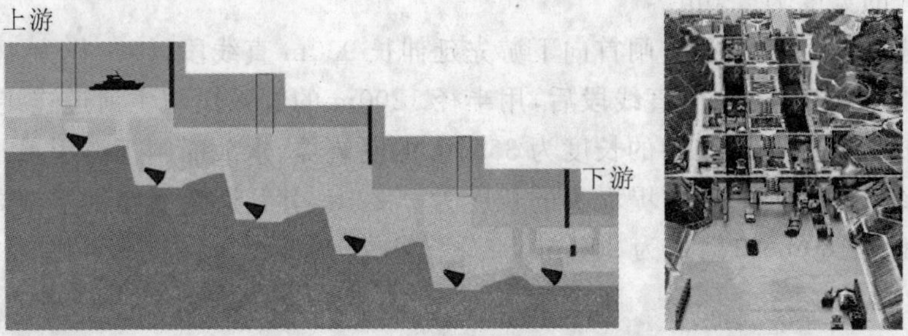

图 4-60　船舶由上游向下游过闸流程

进出闸室。红灯表示禁止进出；绿灯表示允许进出。

船舶进出船闸的操纵方法有两种：小船进出大船闸时，可沿闸室中线自行以慢速进出；船闸尺度只允许一艘船进出时，通常须用缆绳绞收引导（有的由船上设备绞收，有的则由船闸的专用设备牵引），或用拖船牵引大船进出。大船进出船闸时应注意：放出舷边碰垫，在左右舷、首尾端送出系缆以控制偏转，防止船与闸室壁发生碰擦；船在闸室内等候调整水位。闸室开始充水时，开始阶段，船舶向下闸首方向移动，尾缆松弛。然后船舶向上闸首方向移动，尾缆拉紧。闸室泄水时，因泄水的惯性作用，使闸室内的水位低于下引航道，船舶首缆拉紧。闸室内水位调整期间，水手应坚守岗位，注意调节缆绳松紧，防止缆绳超负荷而绷断。

（二）进出船闸操纵

1. 三峡船闸概况

三峡船闸位于三峡水利枢纽左岸上的坛子岭左侧，形式为双线五级连续梯级式；设计总水头为 113m，单级最大工作水头为 45.2m，上游最低通航水位为 145m（吴淞高程，下同），最高通航水位为 175m；下游最低通航水位为 62m，最高通航水位为 73.8m；最大通航流量为 $56700m^3/s$。

船闸每线由 5 个闸室、6 个闸首组成，两线船闸中心线相距 94m，每个闸室的有效尺度为 280m×34m×5m（长×宽×槛上水深），通航净空高度为 18m，船闸主体段长 1621m，上游引航道长 2113m，下游引航道长 2708m，线路全长 6442m。当水位为 145m 时，使用后面四级船闸运行，当水位超过 152.4m 时，五级船闸全面运行。每个闸室均设有浮式系船柱，供进入闸室船舶系靠，可通过 3000 吨级大型客货船及万吨级船队。

2. 闸室停船尺度

三峡大坝双线船闸平面结构尺度均为 280m×34m（长×宽），准许船舶停靠的平面尺度主要在船闸长度方向设置了首、尾 2 道红线，首、尾各留有 7m 的安全距离，防止船舶触碰闸门，即闸室长度方向停靠船舶的尺度为 266m。在宽度方向上，由于船舶进闸速度极其缓慢，在不影响船舶操纵的情况下，富余宽度没有特别限制，客、货船两舷不设置靠垫；驳船编队按一舷侧增加 30cm 靠垫宽度计算，两排驳船编队时，需增加 120cm 船队宽度。

3. 上、下引航道

三峡大坝上下游引航道如图 4-61 所示。上游引航道中心线由第一闸首向上游延伸 930m 直线段，接半径为 1000m、圆心角为 42° 的弯段，再接长 980m 的直线段，用半径为 1200m 的圆弧段与上游河道连接。在船闸引航道的右侧修建长度为 660m 的短隔流堤。上游引航道计算至长隔流堤位于祠堂包以上 390m 处的堤头的长度为 2113m。引航道的宽度为

180m，口门处的宽度为 220m。

下游引航道中心线从第 6 闸首向下游先延伸长 930m 直线段，接半径为 1000m、圆心角 54° 的弯段，再接长 1380m 的直线段后，用半径 1200m 的圆弧段与主河道连接。在引航道的右侧建有包括垂直升船机在内的长度为 3550m 的隔流堤。永久船闸下游引航道计算至位于坝河口以上约 450m 处的隔流堤堤头的长度为 2722m。引航道宽度在闸下游导墙范围内为 128m，正常段为 180m，口门处为 200m。

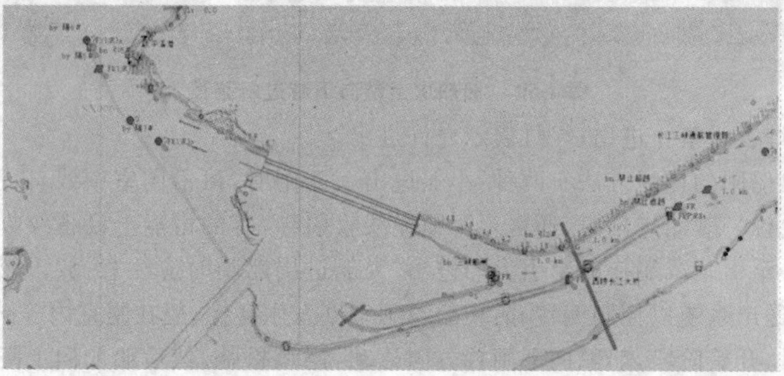

图 4-61　三峡大坝上下游引航道

4. 船舶过闸操纵

(1) 进闸操纵

控制速度：过闸前要把船速控制在能够保持舵效的水平，进船闸的航速不得超过 1.0m/s，保持航距。

摆好船位：进闸前要及时用车用舵，对准口门中线调直船身，摆好船位，以利于船舶顺利入口门。有横风时，要适当地抢上风，当风力较大时，要及时用车用舵，克服风压引起的漂移和偏转。

抑制偏转：当船首进入口门时，闸室左右有两股挤出流，若船首偏向一侧，船舶则可能被不均匀流挤向一边，这时应控制船舶航向，避免碰擦人字门和闸室边墙。用倒车时可能导致船首偏转，需注意可能的偏转方向，及时预防。

(2) 闸内移泊、系泊操纵

船舶在闸内航行须保持航向、控制航速、保持间距、平稳行驶。在三峡船闸闸室间移泊的航速不得超过 0.6m/s。

船舶拴系浮柱时，应正确判断系泊距离和滑行速度，航速愈快，船舶作用于缆绳的初始拉力也愈大。三峡船闸闸室额定许用系缆力不大于 80kN，每次系泊都要特别注意控制对浮柱的初始系缆力。系泊时应以内外八字交叉系缆为宜，并尽可能收紧缆绳，保持张度，避免漂移游荡。

如闸室内超灌与超泄，将使人字门受到较大反向水头作用力，在闸室内形成明显的纵向激流，引起船舶(队) 纵向漂移和振荡，可能导致缆绳崩断，使船舶过闸安全受到影响。

(3) 出闸操纵

船舶出船闸的航速不得超过 1.0m/s，且须保持航距。注意用车舵抑制偏转。

5. 船队过闸操纵

(1) 编队：船舶从上游和下游进闸以两艘船并排编队为主，编队系缆需进行实船试验，建议使用软绳短缆系结，避免长缆系结下队形不够牢固及操作上的不便。

(2) 停车冲程估算：编队进闸船队由于吨位增大，则惯性增大，因此，在进闸操作过程中要充分考虑船队的停车冲程，采取慢速行驶，并及时有效制动，防止船队碰撞闸门。

一般，1 艘 5000 载重吨满载货船，在超低速航行中，其停车冲程为船长的 3 ～ 5 倍，全速倒车冲程为船长的 1 ～ 2 倍，慢速倒车冲程为船长的 2 ～ 3 倍，实际上各船舶的停车冲程有所差别，当组合编队时，停车冲程会有所加大，在操作中需准确掌握。

(3) 操作关键技术：船舶进闸速度一般控制在 0.5m/s(30m/min)，观测的最大进闸速度为 1.34m/s(80m/min)，建议进闸速度控制在 0.5 ～ 1.0m/s。客、货船编队进闸，采用两编队船舶动力操作，并指定一艘船舶为主操纵船舶，统一指挥，船队两外侧首、尾各指定 1 名驾驶人员观察船舶与闸室两边舷墙距离，指挥船根据反馈信息及时调整。

(4) 进闸室船舶(队) 务必采取超低速直航驶入，以停车惯性进闸为妥，在必要时，以极小的倒车车速制动，以保障船舶的保向性，从而避免因速度过快而采用全速倒车制动操作带来船舶航向大角度改变。在逐级进闸时，务必采取超低速、短时间用车行进的操作法。出闸用车除仍在闸室时的操作需采取超低速驶离外，当进入上游引航道时，用车限制条件宽松，且船队应在规定水域解队分离各自行驶。

(5) 对于同期等待过闸的船舶，要调度组织合理编队、安排编队水域、确定主操纵船舶、驶入闸室口门、进闸、系缆及第二组船队跟进的衔接性流程等操作步骤。对于船队出闸也有相应的要求。对于船队的进、出闸全过程操作，应当利用网络视频定位技术建立对现场的监督和指挥调度系统，及时调整不当的操作。

三、船间靠离操纵

靠离系泊船，甚至靠离在航船，均属于船舶之间的靠离。并靠他船时，因为两船吃水、吨位、干舷高度不一，特别是在首尾部分线型变化较大，所以容易出现相互挤损，靠离他船的准备工作及操纵要点与靠离码头基本相同，但需注意以下几点：

(1) 并靠的两船，最好不要有向并靠一舷的横倾，舷间突出干舷外的部件，如舷梯等应一律收进。同时应准备好固定干舷边或手提的碰垫。在锚地过驳或过载时，为防止涌浪引起的船间撞击，可使用专用的橡皮防冲碰垫。

(2) 靠上他船时，应尽量平行靠拢，使两船平直的船舷部分相互接触，以免一点接触而损及船体；此外，干舷高的船首、船尾不要自上而下地凌于干舷低的船舷上方，以免损及栏杆、舱面设施或甲板建筑。

(3) 抛锚时，应预先掌握对方船的锚位、链向及出链长度，以免使锚与锚之间相互绞缠。要靠上锚泊船舶，如条件允许，应靠上其未抛锚舷侧。

(4) 并靠系浮筒的他船时，一般先带好两船之间的粗缆，即固定用缆，后带浮筒缆，以防止两船之间的相互移动及错位。各系缆应尽量均匀受力、系紧挽牢。防止从导缆孔跳出或严重磨损。

(5) 锚泊船在风大流急时会产生严重偏荡，这给靠船带来一定困难。但因为一般情况下，偏荡周期较长，有 20 ～ 40min 之多，所以偏荡速度除中间的平衡位置以外，在两边极限位置处速度最低，而且往往造成顶风态势，故靠上偏荡之中的船舶应选在该位置进行。涌浪较大，船舶颠簸剧烈时，则不宜靠船，应等待情况好转时，再行靠船。

(6) 在强吹拢风要靠上锚泊船，又无拖船协助时，也应待转流和风向变得有利时再进行靠船。

(7) 靠上锚泊船有困难时，驳载船可要求大船起锚，以定速稳向航行，驳载船在大船船尾以较快的航速接近，并保持横距，然后调整速度和角度渐渐靠拢，先使船首第一只碰垫接触大船前部船舷，迅速带上首缆，再使其他碰垫都靠上，尽快带好其他缆绳，驶往锚泊地卸载。

四、尾系泊操纵方法及其注意事项

为在有限水域容纳较多船舶，在遮蔽优良的港内(多为静水港) 可进行尾系泊，俗称尾靠方式。这是一种用单锚或双锚向外固定船首，用系缆使船尾固定于浮筒、岸线、突堤或码头之上的船身与码头接近垂直的停泊方式。

采用尾系泊方式的商船多为临时性系泊。对于大型船舶，尾缆通常采用四根，船首则采用双链交角较小(如 20° 左右) 的八字锚形式予以固定。出链长度视外力影响而定(2.5 ～ 6 节不等)，也无需两链等长，为能在横风时单船出泊而又无碍于邻船，也可使两链保持平行。

(一) 尾系泊船的靠泊

尾系泊的接近路线一般取与码头平行的进泊方向。系泊时应特别关注锚抓底的可靠性。上风舷的锚位应偏于本船停泊泊位的上风一侧，而船尾上风舷的系缆也应予以加强。

1. 无风时尾系泊操纵要点

(1) 无风时尾系泊操纵如图 4-62 所示，船舶平行于码头线淌航驶向泊位，船与码头所保持的横距应为船长、船首出链长和尾缆长三者之和，即 $d = L + L_c + L_l$。

(2) 据本船实际情况及时控制余速。

(3) 采用前进抛锚法时，应考虑不妨碍周围他船的锚及链，并使抛出的锚位于泊位的正前方附近。如采用后退抛锚法抛锚，应根据本船冲程情况将船停在预定的锚位处。

(4) 利用车、舵、侧推器或拖船，并伴随松出锚链至预定长度，使船到达预定系泊位置，带上船尾各缆。

(5) 如抛双锚，则应按抛八字锚方法抛锚后再行靠尾。

2. 有风时尾系泊操纵要点

1) 顺风尾系泊操纵

(1) 如图 4-63 所示，可按平行码头的方向淌航驶向抛锚位置，接近上风侧锚位时，宜控制余速于 1kn 之内，用前进抛锚法，抛上风舷锚，出链 2.5 倍水深。而后开倒车。

(2) 利用倒车、拖锚刹减余速后，驶至下风侧锚位后，抛出下风侧锚。倒车、控制船的退速，运用舵、侧推器或拖船，使船尾渐渐对向码头泊位。锚链受力后，进一步松链至预定长度，以控制船尾与码头之间的距离，然后先上风舷、后下风舷依次带好各尾缆，绞紧挽牢即可。

自力尾靠时应予注意的是：从船舶抛出第二锚之后即应尽可能保持船身的连续后退，后退速度一般为 1 ～ 2kn，以尽可能减小向下风的漂移。船尾抵泊位之前又适时正车以刹减后退速度。

风力过强时，宜使用拖船顶推本船下风舷中部协助操纵。

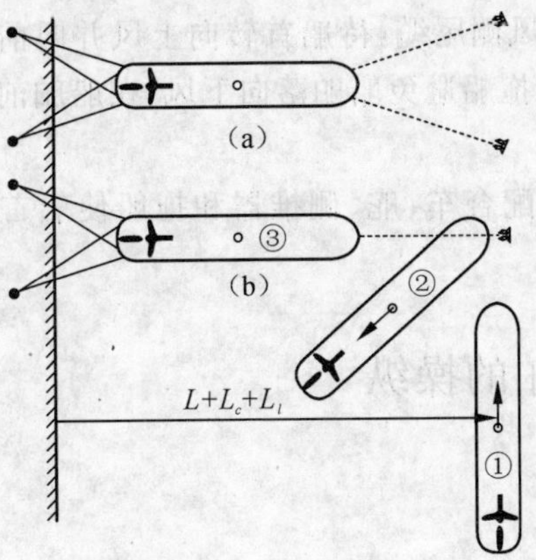

图 4-62　无风时尾系泊操纵

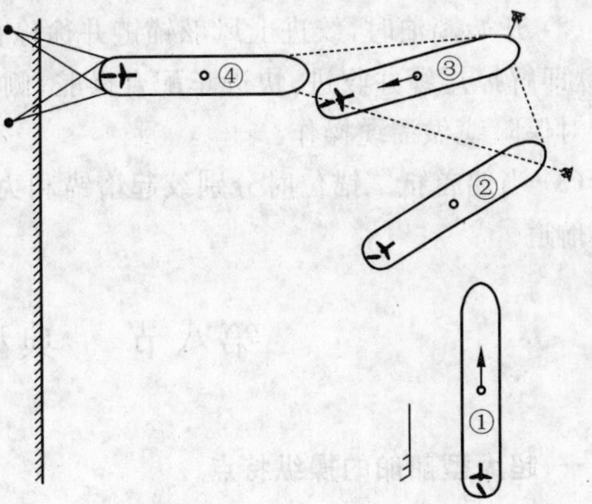

图 4-63　顺风尾系泊操纵

2）顶风尾系泊操纵

顶风尾系泊操纵如图 4-64 所示。接近泊位路线应尽可能离码头稍近一些，然后用大角度转出，以大约横风方向先抛出上风舷锚之后，松上风锚锚链，倒车后退，再进车，操下风舷舵至位 ③ 抛下风舷锚；倒车、控制船的退速，运用舵、侧推器或拖船，使船尾渐渐对向码头泊位。锚链受力后，进一步松链至预定长度，以控制船尾与码头之间的距离，然后先上风舷、后下风舷依次带好各尾缆，绞紧挽牢即可。

（二）尾系泊船的离泊

1. 无风条件的离泊操纵

尾系泊船在无风条件下离泊时，操纵较为简单。解掉尾缆后，收短两舷锚链，先绞起短链锚或非出航一侧的锚链，依靠出航侧的锚作支点，使船首对向出航方向后，起锚出航。

2. 强横风条件下离泊操纵要点

(1) 强横风尾系泊船离泊操纵如图 4-65 所示，离泊单绑时，绞紧上风舷锚链，尾部留有两条缆绳并尽可能收短，以便为及早动车创造条件。由船尾下风舷引出一保险缆并带到上风侧码头较远距离的缆桩上。

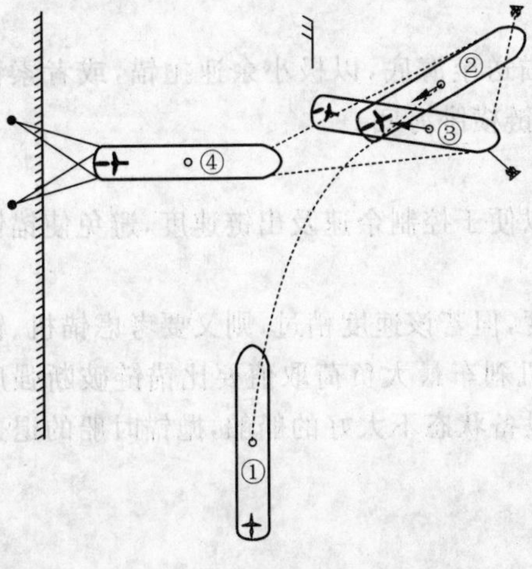

图 4-64　顶风尾系泊操纵

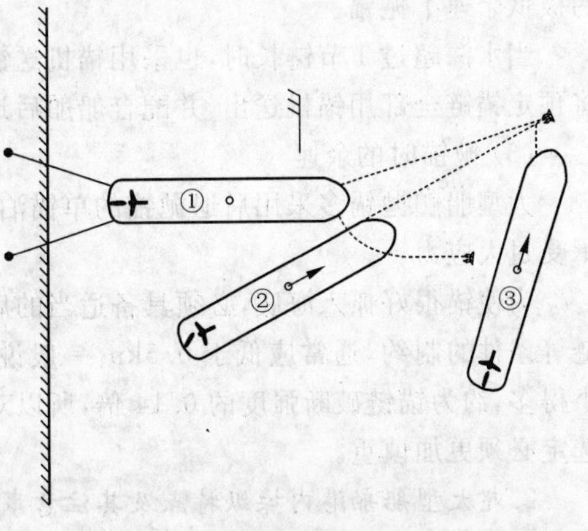

图 4-65　强横风尾系泊船离泊操纵

(2) 开始离泊时，绞进上风舷锚链并徐徐松出下风侧尾缆，待船首转向上风并向前启动时，立即解掉尾缆并收进。快进车配合操舵、侧推器或拖船避免船舶落向下风，在船舶前进过程中对保险缆做溜缆操作。

(3) 当船首抵二锚位时分别绞起惰锚和力锚，并配合车、舵、侧推器和拖船使船首面向出港航道。

第八节　典型船舶的操纵

一、超大型船舶的操纵特点

根据我国主管机关相关规定，船长大于250m或DWT8万t以上的船舶为超大型船舶。不同水域海事部门对超大型船舶的定义有所不同。与普通万吨级船舶相比较，超大型船舶在操纵性能、系泊操纵以及锚泊操纵上存在很多特点。

1.超大型船舶的锚泊操纵特点

(1) 接近锚地

应以船舶的减速性能为基础，借助经验，结合水道长度、形状、宽度、船舶通航密度以及水文气象等条件进行减速操作。大型船，由于质量大，所以，在相当远的距离处就应控制向锚地的接近速度。其减速的情况大约为：

泊位前约2n mile处，余速控为4kn；

泊位前约1n mile处，余速控为2kn；

泊位前约1个船长处，余速应控于1kn以下。

(2) 锚泊的准备工作及抛锚操作

大型船舶的锚地一般水深较大，而锚和每米锚链的重量又较一般船大，所以不允许如一般船一样，将锚从锚孔直接抛出，否则易引起锚机刹车失灵、烧损等不良后果。应按深水抛锚法进行准备和操作。

当水深不足1节锚链时，利用锚机将锚链送出至水面下接近海底，然后再利用刹车在船的极低余速下抛锚。

当水深超过1节链长时，也采用锚机送链法将锚送至海底，以极小余速抛锚，或者索性将预定锚链全部用锚机送出，并配合船舶后退，使锚链横卧海底。

(3) 抛锚时的余速

大型船舶抛锚多采用后退抛锚的单锚泊方法，以便于控制余速及出链速度，避免使锚链承受过大应力。

为使锚很好抓入海底，必须具备适当的后退速度，但若该速度稍过，则又要考虑锚机、锚链等条件的制约，通常应低于0.5kn。一般说来，锚机刹车最大负荷取值要比锚链破断强度小得多，约为锚链破断强度的0.14倍，所以对于锚设备状态不太好的船舶，抛锚时船的退速选定必须更加慎重。

2.超大型船舶港内操纵特点及其注意事项

(1) 系泊方式

大型船舶吨位大，吃水也大，为了满足泊位对水深的要求，大型船舶系泊分为码头系泊、船墩系泊、单点系泊和多点系泊等。

(2) 开敞式泊位

为了满足大型船舶吃水对水深的要求，大多数大型船舶的泊位位于远离陆地的开敞水域，船舶停泊过程中受流及风浪的影响大。因此，在大的风浪来临前，应根据泊位的波稳情况决定船舶的防风措施，如在泊位避风应增加系缆和加强值班。

(3) 系泊用缆

为了保证大型船舶的系泊安全，系泊用缆应为高强度的尼龙缆或钢丝缆。码头或船墩系泊时，通常用头缆、尾缆、前后倒缆以及前后横缆各 4 ～ 8 条，组合起来，全部共用到 20 条以上。单点系泊时，如波浪很小，最适合的系缆长度是水面至导缆孔高度的 1.5 倍左右，当波浪较明显时，则以松得稍长些为好。

(4) 需拖船协助

大型船舶不同于中小型船舶，无论是进行系离泊操纵，还是掉头或较大角度转向操纵，大型船舶均需拖船协助，并且需要多艘拖船，有时甚至 5 ～ 6 艘以上。

协助大型船舶操纵的拖船多采用组合带缆方式，即行进时船首需要做动力的吊拖，船体两侧需要做动力或做舵船的傍拖，船尾则需要制动或做舵船的吊拖；靠泊或掉头时首尾需要吊拖方式带缆，船体两侧需要顶推方式带缆。

(5) 控制余速

抵达泊位前，应控制大型船舶余速为零，以便消除船舶的惯性，保证安全。此后，借助拖船使船舶入泊，贴靠泊位的法向速度应控制在 2 ～ 5cm/s。

二、高速船的操纵特点

高速船是在近十几年来发展起来的，其操纵特性有别于一般的普通船舶，有其自身的一些特点。

1. 操纵特点

(1) 质量较小、操纵灵活、方便

高速船每单位排水量所分摊到的主机功率远远大于普通船舶。如有的高速船排水量只有 300 ～ 400t，而主机功率却达到了 10000kW 以上，因而操纵非常灵活与方便，这是一般船舶无法与之相比的。由于功率大，因而机动性能极好。

(2) 不太适合海上航行

由于船型结构，除极少数船舶外（如穿浪船），高速船的耐波性能通常不是太好，因而大多只适合于江河、湖泊及遮蔽海区使用，而不太适合开敞海域使用。恶劣的海况将使它们造成较大的失速，从而其快速的特点显示不出来，加之容易受风浪的影响，其平稳性和舒适性大打折扣，不利于客运运输，对船舶设备的正常工作也会造成不利的影响。

另外，由于高速船的特殊结构，使得受风的影响远远大于受流的影响，抗风能力差，易产生较大的漂航，这也与普通船舶有所不同。在操纵中，应当引起足够重视。

(3) 持续航行能力差

由于高速船一般排水量较小，所能够携带的燃料、淡水及日常生活所需的用品有限，因而其航程不可能太远。现在有些高速船用铝合金来制造船体，以减轻船舶自身的重量，以便能更多地利用其有限的载重能力。国内现有的高速船最远航行距离仅 100n mile。

(4) 高速船不易发现水面障碍物,尤其是漂浮的障碍物

高速船的高速有其有利的一面,但也有不利的一面。由于速度快(通常是一般船舶的2倍、3倍甚至是4倍),给高速船的瞭望带来了非常不利的因素,使得在正常航行中,难以发现较小的目标,尤其是那些漂浮的、时隐时现的物标。有些就是发现了,也可能由于速度过快,不能及时有效地采取措施。因此,对高速船的航行瞭望提出了更高的要求。那些水中漂浮的障碍物如小的木质沉船、树干、落水的集装箱、木材船上滚落的圆木等,对高速船的安全航行可能会带来致命的影响,可能会造成碰撞、翻沉的危险。

2. 气垫船的操纵特性

气垫船在水上航行时,由于受到波浪作用,使气垫体积不断变化,以致引起气垫压力变化,因而使气垫船在波浪中产生较大的升沉和纵摇,同时波浪对软围裙或侧壁式气垫船的首封裙增加了附加阻力,此阻力相对气垫船来说是一个较大的增值,因而会引起其严重的失速。

气垫船对侧横风较为敏感,在其作用下,全垫式气垫船将会产生较大的侧漂(蟹行)。在顺风、顺浪的情况下,气垫船高速航行时较易产生"埋首"现象,处理不当,容易造成翻覆。

3. 水翼船的操纵特性

水翼船航行有三种状态:排水航行状态,向水翼航行过渡的加速状态和水翼航行状态。水翼船在排水状态航行时,往往会驱出巨浪,故在通过狭水道、系泊船舶和浮动工具附近时,最好用单机低速航行。排水航行的回转直径等于3~5倍船长(船的横倾角度为3°~4°)。向水翼航行过渡的加速状态,是水翼船航行中较为重要的一种机动。这种机动应当在宽阔无阻的水域内进行,先要把船顶着风浪调准水翼航行的航向,然后加速。加速前,必须确信本船无横倾(指大于3°者)和纵倾时,方可行动。船的横倾和纵倾会给进入水翼航行状态的操纵造成麻烦,有时甚至达不到目的。加速时不能转舵,否则会顿时出现横倾,船体难以升离水面。进入翼航状态所需的时间与船的结构特点、动力装置有关,一般在100~150m航程内不超过1~3min。

在翼航状态下,回转要平稳,舵角不宜大于10°~15°。翼航的回转直径约为航行时的2~3倍。如需急剧回转,则应首先转为排水航行状态,然后进行回转。这时必须注意到,在向排水状态转换过程中,船是不服从舵的操纵的。

水翼船翼航时受风面积大,不能倒车,排水状态航行时的吃水水深、适航性也有所限制。

三、肥大型浅吃水船的操纵特点

肥大型浅吃水船是一种新的经济船型。它是为解决船舶趋向大型化而港口、航道对船舶吃水有限制的矛盾而发展起来的。

1. 在船型系数方面的主要特点

(1) 船宽 B 与吃水 d 之比远大于常规船;

(2) 船长 L 与船宽 B 之比较小;

(3) 方形系数 C_b 较大,国内外肥大型浅吃水船一般 B/d 为3.0~3.5,L/B 为6.0左右。这种扁平船尽管设计者通过增大舵的面积、部分船舶采用双桨双舵等手段来改善浅吃水肥大船舶的特性,但由于 B/d 增大,L/B 减小,使得船舶在阻力、推进、操纵性、适航性等方面均与普通货船有所不同。

2. 在操纵性能方面的主要特点

(1) 由于肥大型浅吃水船 B/d 增大，使得长宽比 L/B 相应减小，船舶的航向稳定性变差。

(2) 低速航行时，由于产生舵力重要因素之一的有效舵速非常小，同时船舶的载重量较大，使船舶的应舵性较差，难以及时正确地满足操舵转船的需要，即舵效较差。

(3) 大吨位肥大型浅吃水船，应提早使用大舵角操舵，加快改变航向的速度，克服因惯性大、改向时间长的缺点，在靠码头时还应充分注意利用拖船等其他条件，协助操船。

(4) 双桨双舵的肥大型浅吃水船舶，利用桨、舵的配合，可改善船舶的操纵性。

思考题

1. 简述接送引航员时的操船要领。
2. 进港时航速如何控制？
3. 自力靠泊适用于什么情况？拖船协助靠泊适用于什么情况？
4. 靠泊作业准备工作有哪些？
5. 简述靠泊操纵要领。
6. 万吨级船舶，在风速不大时，顶流 1kn 进行靠泊，若要确保接近码头的速度不超过 15cm/s，则靠拢角度最大应不超过多少？
7. 一般情况下，船舶靠泊操纵中，在风流不大时，船首抵达泊位前端的横距应有 20m 的安全余量，若靠拢角度取 10°，泊位长度为 200m，则船首抵达泊位后端的横距约为多少？
8. 简述离泊前的准备工作。
9. 怎样确定采用何种离泊方式？
10. 简述首离操纵要领及注意事项。
11. 简述尾离操纵要领及注意事项。
12. 如何选择合适的锚地？
13. 简述单锚泊的操纵要领和注意事项。
14. 简述八字锚泊适用的环境及操纵方法。
15. 简述平行锚泊适用的环境及操纵方法。
16. 横风流条件下如何抛八字锚？
17. 一字锚泊前进抛锚法如何操纵？
18. 抛单锚时如何判断锚稳定抓底？
19. 单锚泊船偏荡的极限位置、平衡位置各有什么运动特征？
20. 采用哪些措施可以抑制单锚泊船的偏荡？
21. 船舶走锚时应采取哪些应急措施？
22. 什么是活锚、守锚？
23. 如何清解本船双锚链的绞缠？
24. 简述系、离单浮筒的操纵方法。
25. 简述系、离双浮筒的操纵方法。
26. 简述进船坞操纵方法。
27. 简述进出船闸的注意事项。
28. 超大型船舶有哪些操纵特点？
29. 高速船有哪些操纵特点？

第五章 特殊水域船舶操纵

第一节 狭水道船舶操纵

狭水道是指水道的相对水深或相对宽度较小，致使通过该水域的船舶操纵存在各种影响及一定操纵难度的水域。诸如港湾、江河、运河、锚地、岛礁区、狭窄海峡等。狭水道内航道狭窄而且弯曲，水流和水深变化较大，航海危险物较多，来往船只密集，航行比较困难。许多水上交通事故或险情是由于在狭水道中的航行和操纵措施不当而引起的，因此，狭水道航行时，驾驶人员必须了解狭水道的航行特点，掌握狭水道内各种导航、转向、避险和过浅滩方法，以及各种注意事项和应急措施，正确合理地运用避碰规则。

一、狭水道船舶操纵特点

（一）航道狭窄、水浅滩多

狭水道的宽度一般较为狭窄，有的仅能允许单向通航，给船舶尤其是大型深吃水船舶的航行和避让带来一定困难，因此必须严格遵守海上避碰规则、内河避碰规则、港章和特定水域的航行条例等。狭水道中浅滩一般较多，水深限制较大，船底富余水深也不足，势必会影响船舶操纵。由于航道的变迁，航道水深经常变化，也给船舶的安全航行带来一定的威胁，对于大型深吃水船舶在进出港时必须准确地掌握好航道基准水深和潮汐资料，计算潮时和潮高，利用高潮安全进出港。

（二）航道弯曲、灯浮较多

狭水道不仅狭窄，而且航道弯曲、航向变化频繁，不仅转向点多，而且有的弯头转向幅度较大，甚至由于过于弯曲致使弯道两端的船舶不能互见，在频繁的转向过程中给船舶避让带来一定困难；由于水道宽度受到限制，岸壁和船吸效应的影响也比较明显。为了给进出狭水道的船舶提供准确的定位和物标识别，在狭水道内经常设置一些灯浮，供船舶进出港导航使用，如著名的多佛尔海峡和我国的长江口南水道，都是典型的浮标导航水道，均按国际标准设置“A”系统的水上助航标志。

（三）潮流湍急、流向多变

一些狭水道处于两个大洋之间或者是内陆与海洋相通的地方，由于海水温度、密度或盐度等不同造成水流湍急多变，流向和流速十分复杂。狭水道航行应特别注意航道中的水文气象条件，尤其是潮流的流速和流向，它们与航道的地貌以及每月的汛期均有关系。重载大船尤其应掌握其变化规律，在进出口时应预配好流压差，并且尽量避开急涨或急落时间通过弯头或靠离泊位。

（四）航区复杂、碍航物多

狭水道内暗礁、沉船、渔栅等障碍物较多，有的狭水道内还铺设海底电缆、输油管道或者设置锚地、捕鱼区、危险区、测速区、校磁场和引航站等，一些狭水道内还有桥梁或架空电缆。

这些都要求进出船舶加强瞭望，并随时准确掌握自己的船位，特别在晚上或视线不良的天气状况下，更应注意及时避让来船和障碍物，确保狭水道船舶航行安全。

（五）船舶密集、往来频繁

狭水道是船舶与港口之间的必经之地，水道内的船舶流量一般比较大，容易出现交通拥堵现象，交叉相遇局面时有发生。面对这些情况，驾驶人员要注意控制好航速，及时采用车、舵进行避让，并且运用良好船艺，遵守港口规定，谨慎操纵船舶。

二、狭水道船舶操纵要领及注意事项

（一）狭水道中的船舶操纵要领

1. 做好狭水道操船的准备工作

(1) 检查船舶性能，备妥相关资料

狭水道航行前，对船舶操舵系统、动力系统的运行状态，声光信号设备，有关助航仪器等进行检查，并确认它们处于良好的工作状态。

应备妥有关海图、港图、最新蓝图、港章、航路指南及经验介绍等资料；还应收听并及时改正有关的航海通告，研究和查核有关航海图书资料。

(2) 全面研究分析水道情况

应事先根据具体水道的情况，参阅有关航路指南和经验介绍，结合气象、潮汐等资料在大比例尺海图上进行研究。通过分析，应对该水道的“面”、“线”、“点”三个环节，做到心中有数。

所谓“面”，是指从宏观上掌握整个狭水道的情况，包括：

① 掌握狭水道水域附近的地形地貌，包括两岸山峰、岛屿、岸滩、大的弯曲航段、居间障碍以及航行障碍物等。

② 掌握狭水道可航水域的水文情况，包括水流、水深、可航宽度、最大可偏航距离，以及潮汐、潮流甚至洪峰等。

③ 掌握狭水道内的助航标志及导航设施，应准确识别并判明其意义且要熟记其号码和配布，包括其间的距离和驶至各航标的大致时间等，与此同时对显著的物标及特殊的岸形也须熟悉。

④ 掌握狭水道内的船舶交通状况，包括狭水道内航行船舶和锚地船舶动态以及分道通航制的适用水域和有关航道、航速等方面的航行规章等。

所谓“线”，是指研究船舶在狭水道中的具体航路、航线方案，包括：

① 按客观实际拟定航线，求出各段航线的罗经航向、航程及经过时应采用的风流压差。

② 选择各段航线上的导航物标及决定导航方法，尽可能地将岸标导航和浮标导航两者结合起来，以防意外情况发生。

③ 选择各段航线上作为判断船位偏离依据的有关物标(白天和黑夜)。为防止一个依据的物标可能丢失或浮标漂失、灯光熄灭等，应尽可能同时选好几个物标。

所谓“点”，是指掌握航线上重点的位置或区域，包括：

① 选定转向点，可参照浮标或其他物标，利用物标的“正横”、“串视”、“开视”、“闭视”和前后标连线等方法，达到转向时观察方便迅速、灵敏度高和效果好的目的。

② 根据转向点，按本船旋回要素，决定转向时操舵点的位置，特别是航道狭窄或航道弯

曲度较大的地段，尤为重要。

③ 确定狭水道中重点区域，如支汊河口、航行警戒区、急弯段、桥区等交通环境复杂、航行困难的位置。重点区域的操纵和避碰难度大，要高度重视。

经过以上对狭水道“面”、“线”、“点”的综合分析，从而制订通过狭水道最有利于安全的航行计划。

2. 保证船舶航行在计划航线上

在狭水道中航行时，必须随时掌握船位，并确保船位在预定的计划航线上，以防误入险区或造成不必要的会船。为达到这一目的，需要采用正确的避险方法和导航方法。

狭水道的避险方法主要是利用方位线或距离圈避险，确保船舶远离有碍航行的各种障碍物，如暗礁、沉船、浅滩和渔栅等。方位线避险如图 5-1 所示。

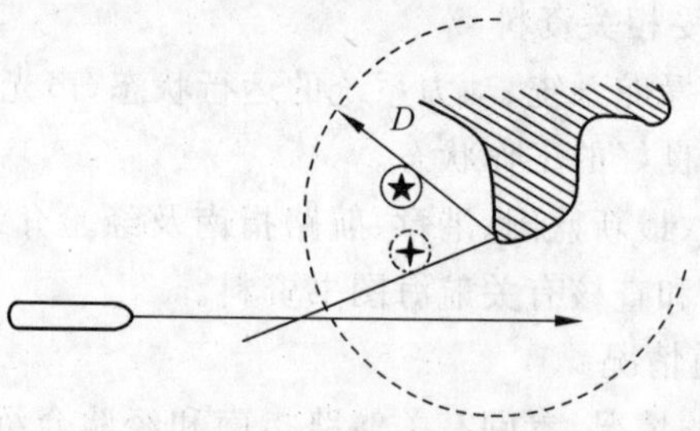

图 5-1　方位线避险

当船舶处于避险方位线所指示的一侧，且与避险物标之间的距离小于危险距离 D 时，才有危险。因此只要保持在避险方位线安全一侧或与危险物标的距离大于危险距离 D，即可安全地避离障碍物。

狭水道的导航方法主要是浮标导航(包括查看前后浮标法、前标舷角变化法、舷角航程法等)和岸标导航(包括人工叠标导航、自然叠标导航、单标方位线导航等)，如图 5-2、图 5-3 所示。有时也可利用上述两种相结合的方法进行导航。总之应根据狭水道的具体情况，确定合适的导航方法，确保船舶在预定的计划航线上安全航行。

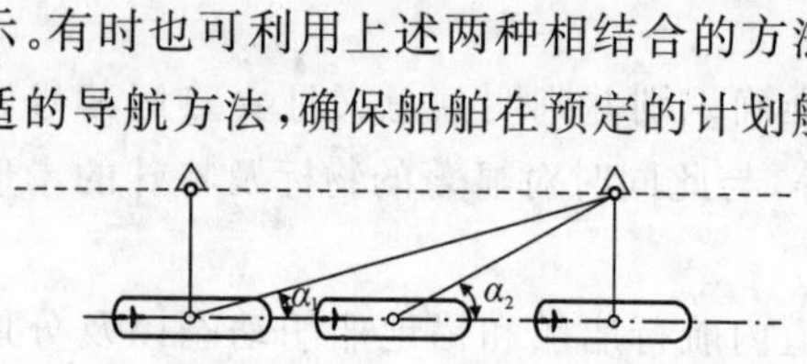

图 5-2　浮标导航

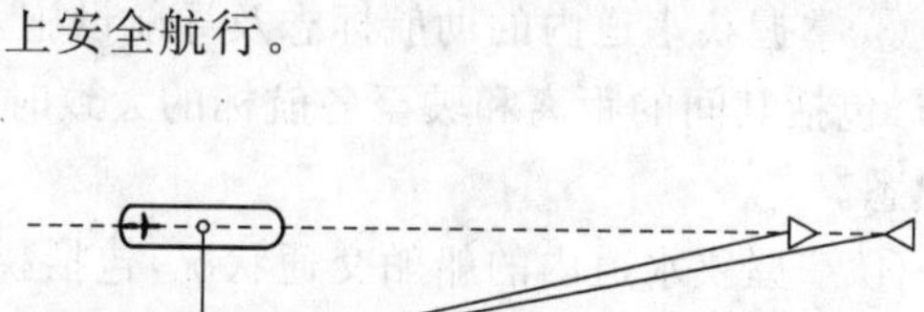

图 5-3　岸标导航

3. 正确掌握转向点

狭水道航行，对船位误差的要求与开阔海区不同，因此掌握转向点的要求也不同。在开阔海区，可选择正横附近物标的预定方位为转向依据，但在狭水道内若不顾当时当地的客观实际，千篇一律使用此法，就会陷入被动。利用正横附近物标转向如图 5-4 所示，选择正横附近物标 A 的罗经方位为 300° 时转向至 260°，但当船位偏离计划航线(图中实线)，而实际航迹偏东时(图中虚线)，很明显若按原转向计划转至 260°，船会驶向浅滩。

所以在狭水道内，须根据具体水道的特点，因地制宜，合理选择转向依据，正确进行转向操纵，以达到误差最小的要求。

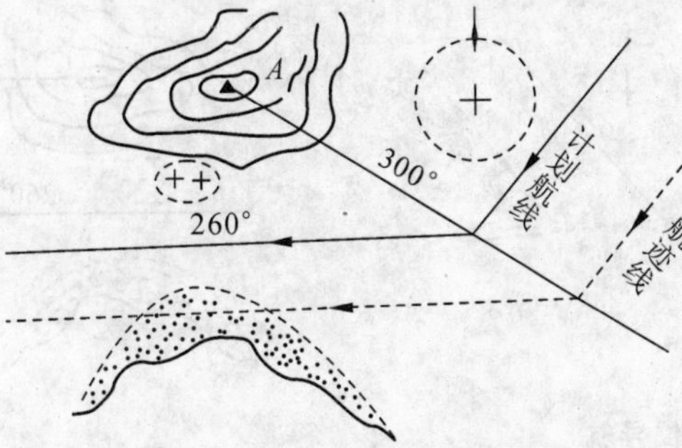

图 5-4　利用正横附近物标转向

例如在狭水道内航行，若用浮标导航，如果当时当地的风流较缓和，而且船位保持在计划航线上，一般当船位正横浮标时转向。若遇顺流航行则应早转，若遇逆流航行则应晚转；当船位偏外应早转，船位偏内应晚转。

又如在岛礁区狭水道航行时，可利用人工航标和自然标配合使用，即利用物标的“串视”、“开视”、“闭视”和前后标连线等方法进行转向，这些方法不仅灵敏度高、观察方便和迅速，而且效果也较好。

再如若客观条件受到限制，不能按上述方法选择转向依据，则可利用单标方位线作为转向依据，如图 5-5 所示。但应注意以下两点：一是尽量选用新航向前方物标的预定方位，即改用前方物标 B 的罗经方位 265° 为转向依据，其转向后船位的误差比原来小得多。若航道条件许可，还可直接以前方物标 B 作新航线的单标方位导航线（图 5-6），以物标 B 罗经方位 280° 作单标方位导航，新航线由原 260° 拟改为 280°，当船到达此方位线时转向。二是利用正横物标与新航向平行的方位（图 5-7），当前方无物标，上法不能用时，仍可利用正横附近物标，船以 190° 航行，从物标 C 作新航向 260° 的平行线，相交计划航线于 A，根据 A 至转向点 B 的距离及当时的船速，可求得从 A 到 B 所需航行的时间 t，当船到达物标 C 罗经方位 260° 时，开始计时，航行 t 时间后即转向。若 A、B 间的距离不长，船速又较准确，则此法的误差是很小的。

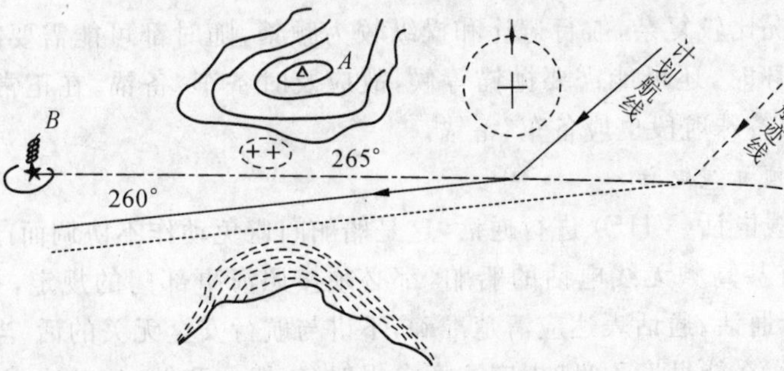

图 5-5　利用单标方位线转向

4. 正确掌握航道的宽度、水深和避让幅度

在全面研究分析水道情况的基础上，正确掌握航道的宽度、水深和避让幅度，是狭水道航行的重点。其中最关键的是在对水道情况的全面了解、研究和熟悉的基础上，解决好狭水道航行中的避让问题，它既包括对遇、交叉和追越过程中的避让幅度和范围，又包括避让大船、小船、渔船或帆船等来船的幅度和范围；既包括能见度不良时的避让幅度以及锚泊时的

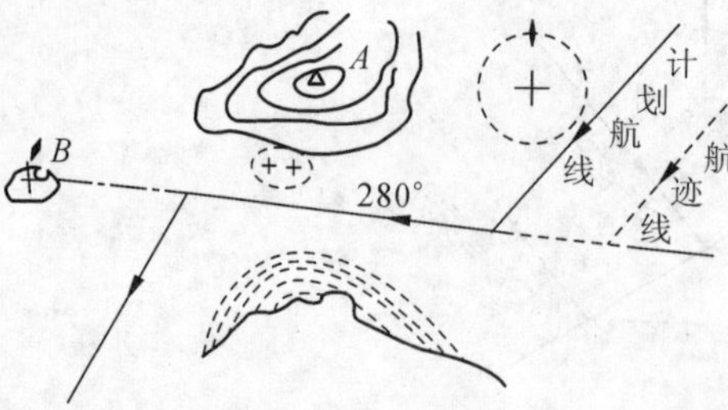

图 5-6　单标方位导航

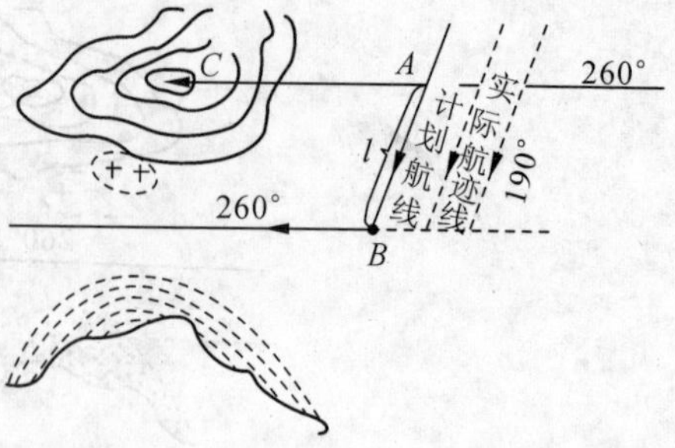

图 5-7　利用平行方位线转向

范围；又包括狭水道中抛锚掉头或用车、舵掉头所需的幅度和范围。

（二）狭水道中船舶操纵的注意事项

1. 注意遵守规则及按正规航法航行

航行于分道通航制区域应严格执行其航法及有关规定。被 IMO 采纳的分道通航制，执行国际规则；未被 IMO 采纳的，则执行地方规则的相关规定。航行于船舶交通管理区域，应服从海上交管中心的指挥、调度，根据要求实时报告本船的动态及有关情况。

狭水道中航行除应按正确掌握航道的点、线、面的正规航法航行外，在航行中还应用目测的方法，随时注意修正风流压差，及时掌握准确的船位。转向时应先叫航向，并注意舵工是否落实，然后找出船首向的灯浮或岸标，切忌只叫舵角不叫航向的错误做法，在能见度不良时此点尤为重要。在避让中下达的舵令、车钟令等必须准确，并应注意舵角指示器、车钟指示器和舵工操舵是否有误。避让后要及时回复原航线，并核实航向和船位。

通过险要、复杂航段或潮流较强的水道时，应选择视野良好、交通较少的平流时刻通行，以免陷入危险或紧迫境地。

2. 应及时开启雷达和备车、备锚

船用雷达从接通电源到显示清晰图像，一般约需 3～5min。在夜间航行或能见度逐渐变坏的情况下，应提早开机助航，有利于及时发现来船和掌握准确船位。在航行中要经常检查和核对有关助航仪器和设备。

由于狭水道情况比较复杂，航行避让和操纵较为频繁，随时都可能需要减速或停车。在遇雷暴或能见度变坏时，还可能需要抛锚等候，故应及时备车、备锚。在正常天气情况下航行，若遇特殊情况或特殊航段也应备车、备锚。

3. 应守听甚高频无线电话

使用甚高频无线电话（VHF）进行通话，这是船舶间避免动作不协调而产生紧迫局面的有力辅助措施。凡有甚高频无线电话的船舶，都必须按照海事部门的规定，打开 16 频道守听，并用 6 频道进行通话。通话表达应清楚准确，不讲与航行安全无关的话。当听到他船通话时，不作干扰或插话。在能见度不良时，应注意自报船名、船位和航向、航速，并注意监听他船的动态。

4. 注意正规瞭望

保持正规瞭望是预防船舶碰撞的前提，也是驾驶人员航行值班的首要职责。在狭水道航行中不论白天或黑夜，也不论好天或坏天，驾驶台必须保持安静和有人负责全方位、不间断的瞭望。在能见度不良时，瞭望站立的位置应有利于守听他船雾号，驾驶台的门窗不要全部紧闭。要布置瞭头人员在船首协助瞭望，并及时启动雷达进行连续观测。

5. 注意随时掌握船位

运用多种定位方法随时掌握船位。若用浮标导航要逐个进行核对并记录，以防错认或遗漏；大风浪中，浮标有可能移位、灭失或灯光失常，不要盲目信赖。

6. 使用安全航速行驶

船舶在航行中是否能避免发生碰撞，在很大程度上取决于当时所采用的航速是否恰当，即是否采用安全航速行驶。长江江苏段规定，船舶正常航行时最大航速不得超过 15 节，最低航速不得低于 4 节。长江口深水航道规定，船舶航速不得超过 15 节，管制时间的平均航速一般应不低于 10 节，圆圆沙警戒区东边界线至浏河口上海港港界线之间的航道和警戒区航速不得超过 12 节。在进出港航行中，应根据不同水域的管理规定、当时的能见度、风流状况、本船性能，特别是倒车能力、吃水与可用水深关系、通航密度和雷达性能等情况来综合决定安全航速。

7. 注意受限水域的各种效应

对操纵性有明显影响的相对水深为 $1.2 < H/d < 1.5$。船舶驶于浅水区产生浅水效应，驶过浅水区应连续测深，保证足够的富余水深并尽量选高潮通过，必要时应降速航行以减小首倾。船舶近岸侧航行可导致岸壁效应，近岸航行时应减速，防止浪损及首向深水侧偏转、尾向浅水侧偏转。船舶追越、对驶过程中会产生船间效应，导致船舶间吸引、排斥、波荡、转头等现象，严重时可导致碰撞事故，因此应保持安全的船间距离，谨慎操纵。

8. 注意掌握避让要领

在狭水道中航行，由于来往船舶频繁且密度较大，而且航道的宽度和水深受限。因此，在船舶避让中应严格遵守国际避碰规则的规定和有关港章的特殊规定。特别是在机动船对遇和追越的局面下，更应谨慎驾驶，严禁在航道弯曲处会船或追越。在对驶或追越过程中，均应分清各自在避让中的责任和义务，互鸣声号，看清来船动态，注意避免船吸现象。尾随他船航行时不宜过近，尤其在顺水航行时更应注意。一般情况下顺水时船距不得少于后船船长的 5 倍长度；逆水时不得少于后船船长的 3 倍长度。在狭水道中航行，为避免碰撞所采取的措施，若当时环境许可，应掌握早让、宽让的原则，并注意运用车、舵配合。在狭水道中避让时，一般按照车、舵、锚的顺序进行。但在操纵困难或紧急避让时应毫不犹豫地抛单锚或双锚配合车、舵助操。

9. 注意运用操纵声号

两船相遇为了使其行动取得协调，在采取避让措施前，除用 VHF 取得联系外，还应注意及早按章鸣放会船声号，使对方了解本船的操纵意图。在运用操纵声号时要注意声音的清晰，重发的间隔要适当，以免发生一方鸣放声号另一方却没听清或误解。在交换声号时，必须尽早进行，以便双方有充裕的时间进行重复和确认，从而取得一致的见解。在能见度不良时，则应按章鸣放雾号。

三、弯曲水道中的船舶操纵

弯曲水道中的水流向凹岸一边冲压，近凹岸边流速大，凸岸边流速小，加上岸壁效应和浅水效应，使船舶操纵变得困难。

（一）顶流过弯

顶流过弯，即船位保持在水道中央略偏凹岸一侧，将船首迎着流，慢速顺着凹岸的弯势一点一点地内转，需随时与岸线保持平行，尽量使船沿着水流流线航进，如图 5-8 所示。

虽然顶流舵效较好，但顶流过弯道操纵并不容易。由于舵力转船力矩和船首水流的作用力矩方向相反，一旦用舵太迟或过早把定，就会使船首内侧受流而外偏，容易发生船首触碰凹岸一侧岸壁的事故，如图 5-8 中位置 ② 所示。此时，应迅速加车用舵纠正。当措施无效时，应果断抛双锚，快倒车，以防发生事故。

（二）顺流过弯

与顶流过弯比较，顺流过弯航速不易控制，舵效较差，顺流过弯的风险更大。过于靠近凹岸航行时，受岸壁效应及弯道斜流的作用，船尾向凹岸侧吸拢，船首排开，使船产生转头而横越水道，如图 5-9 中的位置 ③ 所示；反之，过于靠近凸岸，船首会受到弯嘴回流的作用而偏转，同时船尾也受到流压，使船冲向凸岸，如图 5-9 位置 ④ 所示。

在顺流中过弯，应保持船位在水道的中央，使船尾坐着流，沿着弯势操舵旋转，与岸线保持平行，顺流中速度不易控制，舵效比较迟钝，为保证顺利过弯，可以提前停车淌航，在到达弯段前突然加车，以提高舵效。

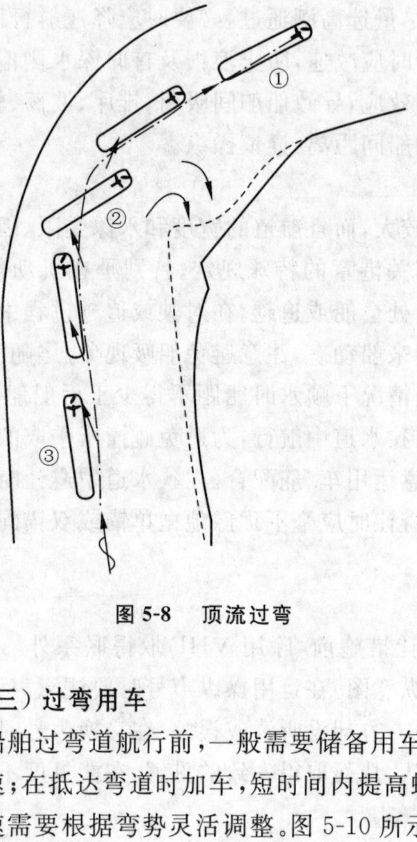

图 5-8　顶流过弯

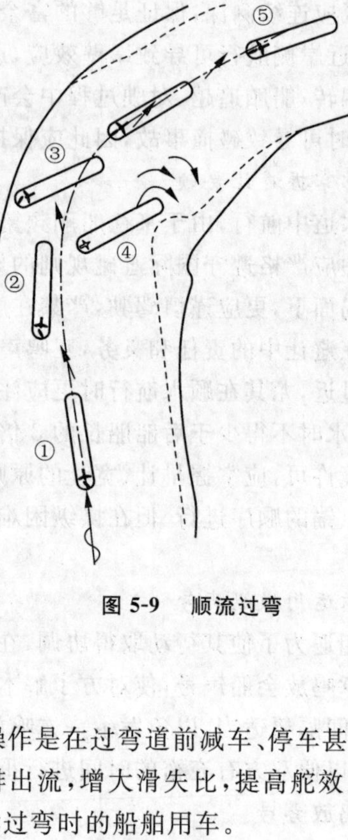

图 5-9　顺流过弯

（三）过弯用车

船舶过弯道航行前，一般需要储备用车。具体操作是在过弯道前减车、停车甚至倒车，降低船速；在抵达弯道时加车，短时间内提高螺旋桨排出流，增大滑失比，提高舵效。用车时机及车速需要根据弯势灵活调整。图 5-10 所示为连续过弯时的船舶用车。

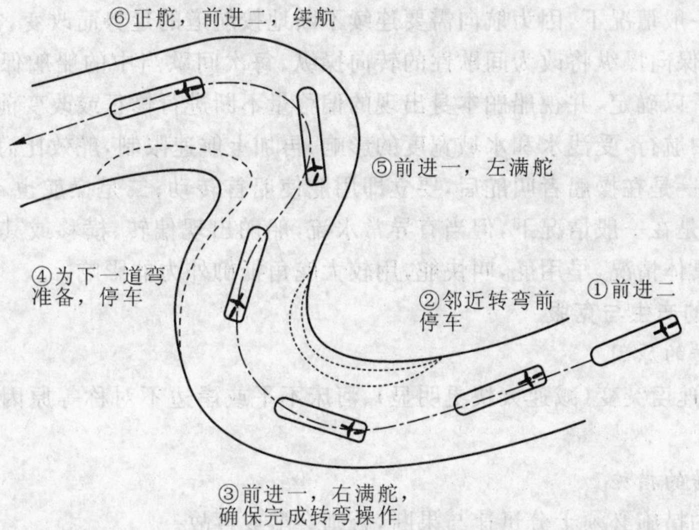

图 5-10　连续过弯时的船舶用车

四、运河中的船舶操纵

内河（运河）是连接外海与河港或贯通外海的水道，有天然的和人工的两种。人工内河一般称之为运河，如苏伊士运河及巴拿马运河等。这种水道一般航道狭窄、水深较浅，给船舶航行带来一定的困难，须予以足够的重视。

（一）航速的选定

运河航行中如速度太大，船岸间的流体动力作用增强，会使船舶操纵性受到损害，情况严重时甚至有导致搁浅或触礁的危险。速度过小，则保向及旋回性下降，在有流的水域操纵时，更易陷入困境。

各运河都有航速限制。船舶的实际航速应根据船舶的实际载况、风流影响等在限速范围内做适当的调整，确保航行安全。但需注意，用主机转速来比对航速时，同样的转速在浅水中要比深水中的船速小。

如果发现船速太快需减速时，应逐渐地减下来，否则尾波赶上来，舵效大受影响，船可能发生偏转。减速如需采用倒车，应先驶到航道中线上，这样出现偏转尚有纠正余地。

总之，航速的选择应符合以下要求：

（1）符合水域主管当局的限速规定；

（2）确保本船的操纵性需要，尤其要确保本船的舵效；

（3）确保能安全避让他船，可实施必要的机动；

（4）尽可能在上述各条均满足的情况下，提高营运效率。

（二）保向操纵与操舵要领

在河床基本对称的运河中航行时，应保持船位在河面的中线上，则两岸对船的效应基本持平，只需少量左右相等的舵角即可保持所需航向。

对河床不对称的内河或运河，为使船舶驶于航线上需通过保向操纵来进行。顺直航段，可按航向进行保向操纵。在由一个直航段转入下一个直航段航行需进行转向时，应根据转向度数和本船的追随性和旋回性等性能，确定舵角和施舵的时机，以便顺利转入下一航向航行。弯曲航段，一般情况下，因为航向需要连续不断地按航道的走势而改变，常采用沿曲线驶过的方法，所以保向操纵将改为间歇性的转向操纵。每次间歇当中的船舶保向目标，均按船首前方的目标予以确定，并视船舶本身出现的偏移量不断进行修正或改变前方保向目标。

船在运河中航行，受浅水和水域宽度的影响，再加上航速限制，舵效比海上差得多，所以其操舵要领为：一是在操船者叫舵后，要立即用舵使船首转动；二是操舵也不可突然使用过大舵角。当然这是在一般情况下，但当有异常水流，船舶出现偏转、横移或其他危险时，操船者应根据当时具体情况，早用舵，叫快舵，用较大舵角抵御外力的影响。

（三）偏转的产生与克服

1. 产生偏转的原因

操舵不稳、速度突变（减速太快更明显）、河床不平或岸边不对称等原因，均可使船突然偏转。

2. 克服偏转的措施

克服偏转的措施必须十分迅速与果断，否则会酿成事故。

（1）单车船克服偏转的措施

以右旋单车船为例。当偏转不大时，可用加速、满舵纠正之，船摆正后立即减速。当偏转剧烈时，船首向左，可用倒车纠正之，利用倒车的横向力防止尾吸向右岸，并减弱首向左偏的力量。

另一个克服剧烈偏转的方法是在使用车舵的同时抛出偏转相反一舷的锚，利用短链拖锚法来阻止偏转。

低速时产生偏转，用车舵较易克服；高速时克服偏转较困难。

（2）双车船克服偏转的措施

一般的偏转可将偏转相反一舷的车停住，并向偏转相反一舷做舵，当船首停止偏转并开始向相反一舷转动时，再将停止的车开进车，用舵驶回航道中线。如果在克服最初的偏转后，首向另一舷偏转很快，此时可将偏转相反一舷的车倒转。

低速时发生偏转，可将偏转一舷的车加速，另一车减速或停车，并用满舵配合。

高速时发生偏转，应将偏转相反一舷的车全速倒车，另一车减速或停车，同时用满舵配合。这种方法可以减少冲力，改善操纵条件。

（四）运河中会船

有的运河，如基尔运河、巴拿马运河的某些航段，航道宽度和深度比较大，两船对驶而过，只要双方配合得当，影响就不明显。而在苏伊士运河中，影响就较大，因此只能在规定的湖泊中会船。如果特殊情况下会船，一般都是一船系缆，让另一船驶过。所以苏伊士运河靠亚洲一侧的岸边都有系缆桩，随时可带缆。

（1）系缆靠岸时，应尽量不用倒车，减速应逐渐进行，一般约在 1n mile 前就需减速。有风时，当条件许可应靠下风一边；操纵性较差的船靠岸时，可将船停在中间，待带缆艇带好缆后绞拢。双桨船应注意螺旋桨不要碰及岸壁。除有流及强顶风外，一般只需带两根横缆即可。

（2）他船驶过时使系泊船剧烈摇荡而无法使船稳定，为克服这种摇荡，必须松掉前后缆，车舵抵消之，否则易造成尾部与驶过船尾部碰撞；双桨船只能用外舷车，以防碰坏螺旋桨。

（3）驶过船必须以慢速保持在航道的中线上航行，这样虽与系泊船距离较近，但可避免船舶过分靠近另一岸而出现岸壁效应。

(五) 狭窄入口处的操船(图 5-11)

港口防波堤、船闸或运河入口处往往很窄，其宽度比船宽略大些，且常受到横风流的影响，给船舶操纵带来一定困难。故进口船操纵时应掌握如下要领：

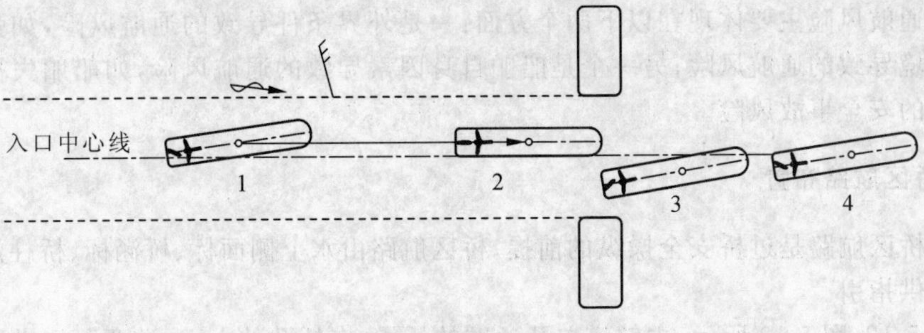

图 5-11　狭窄入口处的操船

(1) 将船舶航线选在与口门连线相垂直，并处于口门中心线上风流一侧，在位 1 处适当估计风流压差，并按限速规定驶上预定航线，并不断用导航叠标来核对船位及修正风流压差。

(2) 当船首接近口门时(位 2)，将船首拎直，使船首尽可能沿口门上风流一侧进入口门，同时注意纠正船舶因风流影响发生变化而出现的航向偏转。

(3) 当船首通过口门后(位 3)，为防止船尾压向下风侧，应立即加车操下风舵将船尾甩向上风，使尾顺利通过口门。

(4) 当船舶一旦通过口门后(位 4)，应及时控制船速，并设法用车舵将船位恢复到导航叠标线上，为下一步靠泊操纵奠定良好基础。

总之，当受横风流通过口门时，船速不能太慢，否则由于风流压差过大，将会导致入口操纵困难。但当横风流太强时，而且又是空载状况，应暂缓入口操纵。

第二节　桥区水域的船舶操纵

一、桥区水域的特点

船舶桥区通航具有自然环境特殊、通航水域受限、风险性大、交通流密集等特点。桥区水域的水深状况、深水航道、水流方向、岸标异常复杂，且随着水下地势的变化而渐渐发生改变。桥梁的修建很大程度改变了水域原有通航环境并对船舶航行安全带来很大程度的不利影响。桥梁修建前后，桥区水域通航环境的改变体现在航道宽度缩减，通航高度受限，流场特性发生改变，交通流密集度增加等。

桥梁选址通常为航道曲率半径较大的平直航道水域，一般情况下的桥梁选址应满足《内河通航标准》(GB 50139—2014)、《通航海轮桥梁通航标准》(GTJ 311—1997)、《海港总体设计规范》(JTS 165—2013) 及有关桥梁建设规范的相关要求，桥梁轴线法线方向与主航道方向夹角小于 5°；但大桥在实际设计、建设过程中，往往只考虑到便于桥梁及其接线与道路路网相衔接，或只考虑降低桥梁建造成本等因素，而忽略通航要求，使得船舶通航条件一定程度恶化。

除了单孔单跨桥梁对航道可航水域的影响较小外，其他设计工艺的跨海、跨江桥梁都会因为在航道中设置桥墩而缩减船舶原有通航水域宽度；另外，桥墩的修建将明显改变该水域原有流态。桥墩的修建使原有水流受阻而产生的水位升高引起壅水现象，容易导致船舶失控而发生碰撞桥墩事故；并且桥墩的修建使桥区水域局部交通流密集度增大，易导致船桥及船舶碰撞事故的发生。

桥区通航风险主要体现在以下两个方面：一是外界条件导致的通航风险，如强风、强流等自然环境导致的通航风险；另一个是船舶自身因素导致的通航风险，如船舶失控、操纵失误等造成的安全事故风险。

二、桥区航路布置

认清桥区航路是过桥安全操纵的前提。桥区航路由水上侧面标、桥涵标、桥柱灯、通行信号标等提供指引。

如图 5-12、图 5-13 所示，主航道单孔通航的桥梁，在桥孔的上、下游两面均设置桥涵标，必要时，可以设置通行信号标控制船舶单向通航。小船航道可设置于主航道两侧。

图 5-12　双向通航桥孔桥梁助航标志配布示例

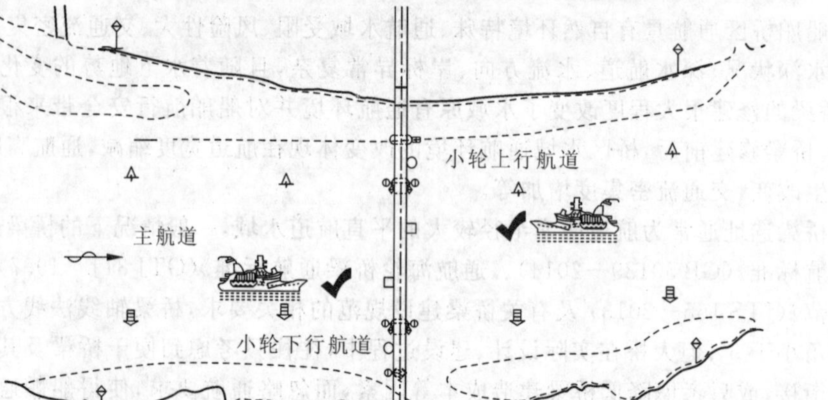

图 5-13　多孔桥梁双向通航桥孔桥区助航标志配布示例

如图 5-14 所示，双孔或多孔通航的桥梁，一般选择主流通过的桥孔，供下行船舶通航，并在该桥孔上游一面设置桥涵标；选择流速较小的桥孔供上行船舶通航，并在该桥孔下游一面设置桥涵标。小船航道可设置于两侧的通航孔。

桥前航道上配布侧面浮标，侧面浮标由若干对组成，侧面浮标的中心线一般与流向平行。

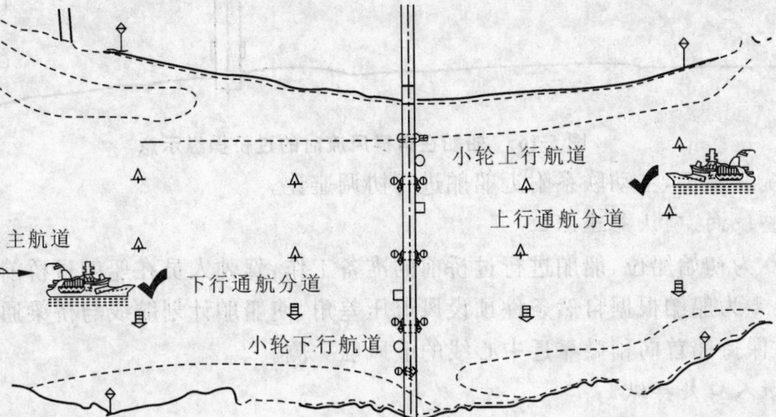

图 5-14　多孔桥梁单向通航桥孔桥区助航标志配布示例

三、桥区水域的操纵要领及其注意事项

（一）桥区水域的操纵要领

船舶通过桥区水域时的操纵难度较大，因而操船时应集中精力，谨慎驾驶。操纵船舶使船舶航迹带所占宽度尽可能小，并维持船位在航道中心线附近是桥区船舶操纵的关键所在。特别是在横风流较强的桥区水域，更应做到船舶、人员、设备都处于最佳状态，以确保船舶顺利通过桥梁通航孔水域。

航迹带宽如图 5-15 所示。影响航迹带宽的因素包括横风、斜流、桥墩附近的紊流及船舶偏航等。

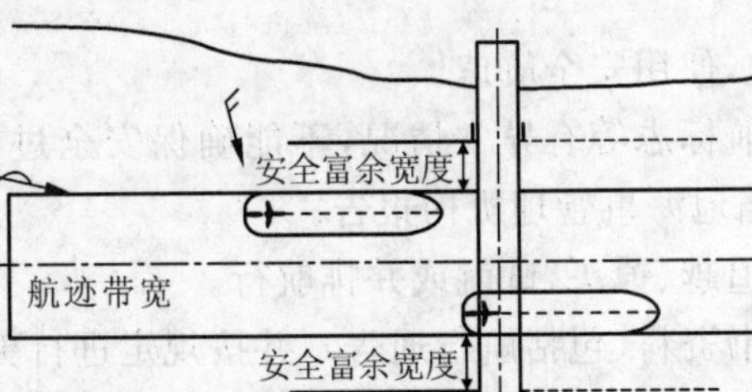

图 5-15　航迹带宽

图 5-16 为船舶在有横向流时的过桥操纵示意。

船舶通过桥区水域时，船长或驾驶人员应调用全船一切可用资源确保船舶桥区水域的航行安全。轮机部应核实主机、舵机工作状况良好，备车航行；甲板部大副亲自或指派人员到船首备锚瞭头；驾驶台当值人员紧密配合船长或引航员监控驾驶台仪器资源；船舶应接受主

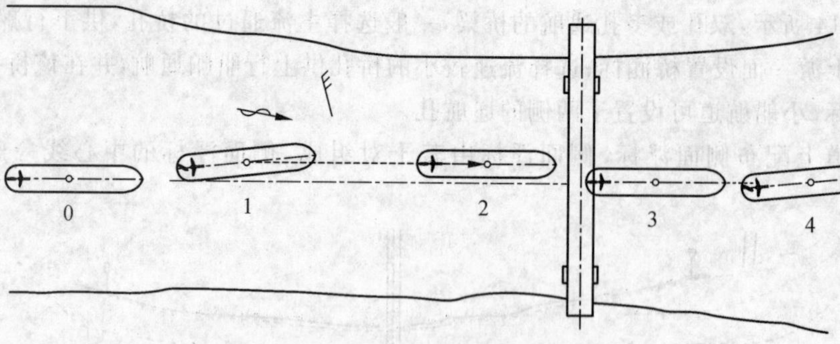

图 5-16 船舶在有横风流时的过桥操纵示意

管机关的统一指挥，主动联系附近船舶进行协调避让。

1.调整航向、确认船速船位

位置 0 为初始船位，船舶进行过桥前的准备工作，驾驶人员在船舶过桥前进行初始船位调整；位置 1 为船舶根据自然条件预设风流压差角，使船舶计划航线与桥梁通航孔轴线方向呈直角，并保持船首向稍微靠近中心线的上风舷一侧。

2.桥墩入口处操纵

船舶首部进入桥墩连线水域之前，驾驶人员调整船舶风流压差角，使船体保持平直通过桥墩连线水域，此即“船到桥头自然直”。并尽可能保持在航道中心线上或略偏上风侧（位置 2）。当船舶尾部驶出桥墩连线水域时，船身状态如位置 3 所示，船首向由于横向风流的作用，可能导致向下风舷产生一定的偏转，可用舵调整。

3.船舶整体通过桥墩水域后的操纵

船舶整体通过桥墩连线水域后，横向风流等自然条件对船舶的影响仍然存在，如位置 4 所示，驾驶人员根据风流的影响，适当地操作，重新预设风流压差角，驶于计划航线上。

（二）桥区水域船舶通航注意事项

（1）根据自身情况选择合适的通航桥孔通过，保留足够的富余高度、富余水深，并与桥墩边缘保持足够的安全间距；禁止船舶从有禁航标志的桥孔通过。

（2）船舶进入桥区水域前，应当备车，并对船舶主要航行设备、号灯等进行检查，确保其处于良好状态。

（3）加强瞭望，谨慎驾驶，使用安全航速。

（4）如发现桥区水域助航标志等有异常情况，不能确保安全过桥时，不得强行通过，应立即采取安全措施，同时向当地海事管理机构报告。

（5）禁止在桥区水域内追越、掉头、试航或并排航行。

（6）配备有效的航海图书资料（包括航行通告），并按规定进行更新。

（7）除非紧急情况，船舶不得在桥区水域内停泊或锚泊。船舶因紧急情况在桥区水域锚泊或停泊时，应立即向当地海事管理机构报告，并按规定显示信号、用甚高频等发布船舶动态，采取有效措施尽快驶离桥区水域。

（8）船舶应注意收听天气预报和有关航行安全信息，如遇大风、能见度不良、汛期急流等异常情况，不能确保安全过桥时，不得冒险通过，并应及早采取安全措施。

（9）有下列情况之一，船舶不得通过大桥：

① 能见度低于规定要求时；

② 风力达到限制通航的风力等级时；

③ 汛期流速达到限制通航的速度时；

④ 其他严重影响航行安全的情况。

(10) 主管机关的其他规定。

第三节　岛礁水域的船舶操纵

珊瑚岛礁多见于水温为 25～35℃、海流较强的热带水域，并易于在阳光可射入的较浅水域内发展起来。在热带和亚热带的水域中分布很广，如我国南方诸群岛和澳大利亚东北海岸延绵长达 1000 多里的大堡礁。珊瑚礁是由珊瑚虫繁殖和生长所分泌的碳酸钙结成的不同形状的群体，大体上可分为海岸礁、堡礁、环形礁、桌礁等。

一、礁区的特点

(1) 航行资料较少，海图精度差。多礁水域由于通航船舶较少，故测量较少及未测量部分多有存在；有些测点即使标有水深，但精度肯定也不高。

(2) 航路标志稀少，航标系统极不完备，没有显著物标可供测定船位。有些岛礁虽然成陆，但海拔较低，遇恶劣天气，雷达图像有时也难以辨认。根据实际经验，在视线良好时，往往目力比雷达看得远，辨认得更为确切。

(3) 水深变化很大，海流、潮流复杂。如西沙之滨湄滩、湛函滩，其上水深只有十几米，但各滩之间却有五六百米的深沟，加上礁壁陡峭，海底崎岖的影响，使海流湍急，变化无常。往往在礁滩的下侧出现涡流与回流。进出水道退潮时流速很大，而当外海有长浪袭来时，则掀起汹涌波涛。

(4) 这些地方往往又是热带低压的发源地。如中国南海受台风影响的时间特别长，同时又受季风影响。

二、礁区操纵要点及注意事项

（一）进入礁区前的准备工作

(1) 正确选择航线：使用最新的大比例尺海图；测深少的海域，尽量把航线选在水深点相对密的地方；根据海流、潮流、风向、风力和天气等条件拟定航线，一般至少要离礁盘 6n mile 以外；画好物标正横线，并推算出物标正横的时刻以便校对。

(2) 正确选择出航时间；如无特殊情况应在白天接近礁盘。如能在白天低潮时接近更佳，并应考虑太阳的高度和方向。如迫不得已夜间通过，必须保持足够的距离，距离必须大于推算船位的最大误差。

(3) 航前必须校正和测定各种仪器的误差。

（二）进入礁区

(1) 可保持不间断地航迹绘算工作，并不失时机地利用一切定位手段进行定位，并相互比对，运用已有的航路图志，对照陆岸形状，确保定位的准确性。

(2) 视具体情况进行测深，如可行可用其来辨位。

(3) 在接近物标的能见距离时，应选派有经验的人员登高瞭望，及时采取避险措施。瞭望时可据下列特征进行辨认：

① 背着太阳观察海水颜色，较深水域呈紫蓝色，次深水域为蓝绿色，随着水深变浅将为淡黄褐色；当太阳高度较高且为晴空时，如背向太阳用望远镜识别视野内水色的变化，最佳条件是左右各约 60° 视野，视野随太阳高度降低而减小。根据经验，岛礁水域呈现黄绿色水深约为 2 ～ 5m，呈现带白的蓝色水深约为 15m，呈现带紫的蓝色水深约为 30m，深紫蓝色水深约为 70m。

② 海面有微波时，被淹没的礁滩会出现和周围不同的特殊波纹。稍有风浪，礁盘上或沙洲边缘即起白浪；若刮大风，更是白浪滔滔。这种浪与大海浪涛不一样，前者为碎浪，后者则一般为长浪。

③ 礁盘所在地的水天线附近上空常有反光，在晴天比别处亮。

④ 早晨和傍晚时分，可根据海鸟成群结队的飞行方向进行判断。

⑤ 当然也可寻觅一些礁盘上的特有标志。

(4) 尽可能在保向前提下减速航行，还应防止因流致漂移而触礁或搁浅。

（三）礁区通行

在礁区中航行要随时掌握本船的船位，运用正确的导航法及避险法，走在预定的航线上，是确保礁区操船安全的关键。现将岛礁区主要导航法及避险法介绍如下。

1. 导航法

(1) 浮标导航

在海图上按照浮标所示的航道划出各段的航线，量出各浮标间的航向与航程，然后顺着浮标逐个通过。一般浮标导航的水道，各航段的航线多与浮标线相平行，并保持一定的安全距离通过。当到达一个浮标后，可根据通过下一个浮标所需的正横距选择浮标的舷角来确定航向。其舷角可以用下式作近似的估算

$$q = \frac{d}{0.017D} \tag{5-1}$$

式中：q—— 浮标舷角(°)；

d—— 浮标正横距(n mile)；

D—— 两浮间的距离(n mile)。

当有风流影响时，需配以适当的风流压差。水流的方向和大小，可以通过观察临近浮标的水花与倾斜方向作出判断。风、流对船舶的影响可以用观察浮标的舷角变化加以判断。随着船舶的前进，船首方向浮标的舷角将逐渐加大，而船尾方向浮标的舷角将逐渐减少(对船尾而言)。如果前方浮标的舷角不变，则将与该浮标发生碰撞。

浮标导航，通过每一浮标时均应仔细核对，并记下其名称及通过时间，以防发生错认或漏认，同时推算出到达下一个浮标的时间。

(2) 人工叠标导航

在狭窄航道，特别是进出口地段，一般都设置导航叠标。航行时，应将船舶保持在前叠标的串视线上。当发现远标在近标之左(右)，则船已偏在导航串视线之左(右)。叠标导航中，如转向下一组叠标，应结合本船的旋回性能选择恰当的转向施舵点，还要考虑风、流影响。

(3) 自然叠标导航

就地利用山峰、岛屿、建筑物等自然或固定物标，组成叠标，其导航方法与人工叠标相

同。选择叠标时应选取明显、孤立、细长的物标。为了保证叠标的灵敏度，宜选两标间距大而前标近的叠标，当 $d/D \geqslant 1/3$（d 为两标间距，D 为船至前标的距离）时，即可符合导航的要求。

(4)“开视”与“闭视”导航

还可利用两标的“开视”与“闭视”来导航(图 5-17)，或两物标中点与另一远处物标串视导航(图 5-18)，或利用前后物标连线来导航(图 5-19)。

(5) 单标方位线导航

此法是选用航线前方或后方的一个明显物标作导航标(图 5-20)，航行中，保持其罗经方位不变，则船在此导航线上。若方位变了，即船已偏离导航线，此时需用“方位增大，右舵；方位减小，左舵”的办法来纠正。当没有合适的叠标时，可采用此法。用目测物标舷角的方法同样也能判断船位的偏离。

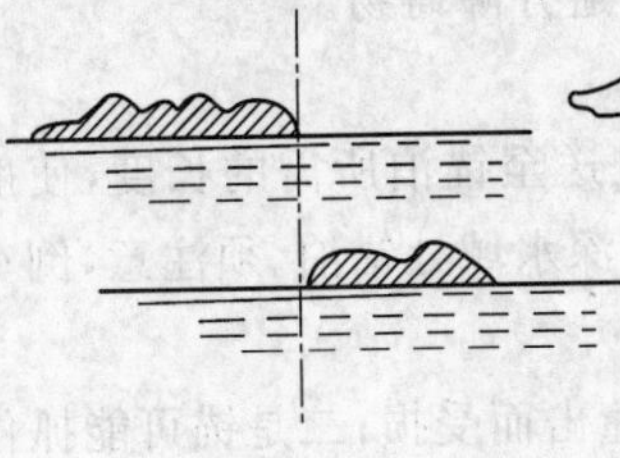

图 5-17　开视与闭视导航

图 5-18　串视导航

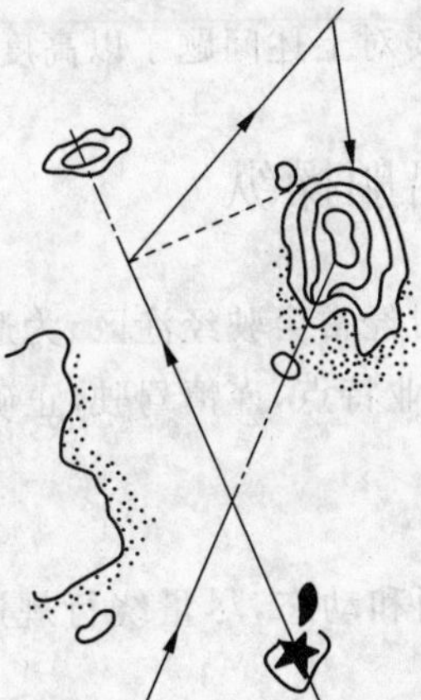

图 5-19　前后物标连线导航

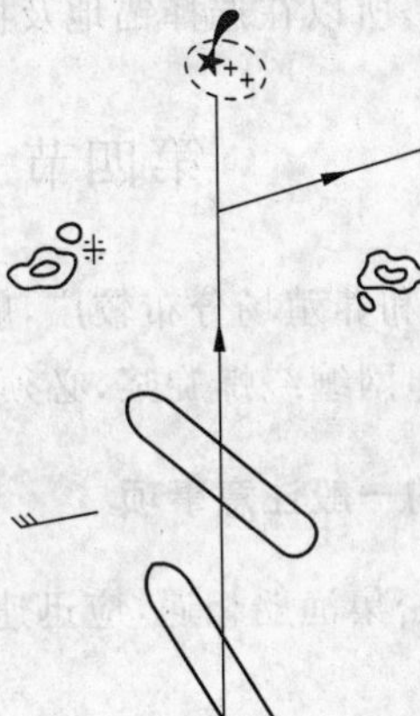

图 5-20　单标方位线导航

2. 避险法

(1) 避险方位线

利用物标方位线作为避险线时，应选取在障碍物附近并在海图上有准确位置和容易辨认的物标，最好处于航线的两端。由该物标作避险方位线时，应与障碍物之间留有足够的安全距离。

航行中，保持该物标的罗经方位始终小于(或大于)避险线的罗经方位，即可安全避开该障碍物。

方位线避险如图 5-21 所示，航行中保持灯塔 A 的罗经方位始终大于 270°，即可安全避开该礁。

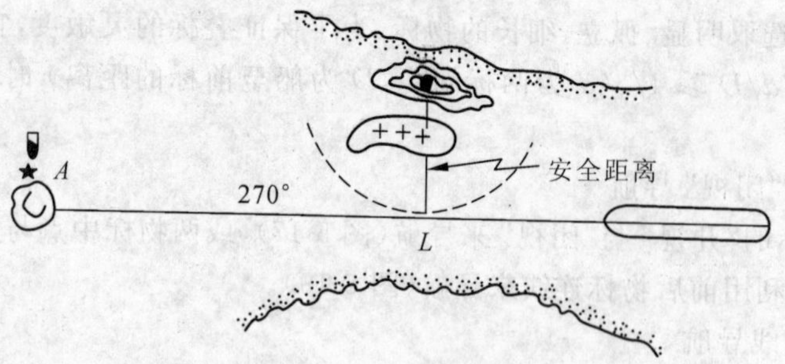

图 5-21　方位线避险

(2) 避险距离圈

在障碍物附近选一物标，以该物标为圆心，以适当的安全距离为半径作一圆弧，航行中，以仪器或目测该物标的距离，始终保持船舶在该距离之外，即可避开障碍物。

(四) 做好应急准备，正确实施抛锚

首先使船舶顶风慢进，边测深边通过礁区；然后将链用锚机送至锚泊所需的长度，使船舶后退；待锚抓住珊瑚礁后再慢慢松出锚链，并在越过礁面的较深水域处锚泊。须注意，倒车不可太猛，防止拉断锚链或使锚卡住。

珊瑚礁区一般不宜采用普通抛锚法，一是锚可能与珊瑚底撞击而受损；二是锚可能抓住珊瑚较深而难以起锚；三是若锚抛在能滑落的斜面上，有可能得不到应有的抓力，甚至向深水滑落而难以起锚。所以在选择锚地及抛锚方式时要对上述问题予以高度重视。

第四节　渔区船舶操纵

我国沿海渔场和养殖场分布较广，船舶在航行时经常会驶经渔区。为避免与渔船发生碰撞、损坏渔具或被绳网缠绕螺旋桨，必须熟悉渔船作业特点，谨慎驾驶，正确规避。

一、通过渔区的一般注意事项

(1) 在海上与密集渔船相遇，应迅速判明其范围和动态，尽量绕行规避，夜间尤其不宜从其间穿越。

(2) 必须经过渔网区或无法绕行时，应加强观察瞭望，通知机舱做好随时倒车的应急准备。

(3) 一般都应减速通过，以免影响捕鱼作业或浪损渔船和渔具。

二、规避各种渔船的方法

1. 拖网和围网

拖网通常由两艘机动船实施对拖(图 5-22)，用于捕捞中下层鱼群。由于网具入水渐深，一般离船尾 200m 以外就比较安全。但有的渔船使用轻网快拖法，网具基本浮于水面，则应视情况增大距离，安全通过。

围网通常由一大一小的非机动船操作(图 5-23)，顺风逆流下网，船和网一起随风漂移，用于捕捞中上层鱼群。

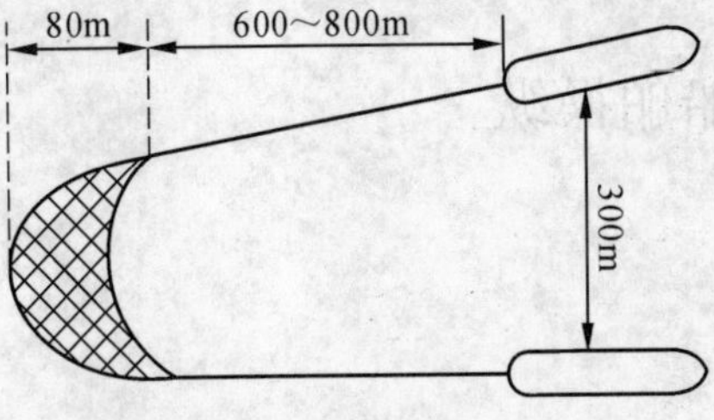

图 5-22　拖网

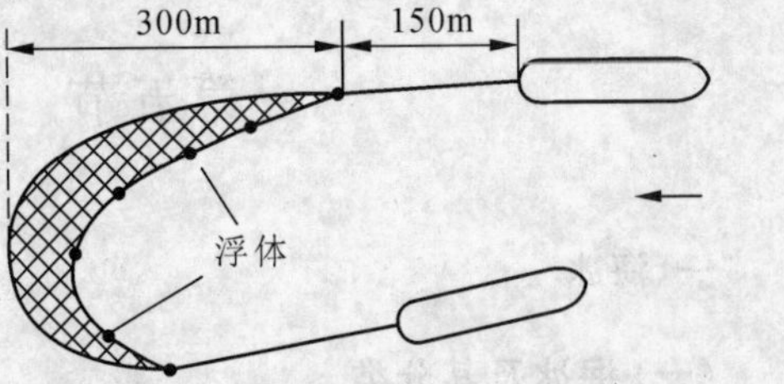

图 5-23　围网

对于上述两类渔网，注意不得从两船之间穿越，而应在其外侧通过。如果从渔船船尾方向绕过，则距离拖网船船尾至少 1000m，距离围网渔船船尾至少 500m。

2. 流网

流网通常由非机动船顶流施放(图 5-24)。网的末端系于船头，船则处于网的下风一侧，并与网一起随风漂移。

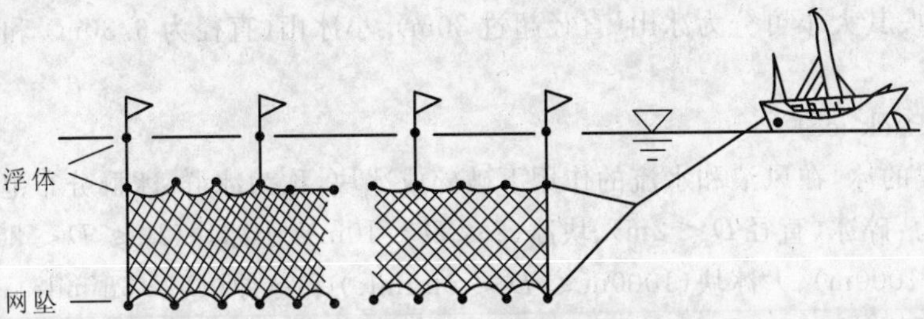

图 5-24　流网

船舶遇到流网，应从网端的小红旗(夜间有电池灯) 外通过，或绕行船尾航行，不能从船首和渔网中间穿越。

3. 绳钓船和捕鲸船

这类船没有渔网。但一般绳钓船有很长的钓鱼绳，船舶应远离其后方通过；捕鲸船在追捕鲸鱼时要发射捕鲸炮，中间有尼龙绳连接，不能从中间穿越，一般要避开 2n mile 以外通过。

4. 穿越渔网区

如果遇到无法避免穿越渔网或海带筏的情况，应停车凭惯性从其上方通过，防止绳索缠绕螺旋桨。必须注意，用倒车制止惯性，螺旋桨同样有可能被缠住，因而穿越时不宜使用倒车。

当通过渔网或海带筏后，如果螺旋桨已被缠绕，通常应停车，待派潜水员清除缠绕物后再航行。如果缠绕不严重，螺旋桨还可以工作又必须继续航行时，只能以慢速航行，并应注意主机工作情况，防止损坏主机。

第五节　冰区船舶操纵

一、海冰

(一) 海冰及其分类

海冰是由海水冻结而成,或是陆地冰川注入海洋的淡水冰。北半球每年 10 月 ～ 次年 3 月海冰分布很广,可达北纬 40°,南半球自 4 月 ～ 9 月到达南纬 50°。我国每年 11 月 ～ 次年 3 月在渤海湾和辽东半岛附近海面有冰冻,最盛期为 1 ～ 2 月,冰厚可达 1m 以上。从航海观点看,海冰可分为冰山与冰群。

1. 冰山(Ice berg)

冰山是由海上的冰在风流和浪的作用下堆积起来或极地附近陆上的冰川断裂坠入海中的浮冰。冰山按其大小可分为冰山(直径超过 30m)、小冰山(直径为 6.30m) 和冰岩(直径为 2 ～ 6m)。

2. 冰群(Pack ice)

海上生成的冰,在风浪和水流的作用下破碎成冰块,称为冰群。冰群分布范围很广,如按其大小可分为:碎冰(直径 $D < 2$m)、块冰($2 \leqslant D < 10$m)、小冰块($10 \leqslant D < 200$m)、中冰块($200 \leqslant D < 1000$m)、大冰块(1000m $\leqslant D <$ 5n mile) 和冰原($D \geqslant$ 5n mile)。

(二) 冰量、冰色和硬度

1. 冰量

用十分法度量出视野范围内海面上浮冰覆盖的比例量,即为冰量。冰量可分为八级:

(1) 无冰(Free ice) 为 0;

(2) 散冰(Open water ice) 为 1/10 以下;

(3) 稀冰(Very open pack ice) 为 1/10 ～ 3/10;

(4) 疏冰(Open pack ice) 为 4/10 ～ 6/10;

(5) 密冰(Closed pack ice) 为 7/10 ～ 8/10;

(6) 集冰(Very closed pack ice) 为 9/10 ～ 10/10;

(7) 满冰(Compact pack ice) 为 10/10;

(8) 坚冰(Consolidated pack ice) 为 10/10。

其中满冰与坚冰皆占海面 10/10,但当流冰的冰块间重新冻结在一起时才可称为坚冰,不然则称为满冰。冰量的大小用于表明船舶在冰区中航行的困难程度,当冰量在 1/10 以下船舶可自由航行;冰量为 1/10 ～ 5/10 船舶不能按预定航向航行;冰量为 5/10 ～ 8/10 船舶航行有障碍;冰量为 8/10 以上无破冰船(Icebreaker) 支援船舶难以单独航行。

2. 冰色与硬度

生存期长的冰比初生的冰硬度大,淡水冰比海水冰硬度大。冰的硬度可以通过冰的颜色来识别:灰或铅灰色,呈冰激凌状的冰最软;纯白色的板状冰稍硬;青白色的板状冰比较硬;青绿色或灰绿色的板状冰最硬。

二、冰区航行的危险

冰区航行常见的危险有：

(1) 船舶水舱、污水沟、管系易结冰、爆裂和破损；

(2) 船体与冰块碰撞，造成船壳板因局部应力增大而变形和破损；

(3) 船舶所受阻力的不均匀导致的船体巨大振动；

(4) 船速降低，舵效差，流压大，船舶改向困难；

(5) 空船和轻载船车叶和舵叶与流冰撞击而损坏；

(6) 船舶测深仪和计程仪易出现误差；

(7) 受流冰挤压作用，船位偏离计划航线；

(8) 船舶首部被不动冰“卡住”，导致船舶被“冰封”，船舶成为“死船”；

(9) 冰区锚泊时，因厚而密集的冰随风流漂移时的压力极大，松链太少易走锚，松链太多又有断链危险，最终被冰推压，船舶漂移至浅滩；

(10) 助航标志易被破坏，特别是浮标，易发生移位和漂失。

三、冰区航行的准备工作

(一) 航前准备工作

(1) 查阅冰区航海图书资料、航路指南、冰情报告等资料，摸清冰区的规律及其特性。驶于北极冰区水域，参考《北极航行指南(西北航道)》、《北极航行指南(东北航道)》。查阅计划航线所经水域的破冰船、导助航设施、气象发布台站等设施情况。

(2) 检查船舶导航设备及工作环境温度，充分考虑高纬度地区卫星信号不良可能导致GPS船位无法及时更新，充分考虑沿岸航行时由于冰雪原因导致陆标失真变形从而影响船舶定位精度，提前准备相应措施及预案。

(3) 充分考虑冰情，合理地选择航线，充分考虑海图资料的可信赖程度和实际的水文气象以及冰情，尽量选择海图上的推荐航线、已经使用过的航线或破冰船提供的航线。

(4) 注意计划航线所经水域的纬度是否均在国际海事卫星组织船舶通信卫星的工作范围内。国际海事卫星组织卫星波束覆盖范围为南北纬82°。高纬度极地附近水域航行时，船舶接收到的卫星信号都很差、有效通信时间很短，严重时全天候都无法进行有效通信。

(5) 极地地区、冬季高纬度地区天气寒冷，船舶必须对所有机械设备进行认真分析，评估其是否可能会因天气寒冷造成冰冻损坏而无法正常工作，尤其对外部甲板机械设备、锚泊系缆设备、起重设备、液压系统、电气设备等。并根据相关设备情况做好保暖、防寒抗冻准备工作。

(6) 对救生、消防、堵漏等应急设备进行认真检查、备妥及做好防冻措施，并确信船上所有应急设备适于极地冰区航行、停泊。例如：更换凝点低艇机燃油，减少救生艇淡水柜少于85% 容量，可装至其容器容量的3/4；消防设备配备保暖用品及CO_2间的加热设备；堵漏设备配置充分考虑船舶可能会因冰区航行发生船体撞冰、被冰挤压破损的意外事故。

(7) 北极地区、冬季高纬度地区天气寒冷，船上应备妥适合船员户外工作的防寒抗冻保暖用品，如保暖帽、连体保暖服、保暖工作鞋、保暖手套等。

(8) 增加主副机的燃油、生活淡水、食品等航次消耗品的安全富余量以增加船舶安全续航能力。

(9) 检查船舶各舱室水密、水密门窗及各种管系，确保船舶压载水舱压排水系统、甲板排水系统、货舱污水系统畅通。

(10) 载货时，应把不怕湿或不贵重的货物配在首舱和各底层舱。货舱内两边最好留有通道，并保证污水易于流入污水沟(井)。

(11) 一般不应配置甲板货，如实在需要时，则必须考虑到上甲板及其设备与货物结冰的可能性，从而使重心提高，降低稳性，并应保证甲板排水畅通。空舱或无货物时舱内无需通风，应及时关闭通风筒，以防冷空气入内，使舱内或相隔的舱内存水结冰。

(12) 根据船舶公司《安全管理体系》文件，对所有船员进行极地冰区、高纬度寒冷水域航行的专项培训，使全体船员认识到极地冰区、高寒水域航行、停泊潜在的风险，可能遭遇到的困难，注意事项等。

(二) 进入冰区、高寒水域前的准备工作

(1) 进入冰区前，船上应尽可能采取一切有效手段接收气象岸台发布冰区、冰况等气象信息。由于高纬度地区发布海上气象信息岸台少，船上应通过拟抵港代理搜集官方发布的海冰出现水域、范围、冰况等信息。

(2) 临近冰区，可根据海水温度明显下降，海面涌浪逐渐变小，海面上出现海象、海豹、飞鸟，远处海面反光，并伴随着时有冰块互相撞击声音，流冰的边缘常出现浓雾等特征，采用合适的方法及早判明船舶与冰区所处的相对位置。

(3) 航行灯、磁罗经、舵角指示器等照明灯泡应保持常亮，既可保持灯内干燥，驱除水汽，还可防止灯丝骤冷骤热，以延长使用寿命。

(4) 开启雷达尽早发现冰山冰区，增加瞭望人员，备车航行，使用安全航速，把自动舵转为手操舵，做好特殊水域随时操纵船舶的准备；夜间不宜进入冰区，不得不进入时准备好探照灯以寻找冰缝冰隙，机舱部门把海底门由高位换为低位，持续对 CO_2 间进行加热防止 CO_2 系统的钢瓶瓶头膜片在寒冷天气下自行破裂。

(5) 调整压载水、船舶吃水，排空可能冰冻的管路残水，压载水柜测量管在没结冰前可加入氯化钙，但测量管若已结冰，则不可再加入。压载水调整原则：

① 船舶合理尾倾吃水差 1～1.5m，并确保螺旋桨没入水面至少 1.5m 以上。使得船舶具有良好的操纵性能和破冰能力，同时又能保护车叶和舵叶以及增加船舶稳性，也可避免船底海水阀门被碎冰堵塞。

② 调整首尾尖舱、高边柜压载水舱至各舱总舱容的 85% 以下，双层底压载水舱调整至各舱总舱容的 90% 以下。

③ 压载水调整必须确保船舶所需的剪力、弯矩在船体强度的许可范围，并且调整后船舶稳性高度不会因自由液面影响导致船舶稳性不足。

(6) 甲板上各压载水舱手动液压阀，尤其是螺杆式手动液压阀必须保暖防冻。极寒天气下，这些手动液压阀应经常开关活络防止液压油结冻或压载水舱里压载水表面与螺杆冻结在一起无法打开。

(7) 锚机、绞缆机等离合器在可行情况下，不管是航行、靠泊、锚泊都不要脱开，尽可能保持所有甲板机械离合器在闲置时处于啮合状态以防离合器啮合槽由于下雨、下雪、上浪等造成结冰而不能处于随时可用状态。如上述设备的离合器在闲置时一定要脱开，必须做好离合器啮合槽防冰冻的措施。

四、冰情探测

（一）冰况探测

1. 冰山的视距

在晴朗的白天，大冰山的视距可达 10n mile 以上；在晴朗的黑夜，用肉眼能在 1/4n mile 以外看到冰山，用望远镜可在 1n mile 处见到冰山。

夜间，如月亮与冰山都在前方，则难以发现冰山；如满月在船尾方向高照，冰山视距几乎与白天相同。

2. 雷达探测

冰山的回波强度与冰山的大小和反射面的角度有关，高大的冰山有时能在十几海里以外显示回波，而露出水面 3m 的冰山，往往只能在 2n mile 左右被雷达探测到，高度小于 0.3m 的冰山已经很难被探测到。

冰中水道的宽度小于 0.25n mile，在雷达上不易辨认。但冰原中平滑浮冰的冰缘能被明显地识别。

（二）接近冰区的征兆

冬季在高纬度航行，除应按时收看冰情传真图或收听冰情预报外，还必须提高警惕，加强瞭望，并根据以下征兆判断冰区的临近。

(1) 冰光：日光照射下的冰山或有冰水域的上空因冰反射的原因呈黄白色，下部明亮，上部暗淡，其高度视冰的远近而异。白天当天空有云时黄色消失，在云层部呈白色。无冰水域或陆地上空则呈灰色。瞭望过程中，如果发现前方水天线附近的天空光亮异常，可能是冰光，证实有流冰。

(2) 雷达观测时，应把雷达量程放在 3n mile 挡，当冰块接近到 2n mile 左右时可在雷达上发现，但直径在 10m 以下的流冰，很难得到雷达回波。

(3) 在冰区的边缘往往出现浓雾。

(4) 风浪天，波浪突然减弱，此时，如上风方向无陆地即表明海冰存在，已靠近浮冰区。

(5) 连续测试海水的表面温度，根据其温度的剧降可预示海冰的接近。如船舶不在海洋的寒流中，则当海水温度为 1.1℃ 时，海冰的边缘已在 100 ～ 150n mile 之内；海水表面温度为 0.5℃ 时，则距冰缘一般不超过 50n mile。

(6) 远离陆地时，发现海狮、海豹或海鸟等，则预示附近有海冰。

(7) 发现异常的折光现象，常预示远处有海冰存在。

(8) 本船发出的声音如汽笛声等，因冰山的存在可能会有回声；海浪打击冰山可能发出浪花声。

(9) 在冰群的周围，有冰片或碎冰漂流出来。发现较碎的小冰片，可知船舶已接近冰区。

(10) 冰山崩解或冰块破裂坠海，可能发出巨响；浮冰在风浪中可能发出挤压声。

五、冰区的船舶操纵

（一）进入冰区操纵

在航线上有冰山、冰群时，只要情况许可，船舶应尽量绕过冰区迂回航行，这样较为安全有利。如冰区边缘可见，则应尽量沿其上风侧水域航行。如不得不通过冰区，应正确选择适当的地点、时机和方法进入。

(1) 适当的地点：应选冰区的下风侧，寻找冰隙冰缝航道或冰层脆薄处通过。

(2) 适当的时机：应等待微风缓流或无流时进入。因为涨潮时冰易聚集、增厚；退潮时积冰碎裂，浮冰漂流快，因而对船舶不利。当涌浪较强或有 5 级以上横风时则不宜进入；当冰量在 6/10 以上、冰厚在 30cm 以上时，应争取破冰船导航。

(3) 适当的方法：进入时保持船首与边缘垂直，将抵冰缘的余速降至最低(3 ～ 5kn)，减小对船首柱的冲击力，并避免首侧旁板、船尾车舵受损；待船首顶住冰块时再逐渐增加车速，分割并推开冰块，驶向选好的航路。

（二）冰区通行操纵

(1) 选择近岸航行。除格陵兰群岛附近水域外，总体上离北冰洋上极点越近，海冰越密集，而近大陆岸侧的海冰相对比较稀疏，清水区较多。从海冰的分类看，近岸侧大都为新冰、初冰，海冰的融化速度快，这样有利于船舶的通航；另外，在紧急情况下，近岸航行的船舶更能找到适宜的海域避冰或抗冰，也更容易申请到破冰船。

(2) 船舶接近冰区需要减速航行，并通知机舱处于备车状态，严禁使用自动舵。减速的幅度视冰情而定，通常情况下，除需要破冰以外，冰情越严重，船速应越低。冰区里切不可停车停船以防被冰困住。冰区夜航时航速应较白天低，能见度不良时应降至维持舵效的最低航速。一般经验，当冰量为 4/10 时，可维持 8kn 航速，冰量每增加 1/10 就减速 1kn；在航行中应不断变速，以减轻与沉重的大冰块碰撞的力量。“雪龙”号冰区航行速度控制如表 5-1 所示。

表 5-1 “雪龙”号冰区航行速度控制

冰量	控制速度(kn)
4/10 以下	12
5/10 ～ 6/10	10
7/10 ～ 8/10	7
9/10 ～ 10/10	5

(3) 冰中用舵转向最好少改向，改向时宜用小于 20° 的舵角缓慢进行，避免一次性大舵角大幅度转向，以保护螺旋桨、舵叶不致因船快速转向甩尾被冰损坏；一次改向应避免超过 30°，大角度改向宜分几次进行。此外，倒车时必须正舵，以防冰块碰坏舵叶，撞弯舵杆。

(4) 应绝对避免接近冰山航行，及早采取绕航措施，并且要加强视觉瞭望，配合雷达探测，寻找冰中通道。由于风、流的影响，冰间的相互挤压，冰块的融化速度不一致等，夏季通常会在冰与冰之间形成连片的清水区，虽然可能造成船舶的短暂绕航，实际上大大增加了船舶的通航速度，也减少了船舶的损坏和海事风险。该通道一般存在于向岸侧、碎冰与大冰块之间、流冰群与冰山之间、流冰的裂缝、压伏冰的裂缝中，可以通过驾驶人员的瞭望、雷达的观测、飞机的侦察、探照灯照射等手段获得。

(5) 单凭进车力量难以破碎前方硬质冰块而不能前进时，可先行退出而后再进车，利用船舶冲势破冰前进。如果无法前进需要逃脱时，从原航路驶出较另选新路方便。

(6) 保持连续测深与不间断瞭望，随时注意首尖舱及污水沟(井) 的水尺变化。同时冰区航行阻力大，操纵能力下降，故应提前采取措施避让他船，冰区航行因航向多变，尤其受流冰影响时，船位变化大，应勤测船位。

(7) 冰量超过 6/10 以上，有破冰船居前引导时，应保持约 3 倍破冰船船长的距离等速跟进。船舶间距太大则会导致破开的冰中水道很快闭合，不利于后船通行；太短则容易出现碰撞。破冰船引导通行如图 5-25 所示。

图 5-25　破冰船引导通行

(8) 在编队通过冰区时，往往由破冰船指定编队成员在编队中的位置，通常船舶越宽在编队中的位置越靠前，这样有利于给编队中位置靠后的船舶留下较宽的水域通行。编队通过冰区时应尽可能要求紧随破冰船航行，按照破冰船的要求保持首尾与他船的距离。若能见度不良，则要专门安排人员负责雷达瞭望，及时发现前船航向和航速的变化，以便本船及时采取措施沿冰中水道航行。

(9) 特殊水域会遇他船，应及早地与来船沟通联系并协调避让措施，避免与来船造成紧迫局面。协调避让时要充分考虑本船与来船冰区操纵的困难。

(10) 近岸航行使用陆标定位时，应充分考虑到由于冰雪等原因对定位精度的影响，反复校核船位。

(11) 雷达量程远近距离交替使用，保持雷达天线转动，避免雷达天线被冰冻住。

(12) 天气恶劣，海面涌浪较大或有 8 级以上横风时，船舶不宜进入冰区航行，应远离冰区采取漂航、滞航等措施直至天气许可再考虑进入。

(三) 冰困后的措施

冰困是指船舶被困于冰中不能动弹。冰困后的措施有：

(1) 全速进车交替使用左、右满舵，待船首松动后再快倒车、正舵退出。若在潮汐港河道中遭冰困，可等候涨潮来临，两舷的冰向两岸扩散，冰的压力得到释放，等船边冰松动后，再倒车正舵退出。

(2) 交替排灌对称压载水舱，使船体出现横倾和纵倾，协助船身松动。但对大吨位船舶和船困于压力冰中，因吃水变化太慢，此法难以奏效。除非通过泵出压载水减少首吃水，使船首爬上冰层，再利用注入压载水压破冰层，使船体松动。

(3) 不论是自力脱出还是等待破冰船救援，至少应保持进车以免尾后水道被冰封住冻结，以便于破冰船救援。

（四）破冰船护航及拖带

非冰区专用船舶，冰量达 6/10 时宜用破冰船引导护航；冰量达 7/10 以上若无破冰船护航，不宜盲目进入冰区。编队时把船壳较弱、功率较小的船放在船队中部。破冰船开路护航，其后船舶与破冰船的间距宜为破冰船船长的 2 ～ 3 倍。船间距离一般保持 2 ～ 3 倍本船船长。

后船要密切注视前船的信号，调整两船的间距，当前船减速，而后船来不及停住，可转离前船的航迹来避免碰撞。

护航中的航速，当冰量为 4/10 时，可维持 8kn 航速，冰量每增加 1/10 就减速 1kn。

护航发生困难时，可由破冰船拖航。拖带中，一般采用龙须缆，由两根直径 5cm 的钢丝缆、一个转环及一段短链组成。拖缆最好从锚链筒中穿进，分别系于两舷缆桩上，为便于紧急时易于解拖，应用挽桩方法。在冰量大且有压力的冰中拖带时，拖缆宜尽量缩短，一般相距为 20 ～ 40m，必要时仅 10 ～ 20m 即可。

（五）船舶破冰

在无法获得冰间水道或船舶走到水道尽头时，船舶必须进行破冰作业。船舶破冰实际上是通过船舶的推力、船体对冰的挤压力、对冰的冲击力等手段强行破开冰层航行的手段。

对于有破冰能力的船舶可以采取加大船速强行冲击冰块的方法破冰。破冰时应考虑冰块“中间厚、四周薄”的特点，可选择冰中融池较多的地方，因为融池多说明冰薄。应避免撞击冰脊、冰丘，宜选择冰块的下风侧或者落潮时进入，同时应避硬就软，选择灰色、暗色、白色冰进入，防止进入青色冰区。

破冰时，可以直角切入冰块，当船头抵上冰块后再加车前行；冰中航行时小舵角一般无效果，需要使用大的舵角才能改变船首向；冰中航行船舶的旋回圈将大幅度增加并严重变形。破冰期间，当冰块厚度或密度分布不均时，船首会向薄弱一侧滑移，用舵也难以克服。

应避免通过两块厚冰之间不足一倍船宽的冰间水道，因为船舶舷侧钢板的强度远不及船首“冰刀”和龙骨的强度大；船舶还应避免从两块冰块挤压后的冰丘上通过，而应选择从其中一块较薄的冰块上穿行。

当船舶破冰过程中遭遇厚而实的冰无法再前行时，不能强行加车以免损坏主机，可以考虑将船退出从其他方向破冰，确实需要在该处破冰时，在充分估计船舶的破冰能力后，可以倒车后退 2 ～ 3 倍船长，再加车利用船舶的惯性冲击力破冰。倒车期间应注意使用正舵，以防冰块碰坏舵叶和撞弯舵杆。

六、冰区锚泊、停泊及靠泊注意事项

（一）冰区锚泊

流冰对锚泊船的压力很大，尤其是大块流冰横在锚链上或船首，既不能破碎它们，它们又不能从两舷侧流过，其后的冰块相继流来，愈积愈多，冰块受风流驱动的力量之总和，均将施加于锚链上。因此在流冰中锚泊极易断链走锚，通常冰厚超过 10cm 就不宜锚泊，若不得不锚泊时，则出链长度一般为 2 倍水深。即使走锚也不可松链，而应开车顶冰，起锚续航。锚泊于固定冰中，则无需抛锚。

锚泊中，为防止锚机运转部位冻结，应保持慢速运转状态。冰中锚泊时，除值锚更外，还须注意：当心假象、严防走锚，要通过观察锚链方向及其动态来判别走锚；及时用车舵躲过大冰块，制止锚链滑出。

若锚泊时间较长时，为防止锚链在上层水表面冰块的长时间刮擦造成断链，间隔一定时间可适当调整锚链受水面冰块刮擦的那一小段锚链，必要时左右锚交替使用。

（二）冰区停泊

由于种种原因，如黑夜不能在冰量很大的流冰群中找到通道或破冰开道，不得不在流冰群中停泊时应注意：

(1) 由于船舶与流冰冰块漂移速度有差别，会产生船与冰之间的撞击。为保持车舵，停泊船应以首顶流冰方向，用合适的速度插入一片碎冰组成的流冰群中，应尽量插入深一些，约 1/2 船长；冰况中等、功率大的船可插入约 2/3 船长，但切勿在大冰块之间停泊。

(2) 停泊中应不时缓速前进，将船尾车、舵附近的冰块赶走，以保持尾部不被困住；同时也应适当地用车进退并左右用舵，以减少冰与船壳冻结在一起的机会。

(3) 不论流冰群漂向何处，如附近有浅滩与暗礁，在冰中停泊的船应将船首向着海或安全的地方，以便随时逃离。如流冰群漂向浅滩或暗礁，则应奋力退出原插入之处，另寻安全停泊处所。

临时性停泊往往不在有固定冰的海岸上靠泊，却可在较小些的浮冰块上使用冰锚停泊。但必须在事前对浮冰的走向及沿线附近水深有足够的把握，确认安全后方可进行。

抛冰锚是冰区使用的特殊系缆方式。其做法是先在冰的牢固位置处挖一浅槽，然后将一长形硬木料置于其中，套上缆绳后注水，使之与冰冻结在一起。这种系缆方式一般只系一根缆绳即可，与抛锚停船在形式上有某些相似之处，故称之为抛冰锚，如图 5-26 所示。

（三）冰区港内靠泊

港内结冰时，常因船身与码头间冰块堆积而不能靠拢，此时可雇用拖船进行往返破冰和驱冰，或利用本船车叶的排出流排冰或靠坚实的船体挤压冰块，或利用船首以近 90° 的角度驶近码头刮冰，或用码头蒸汽或热水排冰等方法，驱赶码头边冰块，以便靠泊。靠离时小心使用车舵，缓慢靠离，倒车前注意船尾后方的冰块。

1. 泊位下端有余地

如图 5-27(a) 所示，可操纵船舶对准泊位下端向码头靠拢，并带头缆至泊位上端较远的缆桩上，然后绞首缆进车外舷舵，使船首紧贴码头刮走码头旁的冰块；当船首抵达上端位置时，若里档尚有少量浮冰，则可带上前倒缆和尾缆开进车，利用排出流将碎冰排出，再靠上船尾，并带妥尾部缆绳。

2. 泊位下端无余地

如图 5-27(b) 所示，应将船首先对准泊位上端插入，带妥首缆和首倒缆，用进车和外舷舵，并在拖船顶推的协助下，挤压里舷积冰；然后再用排出流将碎冰排出。按上述方法反复进行多次，可逐渐将冰块挤碎排尽，使船尾靠拢泊位并带妥尾部缆绳。

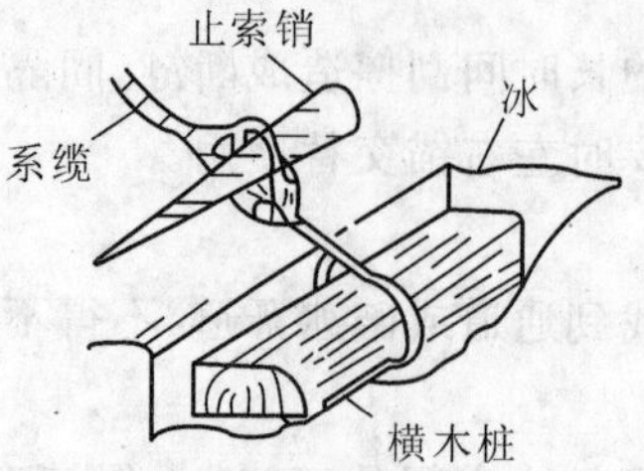

图 5-26 抛冰锚

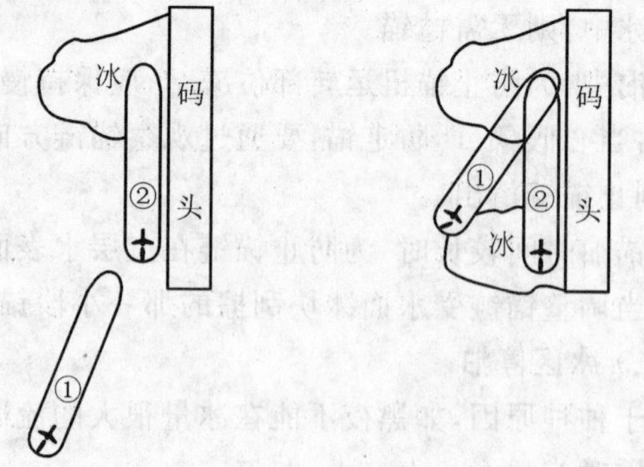

(a) 泊位下端有余地 (b)泊位下端无余地

图 5-27 冰区港内靠泊

七、北极航道概况

(一) 北极航道

随着我国对外交流的扩大,开往北欧、北美、俄罗斯等地的船舶日益增加;随着北极冰融现象的加剧,极地航行活动日益增加。北极航道是沟通东亚、北美和西欧的新的"海洋交通大动脉",一旦开通将会改写世界海洋运输格局,对世界的经济、政治、军事、能源等产生深远的影响。为此,国际上正在兴起"北极航道通航运动",越来越多的国家及公司对北极航道的开通跃跃欲试。

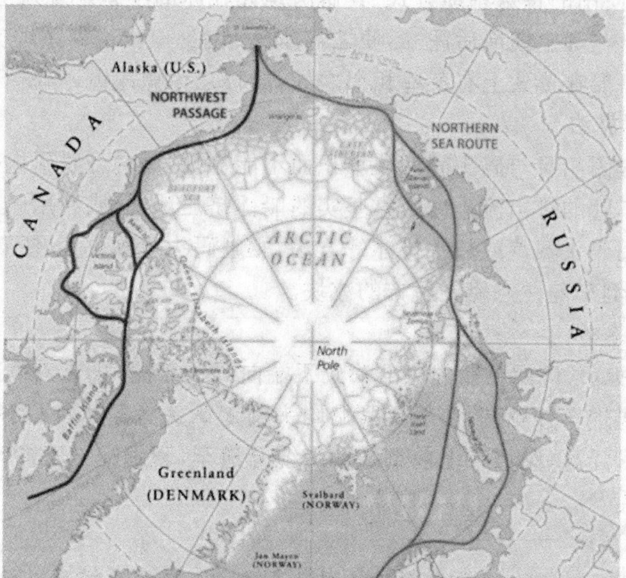

图 5-28 北极西北航道、东北航道

北极航道是指穿过北冰洋,连接大西洋和太平洋的海上航道,该航道主要包括"东北航道"和"西北航道",如图 5-28 所示。其中东北航道大部分航段位于俄罗斯北部沿海的北冰洋离岸海域，是连接大西洋和太平洋间的海上捷径，全长约 5620n mile，即从北欧出发，向东穿过巴伦支海、喀拉海、拉普捷夫海、东西伯利亚海和楚科奇海五大海域，直到白令海峡，目前该航道每年可维持通航 2 ～ 3 个月，部分航段需要岸基支持和破冰船协助；西北航道大部分航段位于加拿大北极群岛水域，全长约 800n mile，是以白令海峡为起点，向东沿美国阿拉斯加北部离岸海域，穿过加拿大北极群岛，直到戴维斯海峡，目前该航道的通航条件较差。

（二）北极航道冰情概况

1. 东北航道冰情

根据对东北航道各海域历史冰情的分析，列东北航道各海域冰情一览如表 5-2 所示。

表 5-2　东北航道各海域冰情一览

航区	通航期	冰况
白令海	7 ～ 9 月	冬季有 1 ～ 2m 厚的冰。海冰始于 9 月，结冰范围以 1 月为最大
白令海峡	7 ～ 10 月初	海面为 1.2 ～ 1.5m 厚的冰原所覆盖。仲夏仍有浮冰留存
楚科奇海	7 ～ 10 月	良好，适合通航
德朗海峡	8 月下半月至 9 月上半月	浮冰流动速度极快
东西伯利亚海	7 ～ 9 月	良好，适合通航
拉普捷夫海峡	8 ～ 9 月	良好，适合通航
桑尼科夫海峡	9 月	有浮冰
拉普捷夫海	8 ～ 9 月	良好，西北部常有流冰
维利基茨基海峡	—	有浮冰
绍卡利斯基海峡	—	有冰山
喀拉海	8 ～ 10 月	良好，适合通航
尤戈尔海峡	6 月中旬 ～ 10 月下旬	良好，适合通航
喀拉海峡	8 月上旬 ～ 11 月	通航期尚可
马托奇金海峡	8 ～ 9 月底	恶劣
巴伦支海	南部终年可航行，北部除 12 月外，其他时间可通航	良好，适合通航

通过对历年冰况的统计分析，发现东北航道最适合通航的时间为每年的 9 月，8 月次之。

2. 西北航道冰情

根据对西北航道各海域历史冰情的分析，可归纳西北航道各海域冰情一览如表 5-3 所示。

表 5-3 西北航道各海域冰情一览表

航区	通航期	冰况
波弗特海	8月中旬～9月下旬	海面几乎全年冰封，仅在8～9月沿岸会出现狭窄的无冰海面
麦克卢尔海峡	8月底～9月前三周	恶劣，即使通航期也需要破冰船护航
梅尔维尔子爵海峡	8～9月中旬	恶劣，直接影响到北路能否通航，即使通航期也需要破冰船护航
巴罗海峡	9～10月	良好，适合通航
兰开斯特海峡	9～10月	良好，适合通航
阿蒙森湾	8～11月中上旬	良好，适合通航
威尔士王子海峡	8～10月底	良好，适合通航
多芬联合海峡	8～10月底	良好，适合通航
科瑞内西湾	7～10月	良好，适合通航
德阿瑟海峡	7～10月初	良好，适合通航
毛德皇后湾	7月底～10月初	结冰速度快，10月底便会冰封
维多利亚海峡	8～9月底	海峡北部有较多海冰，南部可开通
拉森海峡	不定	不定
富兰克林海峡	8～9月底	冰况复杂
拜洛特海峡	8月中旬～9月底	复杂多变，容易被浮冰堵塞
利金特王子湾	8～10月初	良好
皮尔海峡	8～9月	冰况复杂多变

通过对历年冰况的统计分析，发现西北航道最适合通航的时间为每年的8月和9月。

思考题

1. 简述狭水道的定义、特点。
2. 简述狭水道操船要领。
3. 简述狭水道操船注意事项。
4. 简述弯曲水道顶流过弯船舶操纵特点、注意事项。
5. 简述弯曲水道顺流过弯船舶操纵特点、注意事项。
6. 桥区水域通航环境有哪些特点？
7. 简述有横风流时的船舶过桥操纵要领。
8. 简述桥区水域船舶通航注意事项。
9. 一旦出现船撞桥的险情，应采取哪些操纵措施？
10. 试建立失控漂移状态下的船舶漂移数学模型。
11. 简述岛礁水域航行注意事项。
12. 岛礁区如何根据水的颜色判断水深？

13. 太阳高度及与测者相对位置对观测视野和准确度有何影响？

14. 简述岛礁水域的操船要领。

15. 简述通过渔区的注意事项。

16. 简述规避渔船的方法。

17. 用雷达探测冰山时，根据回波距离如何判断冰山的大小？

18. 用视觉探测冰山时，根据冰山视距如何判断冰山的大小？

19. 怎样判断船舶已驶近冰区？

20. 冰量与船舶操纵难度有何对应关系？

21. 简述冰区航行时船舶操纵要领、注意事项。

22. 简述冰区停泊、靠泊注意事项。

第六章　大风浪中船舶操纵

船舶在复杂多变的海上航行，遇到狂风巨浪的袭击是在所难免的。那么，怎样才能战胜自然，克服困难呢？一方面，要求船舶有良好的适航性；另一方面，要求船舶驾驶人员了解风浪，熟悉船舶在风浪中的运动规律，并针对客观规律，采取正确的操船措施，从而确保船舶在大风浪中的安全航行。

第一节　海浪知识概述

一、海浪的形成

海浪是发生在海洋中的一种波动，是海水运动的主要形式之一。海浪按其形成的原因可分成风浪和涌浪、潮汐浪、气压浪、地震浪（海啸）及船舶兴波等很多种类，但船舶航行时最常遇到的是风浪和涌浪。

风浪是由风的直接作用，将能量传给海洋引起的水面波动。风浪离开风区传到远处或风区里风停息后所存在的波浪，称为涌浪。海上风浪要得以发展，与风速、风时、风区有关。风速越大，产生的风浪也越大；风时越长，海水获得的动能越大，风浪也就越大；风区越大，浪在风区内移动越远，风浪就越发展。

涌浪在传播过程中，随着传播距离的增加，波高逐渐降低，周期不断增大。涌浪传播速度往往比海上风暴系统的移动速度快得多，常把涌浪作为预测台风或风暴来临的征兆。

二、波浪要素

用于描述海浪的特征的物理量称为波浪要素，主要包括波高、波周期、波长和波速等（图 6-1）。

1. 波峰、波谷、振幅与波高

波形最凸起的地方或波面的最高处称为“波峰”，波峰处的纵向位移为正向最大值。同理，波形最凹下的地方或波面的最低处称为“波谷”，波谷处的纵向位移为反向最大值。振幅 ζ 是用来表示波浪强弱的物理量，它是指从静止水平面至波峰或波谷的距离。波面最高点与最低点之间的垂直距离称为波高 H，$H = 2\zeta$。

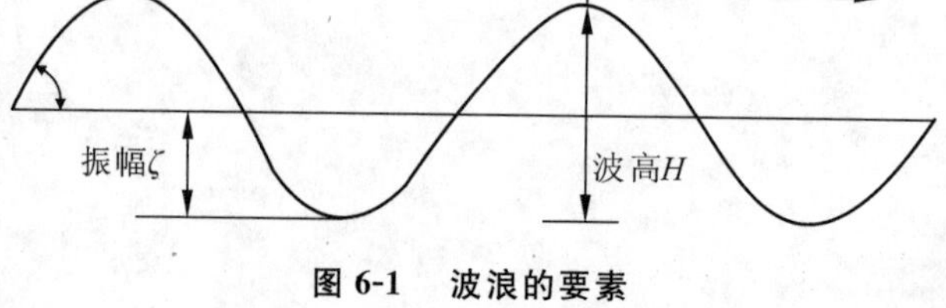

图 6-1　波浪的要素

2. 波浪周期

水质点每回转一周所需的时间，即波形向前传播一个波长所需的时间，称为“波浪周期”，简称“波周期”，一般用符号 T 表示。波浪的显著特点是周期性，即位移、速度、加速度，经过一定时间之后又重复地回到原来的数值。根据简谐振动原理，有

$$T = \frac{2\pi}{\omega} \tag{6-1}$$

其中，ω 为“角频率”，也称波浪频率。

3. 波速

波速指波形向前传播的速度，一般用符号 c 表示。波速取决于水的惯性和弹性，而与波的频率无关。波速有两种含义，在物理意义上有明显的区别。

(1) 相速度：等相位面或波峰（或波谷）在单位时间内的水平位移。平时所说的“波速”指的就是“相速度”。

(2) 群速度：即群波传播能量的速度。群波是由一系列波长和频率不同的波叠加而成的合成波，则群波的波形将随时间变化。若各个分波在水中传播的相速度各不相同，其振幅最大部分的运动速度称为群波的群速度。其值约为相速度（波速）的一半。

4. 波长

沿着波的传播方向，两相邻的波峰（或波谷）间的水平距离叫作“波长”。一般用符号 λ 表示。波长是指任意两个相位差为 2π 的水质点之间的距离。由波速、波长的定义可知：在水质点振动的一个周期内，振动状态传播的距离恰是一个波长，所以

$$\lambda = c/f \text{ 或 } \lambda = c \cdot T \tag{6-2}$$

式中，f 表示波频率。波长、波速和频率，称为波浪的三要素。

5. 波陡

波高与波长之比 H/λ，用来表示波形的陡峭程度，常用 δ 表示，即 $\delta = H/\lambda$。

6. 波面角 α

波面上某一点的切线与水平线间的夹角，用来表示波表面的倾斜度；最大波面角 $\alpha_m = \pi \cdot H/\lambda$。

各海区的波浪要素的具体数值可收看（听）波浪预报或查阅《航路指南》。

三、规则波

海浪可以被认为由很多简单、规则的谐波所组成，每个谐波有其自身的振幅、波长（或周期或频率）以及传播方向，这种简单、规则的谐波称为规则波。规则波实际上是一种假定的波浪，尽管其与实际波浪有一定的差异，但它使复杂的船舶在波浪中的运动问题大为简化。规则波不仅能近似地表示涌浪，而且也是研究不规则波的基础。波浪要素之间存在如下的相互关系：

$$\left.\begin{aligned} c &\approx 1.25\sqrt{\lambda} \\ T &\approx 0.80\sqrt{\lambda} \\ \lambda &\approx 1.56T^2 \end{aligned}\right\} \tag{6-3}$$

有关各海区不同季节的波浪要素可以从航路指南等有关资料中找出。大洋中最容易产生的波浪的波长是 80 ～ 140m，波浪周期为 7 ～ 10s，陡度最大的为 1/10，一般大洋波的陡度

为 1/40 ～ 1/30。

四、不规则波

海上波浪实际上是不规则的，它们是由各种不同波长、波高和陡度的波组成的，而且由于海区地形的关系，波浪的不规则性更为复杂。但不规则波是由无数单元规则波叠加而成的，经过大量的统计观察表明，如果外界条件没有显著变化，波浪的出现有其一定的规律性。为了简便，常以一种波高来说明波浪的状况，通常使用的几种方法有：

平均波高：即所有波高的平均值；

均方根波高：即将所有波高平方相加，求平均值后再开方；

合成波高：海上风浪和涌浪并存时，可采用合成波高表示海面状况。

部分大波的平均波高：有时将观测到的波高按大小排列起来，并就最大的一部分波高计算平均值，称为部分大波的平均波高。例如：对于最高的 1/100，1/10，1/3 的波，其平均波高分别以符号 $H_{1/100}$，$H_{1/10}$，$H_{1/3}$ 表示。它们的意义是如果共观测 1000 个波，则分别代表最高的 10、100、333 个波的平均波高。部分大波平均波高反映出海浪的显著部分或特别显著部分的状态。习惯上还将 $H_{1/3}$ 称为有效波高，其周期称为有效波周期，具有这种波高的波称为有效波，有效波是一个统计量，它非常接近于有经验的驾驶人员直接目测的波高。波浪预报部门通常是用有效波来做波浪预报的。故常把有效波高 $H_{1/3}$ 设为 1，并用统计法求得平均波高 H_m 为 0.63，1/10 最大波的波高 $H_{1/10}$ 为 1.27，1/100 最大波高 $H_{1/100}$ 为 1.61。

通常采用部分大波的波高来表示波浪的要素，1/10 最大波的波高 $H_{1/10}$ 为平均波高的 2 倍（1.27/0.63 ≈ 2），1/3 最大波的波高 $H_{1/3}$ 为平均波高的 1.6 倍（1/0.63 ≈ 1.6）。有效波高可以用来确定最大有效波的波长以及最大能量波的波长：

$$\left.\begin{aligned} \lambda_{最大有效} &= 60H_{1/3} \\ \lambda_{最大能量} &= 40H_{1/3} \end{aligned}\right\} \tag{6-4}$$

根据这两个波长可以估计出某船在该不规则波中航行时的摇荡情况。所谓最大有效波的波长是指，波长超过一定范围的波在整个单元波中所占比例很小，不具备使船舶产生很大摇摆的能量，这个波长界线称为最大有效波长。

五、波形的变化规律

当水深大于 $\lambda/2$ 时为深水波，当水深小于 $\lambda/2$ 时为浅水波。在深水中的波浪，波长长，波速大而周期长。因海浪是各种不同周期浪的组合，所以每一组波浪中，大浪与小浪总是有秩序的重复出现，即每组连续的浪都是逐渐增大，然后又逐渐减小，周而复始。一般情况下，连着三四个大浪之后，接着是七八个小浪，俗称三大八小。每组浪的具体周期，浪的强度以及大浪和小浪的数目，则因各种风型、风速和海区而异，在航行中可通过观察来确定当时海浪的规律。

在浅水中，由于波浪底部受海底摩擦，速度减慢，所以波峰速度要比波谷快，这样波形就起了变化，波峰向前弯曲，波长变短，波高越来越大，浪变得陡而且高，然后在行进中破碎，俗称开花浪。在海岸附近，这些开花浪为海岸所阻，又产生反拍浪，这些浪对船舶冲击力较大，对近岸航行的船舶有一定的威胁。

第二节　长江的风浪规律

风在水表面流动，其对水相对速度引起摩擦产生风浪，对船舶航行影响很大。长江下游 4 ～ 5 级风浪对船队的航行就有一定的影响，5 ～ 6 级以上的大风浪就会对船队航行造成很大的威胁，所以必须研究内河风浪的规律对船舶航行的影响及应采取的措施。

(1) 风、流相对速度小时，摩擦作用小，风浪小；风、流相对速度大时，摩擦作用也较大，风浪也较大；所以，风、流作用方向相反时，风、流相对速度大，风浪大，而且主流区的风浪比缓流区的风浪更大，这时顺流航行的船队为了避开巨浪对航行的影响常沿着缓流区航道下驶，与逆流沿缓流上驶的船队形成对遇局面，极易发生碰撞事故。所以，这时应保持正规瞭望，正确判定对遇船舶相对船位，及早采取有效正确的防碰措施。风流作用方向相同时，风流相对速度小，风浪也较小，而且主流区的风浪比缓流区的风浪还要小，对船舶航行影响较小。

(2) 河岸对河道的遮蔽程度的大小对风浪也有显著影响，当风向与河道成某一夹角时，风受上风岸山包或其他高层建筑的阻挡上风岸风浪较小，下风岸风浪较大，船舶应选择上风岸航行。

(3) 河道宽阔，受风作用时间长，风浪则较大；河道狭窄受风作用时间短，风浪则较小，如长江下游的风浪就比长江上游的风浪大，江阴以下的河段航道宽度大，风浪也更大。

(4) 在有潮汐影响的河口段，转潮前后一段时间最大，俗称转潮浪。它不仅对航行船舶有很大的影响，即使是对锚泊船舶也有非常大的影响，故应值锚更，防止船舶旋回掉头，扭结锚链或走锚。

第三节　船舶在波浪中的运动

一、船舶在波浪中各种运动的名称

船舶在风浪中航行时，其运动情况比较复杂，通常将船舶的复杂运动简化分解成六个自由度的运动。如图 6-2 所示，将重心 G 取为固定于船体的直角坐标系的原点，则船舶运动可分解成沿三个坐标的运动和绕三个坐标轴的转动。其运动名称如表 6-1 所示。

表 6-1　波浪中船舶的运动分类

坐标轴 \ 种类、名称	直线运动(translation)		回转运动(rotation)	
	单向运动	往复运动	单向运动	往复运动
x 轴	进 / 退(ahead/astern)	纵荡(surge)	横倾(heel)	横摇(roll)
y 轴	横移(drift)	横荡(sway)	纵倾(trim)	纵摇(pitch)
z 轴	升沉(float/sink)	垂荡(heave)	旋回(turn)	首摇(yaw)

在上表的所有运动中，运动显著且与船舶安全操纵密切相关的是横摇、纵摇、垂荡和首摇。

(1) 横摇涉及船舶的稳性，有时会引起货物移动，致使船舶横倾，过大的横倾可能导致船舶倾覆。

(2) 纵摇会导致降速，还会引起船首上浪而使甲板货、甲板设备损坏，同时纵摇使船体特别是其前部因受到浪的冲击力而受损，此外纵摇引起螺旋桨空转将给主机运转造成障碍。

(3) 垂荡也是一种有害于船舶航行的运动，往往与纵摇同时产生，造成船舶失速，主机功率得不到充分利用，垂荡相位若与纵摇相位相差不多，二者共同作用下将会引起船舶激烈的拍底、上浪、螺旋桨空转。

(4) 首摇对船舶在风浪中航行时的保向性有重大影响，尤其在斜顺浪航行时，首摇明显，危险时会导致船体打横。

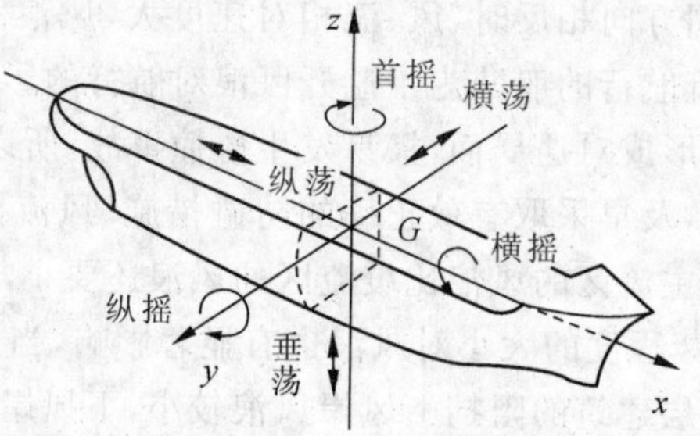

图 6-2　波浪中船舶的运动分类

二、波浪遭遇周期

设船舶以与波浪方向成一定的交角 μ 和船速 V 在波浪中运动，如图 6-3 所示，则波浪相对于船舶的传播速度为

$$V_E = c + V\cos\mu \tag{6-5}$$

式中：V_E—— 相对波速(m/s)；

c—— 波速(m/s)；

μ—— 船首向与波向的交角，简称波向角。

波浪相对于运动中船舶的周期称为波浪遭遇周期，它就是船上人员所看到的波浪周期，故也称为波浪视周期，简称为“遭遇周期”。

由图 6-3 可知，遭遇周期可用下式表示

$$T_E = \frac{\lambda}{V_E} = \frac{\lambda}{c + V\cos\mu} \tag{6-6}$$

式中：T_E—— 遭遇周期(s)；

λ—— 波长(m)。

三、波向角及船舶摇摆程度

当船速 $V > 0$ 时，遭遇频率取决于波向角。在海上，船舶遭遇不同的波向角分别称为顶浪、偏顶浪、横浪、偏顺浪和顺浪，如图 6-4 所示。以右舷受浪说明如下。

当 $0° \leqslant \mu < 30°$ 时，称为顶浪，也称为“迎浪”，其遭遇频率比波浪频率要高，纵摇摆幅较大，横摇摆幅较小。在 $\mu = 0°$ 时遭遇频率最高，相应的纵摇摆幅最大。

当 $30° \leqslant \mu < 60°$ 时，称为偏顶浪，其遭遇频率比顶浪时要低，纵摇摆幅比顶浪时要小，但横摇摆幅比顶浪时有所增大。

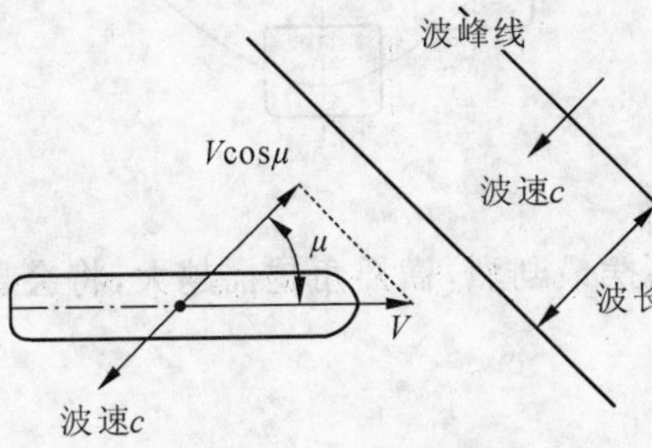

图 6-3　波浪遭遇周期

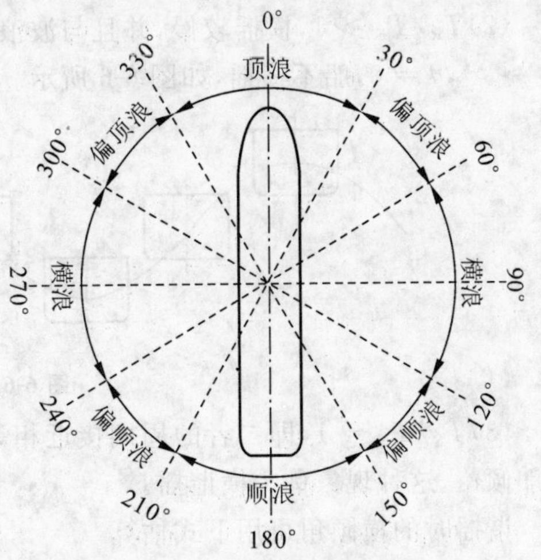

图 6-4　波向角及其名称

当 $60^\circ \leqslant \mu < 120^\circ$ 时，称为横浪，其遭遇频率比偏顶浪时要低，纵摇摆幅较小，横摇摆幅较大。在 $\mu = 90^\circ$（或 $\mu = 270^\circ$）时遭遇频率等于波浪频率，相应的横摇摆幅最大，纵摇摆幅最小。

当 $120^\circ \leqslant \mu < 150^\circ$ 时，称为偏顺浪，其遭遇频率比横浪时要低，纵摇摆幅比横浪时要大，横摇摆幅比横浪时要小。

当 $150^\circ \leqslant \mu < 180^\circ$ 时，称为顺浪，其遭遇频率比偏顺浪时要低，纵摇摆幅比偏顺浪时要大，横摇摆幅比偏顺浪时要小。

在 $\mu = 180^\circ$ 时遭遇频率最低，相应的纵摇摆幅较大，横摇摆幅较小。

四、横摇运动

1. 横摇摆幅

横摇状态主要用摆幅 θ 和周期 T_R 来表示。摆幅是船舶自正浮向一舷横倾时的横倾角。船舶在规则波中的强制横摇摆幅（假定船舶静止，横浪时）可以近似地用下式表示：

$$\theta = \frac{\alpha_m}{1 - \left(\frac{T_R}{T_E}\right)^2} \tag{6-7}$$

式中：α_m—— 最大波面角，$\alpha_m = \pi \cdot H/\lambda$；

T_R—— 船舶横摇周期(s)；

T_E—— 波浪遭遇周期(s)。

(1) $T_R/T_E < 1$，船舶横摇较快，甲板与波面经常保持平行，很少上浪，但船体所受惯性力较大。当 $T_R \to 0, \theta = \alpha_m$，船随波横摇，如图 6-5 所示。

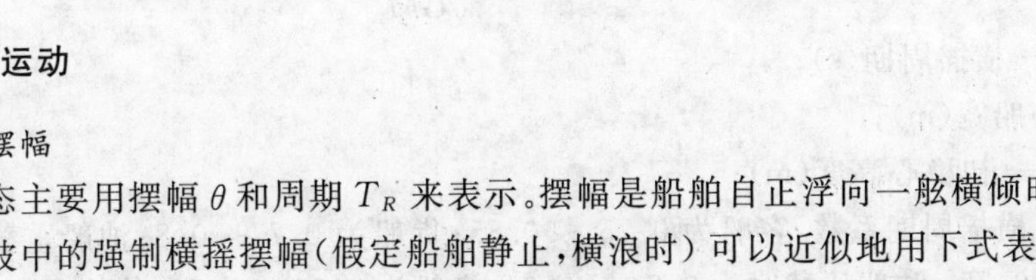

图 6-5　船随波横摇

(2)$T_R/T_E > 1$,横摇较慢,并且与波浪不协调,船舷易与波浪撞击,甲板上上浪较多。当$T_R \to \infty$,$\theta = 0$,船不横摇,如图 6-6 所示。

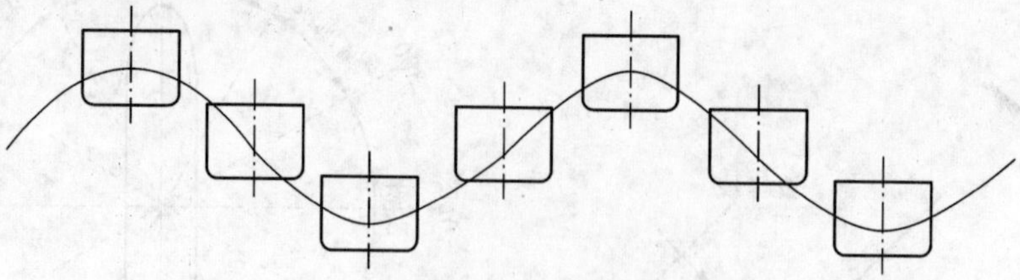

图 6-6　船不横摇

(3)$T_R/T_E = 1$,即二者的周期接近相等,船舶摇摆最剧烈,横摇角越摇越大,将会导致船舶倾覆。这种现象称为横谐摇。

谐摇时的横倾角可用下式估算

$$\theta_s = 7.92\sqrt{\alpha_m} \tag{6-8}$$

实际上,一般在 $T_R/T_E \approx 0.7 \sim 1.3$ 区间内就会发生谐摇,该区间称为"谐摇区间"或"谐振区间"。因此,船舶在海上航行时,应尽可能避免船舶横摇频率与遭遇频率相近的情况。

2. 自由横摇周期

船舶在静水中的无阻尼摇摆称为自由摇摆,是船舶本身具有的摇摆性能。横摇周期是船舶自一舷横倾到另一舷,又自另一舷回到初始横倾位置所需的时间。一般船舶横摇周期可用下式估算:

$$T_R = C \cdot \frac{B}{\sqrt{GM}} \tag{6-9}$$

式中:T_R—— 横摇周期(s);

B—— 船宽(m);

GM—— 初稳心高度(m);

C—— 横摇周期系数,客船为 $0.75 \sim 0.85$;货船为 $0.7 \sim 0.8$;油船重载时为 $0.7 \sim 0.75$;油船压载时为 $0.74 \sim 0.94$;渔船为 $0.76 \sim 0.88$。估算 T_R 时常把C简单地定为 0.8。

由式(6-9)可见,船舶自由横摇周期与船宽、船型以及横稳性高度等因素有关。表 6-2 是各类船舶横摇周期的数值范围。

表 6-2　各类船舶横摇周期的数值范围

船舶种类		横摇周期 T_R(s)
客船	500 ~ 1000t	6 ~ 9
	1000 ~ 5000t	9 ~ 13
	5000 ~ 10000t	13 ~ 15
	10000 ~ 30000t	16 ~ 20
	30000 ~ 50000t	20 ~ 28
货船	满载	9 ~ 14
	压载	7 ~ 10
拖船		6 ~ 8

大型油船的横摇周期，空载时都在 6s 以下，满载时在 14s 以上。

从船舶设备承受情况及船员的舒适程度和船舶安全考虑，一般来说，$GM > B/10$ 横摇过于剧烈，而 $GM < B/30$ 横摇过于缓慢，当 $B/30 < GM < B/10$ 时比较适中。

3. 减轻横摇的措施

船舶在波浪中横摇剧烈时，不但会危及人员、设备、货物和船舶的安全，严重时还会发生谐摇而使船舶倾覆，因此需要采取减摇措施，避免谐摇的产生。从船舶操纵角度出发，减摇措施包括调整船舶自由横摇周期和遭遇周期。

(1) 调整船舶的自由横摇周期

船舶航线确定后，应根据本航次各海区季节可能经常遭遇的波浪周期，在配载时调整初稳心高度 GM，使其避免与波浪周期一致而谐摇。在稳性允许条件下，尽量使之避开谐摇区，即 $T_R/T_E < 0.7$ 或 $T_R/T_E > 1.3$。

(2) 调整波浪遭遇周期

实际上，对于航行中的船舶，调整初稳心高度几乎是不可能的，故一般采取调整遭遇周期的措施。由(6-6)式可知，通过改变航速或航向，或者同时改变航速与航向，就能改变波浪的遭遇周期，避免谐摇。这种方法是航行中船舶减轻横摇的简便而有效的方法。但应注意，当波向角 $\mu = 90°$ 或 $270°$，即正横受浪时，船舶横摇剧烈，若仅改变航速是无效的，只有改变航向才能取得减轻横摇的效果。

横摇的危害最大，且当船舶横向受浪时，这种危害性将进一步增大，特别是发生横摇谐振或大幅度横摇时，将危及船舶的安全，严重时可能导致船舶倾覆。因此，当船舶遭遇巨浪时，应尽可能避免横向受浪。

五、纵摇运动

当波浪通过船体时，随着船体附近波形的变化，浮心做前后方向的周期性移动，将引起船舶纵摇。

1. 船舶纵摇周期

船舶纵摇周期可用下列近似公式估算：

$$T_P = C_P \cdot \sqrt{L} \tag{6-10}$$

式中：T_P—— 船舶纵摇周期(s)；

L—— 船长(m)；

C_P—— 纵摇周期系数，其中客船取 0.45 ~ 0.55；客货船取 0.54 ~ 0.64；货船取 0.54 ~ 0.72；油船(尾机型)取 0.80 ~ 0.91。

纵摇固有周期主要取决于船长。万吨船 $T_P \approx 6.6$s；30 万吨油船 $T_P \approx 16$s。

2. 纵摇摆幅

船舶在波浪中的纵向摇摆幅度称为纵摇摆幅，一般用纵摇角来表示。由于船舶纵摇惯性矩、阻尼力矩和稳性高度都比较大，故船舶在波浪的作用下产生的纵摇摆幅比横摇摆幅要小，纵倾角一般不超过最大波面角。影响纵摇摆幅的因素包括波长与船长之比(λ/L)、纵摇周期与遭遇周期之比(T_P/T_E)、船舶航向(波向角 μ)、船型等。

(1) λ/L 的影响

一般风浪中航行的船舶，在纵摇周期和遭遇周期不变的情况下，λ/L 对相对纵摇振幅有决定性的影响。

当$\lambda/L \leqslant 3/4$，即$L \geqslant 1.3\lambda$时，纵摇摆幅最小，即船长越大，波长越小，船就越平稳，纵摇角越小，如图6-7所示。

当$\lambda/L \geqslant 1$，即$L \leqslant \lambda$时，相对纵摇振幅急剧增大；即小船遇长波，纵摇大，如图6-8所示。

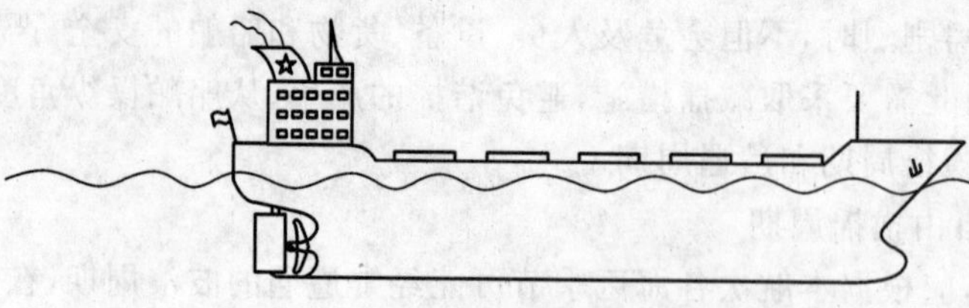

图6-7 大船遇短波纵摇小

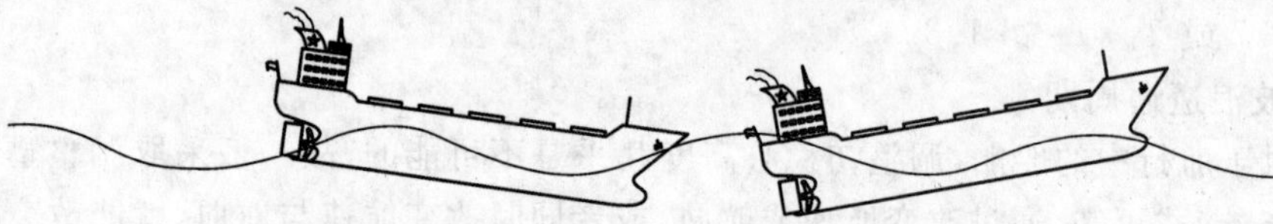

图6-8 小船遇长波纵摇大

当$L \approx \lambda$时，波浪的运动对船舶结构安全造成威胁。船舶在波浪中航行，由于重力与浮力沿船长方向分布不均将产生总纵弯矩，船长与波长相等或接近时，该弯矩最为显著，对船体结构安全威胁最大，使船舶中拱或中垂而断裂，船员俗称"大浪托空"现象，如图6-9所示。

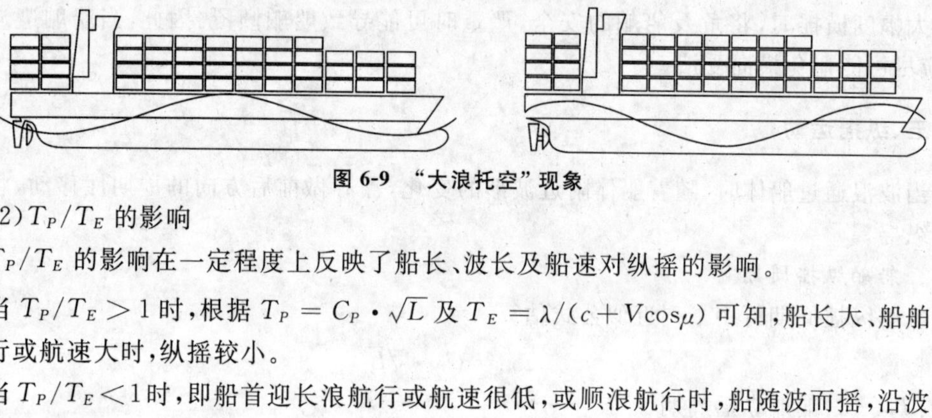

图6-9 "大浪托空"现象

(2)T_P/T_E的影响

T_P/T_E的影响在一定程度上反映了船长、波长及船速对纵摇的影响。

当$T_P/T_E > 1$时，根据$T_P = C_P \cdot \sqrt{L}$及$T_E = \lambda/(c + V\cos\mu)$可知，船长大、船舶迎短浪航行或航速大时，纵摇较小。

当$T_P/T_E < 1$时，即船首迎长浪航行或航速很低，或顺浪航行时，船随波而摇，沿波面运动，纵摇摆幅较小。

当$T_P/T_E \approx 1$时，船舶将发生纵向谐摇，摇摆激烈，易产生打空车、甲板上浪和拍底现象。

(3) 航向的影响

一般地，纵摇周期$T_P <$波浪周期T。

顺浪航行时，因为船与流的相对航速减小，使波浪遭遇周期T_E增大，$T_P/T_E \ll 1$，所以纵摇不会太大。

迎浪航行时，因为船与流的相对航速增大，使波浪遭遇周期T_E减小，很可能接近$T_P = T_E$，容易发生谐摇，所以相对纵摇摆幅较大。因此，顶浪航行时，纵摇剧烈。

(4) 货载位置的影响

货载位置相对集中于船首尾时，纵摇激烈。

3. 减轻纵摇的措施

对于给定船舶，船长不可改变，其固有纵摇周期不变。一般采取调整遭遇周期，即调整船速和(或)航向的措施来减小纵摇摆幅。

六、垂荡运动

当波浪通过船体时，随着船体附近波形的变化，因船体浸水面积变动，使得浮心上下移动，从而导致船舶重心在其垂直轴上的上下运动就是垂荡运动。由于船首尾形状不对称，一般船在迎浪航行时，同时发生纵摇和垂荡，纵摇能引起垂荡，垂荡也能引起纵摇。

1. 垂荡周期

船舶垂荡周期可用下列近似公式估算：

$$T_H = 2.4\sqrt{d} \tag{6-11}$$

式中：T_H—— 船舶垂荡周期(s)；

d—— 船舶平均吃水(m)。

船舶垂荡周期和纵摇周期比较接近，后者略大于前者，它们约为船舶横摇周期的一半。船舶固有纵摇和垂荡周期的范围为：货船 4 ～ 6s；客船(1000t 以下)5 ～ 7s；渔船 3 ～ 4s。

2. 影响垂荡振幅的因素

(1) 波高 H

波高越大，垂荡振幅越大。

(2) 波长与船长之比 λ/L

当 $\lambda/L \leqslant 3/4$，即 $L \geqslant 1.3\lambda$ 时，大船遇小波，即使谐摇，垂荡幅度也较小。

当 $\lambda/L \geqslant 1$，即 $L \leqslant \lambda$ 时，小船遇长波，不论是否谐摇，都不可避免地发生较大的垂荡。

(3) 船舶固有垂荡周期与遭遇周期之比 T_H/T_E

T_H/T_E 较小时，垂荡幅度小，船舶随波做周期性的升降；当 $T_H/T_E \approx 1$ 时，产生谐摇，垂荡幅度最大；当 T_H/T_E 较大时，垂荡幅度再度变小。

(4) 航速

当 $\lambda/L \leqslant 3/4$，即 $L \geqslant 1.3\lambda$ 时，船速的影响较小。

当 $\lambda/L \geqslant 1$，即 $L \leqslant \lambda$ 时，船速越高，垂荡越激烈。

3. 减轻垂荡的措施

船舶自由垂荡周期与吃水有关。实际上，调整船舶自由垂荡周期是不可能的，故一般采取调整遭遇周期，即调整船速和(或)航向来减小垂荡振幅。

第四节　大风浪航行时所遭受的危害

横浪航行时，会导致船舶剧烈地横摇，使货物产生移动，直接危及船舶的安全，故大风浪中一般不会采用横浪航行的方式。因此，仅讨论船舶纵向受浪航行的危害情况，纵向受浪航行分为顶浪或偏顶浪与顺浪或偏顺浪两种情况。

一、顶浪或偏顶浪的危害

船舶在顶浪或偏顶浪航行时，遭遇周期要比顺浪或偏顺浪时短，遭遇频率也比较高，其产生的危害主要表现在拍底、甲板上浪、螺旋桨空转等。

（一）拍底

在激烈的纵摇和垂荡中，当船首升起后下落而与波的向上运动相撞击时，船体发生急剧振动的现象称为拍底。它使船首底部，特别是从船首起至 1/10 ～ 1/4 船长处的范围内产生很大的应力，将导致船首部船体结构的损伤。航速越大，损伤范围越向后扩大。

1. 容易产生拍底的条件

(1)$\lambda/L \approx 1$：遇到与船长相当的波长时拍底激烈。大风浪中顶浪航行均有拍底的可能，而大船长为 80 ～ 140m 的船舶易发生拍底。

(2)$d/L < 5\%$：吃水与船长比值小时易产生拍底。一般空船时拍底严重，吃水为满载吃水的 2/3 以上则不易拍底，而满载船几乎不拍底。

(3) 遭遇周期与航速：当 $T_P \approx T_H \approx T_E$ 时，船舶发生纵摇和垂荡谐摇，纵摇和垂荡剧烈，拍底也剧烈。船速越高，纵摇和垂荡剧烈，拍底也就剧烈。航速在傅汝德数 $F_r = V/\sqrt{gL} = 0.14 \sim 0.21$ 范围内时，容易产生拍底，列为危险速度区。

(4) 方形系数 C_b 及棱形系数 C_p：C_b 及 C_p 大的船舶拍底冲击力大；U 型船首比 V 型船首遭受拍击的次数多，强度大。

(5) 尾倾严重，上层建筑物庞大的船舶易产生拍底。

(6) 气候与海况：当风力达 5 级(10m/s) 以上时，中型船就易发生拍底，而且波高越大，波的能量越大，拍底也越激烈。

2. 减少拍底措施

(1) 减速，保持航速在 $F_r = 0.1$ 左右，对减轻拍底极为有效；

(2) 保持首吃水大于 1/2 满载吃水；

(3) 调整航向和航速，改变波浪遭遇周期，避免纵摇和垂荡的谐摇。

（二）甲板上浪

航行中甲板上浪，海水不易排出，打在甲板上的海水可看作是自由液面对稳性的影响；严寒时还会结冰，将使 GM 减小。同时浪的冲击还会使甲板设备、上层建筑遭受破坏。特别是装有甲板货时，易造成货损和货物移动，将危及船舶安全。

甲板上浪与船首干舷高度、航速及波高等因素有关。船首干舷越低，波高越高，航速越快，上浪越厉害，其中航速影响非常严重。

为了减少甲板上浪，一般首先采取降低船速的措施；其次是适当调整船舶航向。

（三）螺旋桨空转

剧烈的纵摇和垂荡会使螺旋桨部分或全部周期性地露出水面，发生螺旋桨空转现象，俗称打空车。空转时，螺旋桨效率下降显著，航速下降且螺旋桨、轴系和船体产生很大的振动，同时受到极大的冲击应力，随时有受损的可能。空载船较重载船容易打空车。

为了减轻空转现象，螺旋桨应保持上桨叶的叶梢也没入水中，其在水下深度不低于螺旋桨直径的 20% ～ 30%，压载船舶的吃水差以 1.5 ～ 2.0m 为宜。操船时，应尽可能降低转速，以免主机、轴系产生过大的应力，并且调整航向和航速以减轻船舶纵摇和垂荡，减轻空转现象。

二、顺浪或偏顺浪的危害

船舶在顺浪或偏顺浪的海况下航行其主要危险运动有冲浪、打横、稳性降低、谐摇等。

（一）尾淹

顺浪航行中，若波速高于航速，当船尾陷入波谷时，波浪打上船尾甲板，称为尾淹。顺浪时，船与流的相对速度很小，波通过船的时间较长，尾上浪的机会较多。当$\lambda \approx L$及波速约等于航速时，尾淹最为激烈，且易打横。

（二）冲浪

船舶位于波峰的前部时，可能被波浪加速而骑在波峰上，这种现象类似于冲浪运动员位于波峰之前的情况，故称为"冲浪"现象。

（三）打横

当船尾处于追波的前倾斜面时，会出现航向不稳定状态，甚至突然产生首摇而横于波浪中，称为打横。打横时船舶横摇激烈，将出现危险横倾，甚至倾覆。航速接近或等于波速及航向稳定性较差的船容易出现打横。

顺浪航行时，如出现尾淹、打横现象，应果断采取变速措施，使航速与波速产生较大差异，同时，应尽可能采取措施，以提高航向稳定性。

第五节　大风浪航行前的准备

航行中的船舶根据预报在预计可能有大风浪来临前，除应使船舶处于适航状态外，还必须采取相应措施。检查并保证做好以下各项工作。

一、确保水密

(1) 检查甲板各开口处封闭设施的水密性，必要时进行加固，并于风浪来临前予以关闭。

(2) 检查各水密门是否良好，暂不需使用的应一律关闭拴紧。

(3) 关闭通风口，并加盖防水布。

(4) 关闭舷窗和天窗，并旋紧铁盖。

(5) 盖好锚链管，防止海水灌入锚链舱。

二、确保排水畅通

(1) 检查排水管系、抽水机、分路阀等，保证处于良好工作状态。

(2) 清洁污水沟(井)，保证黄蜂巢畅通。

(3) 甲板上的排水孔应保持畅通。

三、固定活动物体，确保船舶稳性

(1) 装卸设备、锚、舷梯、救生艇筏以及一切未固定或绑牢的甲板物件都要绑牢固定。

(2) 散装货在离港前应平舱，并作必要处理。

(3) 各水舱及燃油舱应尽可能注满或抽空，以减少自由液面。

(4) 舱内或甲板装有重件货时，应仔细检查加固，必要时加绑。

四、空船压载

空船在大风浪中航行有很多不利之处，如：风压增大了倾覆力矩，保向性能下降，拍底严重，横向漂移增大，空转加剧，失速严重，易产生大角度横谐摇等。为确保航行安全，应进行适当的压载，调整吃水和吃水差以及合适的 *GM* 值。

空船压载量可参考下列数值：

夏季：为夏季满载排水量的 50%；

冬季：为夏季满载排水量的 53%；

在吃水差方面，既要防止打空车，又要减轻拍底，一般货船以尾倾 1% 船长左右最为理想。万吨级以上船舶以尾倾吃水差 1.5 ～ 2.0m 最为理想。

五、接收气象预报

及时收听气象预报，接收气象传真图，分析沿途可能遇到的天气情况。

六、做好应急准备

(1) 保证驾驶台和机舱、船首、舵机室在应急情况下通信联系畅通。

(2) 检查应急电机、天线、舵设备等，并使它们处于良好状态。

(3) 检查消防、堵漏设备，保证随时可用。

(4) 保证人身安全，如拉扶手绳、结冰时甲板铺砂等。

(5) 加强全船巡视检查，勤测各液舱及污水沟的情况。

第六节　大风浪中的操船

船舶在大风浪航行，不论以何种相对位置受风，都会给船舶操纵带来困难和存在一定的危险。因此，必须采取有效的操船措施，减轻船舶的摇摆，缓和波浪的冲击，或等待海面恢复平静，或设法尽早驶离大风浪海区。下面介绍几种广大海员在长期的航海实践中总结出的大风浪中操船方法，以供读者参考。

一、偏顶浪与 Z 字航行

在大风浪中航行时，为了避免船首受过大的冲击和减轻横摇与纵摇，而且又能使船回到计划航线上来，可依波浪遭遇周期公式求出合适的航向与航速，采用偏顶浪 Z 字航行的方法。即先以船左(右)侧前方对浪，与波浪成一交角(通常以 2 ～ 3 个罗经点斜向迎浪)航行一段时间后，再用另一侧前方对浪，如此反复进行 Z 字航进(图 6-10)。但要注意此时风流压将显著增大。因此，偏顶浪航行的条件是：风浪不太大，且船舶有一定的前进速度并能保持舵效，以防船首被压向下风而造成横浪局面。

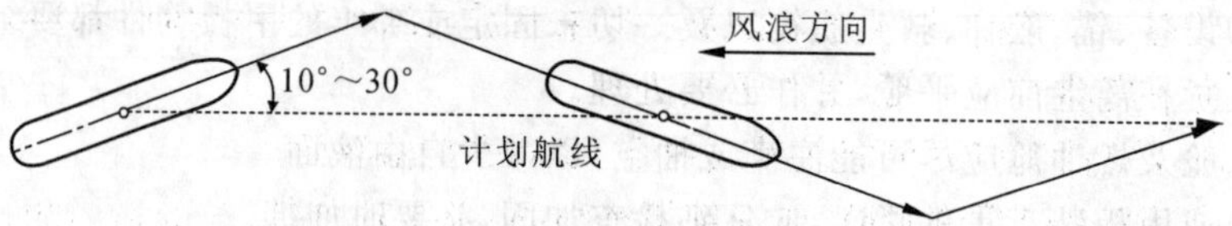

图 6-10　Z 字航法

二、滞航

在通常情况下,压载状态下航行的大型船舶,当遇到 6 ～ 7 级风时就可认为属于大风浪航行,而当风力达 8 ～ 9 级时,则可考虑采用斜顶风或滞航方法。

对于满载状态的大型船舶,8 级风以上时可认为大风浪航行,风力若增强至 9 ～ 10 级时,顶浪航行感到困难,若风力进一步提高,出于安全考虑可由顶浪或斜顶浪改为滞航。

所谓滞航,是指以保持舵效的较低航速将风浪放在船首左或右舷 2 ～ 3 个罗经点方位上斜迎浪进车的操船方法。此时,船舶实际上多处于慢进状态,个别船由于轻载或受风面积较大等原因处于不进甚至是微退的状态。

滞航有利于缓解船舶纵摇、横摇、拍底和甲板上浪等现象,滞航时容易保持船首对波浪的姿势,以等待海况好转。由于船首迎浪,不能完全避免拍底和甲板上浪。如船长较长或船首干舷较高,且下风处海域不太充裕时,采用此法最为有利。滞航中采取的航速和航向,应根据风浪的变化进行调整,保持最佳的风浪舷角,保证有足够的舵效,有效控制首向,以免被打成横浪。

三、顺航

当满载大型船舶在滞航中仍经不起波浪冲击时,或者压载状态下的大型船舶当风力超过 9 级时,宜改用顺航的方法。

所谓顺航,就是船舶在大风浪中以船尾斜向受浪航行的方法。

顺航时,降低了波浪对船舶的相对速度,大大缓解波浪对船舶的冲击。而且,船舶由于可以保持较高的航速有利于其摆脱风浪区。但顺航时,对于尾部干舷较低的船舶,常因波速大于船速,易产生尾淹。此外,顺航时航向不稳,保向性差,小型船或船长小于等于波长的船舶尤为严重,甚至产生打横状态。因此,此法对于船尾干舷高、快速、保向性能好的大型船舶尤为合适,小型船舶不宜采用,船尾较低、尾倾较大的船舶,应也避免顺航。

四、漂滞

船舶停止主机随风浪漂流,称为漂滞。主机或舵发生故障将被迫漂滞。滞航中不能顶浪、顺航中保向性差以及船体衰老的船可采取主动漂滞。

漂滞中,波浪的冲击力大为减小,甲板上浪不多。由于船体向下风有一定的漂移速度,所以下风侧必须有足够的水域,空载或压载时尤其应注意。船舶一旦漂航,极易陷入横浪或接近横浪的状态,横摇剧烈,会引起货物移动,丧失稳性。因此,只有当船舶具有良好的稳性且水密性能好时,方可主动采取漂滞方法。漂滞时应采取措施避免横浪,可在船首送出锚链或大缆尽可能保持船首顶浪。

五、大风浪中掉头

大风浪中掉头,当船身转至横浪时,若回转中的横倾与波浪引起的横倾相位一致,则过大的横倾角将危及船舶的安全,并且横向受浪时,容易出现横谐摇。因此,大风浪中掉头必须经过深思熟虑和充分准备,特别要注意本船的稳性(包括货物的积载及其移动的可能性,自由液面的影响等),谨慎操纵。掉头时必须做到:

(1) 仔细观察波浪的规律，选择适当时机掉头。一般情况下几个大浪过后，随着就有几个较小的浪。当前面一组的最后一个大浪刚刚过去就立即开始掉头，要抓紧海面比较平静的一段时间，度过横风横浪的危险阶段，并争取在下一组第一个大浪到来之前掉头完毕。

(2) 若无法在两组大浪之间的较平静海面完成掉头，则从顶浪转向顺浪时，转向应在较平静海面到来之前开始，以求较平静海面来临时正好转至横向受浪。此后，可适时用短暂快车满舵，加速完成后半段掉转。

与从顶波转向顺浪（图 6-11）相比较，从顺浪转向顶浪（图 6-12）比较困难且危险，主要是后半段掉转较困难。因此必须先降速等待时机，以求后半段在较平静的海面进行，以便加速掉转。

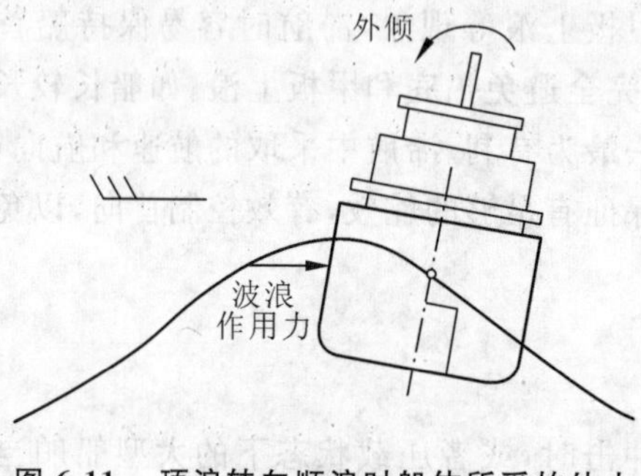

图 6-11　顶浪转向顺浪时船体所受的外力

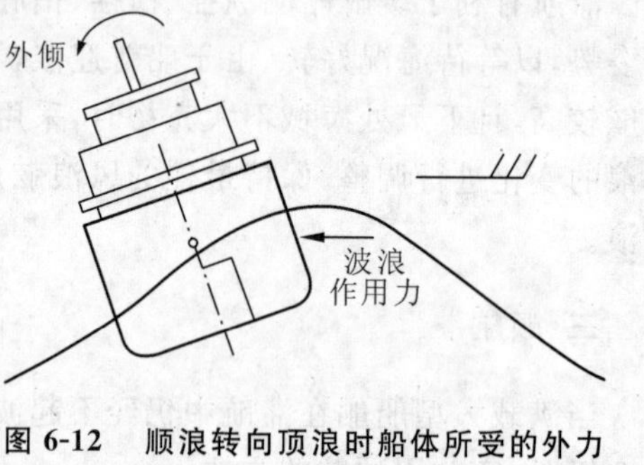

图 6-12　顺浪转向顶浪时船体所受的外力

(3) 操舵时应力求使操舵引起的横倾角与波浪强迫横摇角相位错开，避免相位一致而引起过大的横倾而危及船舶安全。

(4) 开始时慢车中舵，掉转中适时用短暂的快车满舵。可增加舵效以缩短掉头时间，特别是船身横向受浪的时间。

(5) 顺浪转顶浪时使用倒车掉头十分危险，会造成船尾受波浪的猛烈冲击，从而损伤舵和螺旋桨，且不利于掉头，应保持必要的航速才有利于掉转。双桨船在顶浪转顺浪时，如为了减小掉头海域，可使回转侧的主机停车或倒车，但这样做只能减小回转半径，并不能缩短掉头时间，所以，有时为提高舵效，需短时间用双车快进来达到目的。

(6) 若由于判断错误，在掉转中大浪来临而处于危急局面时，应注意不能强行掉头，不能急速回舵甚至操相反方向的满舵。正确的措施是减速并缓慢地回舵。

六、避离热带气旋船舶操纵

台风是发生在热带海洋上的一种强气旋性涡旋，总伴有狂风暴雨。在热带洋面上生成发展的低气压系统称为热带气旋，根据中心附近的最大风力分级，12 级以上通称台风。台风在海上移动，会掀起巨浪，狂风暴雨接踵而来，对船舶造成严重的威胁。当台风登陆时，狂风暴雨会给人们的生命财产造成巨大的损失，尤其对农业、建筑物的影响更大。

与陆地上防台风是被动的相比，船舶在海上防台风则是积极的、主动的，尤其是在大洋上，周围可航水域宽阔，可以提早避开台风的移动路径。

(一) 相对位置的判断

在地球的北半球水域内，台风的右半圆其波浪较左半圆激烈，这是因为低气压气旋逆时针旋转与其本身的前进运动相叠加而造成的。沿着台风前进的方向，操船者常称台风的右半圆为危险半圆，称左半圆为可航半圆。北半球船舶所处台风位置及避离法，如图 6-13 所示。在南半球水域内，低气压气旋为顺时针旋转，故与北半球相反，称右半圆为可航半圆，而称左半圆为危险半圆。

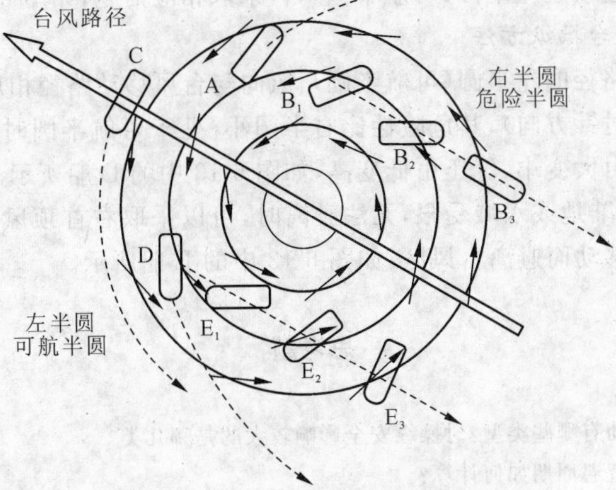

图 6-13　北半球船舶所处台风位置及避离法

由于台风的巨大危害性，因此，船舶应尽可能避开台风区域航行。如果不慎进入台风区域，应采取措施避离危险局面。

船舶航行在台风区时，操船者可根据观测到的气象变化情况来判断本船所处台风区的位置。从气象变化来看，在北半球的操船者可根据下列方法进行判断。

(1) 风向右转，本船处于台风区的右半圆，称为危险半圆（南半球则为左半圆）。

(2) 风向左转，本船处于台风区的左半圆，称为可航半圆（南半球则为右半圆）。

(3) 风向无明显变化，本船可能处于台风路径附近。气压逐渐降低，本船处于台风的路径之前；气压逐渐升高，本船处于台风的路径之后。

(4) 无风、气压值最低，并可见晴天而海面呈现三角巨浪，则说明本船已处于台风眼内。

（二）避离操纵

航行在台风区的船舶，在确知台风动态和本船在台风区的位置后，可根据具体情况，采取有效措施避离台风中心。

首先应尽可能远离台风中心，一般应保持距离 300n mile 以上，风力在 6 ～ 7 级，气压不低于 105Pa；迫不得已时，至少要保持 100n mile 以上，风力不超过 8 级。

沿海航行船舶遇到台风袭来应及早驶入避风锚地；在大洋上的船舶须改变航向和航速，避离台风中心。船舶在北半球台风区不同位置的操纵方法简要介绍如下（南半球操船的相应受风舷角与之相反）：

1. 危险半圆的避台操纵方法

在北半球，台风路径的右半圆（危险半圆），风向与台风移动路径相同，风力比左半圆大，风向逐渐向右转变（顺时针方向），船舶有被卷入台风中心的危险。处于危险半圆时，应采取与台风路径垂直的方向全速驶离，即以右首约 15° ～ 20° 的风舷角顶风全速避离，如图 6-13 中的 A 船所示。

如果风浪巨大，不能全速驶离时，可以采取右首顶风滞航，以等待台风过境，随着台风中心的移动而避离台风区，如图 6-13 中的 B 船所示。

2. 在台风进路上的操纵方法

船在台风进路上时，风向基本不变，气压逐渐降低，台风中心即将过境。在北半球应使船尾右舷受风顺航，迅速驶进左半圆(可航半圆)，再采取相应措施，如图 6-13 中的 C 船所示。

3. 可航半圆的避台操纵方法

在北半球，台风路径的左半圆(可航半圆)，风向与台风移动路径相反，风力比右半圆小，风向逐渐左转变(逆时针方向)，其危险性比右半圆小。处于可航半圆时，应使右尾受风驶离台风中心，直到风力由大变小，气压由低变高，如图 6-13 中的 D 船所示。

如果下风方向有陆地或水域受限，无法驶离时，可以采取右首顶风滞航，以等待台风过境，随着台风中心的移动而避离台风区，如图 6-13 中的 E 船所示。

思考题

1. 船舶在波浪中运动有哪些类型？对操纵安全影响较大的是哪几类？
2. 船舶在波浪中的遭遇周期如何计算？
3. 产生横谐摇运动的条件是什么？如何避免横谐摇？
4. 纵摇振幅的影响因素有哪些？
5. 如何预防和避免船舶在风浪中的纵谐摇？
6. 简述船舶在大风浪中的操船方法(Z 字航法、滞航、顺浪、漂滞)。
7. 如何把握船舶在大风浪中的掉头时机？
8. 在北半球台风不同部位，如何操纵船舶避离台风？

第七章　水上拖带

第一节　拖航前的准备工作

水上拖带一般由专业性拖船承担，但有时船舶可能遇到遇难船等请求拖带而进行拖带作业，因此驾驶人员也应具备拖带知识，运用良好的驾驶技术完成拖航任务。

一、拖航计划

拖航前应接收未来48h的气象及海况预报，如预计拖航作业时间超过72h，还应接收72h后的天气趋势。拖航应具备良好的海况气象条件：风速$\leqslant 15m/s$，有义波高$\leqslant 2m$。拖航中注意气象情况，特别是异常天气的预报，并视气象情况采取相应的措施。

根据预计的天气状况、潮流、被拖物的规模、形状、受风面积和排水量及要避免的任何航行危险等因素，事先计划好要采取的航线，包括拖航经过的海区、航线、航程、航速、预计离港和到港日期。

预定航线上可供使用的避风港或锚地、补充供给计划、本航次拖航可能遇到的环境条件、拖航计划，包括离港、到港和在中途停靠港。

编制拖航作业布置图，其中应包括拖航编队、回收设施（拖航期间有人值班驳船）、主拖缆及应急拖缆的连接等。在拖航中如果涉及一艘以上的拖船时，尚应包括每艘拖船的位置和主拖船的船名。

二、被拖物首尾吃水差及稳性

1. 被拖物首尾吃水差

拖航期间，为保持船队的航向稳定性及减少被拖物的砰击，被拖物应具有适当的拖航吃水，建议保持一定的尾倾，至少应为水平状态，无论如何不应存在首倾。被拖物的装载、吃水和纵倾应符合拖航计划和拖航稳性。表7-1所示为被拖物首吃水及首尾吃水差。拖航出海时的首吃水及尾吃水建议参考表7-1，箱型驳被拖物一般尾纵倾很小或无尾纵倾。

表7-1　被拖物首吃水及首尾吃水差

船长(m)	首吃水(m)	首尾吃水差(m)
30	0.90	0.30
60	1.80	0.60
90	2.40	0.80
120	3.00	1.00
150	3.50	1.10
180	4.00	1.30
210	4.80	1.50

注：根据实践经验，被拖物拖航的首尾吃水差与船舶长度比，随着船舶长度增加而减少。根据操作经验，船长超过150m，其首尾吃水差通常约为船舶长度的0.75%。经过证明过大的首尾吃水差是不可取的。

移动平台拖航时应保持适当的尾倾，自升式平台尾倾量建议不小于 0.3m，半潜式平台的尾倾量建议不小于 0.4m。

2. 稳性

应保证拖航期间，移动平台及其他海上设施的完整稳性满足船旗国主管机关的相应要求及批准的操作手册的要求。如主管机关没有要求，至少应满足下述要求：

(1) 初稳性高度 GM_0 应不小于 0.3m；

(2) 复原力臂曲线的消失角应不小于 35°，复原力臂曲线所包围的面积应不小于 0.1m · rad；

(3) 复原力臂曲线与风压横倾曲线至第二交点 θ_2 或进水角 θ_f（取较小值）处的两曲线所包围的面积之比值应不小于 1.4，即 $A+B \geqslant 1.4(B+C)$。拖航稳性要求如图 7-1 所示。

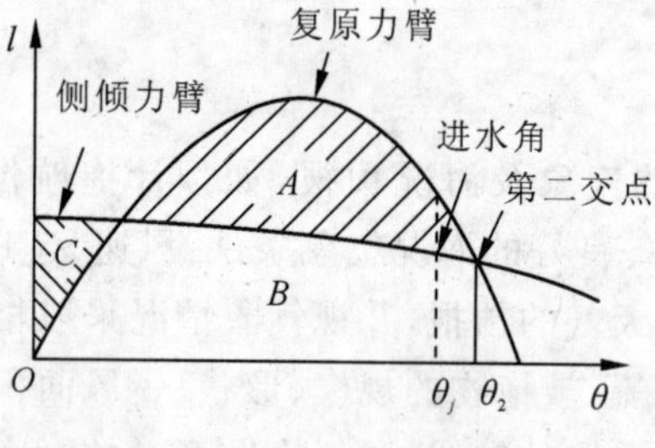

图 7-1　拖航稳性要求

(4) 液体货驳的初稳性高度应不小于 1.50m。甲板驳上装运重型组合件或超大型构件时，其应有在恶劣气候条件的完整静稳性和动稳性计算资料，并具有足够的稳性。

三、拖船的配备

拖船应具有安全制动及操纵被拖物的储备拖力，配备完善的拖航设施。在无限航区拖航的拖船，至少应有 2 台主机及 2 套操舵装置。拖船在静水中拖航速度一般应满足如下要求：

(1) 被拖物为船舶类，拖航速度不小于 6kn。

(2) 特殊线型的被拖物（如浮船坞、起重船）或半潜式钻井平台不小于 5kn。

(3) 自升式钻井平台及其他水上建筑物不小于 4kn。

(4) 具有自航能力的半潜式平台，在拖航时若同时开动其推进主机，则其叠加拖航速度不大于 10kn。

四、拖缆的选择

在正常作业的情况下，拖缆所承受的负荷，不应超过其破断负荷的 50%。水上拖缆不仅要有足够的强度，且需一定的弹性，否则拖缆在海浪等突然外力的作用下会断裂。拖缆一般用锚链、钢丝绳或尼龙绳组合而成。此外，拖缆应具有一定的长度和适当的质量，使其在重力的作用下形成一定的悬垂部分，使之具有充分的缓冲作用。主拖缆长度和悬垂量如图 7-2 所示。

1. 主拖缆长度

拖缆越长越能承受冲击负荷，但容易产生偏荡，不易操纵等。主拖缆在拖航中的最小安全长度按下式计算：

$$S = K(L_1 + L_2) \tag{7-1}$$

式中：S—— 主拖缆最小安全长度(m)，一般不短于 200m；

L_1—— 拖船的总长(m)；

L_2—— 被拖船舶总长(m)；

K—— 风浪系数(通常取值为 2.3 ～ 3.3，天气良好时取 2.3，大风浪时取 3.3)。

注：本公式不适用于拖移动平台。

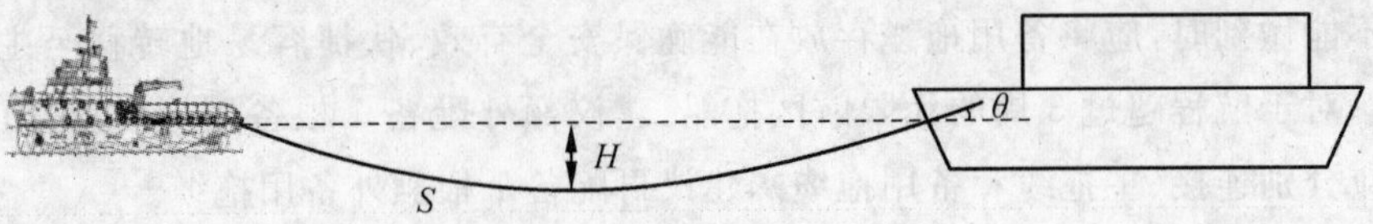

图 7-2　主拖缆长度和悬垂量

2. 主拖缆悬垂深度

拖航中主拖缆应有适当悬垂深度，以便突然受到风浪冲击时能缓和拖缆负荷，一般海况下应满足如下要求：

(1) 拖一般船舶时其悬垂值 H(图 7-2) 不应小于 10m；

(2) 拖移动式平台或浮船坞其悬垂值 H 不应小于 15m；

(3) 沿海航区拖航其悬垂值 H 不应小于 8m；遮蔽航区 H 不应大于 8m；

(4) 进入浅水区时要及时调整，以保证拖缆不拖海底，也不跳出水面；

(5) 当天气恶化时拖船船长应视现场海况及时调整悬垂深度；

(6) 配有超负荷自动释放拖缆装置的拖船可不必考虑上述规定。

根据经验，风力 5 级浪高 2m 或以下为一般海况。当风力达到 6 级以上时，则要考虑放长拖缆和 / 或降低航速，以增加拖缆下垂量，提高拖缆的动载荷承受能力。

拖缆悬垂值 H 可用下式计算：

$$\left.\begin{aligned} H &= \frac{F_2}{W}(\sec\theta - 1) \\ \tan\theta &= \frac{0.5S \cdot W}{F_2} \end{aligned}\right\} \tag{7-2}$$

式中：H—— 拖缆悬垂值(m)；

F_2—— 系柱拖力(N)；

S—— 主拖缆最小安全长度(m)；

W—— 每米拖缆在水中重量(N/m)，约为空气中重量的 86%；

θ—— 拖缆与水平面的夹角(°)。

拖航速度越大，S 就越长，以使拖缆的下垂量满足外界环境的需要。

3. 拖曳设备配备

拖航前，应对拖曳设备进行检查，如发现拖缆的任何部分磨损、擦伤、腐蚀、扭结、挤压、断丝造成钢丝绳横截面减少超过 10%，或其他损伤造成钢丝绳结构的损坏，以及端部套节或端部嵌环损坏、变形应更换。

拖缆和其他拖曳设备的强度要求：

(1) 主拖缆和备用拖缆应为钢丝绳，其最小破断负荷按拖船系柱拖力 *BP* 和拖航环境由表 7-2 决定。良好海况区域及拖航时间小于 24h 的短时间拖航，主拖缆可采用尼龙缆，其最小破断负荷应为钢质拖缆最小破断负荷的 1.37 倍，主拖缆采用合成纤维缆时，其最小破断负荷应为钢质拖缆最小破断负荷的 1.25 倍。

(2) 拖航时间超过 72h 的拖船，其主拖缆和备用拖缆应尽可能分别绕卷在各自独立的卷筒上。如不能做到时，应将备用拖缆存放在能确保安全有效、快捷容易地转移至主拖缆卷筒上的位置。对于航程超过 3 周的无限航区拖船，建议额外配备 1 根备用拖缆。如有 2 个被拖物，拖缆应分别连接(主拖缆和备用拖缆)，建议再配备 1 根额外备用拖缆。

(3) 备用拖曳设备应与主拖曳设备具有相同的能力。

表 7-2　拖曳设备配备汇总

拖航时间(h)	≥72	24 ~ 72[1]	≤24[1]
拖缆机	应有	应有	应有[2]
拖缆卷筒	1	1	1
主拖缆	1	1	1
备用拖缆[3]	1	1	—
拖缆最小破断负荷(*MBL*) *BP*(833kN 以上)	2.0 × *BP*	2.0 × *BP*	2.0 × *BP*
拖缆最小破断负荷(*MBL*) *BP*(392 ~ 833kN)	(3.8 − *BP*/491) × *BP*	2.0 × *BP*	2.0 × *BP*
拖缆最小破断负荷(*MBL*) *BP*(392kN 以下)	3.0 × *BP*	2.0 × *BP*	2.0 × *BP*
主拖缆长度(m)	*BP*/*MBL* × 1800	*BP*/*MBL* × 1200	*BP*/*MBL* × 1200
主拖缆最小长度(m)	650	500	500
短缆[4]	2	2	2
三角板[4]	1	1	1
龙须缆 / 链[4]	1	1	1
卸扣[4]	7 × 2	7	7

注：(1) 处于良好海况区域条件时，否则按超过 72 小时的要求配备。

(2) 海上拖航应使用拖缆机，除了在沿海和遮蔽航区内短距离拖航外，一般不应使用拖钩装置。

(3) 不超过 24h 的拖航作业，应配备应急尼龙拖缆 1 条，其最小破断负荷应与系柱拖力相匹配，长度不小于 200m。

(4) 为可选设备。短缆是根据主拖缆与三角板连接要求配备。三角板、龙须缆 / 链、卸扣是根据被拖物需要来配备。

龙须缆 / 回收缆布置如图 7-3 所示。应急拖缆布置如图 7-4 所示。

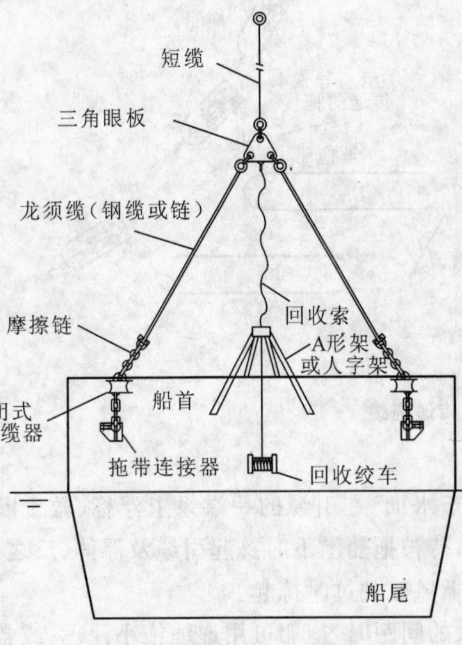

图 7-3　龙须缆 / 回收缆布置

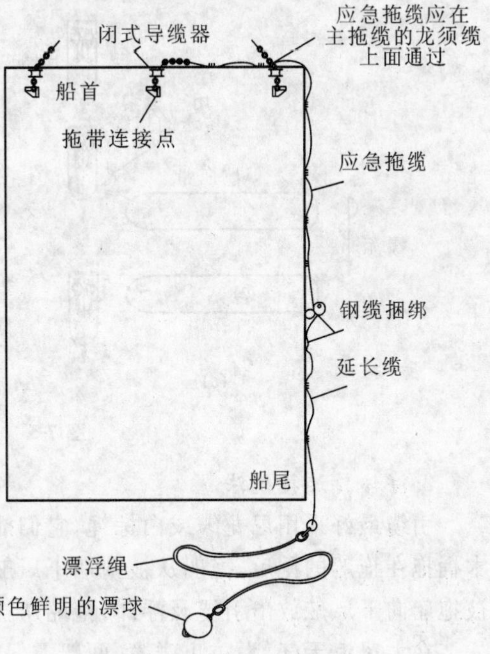

图 7-4　应急拖缆布置

五、接近被拖船的操纵

为了连接拖缆,拖船根据当时的具体情况,采用不同方法接近被拖船。

1. 横风接近

横风作业无困难时,可采取与被拖船航向基本一致的航向在被拖船上风或下风接近。当拖船横向漂移速度大于被拖船的横向漂移速度时,应从被拖船的上风舷接近;当拖船横向漂移速度小于被拖船的横向漂移速度时,应从被拖船的下风舷接近。

2. 顶风接近

当横风接近有困难时,也可采取顶风驶近被拖船待拖一端的方法接近。这种方法更易于控制船舶,且便于拖缆的传送。

六、拖缆的传递

好天气传递拖缆时,只要拖船靠近被拖船,从船首抛出撇缆,将拖缆递送过去即可。在风浪天中传递时,则要判明被拖船在风浪作用下的漂流状态。拖缆传递的方法,应视当时的具体情况选用以下方法之一。

1. 抛绳法

在水上有操纵能力的拖船比被拖船的漂移速度小,一般从被拖船的上风、流舷接近被拖船较有利,但必须注意倒车时尾找风的规律。抛绳法传递拖缆如图 7-5 所示。用抛绳枪抛绳能抛到 200m 以外的距离。拖船的抛绳和引缆最好从船首送出,拖缆自尾送出,这样,船长在两船靠近,抛出绳子的关键操纵时能一目了然。引缆在首楼甲板上至少盘好 30m,其余从舷外导至尾,在舷边每隔一定距离系牢,再从尾部导缆钩引入,接在拖缆上。

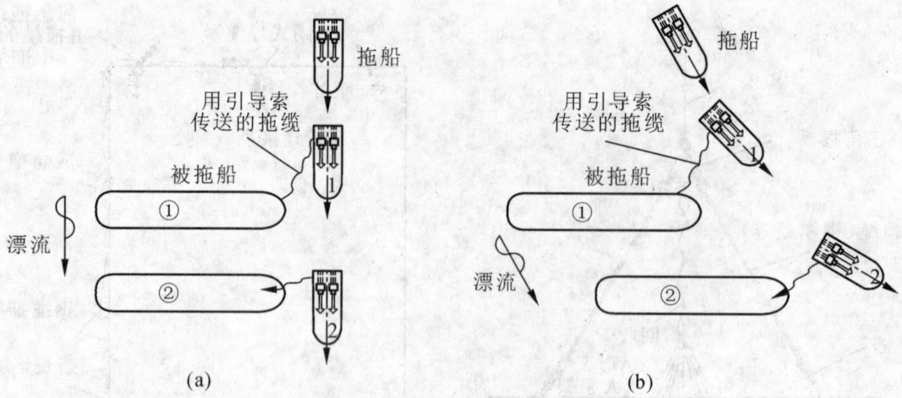

图 7-5　抛绳法传递拖缆

2. 浮体传递拖缆法

引缆最好采用尼龙缆或白棕绳，它们能漂浮于水面。在引缆的一端系上浮标、救生圈或木桶拖在拖船的尾后。拖船从被拖船下风舷驶过，待被拖船漂下时拣起引缆及浮体。反之，由被拖船向下风舷放出引缆及浮体，拖船从被拖船下风舷驶过时拣起。

在大风浪天气，为防止碰撞，两船需保持较大的间距时，拖船可用递缆拖小浮标（或救生圈等浮体）从被拖船上风舷通过，利用风浪使浮体漂向被拖船来传送拖缆。利用浮体传递拖缆法如图 7-6 所示。

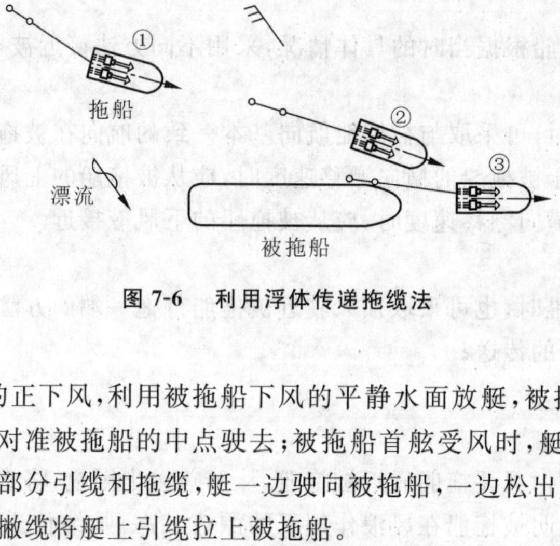

图 7-6　利用浮体传递拖缆法

3. 艇送缆

拖船驶向被拖船的正下风，利用被拖船下风的平静水面放艇，被拖船逐渐向艇靠拢。被拖船横向受风时，艇应对准被拖船的中点驶去；被拖船首舷受风时，艇应对准被拖船的中后部驶去。在艇上积放一部分引缆和拖缆，艇一边驶向被拖船，一边松出艇上的缆绳，当接近被拖船时，由被拖船抛下撇缆将艇上引缆拉上被拖船。

大风浪天气，可用艇配备的鱼油和植物油进行撒油镇浪。如果被拖船形成良好的下风区，海面平静，不一定要撒油镇浪。因为缆绳被油污后操作非常不便。受油污染的海水随浪打入艇内对工作造成困难。除非情况十分紧急，一般可待风浪平息或用其他方法送缆。

七、拖缆的系结

拖缆的系结要求牢靠、应力分散和便于松绞，以便调整链环或钢丝缆与导缆孔的摩擦部位。

(1) 为了缓和拖航中的冲击力和考虑拖带方便，拖缆应由链条钢丝绳和大缆组合而成。

(2) 从拖带安全角度考虑,为了分散应力,拖缆应先绕甲板室、舱口或桅柱等,再在另一舷缆桩上各绕一周,然后再在第二副缆桩上绕 8 字。

(3) 为了便于松出或绞进拖缆,应预先准备好制索器。

(4) 为保持被拖船的拖行稳定度与缓和冲击力对缆绳的作用,应使拖缆有一定的垂直曲度。

(5) 在拖缆通过导缆孔或锚链筒的地方,用帆布、麻袋等包扎后涂以牛油,拖航中还要定时加油。甲板室及舱口的转角处,要用木板衬垫以减少急折。舱口的围板内要用坚固的木方加强。钢丝缆或锚链与甲板摩擦部分要垫木座板。

第二节　复合拖带

一、复合拖带的形式

复合拖带的形式包括双拖、串拖、联拖、并拖等。

1. 双拖

两个被拖物通过其拖曳设备,分别连接到拖船的不同拖曳设备上,如图 7-7 所示。

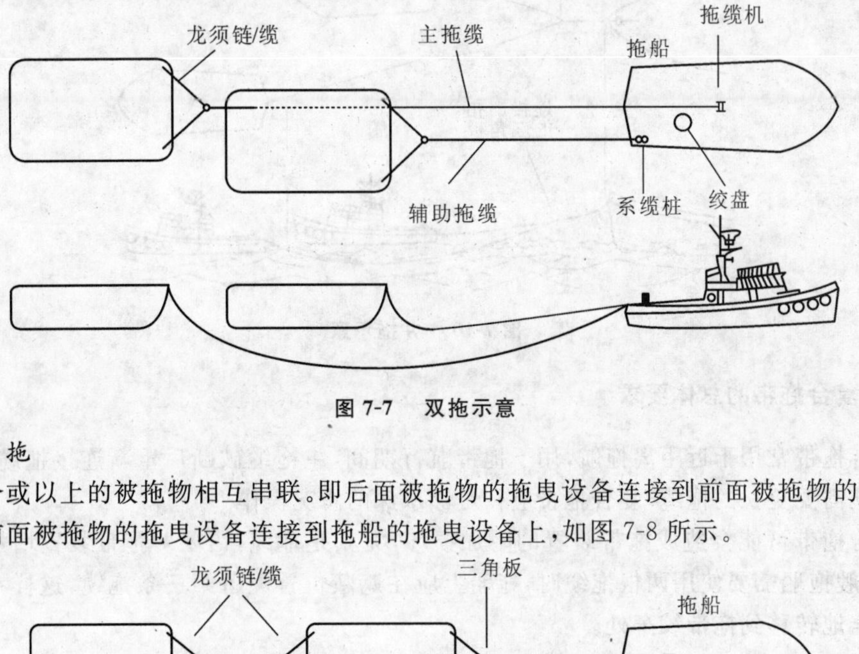

图 7-7　双拖示意

2. 串拖

两个或以上的被拖物相互串联。即后面被拖物的拖曳设备连接到前面被拖物的缆桩上,再通过前面被拖物的拖曳设备连接到拖船的拖曳设备上,如图 7-8 所示。

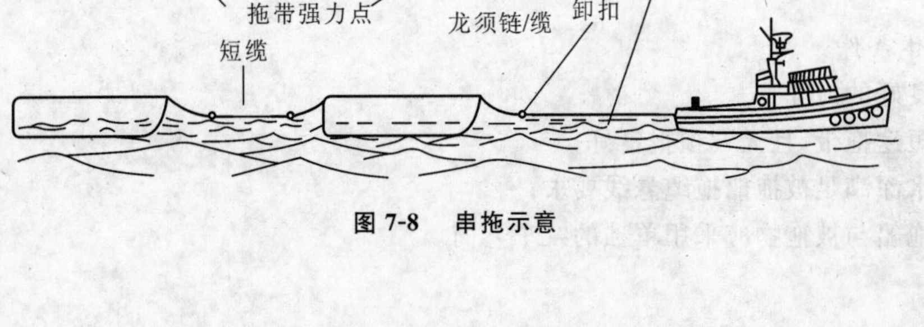

图 7-8　串拖示意

3. 联拖

两个或以上的被拖物分别通过其拖曳设备(短缆、连接卸扣)连接到主拖缆上的三角眼板上。即拖船的主拖缆通过多个三角眼板,分别与被拖物连接,如图 7-9 所示。

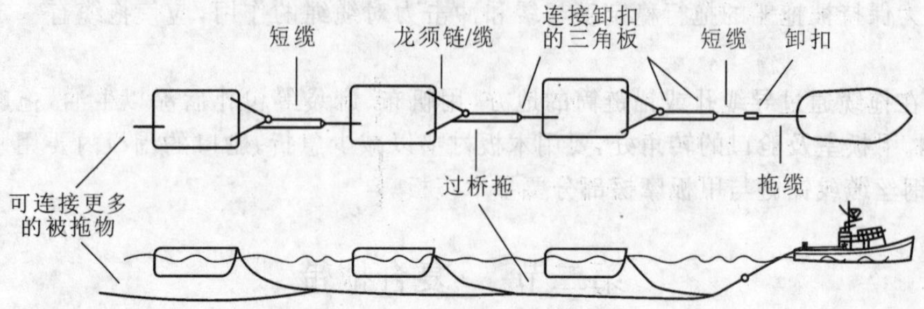

图 7-9　联拖示意

4. 并拖

两艘或两艘以上拖船联合拖带一个被拖物。即拖船的拖缆通过三角眼板连接到被拖物的拖曳设备(龙须缆、短缆)上。如图 7-10 所示。

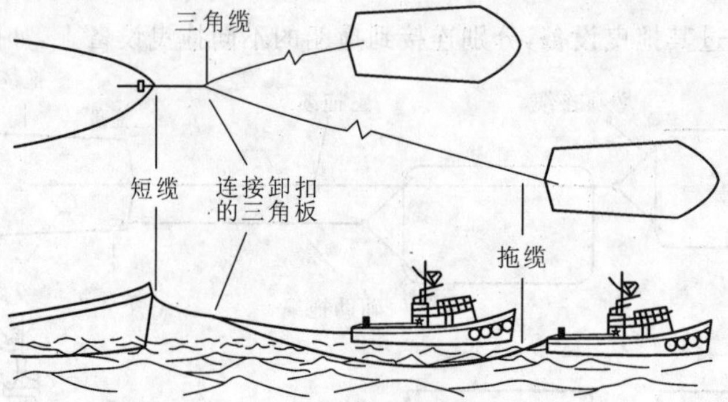

图 7-10　并拖示意

二、复合拖带的总体要求

复合拖带常用于近距离拖航,用于拖带航行期间,主拖缆破断后重新连接拖缆拖带。由于比单拖需要更长的拖缆,复合拖带应在足够水深的海况操作。

复合拖带可能会造成拖带装置的附加损坏,尤其是拖缆,需要对拖带装置增加安全系数。当一艘拖船需要使用两根拖缆时,拖船上应在遮蔽位置配备第三条拖缆,这样在航行中可以安全地转移到拖带绞车处。

根据需要,应考虑其他拖曳设备,如拖链、拉伸机,或其他拖带缆悬线。

三、双拖条件

1. 总体条件

(1) 良好的海况;

(2) 短途拖带,且天气预报良好;

(3) 水深满足被拖船拖缆悬线要求;

(4) 拖船与被拖物应采用单独的绞车卷筒。

2. 串拖条件

(1) 非常良好的海况区域、破冰条件，每个被拖物要紧跟前面的被拖物；

(2) 破冰条件，拖船与后面第一个被拖物间的拖缆应足够短，确保拖缆在水面上。

3. 联拖条件

良好海况区域，拖船具有更大系柱拖力，拖带设备增加安全系数。

4. 并拖条件

(1) 保证每艘拖船的拖缆独立连接到被拖船上(通过龙须缆或短缆)，此办法通常被认为是可行的。需要注意每艘拖船不能与其他拖船或拖曳设备缠绕。

(2) 注意拖船尺度和动力的匹配。

(3) 使用偏心龙须缆对拖带有好处，但要注意防止摩擦。

(4) 通常不应超过三艘拖船，除非拖带特别庞大的被拖物，如钻井平台和海上设施。

第三节　拖航操纵及其注意事项

常规拖带操纵包括放缆、起拖、加速、减速和转向。海上拖带作业这项工作会因拖船设备及操纵性能的不同，拖具的不同，被拖船的不同，海况的不同，环境的不同，操作者的不同等会有许多不同的操作方法，但总的原则就是“一早，二慢，三看”，即及早开始，过程缓慢，观察调整。

1. 起拖

系好缆后，拖船先以微速前进，在观察到拖缆刚有张力时即停车，待拖缆又下垂后再微速前进，如此反复进行，直到被拖船有前进速度，方可逐渐增加速度。但应注意，不可使拖缆抬出水面。拖航速度最好每 0.5kn 增加一次。起拖时，若拖缆短，用车过猛，极易发生断缆或将遇险船的缆桩拉断。

2. 拖航速度

在实际拖航中，可通过观测拖缆的悬垂程度来判断拖航速度是否适当。拖航中拖缆保持符合要求的悬垂量，即说明拖缆所受的张力处于允许的范围内，一旦发现拖缆露出水面或悬垂量极小，即应减速以缓解拖缆受力。

大洋中拖航，一般情况下拖带运输船舶时，速度常控制在 6 ～ 8kn，而拖带大型驳船、大型钻井平台等物体时则速度多控制在 3 ～ 4kn。在拖航中应充分考虑风、浪、流等气象条件的影响。最低拖航速度应确保拖船舵效，以便在拖航中随时采取避让措施和调整航向。

3. 控制航向

拖航时由于海上平台结构的特殊性，使得被拖船重心高度上升，稳性降低，长距离拖带中尽量使船舶处于顶风或偏顺风状态，避免受正横附近来风侵袭造成不安全因素。

4. 转向

在到达下一转向点时，拖船应采用小角度提前转向法，操舵角度控制在 5° 范围内，以最大程度减轻主拖缆给被拖物所造成的侧拉力。

大幅度改变航向时，应避免 20° 及以上的改向，尤其是低速拖航中因有潮流、涌浪的影响，应分若干次来完成，每次改向量不宜超过 5°，无风流时每次可按 5° ～ 15° 转过。因为一次转向过大，拖缆承受的张力将大大增加。每次改向前，拖船需等待被拖船航向与拖船航向一致之后，才可以采取新的转向措施。在受限水域掉头，在估计掉头区域或旋回水域时，须将拖船船长、被拖船的船长及拖缆长度一并考虑进去。

5. 偏荡

大型船舶、船队、平台等的拖带不可避免会产生偏荡，致使拖船操纵困难，甚至使拖缆断裂。因此，应针对具体原因采用不同的方法来纠正。

(1) 调整被拖船前后吃水，使其成为首纵倾。但不宜用注入压舱水的方法，以免减少储备浮力，特别是船体受损的船舶，应尽量使船舶保持正浮状态。

(2) 改变拖航速度。改变拖航速度应注意拖缆受力情况，因为增大拖航速度可能引起拖缆受力过大而绷断。

(3) 操舵配合。被拖船将舵固定在一定的舵角上，使被拖船稳定在航迹的一侧。

(4) 在被拖船的船尾拖曳一漂游物可以起到稳定的作用。

(5) 调整拖缆。拖缆越长偏荡越大，适当缩短拖缆可增加拖航中的稳定性。将拖缆缩短到 4 ～ 5 倍被拖船的长度时，能起到良好的作用。

(6) 采用人字缆拖带；改变拖缆的系结方法，如在拖缆上增加抑制索，可起到减少偏荡的作用。

(7) 用雷达及 GPS 设定安全距离圈和警戒圈，能有效提醒操纵者准确掌握实时船位，纠正人眼视觉误差带来的安全隐患。

6. 调整拖缆长度

在拖航作业中，为了减少被拖船的偏荡和使拖船与被拖船在波浪中的摇摆比较协调以减少拖缆所受的冲击力，常常对拖缆的长度进行调整。

在大风浪中，通过调整拖缆长度，使两船同时处于波峰或同时处于波谷中，以减轻拖缆的张力，否则易将缆拉断。大风浪中拖缆长度调整如图 7-11 所示。也可以通过调整拖航速度、选定最佳航线来缓解涌浪引起拖缆的急剧松弛与张紧。

在浅水中或降低拖航速度时，为了防止拖缆拖底，一般拖缆的长度应适当缩短；在狭水道航行时，为了改善其操纵性能，拖缆的长度也应适当缩短。

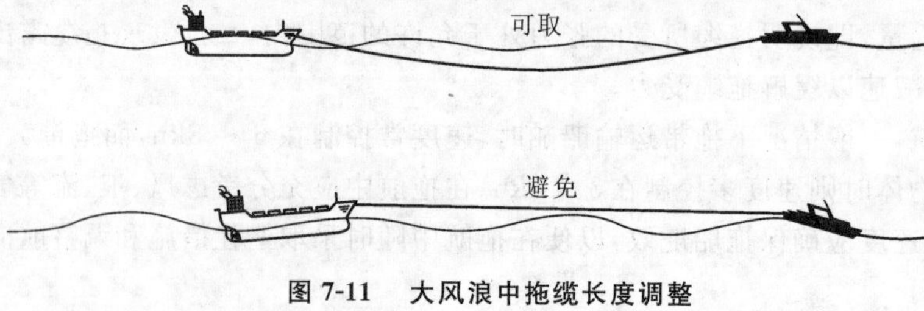

图 7-11 大风浪中拖缆长度调整

7. 大风浪中的拖航

大风浪中拖航，应尽可能采用滞航方法，以减轻拍底、打空车和上浪等危害。但当拖航危及拖船和被拖船安全时，可解掉拖缆停止拖航，双方进行漂航，待风浪小后再继续拖航。

8. 减速、停车和解拖

拖航中的减速和抵达停泊地的停车，均应逐级进行，以避免拖缆因受力突然降低而下垂过大。拖船突然停车，被拖船仍具有较大惯性时，则可能冲向拖船。拖船应微速前进，待被拖船速度逐渐降低后再行停车。只有在两船均已静止，并系泊或抛锚后方可解掉拖缆。抛锚时被拖船应注意勿使锚链和拖缆绞缠，如有绞缠的可能时应先将拖缆缩短或收起后，再抛锚。

9.螺旋桨与舵的处置

如拖航期间被拖船需要使用舵设备，操舵装置应处于良好工作状态。拖航中不用操舵设备时，应将舵放在正中位置，并予以固定。如为了改善偏航而将舵固定在一定角度上时，应征得拖船船长的同意。

被拖船无人留守或有推进器而不用者，应将尾轴锁死，如无法锁死，应将尾轴与主机轴脱开，并注意轴承部分的润滑。

10.航行注意事项

靠近海岸或浅水区域，选择航向和航路时，拖航船长（拖航小组组长）或拖船船长应采取合适的速度进入安全水域，或在可预见潮流和气象条件下尽量远离海岸或浅水水域。

被拖物因漂离或其他原因对航行、近海结构物或海岸线构成直接威胁时，拖航船长或拖船船长应采取一切手段避让，并向附近船舶发出通知和报告最近的海岸主管机关。

思考题

1.制订拖航计划时有哪些注意事项？

2.如何确定被拖物首尾吃水差？

3.如何选配拖船？

4.如何确定拖缆的长度？

5.简述接近被拖船的操纵方法。

6.什么是复合拖带？包含哪些形式？

7.简述起拖的注意事项。

8.简述拖航时的转向操纵方法。

9.拖航过程中，如何调整拖缆长度？

第八章　船舶应急操纵

由于主客观的原因，有时船舶会遭遇到诸如碰撞、搁浅、机损、火灾等意外海难事故，使船舶及货物处于危险境地。发生海事的原因是多方面的，诸如不可抗力、船舶技术状况、航道管理、船员技术水平和心理素质等。尽管客观原因很多，但人为因素仍然是主要的。要杜绝和减少海事，必须从各方面努力才能取得良好效果。

发生海难事故时，船长要采取应急的操船措施，并及时组织船员进行自救或请求救援，以减轻海难造成的损失。当他船遭受海难时，在条件许可的情况下，船长有责任前往援助，有时还要进行拖带以帮助遇难船舶脱险。有时亦会受命前往附近海域搜索遇难船舶及其艇筏或救助遇险人员。在救助过程中，往往需要采取特殊的操船方法，以取得最佳的救助效果，使遇难船舶和人员脱离险境。因此，船舶驾引人员除了认真学习驾驶操纵和避碰规则外，尚须精心研究海事的发生原因、避免海事的措施及遭遇海难时的应急操船方法。

第一节　船舶碰撞应急操纵

由于现代船舶的大型化与航速的提高，航行中两船发生碰撞的后果将是灾难性的。因此，驾引人员必须谨慎驾驶，保持正规瞭望，以便对局面和碰撞危险作出充分的估计，即使对水上漂流物也不轻易放过，以避免发生碰撞。当与他船或海上漂流物发生碰撞以后，要迅速冷静地判断情况，果断地采取最妥善的处置措施。

一、碰撞前、后应采取的应急操船措施

1. 船舶碰撞前的应急操船措施

船舶碰撞后的损害程度取决于两船相对运动速度和碰撞角度、碰撞位置和破损的大小以及碰撞船舶的吨位大小。因此，无论由于何种原因导致碰撞不可避免时，船舶驾引人员应运用良好船艺，采取减少碰撞损失的应急措施。这些措施包括但不限于以下几个方面：

(1) 立即停车、倒车，必要时抛下双锚制动、借助拖船制动，以降低撞击能量。

(2) 采取紧急措施避免碰撞部位发生在船中或机舱附近，最好使两船平行擦碰。比如两船迎面相遇，船位已经逼近，应先使船首避开，再向来船一侧操舵，以避开船尾。

(3) 采取大角度紧急转向措施减小碰撞角度，避免“T”字垂直碰撞。

(4) 在紧迫危险时，应以减少损失为原则，避重就轻，有时为了避免碰撞，甚至不惜自己搁浅的危险驶出航道外避让。

2. 船舶碰撞后的应急操船措施

当船舶已经发生碰撞，驾引人员必须保持镇静、沉着和清醒的头脑，全面考虑人身和船舶的安全，在措施上必须做到不误应变的时机，要避免惊慌失措，顾此失彼而扩大损失。一般船舶在碰撞前的紧迫危险阶段大多已采取停车或倒车的减速措施，当碰撞不可避免时，碰撞双方均要尽力减轻碰撞所造成的损失。

(1) 本船船首撞入他船船体时应采取的措施

当本船船首撞入他船船体后，应首先开微速进车顶住对方，如图 8-1 所示。为使本船能与对方船体靠紧以减少进水量和防止滑出，有时可互用缆绳系住，并配合用车，保持本船顶住对方破洞的姿态，以减少他船的进水量。如被撞船舶有沉没的危险且附近有浅滩，经对方同意后，可将他船顶向浅滩处搁浅。

待被撞船舶已采取防水应急措施，并征得同意后本船方可倒车脱出。倒车退出后，应滞留在附近，一方面检查本船的损坏情况，另一方面可随时准备实施救助和协助，当确信对方已经脱离危险可以继续航行时，本船也确信可以安全续航，办理完有关碰撞事实确认手续之后，方可离去。

图 8-1　撞入船微进车顶住被撞船

(2) 本船船体被他船撞入时应采取的措施

碰撞发生后，应尽可能使本船停住，避免前进或后退（消除对水速度），以减少进水量。迅速关闭破损舱室前后的水密装置，进行排水和堵漏作业。当确认船舶没有沉没的危险，且船舶本身的排水、堵漏器材能控制进水量后，方可同意对方倒车脱出。

如果是一舷船体受损且破损部位位于水线附近时，应尽可能操纵船舶使破损部位处于下风侧。

二、碰撞后的应变部署

船舶发生碰撞后，应立即发出堵漏警报信号，实施堵漏应变部署。除了上述应急操纵措施外，船长还应就下列事项进行部署：

(一) 查明碰撞损失

查明船体进水情况要进行现场检查，大副和水手长检查全船，要求木匠测量各货舱污水井（沟）、压载水舱和淡水舱的水位，通知机舱测量各油舱的油位，并将测量结果与碰撞前的记录进行比较，迅速确定船体破损的位置、大小及进水量等情况，并检查其他有关人员的应变部署情况，并将测量、检查结果迅速报告船长。判明损坏情况时应考虑下列因素：

(1) 碰撞的船舶大小；

(2) 碰撞前的相对速度；

(3) 碰撞角度的大小；

(4) 碰撞的部位。

(二) 保证船舶水密和排水

当破损部位确定后,应立即关闭破损部位附近舱、室的水密门、窗,必要时予以加固。通知机舱启动相关泵系全力排水,并随时测量各舱室的水位,以计算泵系的排水量。

(三) 堵漏措施

根据船体破损部位、大小和进水量,船长组织研究堵漏措施。碰撞引起的船体破损部位多位于舷侧水线附近。破洞较大时,需用堵漏毯紧贴洞口以限制其进水。挂上堵漏毯后再根据破洞的大小,采用堵漏板或制作水泥箱,灌注水泥堵住漏洞,然后排除舱内积水。破洞舱室大量进水时,必须对进水邻近的舱壁进行加强,防止因水压过大引起舱壁破损而波及相邻舱室。

选用堵漏器材时应考虑:破损部位;漏洞大小;漏洞形状和航行区域。

(四) 调整纵横倾

船体进水后一般都会引起纵倾和横倾的变化。应详细测量各油舱、水舱的液位变化情况,利用排出、注入(对称灌注)、移载和转驳等方法保持船舶的浮态。值得注意的是,使用注入法调整船舶浮态应特别谨慎,因为这种方法可能降低储备浮力和稳性。

(五) 抛弃货物

在下列情况下应采取抛弃货物的措施:

(1) 因进水可能引起货物着火;

(2) 因进水可能引起货物急剧膨胀;

(3) 为保持稳性;

(4) 为保留储备浮力或减少进水量。

三、碰撞后抢滩注意事项

如果碰撞后水线附近或以下破损范围较大,无法进行堵漏,大量进水,排水的速度跟不上进水的速度,估计船舶有沉没的危险,附近有浅滩时,可考虑采取抢滩措施,并申请救助,以保存船舶及货物,减少损失。

(一) 抢滩前的准备工作

(1) 选择适宜的抢滩地点;

(2) 适当调整吃水差;

(3) 备双锚;

(4) 报告有关当局。

(二) 选择抢滩地点时应考虑的因素

(1) 地质:泥、砂或砂砾地质均适于船舶抢滩,但软泥地质易导致船体下沉而难以脱浅,活砂地质则不易固定船体。此外抢滩地点附近应无礁石。

(2) 风和流:尽可能选择潮流较小的场所进行抢滩,并应在高潮后落潮期间进行抢滩。尽可能选择港湾内遮蔽风浪良好或当地盛行风的下风场所。

(3) 水深:水深(含潮位)应大于轻载吃水,小于型深,保证船舶主甲板始终露出水面。

(4) 坡度:为了避免船体受损或堵住机舱海水阀,坡度应适当。较适宜的坡度大小可参照造船的下水滑道的比例,即小型船 1∶15,中型船 1∶17,大型船 1∶19～1∶24。可利用抢滩位置处相邻两个等深线的数值之差与其间距之比判断坡度。

(5) 四周环境：四周环境应便于固定船舶，应让出航道以利于出滩作业和施救工作进行。

(三) 抢滩和出滩操作

选定抢滩地点后，可按下列步骤进行抢滩和出滩操作：

(1) 抢滩前应向压载水舱注入压载水，将船舶吃水差调整到与抢滩坡度相适应。

(2) 船首抢滩时，尽可能保持船舶首尾线与岸线垂直，慢速接近，适时停车，使船舶缓慢地接触滩涂。速度过大，不但易损坏船体，而且不利于出滩。

(3) 船首上滩时，可抛下双锚，以便稳定船体和利于出滩。若抛锚将影响抢滩效果，也可在抢滩后，用专业救助拖船或重吊将锚向后抛出。

(4) 抢滩后，应尽可能在下一个高潮位来临之前将破洞堵好。然后进行出滩操作。

(5) 出滩时，应选择在高潮前的涨潮期间进行操作。排出压载水，高潮位到来时收绞双锚，配合主机倒车，将船舶慢慢脱出滩涂。

(6) 倒车无效时，改用半进车左右满舵扭动船体，再行倒车。

(7) 自力操纵无效时，请拖船协助出滩。

四、碰撞后续航的注意事项

船舶发生碰撞经全面检查后，如主机、辅机情况良好，船体破损部位经过堵漏、加强后进水得以控制。因破损进水经过纵横倾的调整后计算具有正稳性及一定的保留浮力，救生设备完好无损，可继续航行至附近港口做进一步修复。不能自力续航的，应请求拖航。

船舶碰撞受损后，如继续航行操纵应谨慎，并做到：

(1) 减速航行，密切注意进水的变化情况并详细记录；

(2) 航线设计应选取近岸航线并勤测船位；

(3) 密切注意气象变化，查明临近海域可供避风的锚地，风力增大应立即择地避风，切勿心存侥幸；

(4) 与附近海岸及公司保持密切联系，使公司及时掌握船位及航行情况；

(5) 保护好损伤部位，尽量使之处于下风舷，经常根据实际情况调整航向和航速；

(6) 风浪大时尽量减少船舶的摇摆，无法继续航行时可考虑利用海锚在海上滞航。

五、碰撞后弃船的注意事项

弃船是船舶发生海损事故且不能挽救危局，为了保证人员的生命安全而迫不得已采取的最后措施。在弃船之前，必须尽力进行抢救。

在决定弃船后，客船应在旅客全部离船完毕，船员才可按预定部署搭乘救生设备离船，船长在确认船员已全部离船后方能最后离船。离船时，应有专人负责，携带重要文件，包括船舶航行日志、机舱车钟记录、电台日志、船具目录、海图，各种船舶证书和机密文件，国旗、现款、账册及重要单据等，并按规定鸣放声号。

应该着重指出，弃船前应尽力操纵难船，使其沉没于航道外靠岸的浅水区，以免阻塞航道，并为以后的打捞施救工作创造便利条件。在海上，各艇筏离开难船边后，应迅速远离遇难船到其距离至少 200m 以外处集中；情况许可时，应将艇首系在一起，清点人数并适当调整各艇筏人员后离开难船。

各艇聚集后，船长应将下列事项通知各艇长：

(1) 可能遇救的时间；

(2) 去最近陆地或交通线的航向和距离；

(3) 本船弃船时的船位，以及其他有关航行或操作的指示；

(4) 命令全体艇员穿好救生衣服，并通知各艇艇长严格控制淡水及食物的供应，以待救援船的到来；

(5) 指示报务员尽快与岸台或救助船取得联系。

弃船时，可能因难船倾斜过度或吊艇设备发生故障等原因，以致部分人员未能随艇离开，此时，尚未离船人员可沿绳索或绳梯下水，或将脚朝下，两手抱在胸前跳入海中。如果船舶倾斜过度，应从船首或船尾离船。离船后应尽量游开并寻找漂浮物以待援救。各艇筏此时应在遇难船附近搜索落水人员。

第二节　船舶搁浅应急操纵

船舶发生搁浅，会使船体结构、机械设备和货物等遭受损失，甚至会导致人身伤亡、阻塞航道等一系列恶性事故的发生；船队搁浅将会导致断缆、散绑、碰撞等严重海事同时发生；在水位变化较大的地区搁浅，如不能及时脱浅，将使船舶搁在沙滩（或礁石）上，可能造成船舶折断、倾覆沉没等恶性事故。

一、搁浅前的应急措施

航行中的船舶，无论何种原因致使搁浅不可避免时，切忌惊慌失措，应设法采取减轻搁浅程度，防止船体损伤扩大的措施：

(1) 如不明搁浅水域的地形和地貌，应立即停车、倒车，可行时立即抛双锚来减少船的冲力。

(2) 尽量避开礁石，使船搁在较平坦的沙滩上。

(3) 宁使船首受损也要保护好推进器和舵。船已搁浅，应立即停车，迅速查明情况，然后决定是自力脱浅还是请求援助脱浅，切勿存在侥幸心理，滥用主机倒车。因为这样不仅脱不了浅，反而会扩大船体损伤，甚至损伤推进器和舵，造成巨大损失。在历史的教训中，往往船刚一搁浅，还未搞清船体破损情况，就立即开倒车后退，结果由于破洞太大，使船舶沉没。

(4) 如明了搁浅处仅为航道中新生的小沙滩，应全速前进并左右交替满舵。

二、搁浅后的应急措施

船舶搁浅后，船舶驾驶人员应立即按照下列步骤采取行动，以便达到控制局面和减少损害的目的：

(一) 立即行动

(1) 搁浅情况未判明前不应盲目动车脱浅；

(2) 运用一切可能的手段保证船舶整体水密性；

(3) 显示适当的船舶搁浅信号；

（4）通知有关主管机关和其他有关机构。

（二）搁浅船舶的态势评估

当紧急危险过后，船长或驾驶员应对搁浅船的态势进行初步评估，包括但不限于下列各项：

（1）船上人员的安全状况；

（2）天气和海况，包括预报情况；

（3）潮流和潮汐情况；

（4）船舶周围水域的海底底质、海岸线和水深情况；

（5）船舶损坏情况，以及已发生的污染和潜在污染的危险性；

（6）进一步损失的危险性；

（7）通信畅通情况；

（8）船体与海底之间的作用力；

（9）脱浅后船舶的吃水和纵倾情况。

一旦决定通过外援浮起船舶时，应立即发出救助请求，且不可延误。救助程序的及早启动和救助人员的及早到达是救助成功的关键。

（三）固定搁浅船舶

通过初步评估表明船舶不存在偏转、沉没和倾覆的可能，可在下一个高潮时运用全速倒车尝试进行脱浅。如果船舶不能在短的时间内脱浅，在船舶搁浅的期间应使主机处于随时可用的备车状态并保证船舶的安全。这时，如果船舶在涌浪的作用下有上下起伏运动，表明搁浅船是活动的。活动的搁浅船存在偏转、向岸推移、墩底、打横和加重搁浅的危险，应采取下列固定措施：

（1）船首向的变化表明船舶发生偏转且船尾清爽可以操作，则可果断地运用主机和舵，以防船舶搁浅加重。

（2）搁浅后可利用本船所配备的锚、锚链及各种缆绳将搁浅船固定在礁石、珊瑚礁或其他固定点，以防止船舶被风、流或波浪打上海岸或造成横浪的危险，并可缓和波浪造成的纵摇和垂荡。

当船身与岸线垂直或接近垂直时，应从船尾（或船首尾）两侧向海方向抛八字锚，如图 8-2(a) 所示。当船身与岸线平行时，应从船首尾向海方向抛锚，如图 8-2(b) 所示。如果搁浅时船身与岸平行，海底陡坡，潮差又大，则低潮时船身可能大幅度倾斜甚至倾覆(图 8-3)，此时除向海中抛锚外，还必须向岸一边运锚或向岸上带缆，如图 8-2(b) 所示。

（3）有拖船协助时，可以通过拖船将搁浅船向宽阔水域一侧顶推以防偏转。

（4）向舱内注水使船舶下沉以防搁浅船向岸漂移和墩底。可向漂浮一侧的压载舱注入压载水，以增加船底与海底的接触面积，进而分散海底的作用力，这样还能减小船体扭矩和弯矩。

（四）测量船舶吃水和检查搁浅部位

要想对船舶态势做出准确的评估，必须尽可能收集相关信息。特别注意检查搁浅部位舱室的损坏情况。当货舱有货无法进行检查时，在打开测深管、天窗、舱口和其他连接通道时应特别小心，以防止进水扩大。应注意船体列板变形、扭曲和其他船体损坏的表征。

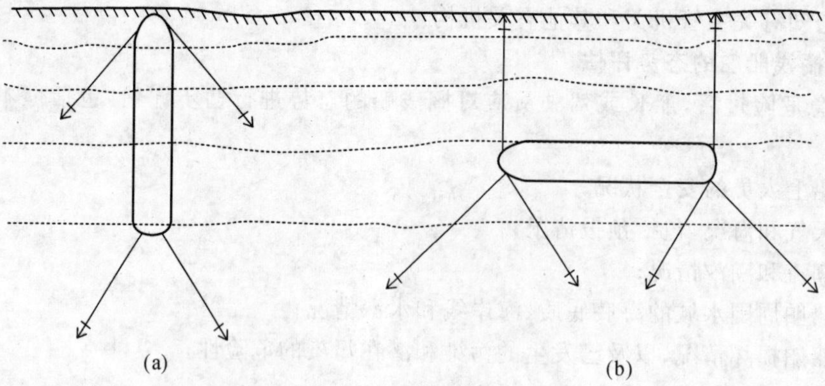

图 8-2　抛锚固定搁浅船

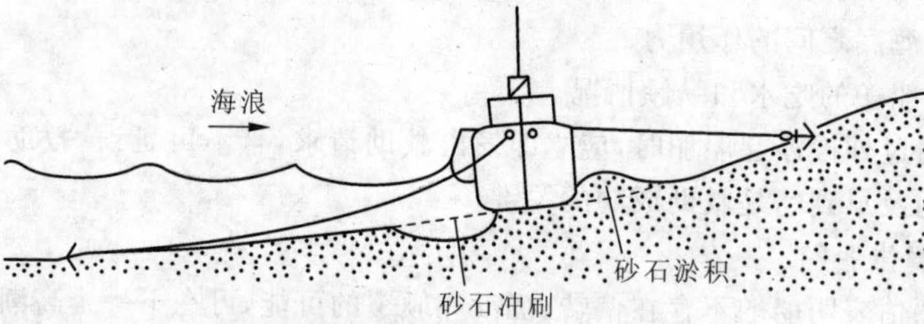

图 8-3　搁浅船与岸平行时两舷冲 / 淤

频繁测量各压载舱、燃油舱等水线以下各舱室的液位深度，并将所测值与搁浅前的测值进行比较，以发现船体破损情况。

对搁浅船船体周围进行测深，以便确定搁浅程度。若海面涌浪较大而无法准确测量时，可用铅锤测量主甲板至海底之间的距离间接获得水深。所测得的水深资料应在大比例尺海图或草图上的船体周围进行标注，以表明船舶搁浅程度。测量舷边水深方法可自船首向两舷每隔 10m 测一个点，如图 8-4 所示，测量船体周围的水深应从船边开始，以辐射方向进行。在测深的同时，还应采样海底底质，底质不仅影响摩擦力，而且底质及海底坡度还影响锚的抓力。

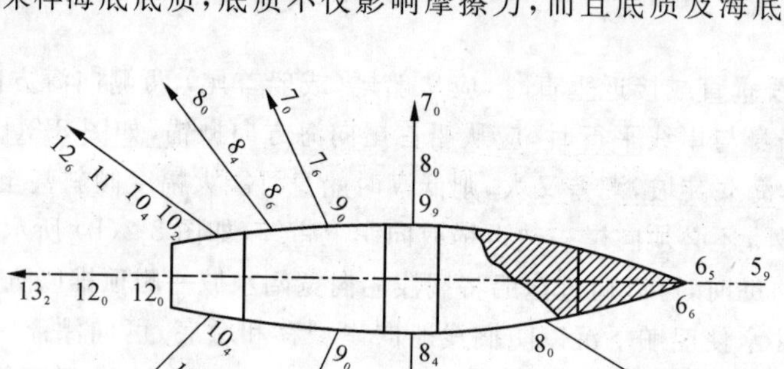

图 8-4　船体周围水深测量法

测量船舶吃水数据时，应记录当时的时间、潮高以及海况等情况。并应将吃水修正到潮高基准面。通常，潮高基准面与当地的海图基准面相同。

船体部分搁浅时，如发现某部位搁浅后的吃水大于搁浅前的吃水又大于舷边水深，则表明该部位未搁浅[图 8-5(a) 的船尾];如搁浅后的吃水小于搁浅前的吃水,则表明该部位已搁浅,且搁浅后的吃水与搁浅前的吃水差异越大,表明搁浅越严重[图 8-5(a) 的船首];若搁浅当时吃水小于搁浅前吃水又大于舷边水深,说明此处船体陷入海底[图 8-5(b) 的船首];若搁浅当时吃水小于搁浅前吃水又小于舷边水深,说明此处船体搁在海底突出物上[图 8-5(c) 的船首]。

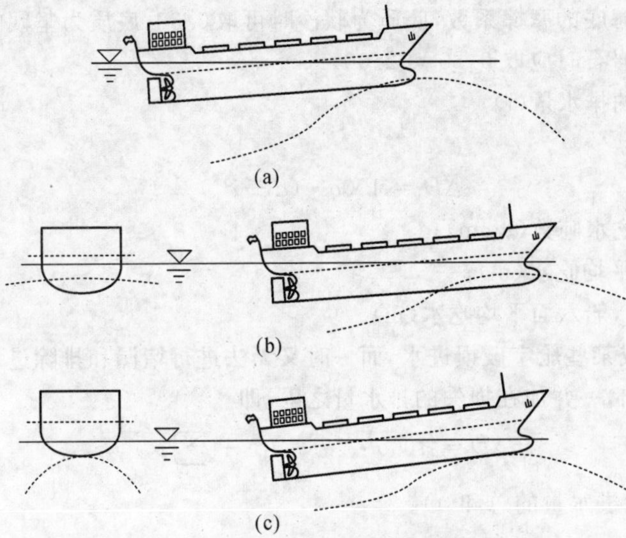

图 8-5 搁浅情况的判断

搁浅船的吃水是计算损失浮力的基础,又是计算脱浅拉力的依据。船舶能否顺利脱浅,与搁浅船的吃水勘测是否精确关系密切,因此,努力获得准确的搁浅船吃水是非常重要的。

对于小型船艇,可以用下述方法测量搁浅部位:用链条或钢缆套过艇体,分别从艇首或艇尾向中间收拢,拉不动时,相应的中间范围就是搁浅(触礁)部位(图 8-6)。必要时,可派潜水员下水检查,以确定搁浅部位和艇体受损情况。船艇周围的水深和底质可用水砣测定。

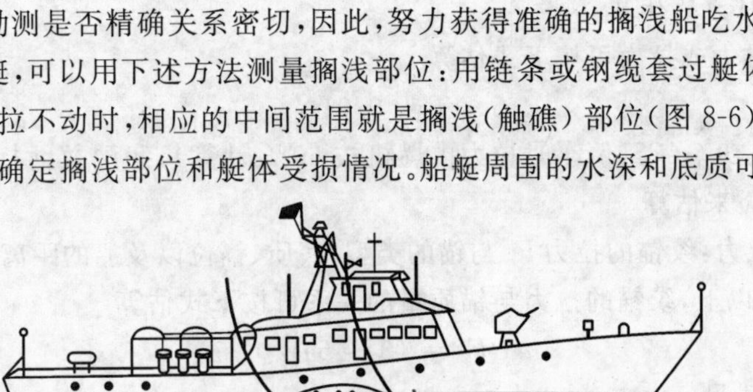
图 8-6 用链条(钢缆)检查搁浅部位

三、脱浅拉力的估算方法

船舶搁浅后,应先求出脱浅时所需的拉力及进行可供脱浅拉力的估算,然后确定是自行脱浅还是外援协助脱浅。

1. 脱浅时所需的拉力

船舶因搁浅而损失的排水量，就是船对海底的压力，压力与摩擦系数的乘积即为脱浅时所需的拉力，即

$$F = f \cdot \Delta D \cdot g \tag{8-1}$$

式中：F—— 脱浅拉力(kN)；

f—— 船底与海底的摩擦系数，底质为软沙时可取0.30，底质为坚硬的砂砾时取0.50，底质为岩石时应取0.80～2.00；

ΔD—— 损失的排水量(t)。

损失的排水量为

$$\Delta D = 100q \cdot (d - d_1) \tag{8-2}$$

式中：q—— 每厘米吃水吨数(t/cm)；

d—— 搁浅前平均吃水(m)；

d_1—— 搁浅后，船六面平均吃水(m)。

如果搁浅后造成某些舱室破损进水，而一时又无法进行堵漏和排除进水时，则应将各进水区的进水质量算出，一并加在损失的排水量之内，即

$$\Delta D = 100q \cdot (d - d_1) + \sum p \tag{8-3}$$

式中：$\sum p$—— 各舱进水量的总和(t)。

计算搁浅前平均吃水时，是将离港前的平均吃水，减去船舶搁浅前航行途中燃料、淡水和物料的消耗量；如海水密度发生变化，还应进行相应的修正。如果等待高潮时的有利时机脱浅，则计算损失排水量时应加上潮差。

2. 可供脱浅拉力的估算

(1) 主机的推力或拉力可按下式估算

$$T = 0.01N \tag{8-4}$$

式中：N—— 主机功率(PS，倒车时拉力内燃机按60％计算)，我国救助打捞局按73.55kW = 1t来估算。

(2) 绞锚的拉力：绞锚的拉力F_a与锚的类型、底质、锚位以及船的距离有关，如为霍尔锚且锚位距离50m以上，绞锚的拉力与锚质量的关系可按下式估算

$$F_a = (3 \sim 5)W_a \tag{8-5}$$

式中：W_a—— 锚质量(t)。

(3) 拖船的拖力T_t可按下式估算

$$T_t = (0.01 \sim 0.015)N_t \tag{8-6}$$

式中：N_t—— 拖船的功率(用倒车减少20％)。

四、脱浅方法

1. 自力脱浅

(1) 候潮脱浅。不在高潮时搁浅，船体较轻微损伤，尾部有足够的水深，则可等待下一个高潮时利用本船主机倒车脱浅。其做法是：在高潮前1h开车，当快倒车无效时，可改用半速车并配合左、右满舵去扭动船体；若是双螺旋桨船，可开一进一倒，使船舶左右摆动，以减少

船底与河底间的接触面积和摩擦力，然后再快倒车；如底质是泥沙，倒车时应注意泥沙可能在船体周围堆积妨碍出浅。

(2) 绞锚脱浅。锚能产生持续而强大的拉力，且拉力方向准确。当有波浪时，每来一个波峰就能增加一点浮力，如锚有足够的拉力，就能将船拉动，这对脱浅十分有利，而拖船就不能在风浪中充分发挥它的拉力。

(3) 移载脱浅。船舶的一端或一舷搁浅，另一端或另一舷有足够的水深，可用移动船用燃料油、淡水、压舱水、货物或旅客的方法，以减轻搁浅一端（或一舷）的压力，再配合主机使船脱浅。移载时，要进行计算，以免脱浅后产生过度的纵倾或横倾，使船舶发生危险。在一舷搁浅而海底有陡坡的情况下，不宜使用此法。

(4) 卸载脱浅。在上述几种方法均不能使船脱浅时，可采用卸载脱浅。卸出的重量应是船舶本身拉力、拖船拉力及绞锚拉力或移载等不足的数量。当船搁在礁石上，船体破损以致浮力损失过多，卸载可使船体上升以便于脱离礁石。卸载时要考虑迅速、方便和损失尽可能小的原则。一般先卸去多余的淡水、燃油，再卸货物。为防止卸载时船舶越搁越高，应向压水舱注水，待准备出浅时再将水抽去。

2. 外援脱浅

船舶搁浅后，如果船体损坏严重，已经失去漂浮能力；或主机、车舵损坏；或经计算所需的脱浅拉力太大超出自力脱浅的能力；或船舶搁浅后水位急退，要求尽快脱浅时，应毫不犹豫地请求外援，以求尽快脱浅。申请外援时，应预先计算脱浅所需拉力、拖船的数量和功率。外援不仅可以利用救助船的拖力协助脱浅，还可以利用救助船协助固定船体、堵漏排水、移载、过驳或者利用大型打捞浮筒增加搁浅船的浮力，达到脱浅的目的。

救助船到达后，搁浅船应提供下列资料：

(1) 船舶资料，如主要尺度、总布置图、静水力曲线图、原来载重吨数等。

(2) 货物种类、重量及分舱图，油水的数量及舱室位置。如装有危险品货物应详细列明其舱位和数量以及注意事项，且应在申请救援电报中注明。

(3) 搁浅前的航向、航速及搁浅的时间，目前的船首向。

(4) 搁浅前后的吃水以及搁浅后吃水是否出现过变化。

(5) 主机、甲板机械的功率及目前的技术状况。

(6) 船舶搁浅后曾采取的措施和收到的效果，以及对救助工作的建议。

(7) 船位、舷边水深、当地的潮汐情况等。

用拖船拖带脱浅的方法：救助船接近搁浅船，并系带好缆绳。准备就绪后，救助船即可慢慢向上游或斜向上游起拖（图 8-7），让拖缆渐渐受力，再增加车速至全速；搁浅船也要同时开倒车和绞锚来配合脱浅。拖带时航向应适当偏向上流，以防止救助船被流压向浅滩而搁浅。

利用浮筒浮力出浅的方法：在潮差大的地区，可在低潮时把浮筒架设好，高潮时利用其浮力将搁浅船抬起（图 8-8）。在潮差不大的地区，应先使浮筒下沉至一定深度并和搁浅船系紧，然后用压缩空气将浮筒内的水排出，利用其浮力把搁浅船抬起，然后拖曳搁浅船离浅。

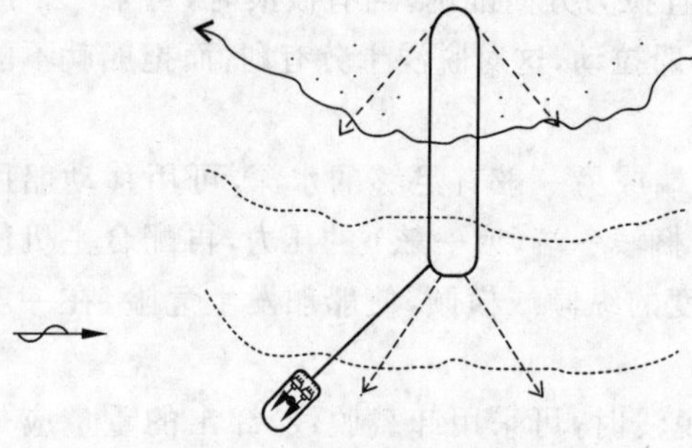

图 8-7　拖船拖带脱浅

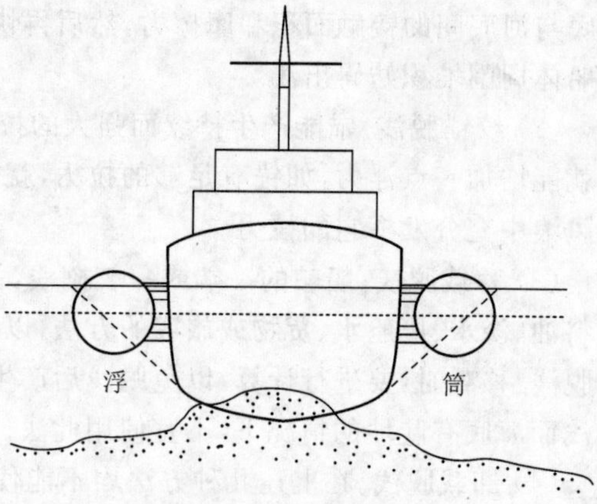

图 8-8　利用浮筒脱浅

第三节　重要属具及机器损坏时的措施

一、舵失灵及损坏时的措施

船舶运动的方向靠舵来控制，船舶舵机发生故障或舵叶受损会导致舵机失灵。舵机失灵是指船舶在定速或机动航行过程中，舵机无舵效或虽然有舵效但不能达到设计舵效要求时的舵机故障。根据舵机失灵的程度，可能导致船舶无法完成规定的转向动作，或船舶的转向速度无法满足要求，进而可能导致船舶发生事故或险情。

航行中舵机失灵的主要原因有：船舶失电、液压动力系统故障导致舵机无法正常工作，轴承故障导致舵机无法正常转动，船舶擦底或搁浅导致舵叶损坏等。

1. 一般应急措施

(1) 航行中发现舵机失灵，驾驶台应先转换为辅助操舵系统，并通知船长和机舱值班人员。

(2) 机舱值班人员立即启动辅助或应急操舵装置，同时通知轮机长。

(3) 轮机长迅速到舵机房，组织机舱人员进行相应的操作和抢修。

(4) 船长到驾驶台，按照舵机的损坏情况指挥船舶的应急操纵。

2. 舵机因控制系统故障而失灵时的应急措施

(1) 在舵机应急操纵过程中，值班轮机员不能远离操纵台，应按车令操纵主机，执行船长和轮机长的命令。

(2) 船长应安排一名驾驶员和水手到舵机房，负责接听驾驶台的舵令，配合轮机员操纵舵机。

(3) 轮机员应指导值班水手的操舵，尽快使其能独立操作应急操舵装置。

(4) 机舱人员应加强轮机值班，尽全力抢修驾驶室主、辅操舵装置，使其尽快恢复功能。

(5) 向公司汇报驾驶室主辅操舵装置失灵的经过，并请求驶向(或拖航至)最近海岸有能力修复主辅操舵装置的有关港口进行修复。

3. 当舵机因电源故障而失灵时的应急措施

(1) 若船舶在海上航行时

驾驶台先转换为辅助操舵系统，并通知船长和机舱值班人员，机舱值班人员立即启动辅助或应急操舵装置。

值班驾驶员应按《国际信号规则》和《国际海上避碰规则》规定显示号灯、号型，加强瞭望，并用 VHF 发布通告。可利用主机操纵船舶，安全离开航线，若水深合适，应随时准备抛锚。

(2) 若船舶正在进出港或狭水道航行时

船舶首先应立即停车、立即备锚、尽快选择合适抛锚地点。有辅助或应急操舵装置时，先将操舵系统转换为辅助操舵系统，并通知船长和机舱值班人员，机舱值班人员立即启动辅助或应急操舵装置。

若是船队可通知驳船帮舵。双螺旋桨船可利用主机正倒车短时间地操纵船舶。若舵机发生故障，且存在 5° 以上的舵角时，或有一部主机损坏严重，此时，不宜用主机的正倒车来控制船舶，应尽快择好地点锚泊抢修。在情况危急或航行条件限制时，停车抛双锚稳住船（如在海上已进入漂流状态，在有风浪时应抛下海锚或缆绳，以保持良好的顶风浪状态。必要时可制作临时舵继续航行或请求他船援助）。

值班驾驶员应按《国际信号规则》和《国际海上避碰规则》（或《内河避碰规则》）规定挂出失控信号，加强瞭望并用 VHF 发布通告，提醒来往船只注意安全。必要时要求港方派拖船协助。

二、主机损坏时的措施

航行中的单车船舶或双车船舶，如遇全部主机损坏及发生故障，应立即设法借助惯性用舵控制航向，尽可能转至航道边缘较浅的水域或缓流区航行。并通知水手长备双锚，测量水深。

航行中的双车船舶，若一部主机故障停车，可采取单车航行，酌情降低主机转速，并用舵来保持航向；右主机故障，操左舵，左主机故障，操右舵。

船舶立即悬挂失控信号。锚泊后，组织机舱人员尽力抢修。如通过大桥、浅险水道，或有碰撞、搁浅危局时，应立即抛下双锚，制止船舶前进，以减小损失。

如损坏程度严重，不能自修，应立即拖往船厂修理，并将发生的情况详细记入航行日志。

三、航行中失电的紧急处置

船舶失电是指船舶电站突然中断对船舶主要设备及系统的电力供应，导致其无法正常运行的故障情况。船舶失电可导致主机停车、舵机失灵、助航设备失灵等故障。

1. 狭窄水道或进出港航行中突然失电的紧急处置

船舶应迅速启动备用发电机组尽快恢复供电，同时应立即通知驾驶台并停止主机运转。在应急处理过程中必须有人坚守主机操纵台，随时与驾驶台联系。如情况危急船长必须用车时，可按车令强制主机运行而不考虑主机后果。按章显示信号、借助通信设备告知周围船舶主动紧急避让。

2. 海上航行中突然失电的紧急处置

(1) 首先应停止主机运转并立即电告驾驶，然后迅速启动备用发电机组，尽快恢复供电。

(2) 如果情况特殊急需用车避让，只要主机有可能短时运转则应执行驾驶台命令。如备用发电机组也不能启动，则应启动应急发电机（正常情况下，应急发电机应自动启动），并首先给导航设备和舵机供电。

(3) 在恢复正常供电后，再启动为主机服务的各电动泵，然后再启动主机。

四、吊拖船队主拖失控时的应急处置

(1) 若有伴航拖船，应立即通知伴航拖船靠上主拖，协助主拖控制船位。

(2) 若无伴航拖船，应立即通知协拖解缆，靠上主拖，协助主拖控制船位。

(3) 若周围无协助拖船，应立即向主管机关求救，尽快安排拖船协助。如果主拖有危险，应尽快解掉拖缆，以确保主拖安全。

五、船队断缆时的措施

船队在航行中，有时由于急剧操大舵角或受天气影响（特别是风浪），以及船员操作不当和船队系缆不牢，未按规定规格选用缆绳，搁浅、遇沙包等原因，而造成系缆受力过大绷断，如采取措施不当或不及时，很可能还会引起其他海损事故的发生。因此，船队断缆时，一定要及时、正确地采取措施，以免船舶及货物遭受巨大损失。

顶推船队在航行中发生断缆，首先停车，并防止驳船横卧于航道上；同时迅速检查断缆位置及缆绳是否落水绞缠螺旋桨，在确信无危及螺旋桨的情况下，方可适当用车。与此同时，命令各驳船备锚，并设法稳住船队，防止风流把船队推向浅险区域，一旦发现危及安全时，命令首排驳船抛锚。

当操纵缆或连接缆折断，应立即停车，推船把舵操向断缆舷侧的相反方向，断缆部位前面的一艘驳船把舵操向断缆的方向，使他舷操纵缆保持紧张状态，并迅速重新系缆，以恢复正常。

当舵力控制不住水流的推压或因狭窄航道妨碍转舵操纵时，应立即抛锚，以防止碰撞或搁浅事故的发生。

若驳船的包头缆断了，推船亦向断缆的另一侧操舵，必要时可用倒车。若拖缆断了，可按当时具体情况适当倒车。

一般在发生断缆后，应尽可能将船队拉向河道较宽广的安全位置，并稳定航向，然后重新系缆。这里应该注意，不论船舶抛锚与否，都应将人员分成两组，一部分人员进行临时缆绳系结，另一部分人在断缆部位重新系缆。

为了安全起见，在急流滩险区段航行的顶推船队，应该多加一条操纵缆以增加力量。其他缆绳在条件允许情况下，也应加一条辅助缆绳，以策安全。发生断缆时，要竭力防止引起其他海损事故，并将事故的经过详细记入航行日志。

六、钢缆绞缠桨叶时的应急措施

船舶在靠离码头或拖带、顶推船舶时，由于操作不慎而使缆绳落入水中缠绕在螺旋桨上，此情况发生后，应立即停车、抛锚，并设法加以清除，否则就可能导致螺旋桨及主机损坏。

清解缠绕缆绳时，留在船上的一端绳头要首先系固（切不可松放下水），然后在机舱内用人力将地轴反转（原顺车绞缠向倒车方向旋转），每转一周，船尾的绳头收紧一次，经多次旋转和收紧后，即可解脱，如难以清解且无法在水面上清解，需派潜水员下水检查清解或压首、抬尾清解或进坞修理。

钢缆缠绕桨叶是完全可以防止的。动车前，船尾必须与驾驶室联系好；靠泊作业前，一定要把从导缆孔出的缆绳头放在船尾甲板上；离泊时，迅速收起落于水中的缆绳，待全部缆绳从导缆孔收进后，才能通知动车。

第四节　水上搜寻和救助行动

一、从遇难船上救人的操船方法

船舶在救助遇难船舶上的人员或救生艇、救助艇上的人员时，应考虑本船以及被救船或艇的漂移速度，然后根据不同的情况进行救助：

(1) 如遇难船可放出救生艇或救生筏时，本船(救助船) 应驶往遇难船的下风侧停留，并等待对方救生艇驶来；也可驶往遇难船的船首或船尾的近距离处，使本船位于遇难船的上风，更便于遇难船放下救生艇来靠本船的下风舷。然后利用起重设备将艇筏一起吊上船，以节省遇难者的体力并使之及早得到护理，如艇太重或无吊放装置时，可将遇难者转移到本船的救生艇或救助艇中后再吊起。

(2) 需要本船放艇时，本船应驶抵遇难船的上风一侧，自本船的下风侧放下救生艇；在收艇时，本船应绕航至遇难船的下风侧，等待救生艇驶靠本船下风舷后，再行收起。

(3) 对于飘浮在海面上的遇难人员，一定要注意他们的体力业已耗尽，很可能已经没有力气做任何的攀登动作了。尽管如此，仍应在舷边张挂救生网，供遇难人员攀附，并在网的两个下角各连接一根吊索通过吊柱及滑车引向起货机，缓慢将遇难人员吊起。

对于在舷边救助遇难人员，应选择在船舶的中部，远离推进器以及干舷低、有吊杆起重设备的地方。有条件时，应尽可能多放一些救生索、单人坐板、救生裤、绳索、吊货网络等物，以便吊起遇难人员。

对于远离舷边的待救者，可用抛绳枪把带浮体的救生索抛给他们攀附，再将他们拉到舷边吊上船。

如有大群遇难人员漂在水中，救助船可拖曳带有救生圈或救生衣等浮力较大的缆绳在漂浮者上风处低速围绕其回转，让人员攀附其上再设法吊起。如有可能由救助船放下救生艇将漂浮在水中的遇难人员逐个救助上艇，再吊上大船是最好的办法。

(4) 如风浪大或其他原因，人员无法离开遇难船时，可以用抛绳枪或其他方法在两船间带好缆绳，用救生裤使人员骑在上面转移到救助船上。救生裤用滑车挂在两船间的大缆上，拉动另一条系在滑车上的回收索，就能往返渡送遇难者离船。风浪大在两船间绷紧大缆有困难时，可直接在水面上用救生裤渡送。

二、人员落水救助操船

船舶航行中落水的船员或旅客，其体力消耗很快，会危及落水人员生命，尤其是在低温水域更是如此。因此，需在最短时间内将落水者救起。

(一) 人员刚落水时的紧急处置

航行中的船舶值班驾驶员一旦发现人员落水,应立即采取下列紧急措施:

(1) 发现者应投下就近的救生圈、自发烟雾信号;夜间应抛下自亮灯浮救生圈。

(2) 向落水者一舷操满舵,摆开船尾,以免船尾和螺旋桨打到落水者。

(3) 发出人员落水警报,启动人员落水应急预案,按照应急部署采取行动。

(4) 派专人携带望远镜登高瞭望,不断报告落水者的方位和大概距离。

(5) 报告船长,同时通知机舱备车,运用适合当时情况的操纵方法操纵船舶驶近落水者,并准备放艇救助。

(6) 风浪中救助落水人员时,救助船应先驶向落水者的上风舷,在下风舷放下救生艇,救生艇于下风舷将落水者救起。

(二) 驶近落水者船舶操纵方法

人员落水后,应根据当时的具体情况操纵船舶驶近落水者,以便释放救生艇实施救助。

IMO A. 601 决议要求船舶进行人员落水的操纵试验,并将试验结果列入"操纵性手册"中,以便使用。人员落水后的船舶操纵行动分三种情况,即立即行动、延迟行动和人员失踪(搜寻失踪人员)。

立即行动:操船者发现人员落水后立即采取操船行动,并使船舶在最短的时间内返回落水者的位置;

延迟行动:操船者接到目击者报告人员落水后采取操船行动,并使船舶较精确地返回落水者的位置;

人员失踪:操船者接到人员失踪报告后采取操船行动,并使船舶返回原航迹向上的搜寻行动。

表 8-1 列出了三种情况分别适用的操船方法。

表 8-1 三种情况分别适用的操船方法

	立即行动	延迟行动	人员失踪
单旋回	适用	不适用	不适用
双半旋回	适用	较适用	不适用
Williamson 旋回	适用(但耗时长)	最适用	适用(但耗时长)
Scharnow 旋回	不适用	不适用	适用

常用的驶近落水者的操船方法及其适用范围概要如下。

1. *单旋回*

单旋回法驶近落水者的时间最短,它适用于上述的"立即行动",但不适用于"延迟行动"和"人员失踪"。其操纵示意如图 8-9 所示,操纵要点如下:

(1) 向落水者一舷操满舵。

(2) 距落水者方位剩余 20° 舷角正舵停车;从上风侧接近落水者。

(3) 如落水者难以视认,则应航向改变 250° 时操正舵,一边停船,一边努力搜寻落水者。

2. *双半旋回*

双半旋回适用于"立即行动",要求始终看见落水者。其操纵示意如图 8-10 所示,操纵要点如下:

(1) 向落水者一舷操满舵,旋回 180° 并保持该航向航行。

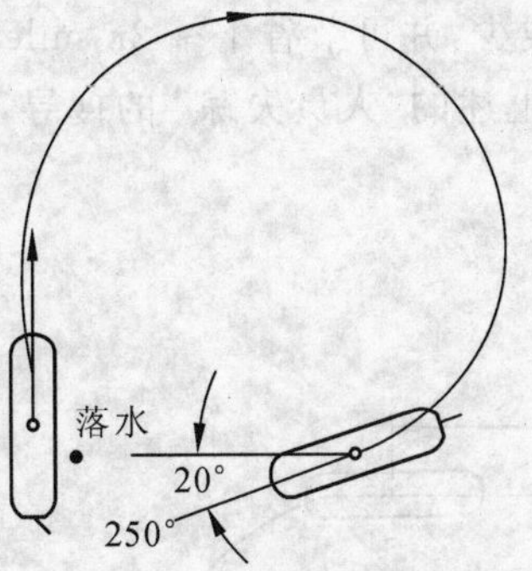

图 8-9　单旋回操纵示意

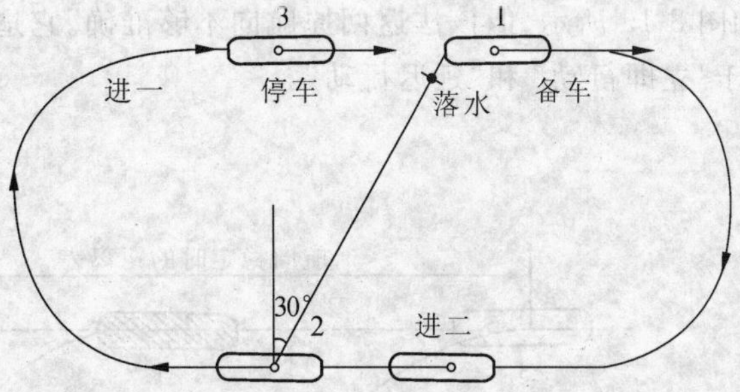

图 8-10　双半旋回操纵示意

(2) 当落水者方位达正横后 30° 处再一次操满舵旋回 180°。

(3) 向落水者上风处定向驶近，适时降速，接近落水者。

3. Williamson 旋回

Williamson 旋回法是最常用的方法。这种方法驶近落水者的位置较为精确，在夜间或能见度不良时是有效的接近落水者的操船方法。多数船舶的人员落水操纵试验均采用这种方法。它最适用于上述的“延迟行动”。对于“立即行动”和“人员失踪”也适用。但该法的所需时间较长。其操纵示意如图 8-11 所示，操纵要点如下：

(1) 向落水者一舷操满舵。

(2) 当转向角达到 60° 时操相反一舷满舵。

(3) 船首距原初始航向的相反方向相差 20° 时回正舵。

(4) 待船舶航向变为初始航向的相反方向时把定，发现落水者适时停船接近落水者。

4. Scharnow 旋回

其操纵示意如图 8-12 所示，操纵要点如下：

(1) 向任一舷操满舵。

(2) 当船舶改向达 240° 时操另一舷满舵。

(3) 船首距原初始航向的相反航向差 20° 时回正舵。

(4) 待船舶航向变为初始航向的相反方向时把定，发现落水者适时停船接近落水者。

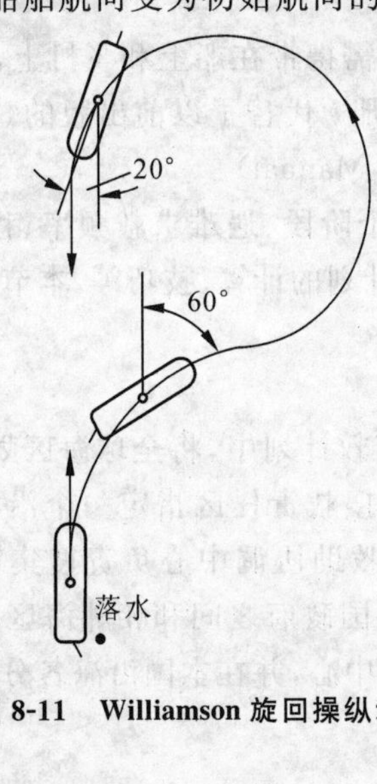

图 8-11　Williamson 旋回操纵示意

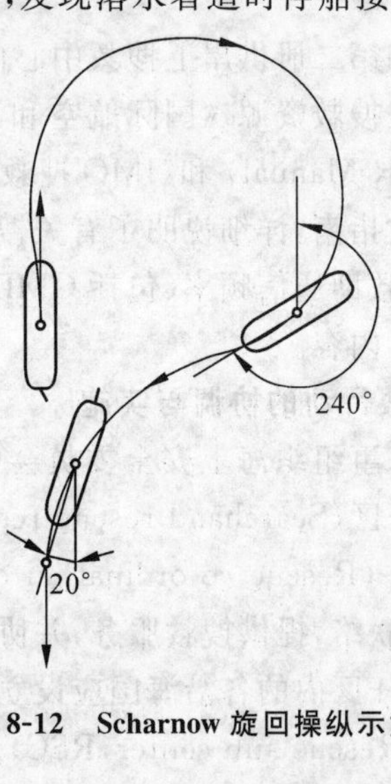

图 8-12　Scharnow 旋回操纵示意

Scharnow 旋回法的特点是耗时比 Williamson 旋回法要少，并可节省 1 ～ 2n mile 的航程，如图 8-13 所示。但该法返回原航向不够准确。它适用于上述的“人员失踪”的搜寻，而不适用于“立即行动”和“延迟行动”。

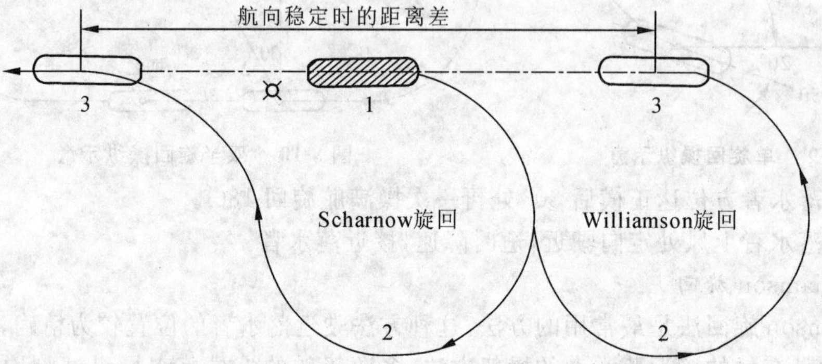

图 8-13　Scharnow 旋回与 Williamson 旋回的比较

三、商船搜寻与救助的计划和执行

有关船舶参与海上搜寻与救助的指南为《国际航空和海上搜寻救助手册》(*International Aeronautical & Maritime Search and Rescue Manual*，IAMSAR)。它是国际海事组织(IMO)与国际民航组织(ICAO)于 1998 年联合推出的，此后，经过多次修正，以海安会通函的形式印发。本手册共三册：

第一册组织管理 —— 有关搜救概念、组织、训练、通信与管理。

第二册任务协调 —— 有关搜救系统、通信、得知遇难和初始行动阶段、搜寻计划与技巧、拯救计划、其他紧急救助等。

第三册移动设施(即船舶和飞机)—— 有关提供救助、现场协调和船舶 / 飞机上的紧急事故处理。

第一册和第二册供岸上搜救中心使用；而第三册则需携带在船上和飞机上，因为船舶 / 或飞机是海上搜救资源。《国际航空和海上搜寻救助手册》代替了以前出版的《商船搜救手册》(MERSAR Manual)和《IMO 搜救手册》(IMOSAR Manual)。

这套搜救指南，详细说明了有关搜救事项，包括每个阶段、遇难求救频率、程序、海空通信频率、现场救助通信频率(包括 GMDSS 船舶)、搜寻计划的计算、技巧等。本节介绍有关海上搜救的主要内容。

(一) 搜救行动的协调与实施

在国际海事组织海上安全委员会(MSC)的全球搜救计划中，将全球海区划分为 13 个海上搜救责任区(Searchand rescue region，SRR)，每个搜救责任区指定一个沿海国政府为救助协调中心(Rescue co-ordination center，RCC)。该救助协调中心负责搜集海上紧急信息，建立通信联络，提供搜救服务，并协调同一海区内各国政府之间和相邻海区之间的搜救服务。搜救责任区内的各沿海国应设立自己的救助协调中心，并在本国沿海各分管水区设立救助分中心(Rescue sub-center，RSC)。

1. 海上搜救中现场指挥的协调

救助协调中心、救助分中心收到遇险信号后，应立即派出专业搜救船舶或飞机，或召集事发现场附近的船舶参与搜救行动。当两个或多个搜救设施共同参与一个搜救任务时，由指定的现场协调人（On-scene commander，OSC）来协调搜救行动，其他参与搜救的设施则按现场协调人的指示参加搜救活动。现场协调人一般是参加搜救的一个救助单位、船舶或航空器的负责人；或第一艘抵达现场的设施负责人。

海面搜寻协调船的识别信号是：白天悬挂国际信号旗"FR"；夜间则定常显示预定的识别标志。

2. 船舶实施救助应考虑的一般事项

对水里的幸存人员，救助船可能有必要：

(1) 系好攀网、撇缆、绳梯等便于落水人员攀爬的设施；

(2) 指定若干船员使用适当装备下水救援幸存人员；

(3) 释放救生艇和（或）救生筏；

(4) 在船舷系靠一救生筏或救生艇，作为登船站；

(5) 恶劣天气时，应考虑使用镇浪油来减小海浪的影响。经验表明，植物油和动物油，包括鱼油，最适合于镇浪；除非无其他方法，否则不得使用燃油，这是因为燃油对水中人员有害；可以使用滑油，滑油危害性较小。试验表明，船舶慢速前进中用橡胶皮龙慢慢向海面释放200L滑油，可以在5000m^2范围海面镇浪。

(6) 做好准备，提供初步的医疗处置。

（二）搜寻计划

为了使船舶和航空器进行有效的搜寻，需事先计划好搜寻模式和程序，以使船舶和航空器最大限度地减小风险和延误。

1. 搜寻基点

"搜寻基点"是指进行搜寻活动的地理参考点。在不能从岸上机关得知遇难搜寻基点(Datum)时，海面搜寻协调船应通过推算遇难者的漂流值，确定搜寻目标存在概率最高的位置，并将该位置定为搜索基点（图8-14），向参加救助的船舶和海岸电台进行通报。以该点为中心对所在区域开始进行搜索。确定搜寻基点时应考虑的因素为：

(1) 通报遇难的时间和船位；

(2) 各救助船到达遇难船船位的时间；

(3) 救助船到达之前的时间内，遇难船及其艇筏的漂移量；

(4) 救助船驶抵现场前，已飞达现场的搜救飞机所做的情况估计；

(5) 遇难船舶的漂移速度可由风压漂移和流压漂移的合速度进行估算，漂移方向为漂移速度的矢量方向。漂移距离等于漂移速度与漂移时间（事故发生时或上一次计算基准时间与搜寻开始时的时间间隔）的乘积。

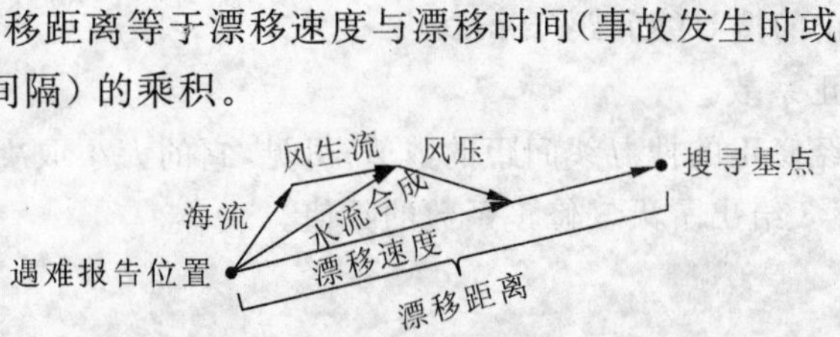

图 8-14　漂移距离及搜寻基点推算

2. 搜寻区域

初始搜寻阶段，遇难最可能存在的区域，是以搜寻基点为中心，以 10n mile 为半径画圆后，沿漂移距离方向所做该圆的外切正方形区域，如图 8-15 所示。考虑到所通报遇难位置的不准确性、计算漂移距离有误差，搜寻区域是有一定存在概率的区域(图 8-16)。在该区域内，不同位置的搜寻概率是不同的，中间概率最大。

该区域当有多艘搜救船舶驶达的时候可能会有所扩大。然而，从搜救实际结果来看，与其在宽广的搜索区域内粗略地进行搜寻，倒不如在狭窄区域内彻底地进行搜寻为好。

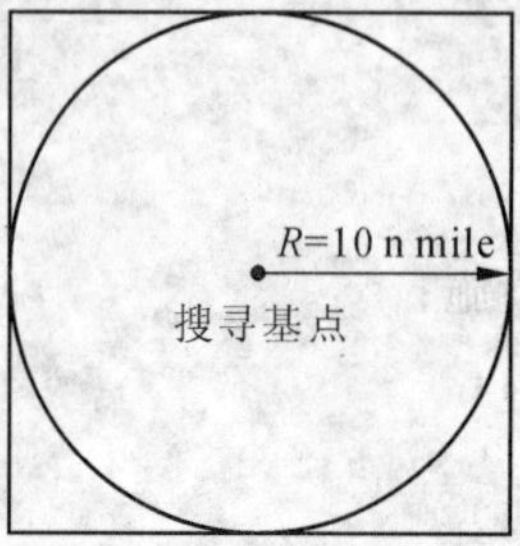

图 8-15　搜寻区域

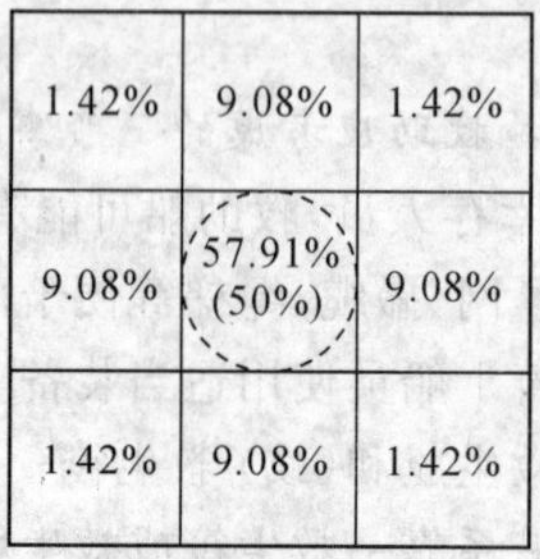

图 8-16　搜寻区域概率图

3. 海面搜寻协调船的规定

海面搜寻协调船根据任务、海区和船舶的具体情况，对搜寻的具体要求作出规定如下：

(1) 雷达搜寻的模式虽没有特殊规定，但海面搜寻协调船可按维持 1.5 倍雷达观测距离的船间间隔要求各船成一列横队进行搜寻(平行搜寻)。

(2) 平行搜寻时，各船最初的航向通常应与遇险船的漂移方向一致。

(3) 为实施平行搜寻，搜寻速度通常应取最慢船舶能开出的最高船速，以便让所有的船舶都能参加平行搜寻。

(4) 目视搜寻时应按适合于救助船艘数的搜寻模式实施，平行搜寻模式的船间间隔可按本手册确定。当搜寻目标为小型艇(筏)、运动艇、落水人等较小目标时，该间隔将适当减小。

(5) 能见度不良时，应减速、缩小间隔进行搜寻。无雷达或雷达有缺欠的船舶应配置在其他船舶的后面进行搜寻。

4. 搜寻线间距

除了扇形搜寻模式以外，都需要规定一个搜寻线间距，用 S 表示，搜寻线间距可用下式计算：

$$S = S_u \cdot f_w \tag{8.4-1}$$

式中：S—— 搜寻线间距(n mile)；

S_u—— 未经修正的搜寻线间距(n mile)；

f_w—— 天气修正系数。

表 8-2 给出了未经修正的搜寻线间距的数值。可见，它的大小取决于能见度情况和搜寻目标的具体情况；表 8-3 给出了天气修正系数的数值。

表 8-2　未经修正的搜寻线间距

搜寻目标	能见距离(n mile)				
	3	5	10	15	20
落水人员	0.4	0.5	0.6	0.7	0.7
4 人救生筏	2.3	3.2	4.2	4.9	5.5
6 人救生筏	2.5	3.6	5.0	6.2	6.9
15 人救生筏	2.6	4.0	5.1	6.4	7.3
25 人救生筏	2.7	4.2	5.2	6.5	7.5
长度＜5m 的船舶	1.1	1.4	1.9	2.1	2.3
长度 7m 的船舶	2.0	2.9	4.3	5.2	5.8
长度 12m 的船舶	2.8	4.5	7.6	9.4	11.6
长度 24m 的船舶	3.2	5.6	10.7	14.7	18.1

表 8-3　天气修正系数

天气	搜寻目标	
	落水人员	救生筏
无风	1.0	1.0
风速＞28km/h(15kn)或浪高＞1.0m	0.5	0.9
风速＞46km/h(25kn)或浪高＞1.5m	0.25	0.6

(三)搜寻模式

可供使用的搜寻模式有：

1. 扩展方形搜寻

扩展方形搜寻模式如图 8-17 所示，这是用于单船搜寻的一种方式。从基点开始，逐步扩展正方形边长进行搜寻。如果有可能，最好在基点处投下一艘救生筏或其他漂浮标志以观测漂移速度。此后，它可用作整个搜寻过程中的基点标志。

海峡中的扩展方形搜寻如图 8-18 所示。

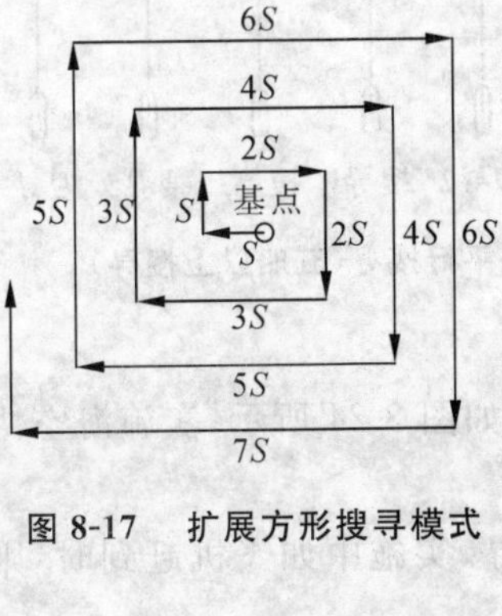

图 8-17　扩展方形搜寻模式

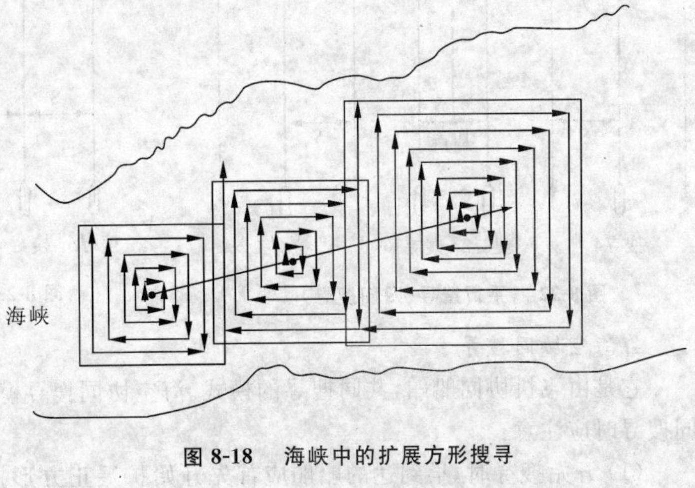

图 8-18　海峡中的扩展方形搜寻

2. 扇形搜寻

扇形搜寻模式如图 8-19 所示，这也是用于单船 / 单飞机搜寻的一种方式。当搜寻目标的可能存在区域较小时，如有人落水或曾看到过搜寻目标但随后不久却又丢失等情况，就是宜于实施扇形搜寻的情况，而且发现目标的可能性也比较大。

该搜寻模式的半径通常在 2 ～ 5n mile。搜寻中船舶改向角均为右转 120°，分两段进行。前一段搜寻结束时（图中实线航迹），应马上右转 30°，进入后一段搜寻（图中虚线航迹）。

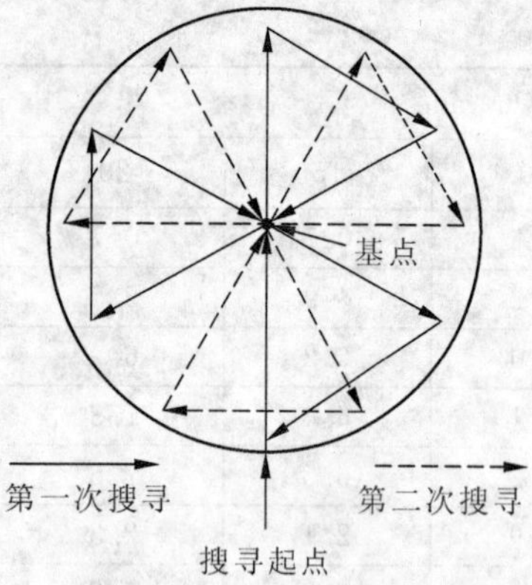

图 8-19　扇形搜寻模式

3. 平行搜寻

有两艘或多艘船舶参与救助时，可采用平行搜寻模式。平行搜寻的搜寻方向为遇难船的漂移方向，船舶之间的间隔为搜寻线间距 S。两船、三船、四船和五船以上的平行搜寻模式，分别如图 8-20、图 8-21、图 8-22、图 8-23 所示。开展平行搜寻的速度以参加搜寻的最慢船的最高速度或救助协调中心的指示为准。

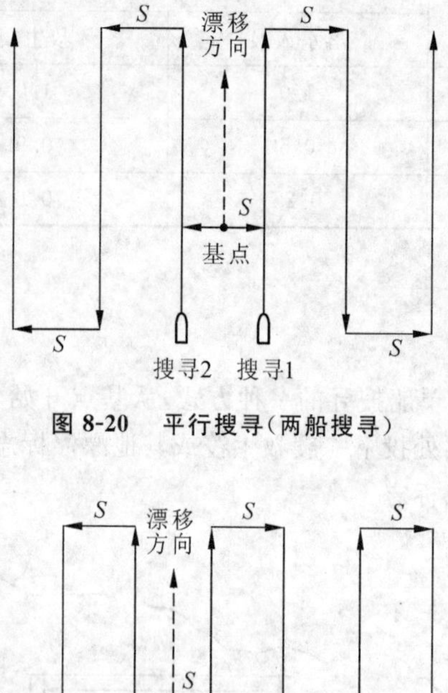

图 8-20　平行搜寻（两船搜寻）

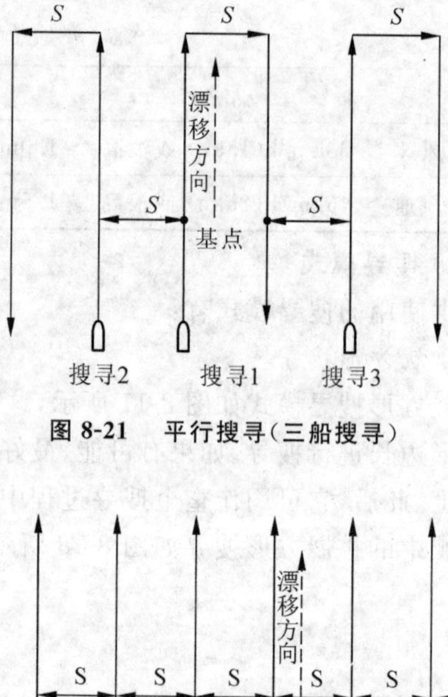

图 8-21　平行搜寻（三船搜寻）

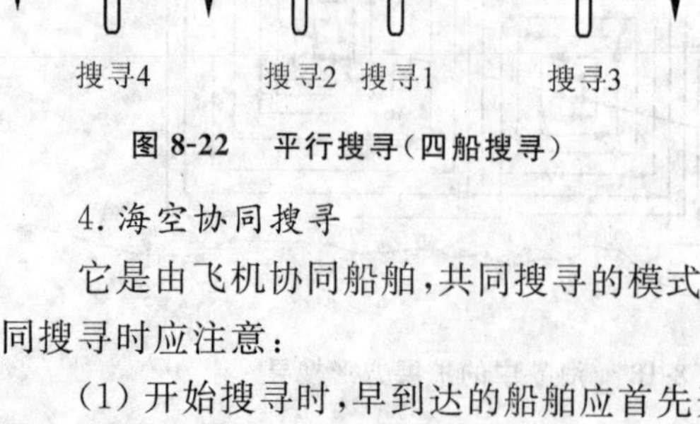

图 8-22　平行搜寻（四船搜寻）

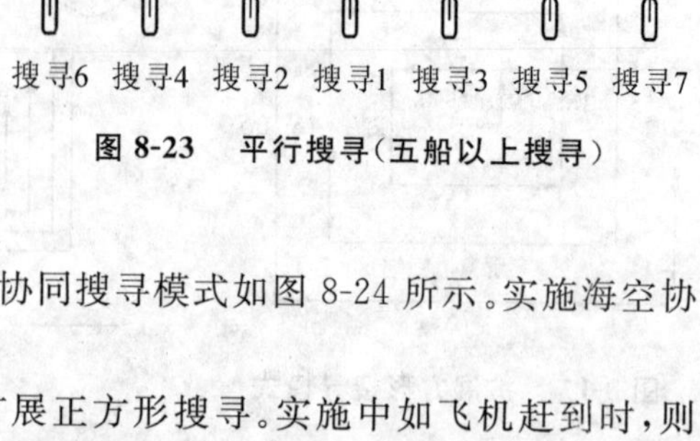

图 8-23　平行搜寻（五船以上搜寻）

4. 海空协同搜寻

它是由飞机协同船舶，共同搜寻的模式。海空协同搜寻模式如图 8-24 所示。实施海空协同搜寻时应注意：

(1) 开始搜寻时，早到达的船舶应首先开始扩展正方形搜寻。实施中如飞机赶到时，则船舶仍继续其搜寻，飞机也应单独进入搜寻。

(2) 第一次搜寻告一段落，海面搜寻协调船(CSS) 或现场指挥(OSC) 应根据船舶到达的艘数，确定可有效发挥船舶和飞机搜寻作用的方法，实施第二段搜寻。

(3) 海面搜寻协调船(CSS) 有关操船的指令，应使用本手册的标准信文，或国际信号规则，或标准航海用语。

(4) 在实施搜寻的过程中，仍应全面遵守《国际海上避碰规则》。

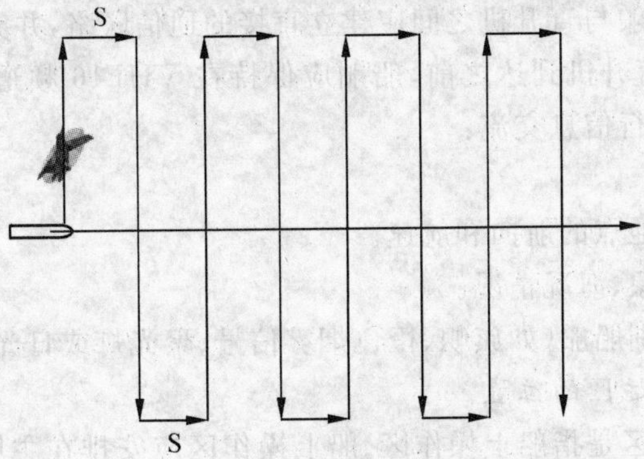

图 8-24　海空协同搜寻模式

(四) 搜寻终止时的措施

1. 生存者得救的情况

有负伤者需医生处置，应将其转移至有船医的船舶上。为此，海面搜寻协调船(CSS) 可向附近航行的船舶发出邀请医生的紧急通报，或与海岸电台(CSR) 联系，了解附近有船医船舶的存在情况和从陆地派遣医生的可能。

救助活动已全部完成时，海面搜寻协调船(CSS) 在向全部船舶通报搜寻终止的同时，应向海岸电台(CSR) 报告搜寻终止及如下事项：

(1) 收容生存者船舶的名称和目的港，收容于各船舶的生存者数量及其健康状态；

(2) 是否需要医疗援助；

(3) 遇难船的现状和是否有碍于航行。

2. 搜寻不成功的情况

当搜寻未取得预定结果时：

(1) 决定停止搜寻时应认真考虑以下问题：

① 生存者存在于搜寻区域之内的可能性。

② 在已搜寻的区域之内若搜寻目标万一还存在，可以发现该搜寻目标的可能性。

③ 搜寻船和搜寻飞机能在现场滞留的时间。

④ 生存者在当时的气温、水温、风、浪等实际条件下得以生存的可能性。

(2) 海面搜寻协调船(CSS) 在与其他陆上的搜救机构协商基础上应做如下处理：

① 在沿岸水域遇险时，有关停止搜寻的问题应经由最近的海岸电台(CRS) 与陆上的搜救机构协商。

② 在海洋水域遇险时，应向救助船通报停止搜寻并请其恢复原航向，同时将通报要点通报陆上的搜救机构。但是，对于处在搜寻区域内及其周围附近的全体船舶，则仍要求其继

续保持瞭望。

(五) 直升机救助时船舶应采取的措施

直升机不但在海上搜寻中起到重要作用，它还是救助落水人员、医疗转移等常用的方法之一。但直升机作业存在较大的风险。因此，为了确保直升机作业的安全，除了直升机驾驶员的操作外，船舶应严格按照有关规定和要求进行准备和操作。

1. 船舶与直升机之间的通信

直升机作业期间船舶与直升机之间应建立直接的通信联络，并充分理解所交流的信息。除非预先另有约定，在直升机到达之前，船舶应保持在 VHF16 频道守听。直升机与船舶之间至少应在下列方面进行信息交流：

(1) 船舶位置。

(2) 到达指定集合地点的航向和航速。

(3) 所处海域的气象、海况情况。

(4) 如何从空中识别船舶(如旗帜、橙色烟雾信号、聚光灯或日光信号灯等)。

2. 直升机降落或吊运区的位置

直升机降落或吊运区是指船上操作区。船上操作区应安排在主甲板上，如可行，两舷都要安排。船上操作区由"外部操纵区"和"内部清爽区"两部分组成。内部清爽区应尽量靠近船舷。外部操纵区可能延伸至舷外，但所有内部清爽区都不能延伸至舷外。

(1) 外部操纵区和内部清爽区由两个同心圆组成的范围构成。外部操纵区直径至少为 30m，该区域内的障碍物高度不得超过 3.0m；内部清爽区直径至少为 5.0m。

(2) 留出从舷边顺利进出作业区的通道。

(3) 在作业区内确定最佳清爽区位置，如没有障碍物的连续甲板。大型船舶可以在甲板上标出一个区域，漆写一个"H"表示用于直升机降落，或涂成黄色以表示仅用于吊运。

(4) 为了减小船舶航行中所产生的扰动气流的影响，建议不要在靠近船首的位置设置上述区域。

(5) 夜间吊运区内应提供足够照明，照明灯应妥善安置以免影响航行中飞行员或该区域内的工作人员的视线。照明灯的分布应保证正确识别吊运区甲板表面和障碍物标志。对于吊运区灯光照不到的位置，船舶应与飞行员协商，尽可能将船舶照亮，尤其是作业区的障碍物，诸如桅杆、烟囱、甲板装置等。

(6) 由于飞机会引起强烈气流，现场附近的衣物或其他散放物品应移开或系牢。

3. 船上安全准备

直升机降落或吊运前，船舶应做好相应准备工作。在作业开始前，应召开会议与所有相关人员讨论关于直升机与船舶间作业的安全须知和操作要领。

(1) 在直升机作业期间，应准备好下列消防设备或等效设备：

① 至少两个干粉灭火器，总容量不少于 45kg。

② 一个合适的泡沫施放系统(固定式或便携式)，具备每平方米清爽区每分钟不少于 6L 的泡沫量，并且能维持该流量至少 5min。

③ 二氧化碳灭火器，总容量不少于 18kg。

④ 甲板水系统，并且能保证至少有两根水柱可以喷射至直升机作业区的任何部分。

⑤ 至少两个具有双重功能的消防水龙带喷嘴。

⑥ 防火毯或手套和足够的防火服。

⑦ 在离船点附近放置足够的用于扑灭油火的便携式灭火器。

⑧ 如有可能，应启动消防水泵，接好水龙带备用。

(2) 为使直升机飞行员从空中更好地识别船舶和指明风向，船舶应悬挂好三角旗或其他旗帜。

(3) 所有相关的船员或需转运的人员都应穿好救生衣。当穿救生衣可能使伤病人员的状况恶化时，可以不穿救生衣。伤病人员不应穿戴松散的衣服或帽子。

(4) 绞缆端部的起吊装置不得与船舶的任何部位固定，并不得与固定设备的索具绞缠。

(5) 除非直升机机组人员要求，否则船上人员不要试图去接触起吊装置。起吊装置的金属部分应与甲板接触以防静电。

(6) 在装载易燃或爆炸货物的船舶上的可燃混合气体泄漏点附近进行直升机绞盘作业时，为避免因静电导致火灾或爆炸事故，绞盘作业接触船体的地方应远离气体泄漏点或油舱通风孔。

(7) 直升机飞行员一般希望以顶风（相对风向）一侧盘旋接近船舶。作业区上方应尽可能避免干扰、不受烟雾和其他障碍物的影响。

(8) 从事直升机作业的船舶应悬挂的号型为“球菱球”。

四、弃船准备和弃船应急措施

在经最大努力，船舶沉没仍不可避免时，船长经周密和慎重的考虑后可决定弃船。实际上，不仅仅船舶碰撞导致弃船，船舶发生触礁、火灾、爆炸等事故，经积极抢救无效，事态恶化，确认已无法保全船舶，并将危及船上人员的生命安全时，均可能导致船长作出弃船的决定并发出弃船警报信号和遇险求救信号。

当听到弃船警报信号后，除“途中固定值班人员”外，全体人员应立即穿着救生衣，按应变部署规定的职责到艇甲板做好准备工作，待命放艇。在弃船前应着重做好以下几个方面的准备工作：

(1) 电台负责人应在发出弃船警报信号后，仍在电台值守，发出遇险求救信号，同时做好弃船的准备工作，直到船长通知撤离。

(2) 机舱值班人员在听到弃船警报信号后仍应坚守岗位按令操作，在得到完车的通知后，在轮机长的领导下，抓紧做好弃船安全防护工作，如锅炉熄火放汽、关停发动机和机舱内正在运转中的其他一切设备、关闭海底阀和各个应急遥控油阀等，再携带规定物品撤离机舱登艇。

(3) 按应急部署表的规定，由专人做好下列工作：

① 降下国旗并携带登艇。

② 销毁秘密以上等级的文件。

③ 由专人分别携带航行日志、轮机日志、电台日志和电台执照、车钟记录簿、出事地点及附近的有关海图、船舶证书、船员名册和旅客名册、救生艇电台、雷达应答器、望远镜、救生圈、手持式无线电对讲机、现金和账册、货运单证等物品登艇。

④ 封闭油舱在甲板上的空气口，以免船舶沉没后燃油溢出污染海洋环境。

(4) 放艇前，各艇长应在检查工作就绪后向船长汇报：

① 艇底塞是否塞牢。

② 淡水、食品是否充足。

③ 机动艇燃油柜是否装满燃油,发动机试车是否正常。

④ 各种属具是否齐全。

⑤ 各种吊艇装置的技术状态是否良好。

⑥ 是否准备好艇的首尾系缆。

⑦ 船边有无影响艇筏降落的障碍物。

(5) 放艇前,船长应向艇长布置下列事项:

① 本船遇难地点。

② 发出的遇险求救信号是否有回答。

③ 可能遇救的时间、地点。

④ 驶往最近陆地或交通线的航向、距离及其他有关指示。

(6) 做好放艇准备后,由船长下令放艇。放下救生艇或救生筏后,首先组织旅客安全离船登艇,然后安排船员有秩序地登艇,船长应通知坚守岗位的值班人员撤离,在确信全船无任何人员后方可离船登艇。人员登艇后,应迅速在离开难船 200m 以外集合。

(7) 离船后,船长对全体船员和旅客仍保持有完全的责权。

五、释放艇筏的操船注意事项

航行中释放救生艇或救助艇是救助落水人员的常用方法之一,应按照下列有关规定和要求释放救生艇,以确保艇上救助人员的安全。

(1) 如海面较为平静,应尽早放下救生艇。以免延误时机。

(2) 释放救生艇时船舶纵倾应低于 10°,横倾应低于 20°,船速不应高于 5kn。恶劣天气情况下,船舶可采用滞航操船法释放救生艇。为减少和避免大风浪中救生艇的摇摆及与大船碰撞,可用止荡索、碰垫和艇篙。

(3) 救生艇落至水面时船舶最好为对水静止状态。在脱钩之前应将系船索系妥,前后应同时脱钩。如不能同时脱钩时,应先脱后钩,后脱前钩。

(4) 如海面有风浪,应将船舶驶至落水者的上风侧,释放下风舷救生艇。

(5) 救生艇接近落水者的方向取决于相对漂移速度、风况以及事故等情况:

① 一般情况下,最好从下风靠近落水人员。

② 如果遇难船舶发生火灾,可能需要从上风接近。

(6) 抛绳枪和必要的系艇索应预先备好,以便和遇难船、艇筏之间系缆时使用。

(7) 对在舷边的遇难人员应选择在船中部位进行救助。

(8) 大风浪中收艇时,应前后同时挂钩,如不能同时挂钩时,应先挂前钩,后挂后钩。船舶横摇中挂钩应在船舶由一舷横摇至中间位置时进行。

思考题

1. 船舶碰撞前应如何正确操船?
2. 船舶碰撞后,被撞船或撞入船应如何正确操船?
3. 简述抢滩作业步骤。
4. 简述出滩作业步骤。
5. 船舶碰撞后续航的条件有哪些?
6. 简述弃船放艇操纵的注意事项。
7. 简述发现搁浅已难以避免时的操纵措施。
8. 搁浅后,如何通过船舶吃水和周围水深的比较,判断搁浅部位和程度?
9. 船舶搁浅后可能会发生哪几种危险?
10 如何计算脱浅拉力?
11. 简述舵失灵时的应急措施。
12. 简述主机失灵时的应急措施。
13. 简述航行中失电的紧急处置措施。
14. 简述吊拖船队主拖失控时的应急措施。
15. 简述人员刚落水时的紧急处置措施。
16. 简述救助落水人员的四种旋回操船法特点及适用场合。
17. 简述并图示单旋回操船法。
18. 海上搜救中,搜寻基点及初始搜寻区域如何确定?
19. 简述并图示扇形搜寻法。
20. 简述并图示扩展方形搜寻法。

参考文献

[1] 洪碧光.船舶操纵[M].大连:大连海事大学出版社,2008.

[2] 李勇.船舶操纵[M].北京:人民交通出版社,1999.

[3] 薛满福,杲庆林.船舶操纵[M].北京:人民交通出版社,2012.

[4] 郭国平.船舶操纵[M].北京:人民交通出版社,2003.

[5] 虞锡宏.船舶操纵与避碰[M].大连:大连海事大学出版社,2004.

[6] 赵月林.船舶操纵[M].大连:大连海事大学出版社,2000.

[7] 陆志材.船舶操纵[M].大连:大连海事大学出版社,2000.

[8] 龚雪根.船舶操纵[M].北京:人民交通出版社,2000.

[9] 古文贤.船舶操纵[M].大连:大连海事大学出版社,1995

[10] 岩井聪.操船论[M].周沂,王立真,译.北京:人民交通出版社,1984.

[11] 薛满福,李伟.船舶结构与设备(二/三副用)[M].大连:大连海事大学出版社,2011.

[12] 刘明俊,陈金福,翁建军.航道与引航[M].武汉:武汉理工大学出版社,2015.

[13] 盛振邦,刘应中.船舶原理(上册)[M].上海:上海交通大学出版社,2003.

[14] 盛振邦,刘应中.船舶原理(下册)[M].上海:上海交通大学出版社,2004.

[15] 中华人民共和国住房和城乡建设部.GB 50139—2014,内河通航标准[S].北京:中国计划出版社,2015.

[16] 中华人民共和国交通运输部.JTS 165—2013,海港总体设计规范[S].北京:人民交通出版社,2014.

[17] 中华人民共和国交通部.JTJ 212—2006,河港工程总体设计规范[S].北京:人民交通出版社,2007.

[18] 中国船级社.海上拖航指南(2011)[S].

[19] 国家技术监督局.GB 5863—1993,内河助航标志[S].北京:中国标准出版社,1994.

[20] 中华人民共和国国家质量监督检验检疫总局,中国国家标准化管理委员会.GB 4696—2016,中国海区水上助航标志[S].北京:中国标准出版社,2017.

[21] 谢世平.浅谈提高长江船舶舵效的途径[J].武汉造船,2001(S1).

[22] 黄海曦,陆悦铭.全旋回推进器船舶的引航操纵[J].水运管理,2014(05).

[23] 黄海曦,陆悦铭.全旋回推进器船舶推力方向控制装置及方向显示系统[J].港口科技,2014(09).

[24] 郑伟康.从一起故障看船舶艏侧推器的安全使用与管理[J].航海技术,2005(02).

[25] 胡云平.船舶操纵中各种制动效果的比较[J].中国航海,2007(03).

[26] 陈福金."岁月"号沉船事故的教训[J].科技风,2015(19).

[27] 姚建喜,邹早建.船舶近岸航行岸壁效应数值研究[J].武汉理工大学学报(交通科学与工程版),2011(03).

[28] 胡波,王洪贵.天津港主航道的岸壁效应[J].世界海运,2014(09).

[29] 于建义,陈昌明.广州港航道船舶"侧壁效应"现象的危害及预防[J].航海技术,2015(03).

[30] 郭国平.横移嵌档驶靠码头操纵[J].交通科技,1996(06).

[31] 汤荣干.弯窄潮流河段内大型船舶顺流离泊掉头操纵的实践与探索[C].中国航海科技优秀论文集,2009.

[32] 叶岳彪,杨富国,钟振波.超大型油轮靠离碟形码头操作中拖轮的运用[J].航海技术,2009(02).

[33] 叶岳彪,唐小虎,张曾华.超大型船舶靠泊惠州港华德码头的引航探讨[J].航海技术,2008(02).

[34] 蔡松培.怎样清解双锚锚链绞缠[J].航海技术,2004(03).

[35] 王宗宝.巧用缆绳解除锚链绞缠2例[J].航海技术,2015(02).

[36] 汪运涛,李明基,吴爱民,等.自力清解与它船锚绞缠事故一例[J].航海技术,2011(06).
[37] 郭国平,刘成勇.超大型船舶进坞安全操纵方案研究[J].武汉理工大学学报(交通科学与工程版),2006(04).
[38] 潘经恒.三峡大坝双线五级船闸编队过船能力与操纵技术探析[C].中国航海科技优秀论文集,2015.
[39] 刘遵清,刘风武.天津新港船闸操纵要点[J].船海工程,2002(01).
[40] 王寿松."11.24"特大海难事故发生的原因与教训——"大舜"轮事故给我们的警示[J].航海技术,2001(01).
[41] 马先山.大舜号海难操纵因素探究[J].天津航海,2007(02).
[42] 庄元,刘祖源.桥墩紊流宽度的试验研究[J].中国航海,2007(03).
[43] 林姗,陈明栋,陈明.桥墩紊流宽度研究综述[J].水利水运工程学报,2011(02).
[44] 张纪平.海上大型设施和船舶拖带[J].航海,2017(03).
[45] 高绪龙,王云煌.冰区船舶操纵探析[J].世界海运,1998(06).
[46] 孙凤羽.冰区船舶操纵[J].中国航海,1995(01).
[47] 顾维国,张秋荣,胡志武.北冰洋冰区航行的船舶操纵[J].航海技术,2011(01).
[48] 张伟航.船舶在北极地区高寒水域航行、停泊注意事项[J].航海技术,2016(01).
[49] 吴卫兵.北极东北航道航行体会[J].航海技术,2016(04).
[50] 胡晓芳,蔡敬标.北极航道航行船舶操纵性设计需求分析[J].中国舰船研究,2015(03).